权威·前沿·原创

皮书系列为

“十二五”“十三五”“十四五”时期国家重点出版物出版专项规划项目

BLUE BOOK

智库成果出版与传播平台

工业和信息化蓝皮书
BLUE BOOK OF INDUSTRY AND INFORMATIZATION

数字经济发展报告（2022~2023）

ANNUAL REPORT ON THE DEVELOPMENT OF DIGITAL ECONOMY (2022-2023)

组织编写／国家工业信息安全发展研究中心
主　编／赵　岩

社会科学文献出版社
SOCIAL SCIENCES ACADEMIC PRESS (CHINA)

图书在版编目（CIP）数据

数字经济发展报告．2022～2023／赵岩主编．--北京：社会科学文献出版社，2023.9
（工业和信息化蓝皮书）
ISBN 978-7-5228-1940-2

Ⅰ.①数…　Ⅱ.①赵…　Ⅲ.①信息经济-经济发展-研究报告-中国-2022-2023　Ⅳ.①F492

中国国家版本馆 CIP 数据核字（2023）第 106215 号

工业和信息化蓝皮书
数字经济发展报告（2022~2023）

组织编写／国家工业信息安全发展研究中心
主　　编／赵　岩

出 版 人／冀祥德
组稿编辑／邓泳红
责任编辑／张　超
责任印制／王京美

出　　版／社会科学文献出版社·皮书出版分社（010）59367127
地址：北京市北三环中路甲 29 号院华龙大厦　邮编：100029
网址：www.ssap.com.cn
发　　行／社会科学文献出版社（010）59367028
印　　装／天津千鹤文化传播有限公司

规　　格／开 本：787mm×1092mm　1/16
印 张：23.75　字 数：355 千字
版　　次／2023 年 9 月第 1 版　2023 年 9 月第 1 次印刷
书　　号／ISBN 978-7-5228-1940-2
定　　价／158.00 元

读者服务电话：4008918866

工业和信息化蓝皮书

编　委　会

《数字经济发展报告（2022~2023）》编写组

课题编写　国家工业信息安全发展研究中心信息政策所

组　　长　赵　岩　蒋　艳

副 组 长　黄　鹏　李　强

编写人员　殷利梅　赵令锐　王梦梓　牛玮璐　王一鹤
　　　　　黄梁峻　陈耿宇　元志林

主编简介

赵　岩　国家工业信息安全发展研究中心主任、党委副书记，高级工程师，第十四届全国政协委员。全国信息化和工业化融合管理标准化技术委员会副主任委员、中央网信办专家委委员、工业和信息化部电子科学技术委员会常委、工业和信息化部工业互联网战略咨询专家委员会委员。

长期致力于网络安全、数字经济、两化融合、新一代信息技术产业生态、科技管理等领域的政策研究、产业咨询、技术创新和行业管理工作，主持和参与多项国家和省级规划政策制定，主持多项国家科技安全专项、重大工程专项和国家重点研发计划，公开发表多篇文章。撰写《中国 IT 产业发展报告》等多部报告，编著《腾云驾物：工业互联网解决方案落地》等多部图书，主编工业和信息化蓝皮书。

国家工业信息安全发展研究中心简介

国家工业信息安全发展研究中心（工业和信息化部电子第一研究所）成立于1959年，是工业和信息化部直属事业单位。经过60多年的发展与积淀，中心以“支撑政府、服务行业”为宗旨，构建了以工业信息安全、产业数字化、软件和知识产权、智库支撑四大板块为核心的业务体系，发展成为工业和信息化领域有重要影响力的研究咨询与决策支撑机构，国防科技工业、装备发展领域技术基础核心情报研究机构。

中心业务范围涵盖工业信息安全、两化融合、工业互联网、软件和信创产业、数字经济、国防电子等领域，提供智库咨询、技术研发、检验检测、试验验证、评估评价、知识产权、数据资源等公共服务，并长期承担声像采集制作、档案文献、工程建设、年鉴出版等管理支撑工作。拥有2个国家质检中心、6个工业和信息化部重点实验室，具有等保测评、商用密码安全性评估、信息安全风险评估、电子数据司法鉴定等资质。牵头（或参与）承担了上百项国家重点研发计划、工业转型升级专项、制造业高质量发展专项、基础科研重大工程等重大专项。

“十四五”时期，中心将深入贯彻总体国家安全观，统筹发展和安全，聚焦主责主业，突出特色、整合资源，勇担工业信息安全保障主责，强化产业链供应链安全研究支撑，推进制造业数字化转型，支撑服务国防军工科技创新，着力建设一流特色高端智库、一流工业信息安全综合保障体系，构建产业数字化解决方案供给、关键软件自主可控、全链条科技服务等三大服务体系，打造具有核心竞争力的智库支撑、公共服务、市场化发展等三种能力，发展成为保障工业信息安全的国家队、服务数字化发展的思想库、培育软件产业生态的推进器、促进军民科技协同创新的生力军，更好地服务我国工业和信息化事业高质量发展。

公众号：国家工业信息安全发展研究中心

序

当今世界，新一轮科技革命和产业变革深入发展，5G、人工智能、区块链等数字技术加速突破，与实体经济深度融合，推动生产方式、发展模式和企业形态发生根本性变革，成为引领经济社会发展的重要力量。世界主要国家和地区纷纷制定发布数字经济、先进制造业等发展战略，加强前瞻谋划，明确发展重点，强化政府引导和政策支持，抢占竞争制高点，夺取发展主动权。与此同时，全球产业结构和布局进入深度调整阶段，产业链供应链分工和布局逻辑正从效率优先向安全优先转变，以美国为首的西方国家不断加大“脱钩断链”的力度，产业链供应链本地化、区域化、多元化趋势更加明显。正如习近平总书记所判断的，“世界进入新的动荡变革期”。

面对严峻复杂的外部环境，我国制造业规模已连续 13 年居世界首位，正处在由制造大国、网络大国向制造强国、网络强国转变的关键时期。2022 年 10 月，党的二十大胜利召开，擘画了全面建设社会主义现代化国家、以中国式现代化全面推进中华民族伟大复兴的宏伟蓝图，提出到 2035 年基本实现新型工业化，强调坚持把发展经济着力点放在实体经济上，推进新型工业化，加快发展数字经济，促进数字经济和实体经济深度融合。这为我国工业和信息化事业发展指明了前进方向、提供了根本遵循。我国工业经济规模大、数字经济规模位居全球第二，加快推进新型工业化，促进数字经济和实体经济深度融合，将催生更大范围、更宽领域、更深层次的数字化应用场景和转型市场，为我国经济持续快速增长创造更多可能。

5G 作为通信网络，是数实融合的基础底座，大量数字化应用都需要由网络支撑。5G商用牌照发放四年多来，我国5G商用走在了全球前列。截至2023年6月底，累计建成5G基站近300万个，占移动基站总数的26%，覆盖所有地市级城区和县城城区；5G移动电话用户数达6.76亿户，约占移动电话用户的四成。在融合应用方面，5G应用已融入60个国民经济大类中，应用案例累计超过5万个，特别是工业领域的5G应用已逐步深入生产经营核心环节。但现在在应用上，还没有完全体现出5G的能力，5G的优势还没有完全发挥。5G发展到了关键拐点。无论是消费需求，还是工业需求，均对大带宽、低时延、高可靠等技术指标提出了要求，需要5G-Advanced来破局。5G-Advanced将通过“十倍带宽、十倍连接数、十倍定位精度、十倍能效改进”四个维度，进一步开发和释放5G网络潜能，产生更大的社会和经济价值。

2022年12月1日，OpenAI公司开展了基于GPT-3的聊天机器人ChatGPT开放测试。ChatGPT凭借高质量的内容回答迅速走红。上线5天后就发展了超百万用户，成为传统搜索引擎的有力竞争对手。ChatGPT的上线，标志着生成式人工智能发展到了一个新阶段，下一步将朝着通用人工智能（AGI）发展。人工智能生成内容（AIGC）作为基于大规模数据训练的大模型，将颠覆现有内容生产模式，能够以十分之一的成本实现百倍千倍的生产速度，创造出具有独特价值和独立视角的内容。AIGC不仅可用于内容生成，其具有的新思路和新方式也可以应用于工业领域。基于训练ChatGPT的原理，利用行业与企业的知识图谱进行深度训练，可以开发出各类面向行业应用的模型，使大模型在产业上落地见效，在面向各行各业的应用中培养更多的人才。

当然，ChatGPT等AI大模型的成功运行，离不开算力水平的大幅提升。作为数字经济时代新的生产力，算力及其产业正迅速发展。按2022年底的数据，美国占全球算力的36%，中国占31%，现有算力总规模与美国相比有差距但不大，而以GPU和NPU为主的智能算力规模，中国明显大于美国。近年来我国支持算力基础设施强算赋能，打造云网融合、算网一体的网络架构和算力供给体系。如今，算力已应用于交通、政务、医疗、教育等多个场景，让数字化应用走进千家万户、千行百业。2023年2月，中共中央、国务院印发《数字中国建设整体布局规划》，特别提到要“系统优化算力基础设施布局，促进东西部算力高效互补和协同联动，引导通用数据中心、超算中心、智能计算中心、边缘数据中心等合理梯次布局”，统筹推进全国算力均衡发展。

除算力外，AI 大模型的核心要素还包括数据。数据是驱动数字经济高质量发展的关键生产要素，不仅在我们的生产生活中发挥着越来越重要的作用，更是在产业数字化转型过程中扮演着不可或缺的角色。随着各行业数字化转型升级进程加快，全社会数据总量爆发式增长，数据资源迅猛扩张，我国已成为名副其实的数据资源大国。2022 年我国数据产量达 8.1ZB，同比增长 22.7%，全球占比达 10.5%，位居世界第二。截至 2022 年底，我国数据存储量达 724.5EB，同比增长 21.1%，全球占比达 14.4%。叠加丰富应用场景优势，我国数据要素市场化改革将不断加快，进一步推动各行业各领域深化数据要素的开发与利用，释放数据要素价值，赋能实体经济，增强经济发展新动能。

数字化转型是数实融合的核心、企业发展的必由之路，也是应对当前和今后国际形势不确定性的战略选择。对于企业来说，数实融合可在数字化进程的任一阶段切入，不论处于工业 2.0 还是 3.0 的企业，都可开始这一进程。企业不可能也不需要在产业链全部环节同时起步推进数字化转型，从研发、设计、制造、供应、检测、仓储、市场、售后等任何环节的切入都会有相应效果。当前，以云服务来加速数字化转型成为各行业共识，企业使用多云成为必然趋势，企业可从多云供应商中获取竞争性的优惠服务，实现业务多样性和提供差异化的服务，确保合规性。截至 2023 年 3 月底，全国企业工业设备上云率达 18.11%，工业互联网平台应用普及率达 23.32%，重点工业企业关键工序数控化率达 59.40%。

数实融合在推动产业数字化的同时，也将激励数字产业化的创新，并开拓更大的发展空间。2023 年上半年，我国软件业务收入超过 5.5 万亿元，信息技术服务收入 3.66 万亿元，为数实融合发展奠定了坚实的产业和技术基础。人工智能、大数据、区块链、云计算、网络安全等新兴数字产业加快发展，截至 2022 年，我国大数据产业规模达 1.57 万亿元，人工智能核心产业规模达 5080 亿元，云计算产业规模超过 3000 亿元，全球市场占比达 14.6%，年均增速超过 30%。以新一代信息技术和高端装备为主导的国家先进制造业集群率先突破，25 个重点先进制造业产业集群主导产业产值近 10 万亿元，集聚规上企业 2.5 万家。

与数字化发展一样，绿色低碳发展是全球可持续发展大趋势。对我国来说，加快工业绿色低碳发展也是推进新型工业化的重要举措。目前，已有 130 多个国家提出碳中和承诺，覆盖了全球 88%的二氧化碳排放、90%的 GDP 和 85%的人口，我国承诺将力争在 2030 年前达到碳排放峰值，努力争取 2060 年前实现碳中和。在“双碳”目标的引领下，工业绿色低碳发展全面推进，十年来规模以上工业单位增加值能耗累计下降超过 36%，钢铁、原铝、水泥熟料等单位产品能效处于世界先进水平，绿色发展理念深入人心。新能源汽车产业保持良好发展态势，生产和销售实现稳定增长。截至 2023 年 7 月，我国新能源汽车生产累计突破 2000 万辆，产销量已经连续 8 年位居全球第一。

2023 年是全面贯彻党的二十大精神的开局之年，是实施“十四五”规划承上启下的关键一年。工业和信息化领域是实体经济的重点，更是数字经济和实体经济融合发展的主战场。值此之际，国家工业信息安全发展研究中心推出 2022~2023 年度“工业和信息化蓝皮书”，深入分析研判数字经济、数字化转型、人工智能、新兴产业、工业绿色低碳等重点领域的最新态势和发展趋势。相信读者能从蓝皮书新颖的观点、深入的分析、翔实的数据和丰富的案例中有所收获，更全面地理解和把握当前工业和信息化领域的发展形势、机遇和挑战，加快推进新型工业化，建设制造强国和网络强国，共同谱写新时代中国特色社会主义更加绚丽的华章。

是为序。

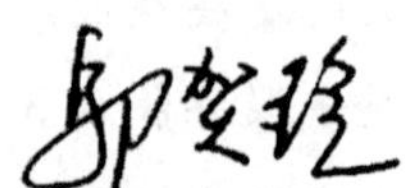

摘　要

《数字经济发展报告（2022~2023）》在全面跟踪各国（地区）数字经济发展情况的基础上进行综合研究，重点探讨了2022~2023年数字经济领域的战略政策、具体举措和热点问题，分析了数字经济呈现的新特点新亮点，并针对重要领域、地区、专题进行了专门研究，具有很强的综合性、系统性和前瞻性。本报告主体分为4个部分——总报告、领域篇、国际篇、专题篇，共20篇报告。本报告是对全球数字经济进行研究的综合性年度报告，可供数字经济领域的主管领导、专家学者和研究人员参考借鉴。

2022~2023年，在世界百年未有之大变局与世纪疫情交织叠加之下，数字经济依然保持强大发展韧性，持续发挥对全球经济增长的动力引擎作用。国际方面，全球数字经济发展预期向好，经济增长引擎作用不可替代；数字技术产业领域创新活跃，5G、人工智能等持续高增长；产业链供应链竞争持续加强，数字化智能化发展态势凸显；美国拉拢盟友提升全球影响力，数字领域大国博弈愈发激烈。国内方面，在党中央、国务院的坚强领导下，在全社会的共同努力下，我国数字经济发展势头强劲。数字基础设施适度超前建设，"东数西算"工程成效初显；数据互联互通受到高度重视，统一数据要素市场建设加速；数字产业整体保持持续增长，前沿领域探索热度持续看涨；产业数字化转型进程加速，制造业数字化发展稳定向好；协同监管能力大幅度提升，数字经济治理体系日益完善。

与此同时，我国数字经济在关键核心技术、数字产业供应链、产业互联网应用推广、数字经济人才和地方数字经济发展等方面还面临不少问题和挑战。展望2024年，我国数字经济发展将更加蹄疾步稳，数据要素市场发展模式将取得新突破，数字经济产业集群发展态势更加明显，中小企业将加速推进数字化转型进程，数字技术创新将深度助力其他领域发展。下一步，我们要深入贯彻落实党的二十大会议精神和习近平总书记对数字经济的重要论述，加快建立全国统一的数据要素市场，着力引导数字产业集群高质量发展，促进数字经济和实体经济深度融合，激发数字经济各类主体的创新活力，优化数字经济人才培养和保障体系，进一步引导地方数字经济积极探索，加快促进我国数字经济发展壮大。

关键词： 数字经济　数据要素　数字化转型　数字治理

目录

I 总报告

II 领域篇

III 国际篇

Ⅳ 专题篇

皮书数据库阅读**使用指南**

总 报 告

General Reports

B.1

2022年数字经济发展形势与2023年展望

数字经济研究课题组*

摘　要： 2022~2023 年，数字经济依然保持强大发展韧性，持续发挥对全球经济增长的动力引擎作用。国际上，全球数字经济发展预期向好，数字技术产业领域创新活跃，产业链供应链竞争持续加强，数字领域大国博弈愈发激烈。国内方面，我国数字基础设施适度超前建设，统一数据要素市场建设加速，数字产业整

* 殷利梅，国家工业信息安全发展研究中心信息政策所数字经济研究室主任、高级工程师，主要研究方向为数字经济战略、数据要素、数字素养；赵令锐，博士，国家工业信息安全发展研究中心信息政策所助理研究员，主要研究方向为数字化转型、数字经济测度、数据产权等；王梦梓，博士，国家工业信息安全发展研究中心信息政策所数字经济研究室工程师，主要研究方向为数字经济测度、数字贸易；牛玮璐，国家工业信息安全发展研究中心信息政策所数字经济研究室工程师，主要研究方向为数字经济政策、数字经济国际规则、数字贸易等；王一鹤，国家工业信息安全发展研究中心信息政策所数字经济研究室工程师，主要研究方向为数字化转型、数字素养等；黄梁峻，国家工业信息安全发展研究中心信息政策所数字经济研究室助理工程师，主要研究方向为平台经济、数据要素、数字经济国际合作；陈耿宇，国家工业信息安全发展研究中心信息政策所数字经济研究室助理工程师，主要研究方向为数字经济测度、数字产业；元志林，国家工业信息安全发展研究中心信息政策所数字经济研究室助理工程师，主要研究方向为数字素养与技能、产业数字化。

体保持持续增长，产业数字化转型进程加速，数字经济治理体系日益完善。与此同时，我国数字经济在技术、产业和人才等方面仍面临严峻挑战，下一步应加快建立全国统一的数据要素市场，着力引导数字产业集群高质量发展，促进数字经济和实体经济深度融合，激发数字经济各类主体的创新活力，优化数字经济人才培养和保障体系，进一步引导地方数字经济实践探索。

关键词： 数字经济　数据要素市场　数字产业集群　数字化转型

习近平总书记在党的二十大报告中指出，“加快发展数字经济，促进数字经济和实体经济深度融合，打造具有国际竞争力的数字产业集群”。在主持十九届中共中央政治局第三十四次集体学习时习近平总书记强调，“要站在统筹中华民族伟大复兴战略全局和世界百年未有之大变局的高度，统筹国内国际两个大局、发展安全两件大事，充分发挥海量数据和丰富应用场景优势，促进数字技术与实体经济深度融合，赋能传统产业转型升级，催生新产业新业态新模式，不断做强做优做大我国数字经济”。数字经济已经成为我国构建现代化产业体系，推进新型工业化，加快建设制造强国、网络强国和数字中国的重要力量与关键支撑。

一　国际态势

2022 年，全球数字经济发展持续向好，总体呈现两方面发展态势。一方面，数字技术和产业创新活跃，新产业、新业态、新模式不断涌现，政府机构、资本市场、企业主体和社会公众对数字经济发展的期待和信心继续走高，数字经济拉动全球经济增长的动力引擎作用不可替代；另一方面，随着数字经济的重要性与日俱增，围绕数字经济产业链供应链的竞争加剧，数字领域的大国博弈愈演愈烈，数字经济发展的国际环境不断恶化，我国持续做强做优做大数字经济面临的风险挑战不断增加。

（一）全球数字经济发展预期向好，经济增长引擎作用不可替代

从全球视野来看，数据和调查显示，无论是主要经济体数字经济整体发展规模，还是互联网网民规模、全球数据流量等基础性数据，抑或是作为数字经济创新发展主体的微观企业和社会公众都展现出较好的发展态势，全球数字经济发展未来可期。

一是主要经济体数字经济继续呈现积极发展态势。美国商务部经济分析局（BEA）先后于2022年5月和11月密集发布了2020年和2021年美国数字经济规模数据。结果显示，2020年美国数字经济增加值达到2.14万亿美元，占GDP比重为10.2%，增长率为4.0%，同期GDP增长率为-3.4%；2021年美国数字经济增加值达到2.41万亿美元，占GDP比重为10.3%，增长率为9.8%，且提供了800万个就业岗位，而同期GDP增长率为5.9%。整体上美国数字经济呈现稳步增长的良好态势。再往前回溯，从2010年至2021年的11年间，美国数字经济增加值始终呈现连年上涨的态势，这为疫情之下的美国经济增添了发展新动能。2022年6月，英国数字、文化、媒体和体育部（DCMS）发布的《英国数字战略》指出，2021年英国数字经济规模近1250亿英镑（约合1511亿美元），产生了170万个工作岗位，预计到2025年，数字经济对英国经济的贡献值将提高到2000亿英镑（约合2419亿美元）以上。数字经济规模的不断扩大，为英国经济发展带来新动力。

二是互联网网民规模、全球数据流量仍保持稳定增长。2022年11月，国际电信联盟（ITU）发布《衡量数字化发展：2022年事实和数据》报告。报告显示，2022年全球约有53亿人（占全球总人口的66%）使用互联网（见图1），2021年的增长率为6.1%，高于2020年的5.1%，当然与2019年新冠疫情开始前的11%相比仍有差距。但是从总量上看，全球互联网用户数仍然保持稳定增长态势。与此同时，全球移动宽带用户数继续保持强劲增

长，ICT 服务价格变得更加可负担，这些都为数字经济的快速发展奠定了坚实基础。在数据流量方面，2021 年联合国发布的数字经济报告显示，到 2022 年，全球互联网协议（IP）流量（包括国内和国际流量）将超过 2016 年之前互联网流量的总和，全球月度数据流量预计将从 2020 年的 230 艾字节激增至 2026 年的 780 艾字节，增幅达 2.4 倍。

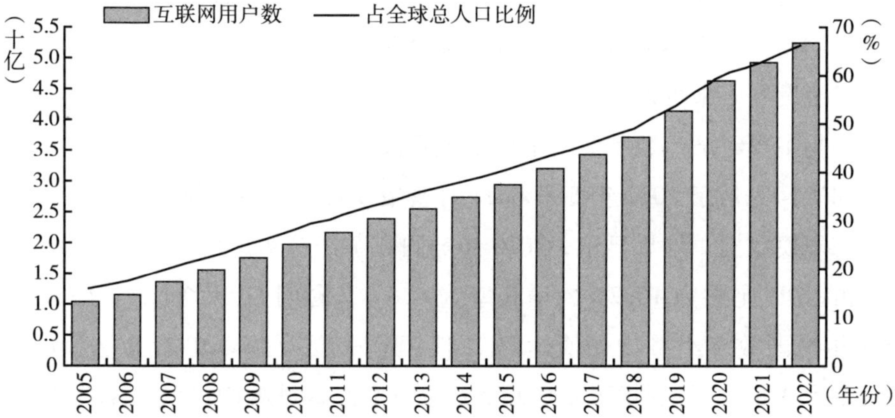

图 1　2005~2022 年全球使用互联网的人数与占比

资料来源：ITU。

三是资本市场、行业企业和社会公众对数字化发展充满信心。资本市场方面，波士顿咨询公司的一项调查显示，科技行业在过去 5 年的总股东回报（TSR）方面遥遥领先，截至 2021 年底，样本中的 113 家科技公司 5 年平均 TSR 为 30%，其中以软件和半导体细分市场居首。[①] 苹果、微软、亚马逊和 Alphabet 4 家科技巨头占样本公司市值增长的 48%，这 4 家公司占所有公司总市值的 44%，高于 2016 年的 34%。企业方面，波士顿咨询公司对 1300 多名制造业高管进行的调查发现，72%的制造业高管认为数据分析技术比三年前更加重要。[②] 社会公众方面，麦肯锡 2022 年在欧洲进行的第三次年度数字情绪调查发现，疫情之后线下活动预计将有所增长，但数字化技术的采用依然强劲。

① 波士顿咨询公司：《2022 年科技价值创造者报告》，2022 年 3 月。

② 世界经济论坛：《依托数据迈向卓越制造业》，2022 年 1 月。

2019年新冠疫情流行以来，欧洲的数字用户净增长约1亿人，以银行、电信和保险行业为代表的“领导者”，一直保持80%~90%的高数字化采用率。[①]

（二）数字技术产业领域创新活跃，5G、人工智能等持续高增长

数字技术是世界科技革命和产业变革的先机，是新一轮国际竞争的重点领域，各国将数字技术视为经济社会发展的核心竞争力，放在国家战略的高度推行。在此背景下，5G、人工智能等新一代信息技术快速发展，元宇宙等新兴数字产业备受各方关注。

一是国家战略积极引导数字技术创新。2022年2月，联合国开发计划署（UNDP）发布《2022~2025年数字战略》，支持各国、各群体以数字技术为抓手，发掘更多经济发展机遇。美国、日本等国家将科技创新立于经济社会发展的核心地位，围绕人工智能、量子信息科学、先进通信网络（5G）等关键领域，持续巩固创新生态。美国拜登政府将人工智能、5G、量子技术、航空航天等定义为“未来技术”领域。日本将“实现科学技术立国”定位为增长战略的第一支柱，自2013年以来每年制定科学技术创新综合战略。2022年2月，日本信息处理推进机构发布《2022先进数字技术制度政策动向调查报告》。4月，日本政府发布《人工智能战略2022》，始终将科技创新作为发展数字经济的驱动力。

二是5G、人工智能等数字产业持续发展。世界各国稳步推进5G网络建设，截至2022年6月，全球共有86个国家和地区的221家网络运营商部署了5G商用网络，人口覆盖率近26.6%。[②] 在5G应用创新方面，主要国家推动工业、消费、民生等重点行业5G应用，5G在产业数字化应用中的占比达到59%。人工智能进入扩张整合的产业发展新阶段，截至2022年6月，全球人工智能企业数量已超22000家，主要集中在中美两国。全球人工智能市场收入2022年预计同比增长19.6%，达4328亿美元，2023年有望突破5000亿美元，其中人工智能软件收入占比将达到88%。

---

① 《欧洲数字消费者的机会来了：数字趋势显示出巨大的收益和新机遇》，麦肯锡，http://www.mckinsey.com/business-functions/mickinsey-digital/our-insights。

② 中国信息通信研究院：《全球数字经济白皮书（2022年）》，2022年7月。

三是部分国家和科技巨头起步探索元宇宙。从政府方看，美国在元宇宙发展上处于领先地位，硬件和操作系统的核心竞争力较强。2022 年 4 月，拜登政府联合全球约 60 个国家和地区发布《互联网未来宣言》，旨在打造开放、可互操作、可靠且安全的互联网，未来或将出台指导元宇宙发展的政策框架。韩国财政部在 2022 年预算中斥资 2000 万美元开发元宇宙平台，意将首尔打造成全世界第一个进入元宇宙的城市。日本首相在 10 月的一次演讲中表示，内阁将“努力扩大利用元宇宙和 NFT 的 Web 3.0 服务的使用”。从企业方看，2022 年上半年全球元宇宙投融资总额超过了 320 亿元，① 投资事件总数 205 起，分别达到了 2021 年全年投融资总额、投融资总数的 2.3 倍和 3.2 倍；国内腾讯、网易、阿里巴巴等科技巨头纷纷入局，“希壤”“TMELAND”“瑶台”“Pegasus World Kit” 等元宇宙产品呼之欲出。

（三）产业链供应链竞争持续加强，数字化智能化发展态势凸显

受疫情持续发展和大国博弈激烈演进影响，全球产业格局发生重大变化，产业链分工机理和布局逻辑正从效率优先向安全优先转变，发达国家重新调整相应产业链布局，推动产业链供应链本地化、近岸化、友岸化和多元化，并利用数字化加速提升产业链供应链竞争力，产业链供应链国际竞争呈现持续激烈态势。

一是半导体等数字产业供应链竞争持续激烈。2022 年 2 月，欧盟委员会公布《欧洲芯片法案》，提出欧盟半导体市场份额到 2030 年要达到 20%，并具备 2nm 以下的尖端半导体生产能力，计划投资 430 亿欧元建立欧洲芯片产业的优势。8 月，美国总统拜登正式签署《芯片与科学法案》，将为美国半导体研发、制造以及劳动力发展提供 527 亿美元支持，并为在美国建立芯片工厂的企业提供 240 亿美元为期 4 年的 25%税收抵免。同月，美国政府颁布《通胀削减法案》，要求电动汽车必须在北美组装才有资格获得税收抵免，并要求其使用的部分关键矿物需来自美国或美国的自由贸易伙伴，以推

① 新浪 VR、企查查大数据研究院：《2022 元宇宙年中投融资报告》，2022 年 8 月。

动产业链供应链本地化或友岸化。9 月，欧盟提出《关键原材料法案》，强调要确保锂和稀土的供应，包括开采、精炼、加工及回收全过程，并在供应面临风险的地方建立储备，以减少对中国、俄罗斯等的依赖。

二是产业链供应链数字化智能化水平不断提升。2022 年 3 月，美国政府宣布启动《供应链数据共享计划》，提出了要促进包括仓储物流、码头运营等在内的 18 个主体参与的关键货运数据交换，以应对疫情反复、俄乌冲突等带来的供应链中断风险。5 月，美国政府宣布实施《增材制造发展计划》，聚拢通用航空、雷神、霍尼韦尔等美国巨头全面支持中小型企业使用 3D 打印技术，并采用增材制造提高供应链弹性和安全，减少对国际供应商的依赖。同月底，日本政府在内阁会议上敲定了 2022 年版《制造业白皮书》，指出日本制造业因全球半导体不足而受到严重影响，强调稳定供应是数字社会“安全上的最重要课题”。10 月，美国发布《国家先进制造业战略》，建立强大的美国供应链是其三大战略目标之一，部署了加强供应链互联互通、降低供应链脆弱性、加强和振兴先进制造业生态系统等重点任务，以巩固美国制造业的全球领导地位。

三是依托企业的稳链强链补链国际竞合博弈加剧。2022 年 2 月，美国国防部宣布为稀土企业 MP 材料公司提供 3500 万美元的资金，用于支持分离和加工稀土元素的工厂，建立闭环的本土稀土磁铁供应链，以降低对中企等海外企业的依赖。4 月，美国半导体协会（SIA）与印度半导体协会（IESA）签署谅解备忘录，帮助 SIA 与印度主要利益团体建立关系，培养亚洲半导体体系的竞争者，SIA 成员包括英特尔、英伟达、高通等大型芯片设计和制造商。5 月，日本公布了“印太地区供应链韧性计划”8 个批准项目，其中印度 6 个、澳大利亚 2 个，这些项目将于 2023 年 3 月实施，帮助日企实现供应链可视化、物流升级、生产基地多样化等。6 月，日本经济产业省成立数字化时代全球供应链高度化研究会，通过官民合作方式共同推动供应链数字化转型，共同制定数据流通规则、共享标准等。

（四）美拉拢盟友提升全球影响力，数字领域大国博弈愈发激烈

2022 年，美国动作频频，积极拉拢全球盟友加快构建以美国为中心的

技术联盟，进一步提升美国在数字经济领域的全球主导力，数字领域大国博弈更加激烈。

一是美国成立网络空间和数字政策局，统筹开展全球网络外交相关工作。2022 年 4 月 4 日，美国国务院宣布成立网络空间和数字政策局（CDP），负责统筹此前分散在各联邦机构内部的网络外交相关工作，制定保护互联网基础设施的完整性和安全性相关政策，应对与网络空间、数字技术和数字政策相关的国家安全挑战、经济机遇以及对美国价值观的影响。CDP 的成立标志着网络外交正式成为美国整体外交战略的核心环节，美国在机构设置上已形成网络空间安全、外交和意识形态的“三合一”治理架构，极大提升了美国在全球拉拢盟友形成网络空间治理联盟的能力。CDP 成立不到 1 个月，美国联合全球约 60 个国家和地区发布《互联网未来宣言》，提出要构建“开放、自由、全球、互操作、可靠和安全的互联网”，本质上是要在全球互联网建立美国主导的“数字联盟”。

二是积极拉拢亚太地区盟友推进印太战略。自拜登上台以来，美国持续通过建立“印太经济框架”、召开美国—东盟特别峰会等方式拉拢亚太盟友，构建以美国为中心的“印太联盟”。2022 年 5 月 12～13 日，美国—东盟特别峰会在美国华盛顿特区举行，这是 2016 年以来美国总统首次邀请东盟领导人到华盛顿特区召开峰会。会上，白宫宣布将向东盟投资 600 万美元以支持数字创新、加强数字经济规则制定以及人工智能的全球标准制定，并表示这笔资金预计将调动更多的私人融资。5 月 23 日，美国总统拜登在日本东京访问时宣布启动“印太经济框架”，重点关注数字经济领域供应链、贸易与标准，初始成员包括日本、韩国、印度、澳大利亚、新西兰及 7 个东盟国家。

三是跨大西洋数字领域政策协调正在形成。2022 年，欧美跨大西洋政策协调进展加快，试图围绕经贸投资、科技创新、全球治理等议题形成共识并采取更加一致的行动。3 月，美国和欧盟委员会宣布美欧就《跨大西洋数据隐私框架》达成原则性协议，为跨大西洋数字伙伴关系在数据流动、情报共享和互操作性等方面合作铺平了道路。5 月，美国等 7 个国家和地区一致同意将原属于亚太经合组织（APEC）的跨境隐私规则框架（CBPR）从 APEC 中独立出来，旨在推动英国加入，构建与英国之间新的数据流通框架。

二 国内情况

2022年，我国数字经济发展势头强劲，数字基础设施适度超前布局，数据要素市场建设加速探索，数字产业化和产业数字化协同推进，数字经济治理体系进一步完善，各个领域发展取得积极成效。

（一）数字基础设施适度超前建设，“东数西算”工程成效初显

数字基础设施是数字经济发展的基础和前提，我国在“适度超前”建设数字基础设施的理念下，信息基础设施、算力基础设施和物联感知基础设施建设成效显著。

一是信息基础设施跨越式发展。工信部数据显示，截至2022年底，固定互联网宽带接入用户总数达5.9亿户，其中100Mbps及以上接入速率的固定互联网宽带接入用户占比93.9%，1000Mbps及以上速率的用户占比15.6%。移动电话用户总数达16.83亿户，其中，5G移动电话用户达5.61亿户，占移动电话用户的33.3%，占比较上年末提升11.7个百分点。5G基站总数达231.2万个，比上年末净增88.7万个，占移动基站总数的21.3%，占比较上年末提升7个百分点。国家级互联网骨干直联点数量从3个增至19个，固定和移动网络的互联网协议第六版（IPv6）改造全面完成，北斗卫星导航系统实现全球组网。

二是算力基础设施稳步提升。数据中心规模和能效水平大幅提升，算力产业规模快速增长，近五年平均增速超过30%。工信部数据显示，截至2022年底，我国在用数据中心机架总规模超过650万标准机架，服务器规模超过2000万台，算力总规模超过180EFlops（每秒18000京次浮点运算次数），全球排名第二。“东数西算”成效显著，2022年以来，10个国家数据中心集群中，新开工项目达25个，投资总额超过1900亿元，带动西部地区投资同比增长6倍。

三是物联感知基础设施蓬勃发展。随着我国新型智慧城市建设相关政策

的落地，作为智慧城市重要基础设施的“物联网”也在各地加快推进。工信部数据显示，截至 2022 年底，我国移动物联网连接数已达到 18.45 亿户，占全球比例已经超过 70%，较 2021 年底净增 4.47 亿户。物联网产业迎来快速增长期，根据 IDC 预测，我国物联网市场规模将在 2025 年超过 3000 亿美元，全球占比约为 26.1%。

（二）数据互联互通受到高度重视，统一数据要素市场建设加速

2022 年 4 月印发的《中共中央 国务院关于加快建设全国统一大市场的意见》强调，要加快培育统一的数据市场。近段时间来，中央和各地对培育统一的数据要素市场的重要性取得新认识，在政策法规制定、地方实践探索、数据交易市场建设等方面均有所建树。

从政策法规看，2022 年 6 月，中央深改委审议通过了《关于构建数据基础制度更好发挥数据要素作用的意见》，按照中央深改委的统筹，各地不断加强政策法规体系建设，为培育全国统一的数据市场提供了政策保障。《北京市关于加快建设全球数字经济标杆城市的实施方案》提出“建设多来源支撑的数据资源库”，“支持发展联通政府、企业、个人的数据平台交易、数据银行、数据信托和数据中介服务模式”等举措；7 月实施的《重庆市数据条例》专门设立“区域协同”章节，提出“加强与其他省、自治区、直辖市数据交流合作，推动区域数据共享交换，促进数据资源有序流动”；9 月发布的《陕西省大数据条例》提出“鼓励和引导互联网企业、行业龙头企业、基础电信企业加强资源共享和数据开放”，“推动线上线下协同创新、产能共享、供应链互通”。

从地方探索看，数据经纪人、首席数据官、数据资产化等新思路新理念的落地为数据自由流动、构建全国统一数据市场创造条件。一是首批数据经纪人“持牌上岗”。2022 年 8 月 10 日，全国首批数据经纪人在广州市海珠区“持牌上岗”，促成首批数据要素市场项目成功落地。二是首席数据官模式逐步推广。2021 年以来，广东、浙江、江苏、辽宁等地陆续开展政府首席数据官制度改革试点，2022 年，绍兴市和杭州市滨江区也相继推出了首

席数据官制度；8 月，广东省工信厅发布《广东省企业首席数据官建设指南》，开始着力引导数据密集型企业设置首席数据官。三是数据资产化模式推陈出新。北京银行于 10 月 12 日成功落地全国首笔数据资产质押融资贷款，额度为 1000 万元。

从交易市场看，数据交易机构建设热情高涨，一体化的数据交易生态体系正在形成，为构建全国统一数据市场提供了平台。截至 2022 年 11 月，全国 24 个省份已成立约 40 家数据交易机构，其中 2022 年以来湖南、广东、福建、江苏、海南、河南等地新成立了 8 家。① 北京国际大数据交易所牵头成立了“北京国际数据交易联盟”，并同步建设数据要素市场中介服务体系，正在招募数据托管商和数据经纪商。上海数据交易所则打造了“全国数据交易联盟”，持续壮大数据经纪、审计、资产评估等多元主体，谋划新业态，塑造新职业。上海数据交易所已与苏州大数据交易所进行了战略合作签约，通过在数据交易服务领域开展合作，实现双方数据要素市场的互联互通。深圳数据交易所发力构建“2022 数据要素生态圈”，成员已覆盖全国 14 个省区市，首批数商达到 62 家。深圳数据交易所已与贵阳大数据交易所签署战略合作协议，将加强双方在数据标准、数据场景和数据资源等方面的对接，开启了数据互联互通的全新尝试。

（三）数字产业整体保持持续增长，前沿领域探索热度持续看涨

我国传统数字产业中电子信息制造业、软件业等保持持续增长，互联网和相关服务业总体发展稳定；人工智能、边缘计算等新兴数字产业延续高速增长；数字产业前沿创新发展，元宇宙在各行业开展探索应用。

一是电子信息制造业、软件业、互联网和相关服务业总体发展稳定。2022 年，规模以上电子信息制造业增加值同比增长 7.6%，增速分别超出工业、高技术制造业 4 个和 0.2 个百分点，电子信息制造业实现营业收入 15.4 万亿元，同比增长 5.5%；软件业务收入 10.8 万亿元，同比增长

① 数据来源：国家工业信息安全发展研究中心根据“天眼查”数据整理。

11.2%，软件业利润总额12648亿元，同比增长5.7%；规模以上互联网和相关服务业企业完成互联网业务收入14590亿元，同比下降1.1%，规模以上互联网企业共投入研发经费771.8亿元，同比增长7.7%。[①]

二是人工智能、边缘计算等新兴数字产业延续高速增长。在人工智能领域，IDC在6月的研究报告显示，2021年我国人工智能软件及应用市场规模达52.8亿美元，同比增长43.1%。在边缘计算领域，IDC《中国半年度边缘计算服务器市场（2022年上半年）跟踪报告》显示，2022年上半年，我国边缘计算服务器整体市场规模达到16.8亿美元，预计全年达到42.7亿美元，同比增长25.6%，2021~2026年我国边缘计算服务器整体市场规模年复合增长率将达到23.1%，高于全球的22.2%。

三是元宇宙在各行业的探索应用持续深入。2022年以来，各界对于元宇宙的关注热度不减，已经深入各个细分行业领域。如工业元宇宙作为元宇宙的一个子集，社会各界的讨论从“可行性”变为“如何更好落地”。第五届进博会期间展示了施耐德电气与湖北三宁化工股份有限公司合作的工业元宇宙应用，三宁化工通过将底层设备全部采用数字孪生技术建构工业元宇宙，协助企业调度和管理，实现了25%~30%的岗位融合，同时能源效率提升了5%。2022年10月，工信部工业文化发展中心牵头发起工业元宇宙协同发展组织，并发布《工业元宇宙创新发展三年行动计划（2022~2025年）》，提出力争通过3年的努力，打造100个工业元宇宙标杆应用，提供元宇宙在工业领域的高水准落地示范。总体上看，元宇宙还处在起步探索阶段，关于元宇宙与虚拟现实、数字孪生等技术的区别还未有定论，相关理论探索和实践还将持续。

（四）产业数字化转型进程加速，制造业数字化发展稳定向好

在技术发展、疫情反复的影响下，数字化转型已成为关乎生存与可持续发展的“必修课”。各行各业加快推进数字化转型，不断提升产业数字化智

---

① 数据均来自工业和信息化部网站，https://www.miit.gov.cn/gxsj/index.html。

能化水平。

一是制造业数字化转型持续深入。新一代信息技术与制造业进一步深度融合，企业数字技术应用水平显著提升。截至 2022 年底，全国工业企业关键工序数控化率、数字化研发设计工具普及率分别达到 58.6%、77%。[①] 工业互联网赋能作用显著增强，发展动力由政策驱动向企业自发需求转变，企业“自下而上”推动工业互联网平台建设与推广。工信部数据显示，截至 2022 年底，全国有影响力的平台达到 248 家，重点平台工业设备连接数超过 8000 万台（套），工业 App 数量近 30 万个，助力制造业提质降本增效。智能制造工程深入实施，发布智能制造国家标准 300 余项、国际标准 42 项，已建成 700 多个数字化车间/数字工厂，实施 305 个智能制造试点示范项目，培育了主营业务收入超 10 亿元的智能制造供应商近百家，智能制造应用规模全球领先。[②]

二是服务业数字化水平高速增长。线上消费在稳消费中发挥积极作用，商务部数据显示，2022 年全国网上零售额 13.79 万亿元，其中，实物商品网上零售额 11.96 万亿元，同比增长 6.2%，占社会消费品零售总额的比重为 27.2%。数字贸易规模持续增长，电子商务、移动支付规模全球领先。2022 年银行业金融机构共处理移动支付业务 1585.07 亿笔，金额 499.62 万亿元，同比分别增长 4.81% 和 -5.19%。[③] 数字服务深入推进，零工经济、平台经济等新业态蓬勃发展，网约车、网上外卖、数字文化、智慧旅游等市场规模不断扩大。中国互联网络信息中心（CNNIC）数据显示，截至 2022 年底，线上办公、在线旅游预定、互联网医疗用户规模分别达 5.4 亿人、4.23 亿人、3.63 亿人。

---

① 《新型工业化深入推进》，https：//mp.weixin.qq.com/s? __biz=MjM5OTUwMTc2OA==&mid=2650885235&idx=1&sn=ba168408120284a0a7760541f3cf8c67&chksm=6bc32f4f10993e39cbfa78f5d5c97c009dade81eab65bfd14fdd758b80ab5b58ebc6105c58cd&scene=27。

② 《加快制造业数字化网络化智能化发展!》，“新时代工业和信息化发展”系列新闻发布会第六场。

③ 《央行支付体系运行总体情况数据查询》，移动支付网，https：//www.mpaypass.com.cn/paymentdata/。

三是农业数字化转型稳步推进。农业生产方式进入机械化主导的新阶段，全国主要粮食作物耕种收综合机械化率均超过 85%，农机应用北斗终端超过 60 万台套，[①] 产品溯源、智能灌溉、智能温室、精准施肥等智慧农业新模式得到广泛推广。乡村信息服务体系逐步健全，累计建设运营益农信息设施 46.7 万个，为农民和新型农业经营主体提供公益服务 2.9 亿人次、开展便民服务 5.9 亿人次。[②] “互联网+”农产品出村进城带动农民增收，2022 年全国农村网络零售额达 2.17 万亿元，同比增长 3.6%，其中，农村实物商品网络零售额 1.99 万亿元，同比增长 4.9%。[③]

（五）协同监管能力大幅度提升，数字经济治理体系日益完善

2022 年 7 月，国务院办公厅发布《关于同意建立数字经济发展部际联席会议制度的函》，标志着数字经济发展部际联席会议制度正式建立，数字经济的统筹协调机制愈加完善。与此同时，各地陆续发布数字经济促进条例等政策法规，有力促进数字经济快速健康发展。在此基础上，我国在数字政府建设、新型监管模式探索以及数字经济国际合作方面取得了显著进展，数字经济治理体系持续完善。

一是数字政府发展水平稳步提升。联合国经济和社会事务部每两年发布面向全球近 200 个成员国的电子政务调查报告，最新一期报告于 2022 年 9 月发布，报告显示我国电子政务指数排名全球第 43 位，创历史新高，较 2020 年排名提升 2 位。在分项排名中在线服务位列第 13 位，显示数字政府供给侧水平不断提升。特别是 2022 年 6 月国务院发布《关于加强数字政府建设的指导意见》，对数字政府建设做出全面部署，数字政府发展走上快车道。其中，最具代表性的是“互联网+政务服务”中跨省通办能力显著提

---

① 《机械化助力秋粮颗粒归仓》，《农民日报》2022 年 11 月 16 日。

② 《关于政协第十三届全国委员会第五次会议第 00800 号提案答复摘要》，http：//www. moa. gov. cn/govpublic/SCYJJXXS/202209/t20220923_ 6411634. htm。

③ 《2022 年我国农产品网络零售增势较好》，http：//www. gov. cn/xinwen/2023-01/30/content_ 5739182. htm。

升。基于全国一体化政务服务平台，政府和企业在多方协同下有效解决了跨省通办难题。截至 2022 年 5 月，国家政务服务平台“跨省通办服务专区”已接入个人办事事项 151 个、法人办事事项 170 个，公众的获得感显著提升，面向企业的数字经济营商环境不断优化。

二是适应数字经济发展的新型监管模式持续探索。在政策法规层面，2022 年以来，河北、江苏、北京等多地陆续出台数字经济促进条例，部分地方还就条例公开征求意见，再加上 2020 年、2021 年浙江、广东、河南等地方就已出台类似条例，合计已有 10 个地方出台了数字经济相关条例或草案，为数字经济持续健康发展提供法律法规保障（见表 1）。数字经济作为一种新型经济形态，各地也在积极探索沙盒监管、触发式监管、穿透式监管等新型监管方式，以更好适应数字经济的特性和特征，如央行支持地方开展金融科技监管沙箱试点，截至 2022 年 3 月，北京、深圳、重庆三地已有 7 个创新应用项目通过测试顺利“出箱”；成都市市场监管部门开展网络交易“信用沙盒”监管试点，以推行包容审慎监管规范，试点以行政执法为抓手，进一步激发市场活力和社会创造力，为电商发展预留足够空间。

表 1　部分省份 2021~2022 年出台数字经济促进条例的相关情况

序号	省区市	立法名称	出台时间
1	北　京	《北京市数字经济促进条例》	2022 年 11 月
2	河　北	《河北省数字经济促进条例》	2022 年 5 月
3	山　西	《山西省数字经济促进条例》	2022 年 12 月
4	内蒙古	《内蒙古自治区数字经济促进条例（草案）》	2022 年 11 月
5	黑龙江	《黑龙江省促进数字经济条例（征求意见稿）》	2022 年 5 月
6	江　苏	《江苏省数字经济促进条例》	2022 年 6 月
7	浙　江	《浙江省数字经济促进条例》	2020 年 10 月
8	河　南	《河南省数字经济促进条例》	2021 年 12 月
9	湖　北	《湖北省数字经济促进办法（送审稿）》	2022 年 11 月
10	广　东	《广东省数字经济促进条例》	2021 年 7 月

资料来源：国家工业信息安全发展研究中心整理。

三是数字领域与发展中国家务实合作更加深化。我国是 2022 年金砖国家主席国，主办金砖国家领导人第十四次会晤。本届峰会我国以“构建高质量伙伴关系，共创全球发展新时代”为主题，围绕共同促进数字技术同实体经济深度融合等一系列重点领域，举办了金砖国家工业互联网与数字制造发展论坛、新工业革命伙伴关系论坛、工业创新合作大赛、未来网络创新论坛、数字金砖论坛等一系列活动，深化同金砖国家数字领域务实合作。6 月，习近平主席在全球发展高层对话会上呼吁共创普惠平衡、协调包容、合作共赢、共同繁荣的发展格局，并提出中国将在包括数字经济在内的 8 个领域与国际合作伙伴特别是发展中国家开展务实合作。11 月，国务院新闻办公室发布《携手构建网络空间命运共同体》白皮书，阐述我国互联网发展治理实践和治理理念以及构建网络空间命运共同体的中国主张。同月，商务部与泰国签署电子商务合作备忘录，泰国成为第 27 个与我国建立双边电子商务合作机制的国家。

三　问题与挑战

当前及今后一段时期，数字经济在技术、产业、人才等方面仍面临一些问题与挑战，亟须聚合资源、发挥合力破解难题。

（一）核心技术突破依然任重而道远

一是关键核心技术面临更严密的美西方封锁。2022 年以来，在核心技术领域美国及其盟友持续加大对我国的打压力度。一方面，进一步收紧关键基础软硬件和高端技术等领域技术和服务出口。10 月 7 日，美国商务部工业和安全局（BIS）宣布新的出口管制措施，从设备、技术、人才等多维度对我国半导体实施限制，并新增 31 家中国实体公司、研究机构列入未经核实清单（UVL）。10 月 21 日，美国政府对量子计算及人工智能软件等新领域探索出口管制可能性。另一方面，美国向盟友施压加大对华出口管制，构建排华“技术联盟”。10 月 27 日，美商务部高级官员表示，拜登政府预计将很快与盟友达成协议，以限制向中国出口芯片相关生产设备等。

二是信息领域核心技术与发达国家仍有较大差距。我国在集成电路、芯片等半导体行业，以及工业设计软件、人工智能深度学习系统平台、操作系统等基础技术领域，与美国等发达国家仍有较大差距。以芯片为例，2022年前10个月我国芯片进口数量为4580.2亿个，支付金额为23107.8亿元，占我国进口商品总额的15.5%，超过石油、煤炭、天然气等大宗商品，占据首要位置。

三是高效活跃的创新生态亟待完善。近年来我国在前沿基础研究领域取得长足发展，但关键领域基础科学源头创新供给和支撑不足，具有国际影响力的重大原创成果偏少。首先，基础研究领域投入以政府资金为主，占比达90%，企业对基础研究重视不足，投入较少。其次，核心技术商用生态尚未建立，成果转化效率不足，部分科技成果止步于实验室与样机阶段。最后，长期从事基础理论研究的人才队伍不够稳定，在开放共享、人才流动、人才稳定、人才激励等方面存在进一步提升空间。

（二）数字产业供应链安全隐患突出

一是美国及其盟友对我国数字产业实施更精准"围剿"。中美之间大国博弈持续升级，利益脱钩不断深化。2022年8月，美国出台《芯片与科学法案》，将联手日本、韩国以及中国台湾地区组建"四方芯片联盟"（Chip4），构建围堵中国的"封锁线"，试图将中国集成电路产业孤立在全球供应链体系之外。我国数字产业供应链仍存在不稳定、不安全的隐患，自主应用生态亟待形成规模化效应。

二是全球性芯片供应紧张短期内难以明显缓解。中美贸易、科技争端叠加新冠疫情和俄乌紧张局势，导致全球芯片产业链供应链反复受到冲击，半导体芯片短缺仍将继续对汽车制造产生影响。2022年11月8日，长安汽车股份有限公司董事长朱华荣表示，缺芯、电池原材料短缺等已导致长安汽车在2022年损失60.6万辆产能。此前，长城欧拉黑猫、白猫等多款电动车由于芯片短缺、成本提升等原因停产。

三是芯片半导体产业链供应链外移风险加大。一方面，美欧加速芯片半导体产业回流。美国政府积极将美国半导体产业迁至美国本土，2022年8月出台《芯片与科学法案》，拒绝英特尔公司在中国扩大生产计划等，极力推动芯片半导体制造业回流。欧盟也于2022年2月公布了欧版芯片法案，确定提供450亿欧元扶持欧洲本土芯片企业。另一方面，我国市场份额被越南等东南亚国家替代。例如，苹果正在加速其供应链移出中国计划，2022年6月，苹果公司首次将部分平板电脑移出中国至越南。近年来，富士康也积极向越南、印度等地投资建厂，表示将投入3亿美元在越南建立生产工厂。

（三）产业互联网规模化应用仍不足

从供给看，供给方提供的解决方案适用性不足。企业对数字化转型的需求往往是系统性的，涉及多个领域，是包括网络、数据、应用和服务等在内的综合性解决方案。但是，当前工业互联网平台提供的服务以单点供给为主，没有一家平台能够独立提供“云基础设施+终端连接+数据分析+应用服务”端到端的解决方案，而且不同工业互联网平台缺乏协同合作，难以为企业提供由集成供应商、政府机构、资金提供方、技术提供方等多方共同组成的解决方案。

从需求看，企业对“上平台、用平台”持观望态度。工业互联网平台对工业企业来说是新生事物，尚缺乏应用平台开展数字化转型的实践经验和有效路径，平台应用价值仍不清晰，企业对平台信息安全、网络安全、数据隐私性的信心不足，对“上平台、用平台”还持观望态度，尤其是广大中小企业。截至2022年上半年，全国工业互联网平台应用普及率为19.9%，企业工业设备上云率为16.7%。

从生态看，工业互联网汇聚的资源要素不够丰富。工业互联网生态体系主要集中在技术服务商和工业企业间的供需匹配，政府机构和行业协会、金融机构等主体未能较好地融入生态，难以发挥自身的价值助力企业数字化转型升级。平台服务商汇聚的软件、硬件、解决方案等各类服务商数量不足且参差不齐，缺乏规范化、专业化的服务支撑，难以满足企业数字化转型的个性化需求。

（四）数字经济人才供需矛盾逐渐显现

一方面，高端数字人才仍然缺乏。我国是技工大国，截至 2021 年底，全国技术人才总量已超过 2 亿人。但高端数字人才供给不足。以人工智能、网络安全、芯片等领域人才为例，人社部发布的《人工智能工程技术人员就业景气现状分析报告》指出，经测算我国人工智能人才缺口超过 500 万，国内的供需比例为 1∶10，供需比例严重失衡；2022 年 9 月发布的《网络安全人才实战能力白皮书》预计，到 2027 年我国网络安全人员缺口将达 327 万，而高校人才培养规模为 3 万/年，许多行业面临网络安全人才缺失的困境。2021 年，我国国内芯片设计企业的数量增长到了 2810 家，较 2020 年增长了 26. 7%（592 家），高端芯片设计工程师需求量大增。

另一方面，产业数字化转型人才尚待补足。近 10 年来我国职业教育专业更新幅度超过 70%，但我国产业数字化人才培育体系仍需持续优化，以应对数字化转型产生的新职业和工业互联网、数字孪生等领域人才需求激增的压力。据《经济参考报》报道，2019~2021 年我国工业互联网人才需求三年翻了三番，预计 2023 年需求总量将达 235. 5 万人。2022 年 10 月，智联招聘发布的《十大前沿数字技术人才发展报告》指出，2022 年 1~8 月，十大前沿数字技术中，数字孪生领域技术岗位招聘规模同比增速最高，达 252. 5%。2022 年 9 月审议通过的新版《中华人民共和国职业分类大典（2022 年版）》中首次增加“数字职业”标识，共标识数字职业 97 个，包括智能制造、工业互联网、机器人等。把相关数字职业特别是诸多产业数字化转型相关职业列入职业大典是人才培养的关键一步，后续还需进一步完善标准、培训、认证等全流程人才培养体系。

（五）地方发展路径尚在探索过程中

一是相当比例的企业、部门、人员缺乏互联网、大数据思维，用常规思维看待数字经济。比如，许多地方领导干部仍以传统经济思维发展数字经济，对数字经济的趋势和规律把握不足，难以找到适合的发展方向、发展重点和实施路径。企业对数字化转型的重要性和规律性认识不足，普遍存在重硬件轻软件、重生产轻服务、重规模轻质量的观念，导致数据价值难以充分释放。

二是对数字经济相关政策工具的创新和运用能力不足。数字经济作为一种新型经济形态，具有其独特性，对于核心技术如何攻关、数据要素市场如何建设、技术引发的伦理问题如何治理、新模式新业态如何监管等方面，各地表现得明显力不从心，地方尚未形成较为成熟的可示范推广的数字经济发展模式。

三是区域数字经济发展水平差距明显。国家工业信息安全发展研究中心《全国数字经济发展指数（2021）》显示，截至 2021 年 12 月，东部、中部、西部、东北地区数字经济发展指数分别为 167. 8、115. 3、102. 5 和 103. 0，数字经济发展不平衡现象仍然存在。全国共计 12 个省（自治区、直辖市）数字经济发展指数高于全国平均水平（126. 1），其中，75. 0% 为东部地区省份，东部地区省份成为带动全国数字经济发展的中坚力量；16. 7% 为西部地区省份，部分省份已初步实现数字经济“换道超车”；8. 3% 为中部地区省份，数字经济发展潜力还有待进一步释放；东北地区省份得分均低于平均分，亟须发挥自身资源禀赋，找到数字时代的经济增长方式和路径。

四　发展趋势

面向未来，在政府大力支持和企业等各方的密切配合下，数字经济发展将更加蹄疾步稳，数据要素市场发展模式将取得新突破，数字经济产业集群发展态势更加明显，中小企业将加速推进数字化转型进程，互联网企业将成为科技创新的关键力量。

（一）数据要素市场发展模式将取得新突破

2022 年以来，数据要素的采集存储、开放共享、交易流通等各环节均形成了一些新的发展趋势，有力地拓展了我国数据要素市场的发展模式。

一是企业数据治理日趋体系化，赋能数据采集存储。各级政府主管部门通过实施方案、给予财政补贴等方式积极推广《数据管理能力成熟度评估模型》（DCMM），帮助企业提升数据治理水平。截至2022年8月底，中国电子信息行业联合会已公布了16批参评企业，共计329家。其中二级企业共201家（占比61.1%），三级企业共93家（占比28.3%），四级企业共28家（占比8.5%），五级企业3家。预计到2025年底，将推动超过10000家企业完成贯标。预计未来，DCMM贯标将帮助企业持续完善数据管理组织、程序和制度，充分发挥数据在促进企业向信息化、数字化、智能化发展方面的价值。

二是数据空间模式走向应用，激发数据开放共享。数据空间（Data Space）是通过标准化的通信接口、统一的连接与交互网络等架构设计，实现数据可信流通的整体技术设施。2022年以来，广东省政务服务数据管理局通过构建“个人数字空间”“法人数字空间”创造政务数据开放共享的安全环境；东方电气、华控清交等企业在机床生产、质量检测等领域纷纷落地了数据空间项目，为企业数据传输和技术合作提供信任基础。预计未来，数据空间将为个人数据的携带、授权、存证、溯源等提供安全服务，为企业数据的开放、共享、流通、应用等建立信任机制，有望成为数据流通应用的新范式。

三是数据登记逐步受到重视，规范数据交易流通。数据登记是指对数据的来源、类型、质量、价值、应用场景等各类属性进行登记，数据登记是数据定价、交易、结算、交付的基础，是数据要素市场化机制建设的“根节点”。当前，政策层面上，贵州省、广东省、山东省、河南省等地政府通过发布指导意见、实施方案、数据条例等形式，鼓励各方在数据登记方面进行积极探索。产业层面上，山东数据交易中心、北京国际大数据交易所、上海数据交易所等数据交易机构均已经或正在建设专门的数据登记平台或登记中心，对提升数据要素供给量、规范数据交易流通、活跃数据产业起到了积极促进作用。预计未来，数据要素登记将会像土地、劳动力、资本、技术等生产要素的登记一样，由国家专门成立机构统筹推进，为数据要素权属的确立、价值的评估、交易的开展提供根本保障。

（二）数字经济产业集群发展态势越加明显

我国数字经济产业集群发展态势越加明显，业已形成声谷、视谷、光谷、数谷等典型数字产业集群，传统产业数字化虚拟集群加速涌现。

一方面，我国数字产业集群加速崛起，已形成声谷、视谷、光谷、数谷四谷并进态势。科大讯飞打造的合肥智能语音产业集群“中国声谷”，2021 年实现主营业务收入 1378 亿元，入园企业达 1423 家，连续 5 年产值、企业数量增长率均超过 30%。大华科技和海康威视领军的杭州数字安防产业集群“中国视谷”，2021 年核心产业实现营业收入 2720.8 亿元，同比增长 17.2%，带动全市 4322 家数字安防产业创新企业共同成长，包揽视频监控产品 DVR、摄像机等产销全球前两位，市场占有率超过 50%。以长飞光纤、华工科技等企业为代表的武汉光电子信息产业集群形成“中国光谷”，近 3 年累计投资超过 2000 亿元，汇集光电子企业超过 1.5 万家。贵阳、贵安新区共同创建国家级大数据产业发展集聚区形成“中国数谷”，贵阳大数据企业已突破 5000 家，过去 5 年，软件和信息技术服务业收入年均增长 38.7%。

另一方面，传统产业集群数字化跨越物理边界，虚拟产业集群加速涌现。在虚拟产业集群中，传统的“地理接近”被“组织接近”取代，随着新一代信息技术的应用，数据成为关键生产要素，削弱了产业集群发展中地理邻近性的作用，促进了跨越物理边界的“虚拟”产业园和产业集群在我国的快速发展。小米集团通过集团工业设计平台、物联网云平台、供应链平台、质量控制平台、销售平台向生态链延伸，遍布京津冀、长三角、珠三角以及川渝、湖北等地 100 多家生态链企业，在设计、研发、采购、制造、质量、销售等领域协同创新，创造了上百款用户追捧的“爆品”。截至 2022 年 11 月，米家开放生态平台上的企业开发团队超过 4000 家。传统产业数字化虚拟集群，形成订单协同、生产协同、质量协同、库存协同及服务协同等，数字化对接并形成业务协同闭环，助力产业链供应链稳链强链。

（三）中小企业将加速推进数字化转型进程

中小企业贡献了50%以上的税收、60%以上的GDP、70%以上的技术创新、80%以上的城镇劳动力就业和90%以上的企业数量，是我国国民经济和社会发展的“生力军”，在政策支持、平台助力、标杆引领多重利好因素影响下，中小企业数字化转型有望再提速。

一是中小企业数字化转型迎来密集政策利好。“十四五”时期，工信部将实施中小企业数字化促进工程，到2022年底，组织100家以上工业互联网平台和数字化转型服务商为10万家以上中小企业提供数字化转型服务，推动10万家中小企业业务上云。工信部于2022年11月发布《中小企业数字化转型指南》，为中小企业明确数字化转型路径。江苏、黑龙江、甘肃等地从资金、服务等方面加大扶持力度，加快培育工业互联网平台，为中小企业数字化转型提供支撑。

二是工业互联网助力中小企业降本增效。近年来，我国工业互联网快速发展，为中小企业数字化转型提供有力支撑。工业互联网产业联盟调查数据显示，工业互联网在中小企业应用的普及率近年来持续走高，近两年提升近5个百分点，83%的企业表示应用工业互联网后生产经营效率明显提升。

三是大企业引领带动中小企业“链式”数字化转型。聚焦中小企业数字化转型实际需求，大型企业纷纷为中小企业匹配产品和服务，成为推动中小企业数字化转型的重要发力点。例如，“360企业安全云”面向中小微企业免费开放，并上线软件服务平台，解决企业普遍的网络安全问题；联想集团推出中小企业一站式数字化服务平台，为中小企业提供“软件+硬件+服务+平台”一站式整合交付；华为推出70多个“小而美”方案，助力中小企业“上好云、用好云”。

（四）数字技术创新深度助力其他领域发展

经过多年发展和疫情催化，数字技术创新已不再局限于自身发展和演进，而是与传统制造、生命科学等其他领域深度融合，带动各行各业创新与颠覆。值此变局之中，我国以互联网企业为代表的各类创新主体也加大研发投入，积极推进国际化进程，助力我国各领域生产力提升和创新发展。

一是数字技术带动自然科学等其他领域研究取得新突破。2021 年 7 月，谷歌旗下 DeepMind 公司公开了 AlphaFold2，该软件可以根据基因序列预测蛋白质的 3D 形状，并成功预测了人体几乎所有的蛋白质结构，人工智能开始攻克生物科学和医学领域的重大难题。2022 年，AlphaFold 又进一步破解了迄今为止科学编目的几乎所有蛋白质结构，将推动抗击疟疾、抗生素耐药性等领域的研究，并加快新药研发。新冠疫情深化了人们对数字技术在生产生活中应用的认识。后疫情时代，建立在超级计算、人工智能和数字化生产基础上的数字时代创新浪潮，将加速颠覆生物、医药、制造等各行各业，引领世界生产力大幅提升和世界经济复苏与增长的创新浪潮。

二是互联网企业成为我国数字技术创新的重要力量。2022 年，我国规模以上互联网企业共投入研发经费 771. 8 亿元，同比增长 7. 7%，增速较上年提高 2. 7 个百分点。全国工商业联合会《2022 研发投入前 1000 家民营企业创新状况报告》数据显示，分行业看，前 1000 家民营企业中研发投入排名前二的行业分别为计算机、通信和其他电子设备制造业，研发费用总额 2578 亿元；互联网和相关服务业，研发费用总额 2140 亿元。从企业看，华为以 1427 亿元研发费用居民营企业榜首，研发经费投入强度达到 22. 41%；阿里巴巴排名第二，研发投入为 578 亿元，投入强度 6. 91%；腾讯研发费用 519 亿元，位居第三，研发费用投入强度 9. 26%，且均较上年有所上涨，互联网企业已经成为我国研发投入的关键力量。当前，阿里巴巴达摩院已与中国科学技术大学合作，挂牌成立“中国科大—阿里巴巴智能计算联合实验室”，发挥产研合作优势，打造新型创新主体，进一步强化科研创新力量。面对日新月异的市场环境，下一步我国互联网企业仍将持续加大技术研发和人才培养力度，抢占新科技革命和产业变革先机。

三是平台企业国际化引领能力进一步提升。2022 年中央经济工作会议强调要“支持平台企业在引领发展、创造就业、国际竞争中大显身手”。经过多年发展，我国互联网企业出海已经实现了从“模仿”到“被模仿”的历史性转身，向全球输出了移动支付、小程序、短视频等一系列创新模式，正向世界递出一张张“中国名片”。联合国贸发会议最新数据显示，2019 年至今，全球可数字交付服务出口增长 15.9%，同期我国可数字交付服务出口增长 35.7%，排名从全球第 8 位上升至第 5 位，超过了荷兰、法国和印度。在政策的支持和指导下，我国互联网企业将继续积极探索国际化道路，向外输出中国创新，提升我国数字经济国际竞争力。

五　发展建议

下一步，我们要深入贯彻落实党的二十大会议精神和习近平总书记对数字经济的重要论述，全面激发数据要素潜能，着力引导数字产业集群高质量发展，推动数字经济和实体经济深度融合，鼓励互联网企业加大科技创新力度，优化数字经济人才培养和保障体系，进一步引导地方数字经济开展探索实践。

（一）加快建立全国统一的数据要素市场

一是推进数据登记立法，建立统一登记平台。数据要素登记工作是摸清我国数据资源底数的前提，是数据定价、交易、结算、交付的基础，是发挥数据作为生产要素价值的根本保障，应通过立法引领和平台建设等形式统筹推进。应探索制定《数据要素登记管理办法》，引导数据登记工作妥善开展，明确登记机构的性质及其服务职责，规范登记的流程和权属界定的标准。探索建设全国统一数据登记平台和区域级子平台，实现平台跨组织、跨系统、跨层级、跨区域、跨领域的互联互通互操作，摸清我国数据资源家底，形成数据清单，实现数据要素“一地登记，全国共享”。

二是完善数据互操作基础设施，促进数据要素开放共享流通。数据要素高质量发展需要以大范围、高效率、低成本、安全可控的流通设施网络为支撑。建议一体化设计、适时启动、分阶段建设国家数据要素互操作基础设施。首先，建设国家、城市群、城市三级数据安全存储关键基础设施，全面提升数据流通软硬件自主创新能力水平，实现国家核心数据、重要数据的可信归集和安全存储。其次，借鉴欧盟 Gaia-X 等数据云基础设施做法，研究开发我国的分布式数据操作系统，打造国际领先的分布式数据操作系统生态，形成数据要素市场的核心枢纽，构建可信数据开放、共享、流通环境。最后，建设多级数据要素流通网络，面向数据赋能数字经济发展需求，打造场内交易和场外交易共同发展的要素流通格局，打破数据要素流通壁垒、降低数据要素使用成本。

三是提升数据生产效能，激发数据要素活力。提升数据管理能力，围绕数据全生命周期，通过质量监控、诊断评估、清洗修复、数据维护等方式，提高数据质量。完善数据管理能力评估体系，推广《数据管理能力成熟度评估模型》（DCMM）国家标准贯标。加强技术创新，支持隐私计算、区块链、数据水印等数据交易的相关技术研发创新、标准完善和应用推广，探索数据多元应用场景，更大范围地释放数据价值。强化数据服务质量，加快培育数据经纪、合规认证、安全审计、资产评估等数据服务商，提升数据要素效能。

（二）着力引导数字产业集群高质量发展

一是统筹规划数字产业集群的发展重点、发展模式。加快推动创新密度高、市场潜力大的产业集群化发展，如 5G、集成电路、智能网联汽车、工业机器人、基础软件、工业软件等，突出关键核心技术攻关、共性技术突破。增强本土产业链供应链竞争力，形成全局带动效应，推动构建大企业引领、中小企业协同、创新企业不断涌现的发展格局，打造世界级“灯塔工厂”。分阶段、分领域推动数字经济园区建设，积聚人才、技术和数据等各类要素，形成一批具有国际竞争力的引领型新兴数字产业集群。

二是强化区域间数字产业集群协同发展。推动数字产业原生型集群、优势型集群、领军型集群梯次发展，充分发挥数字产业集群集聚中心区域的辐射带动作用，深化数字产业集群发展的区域合作机制和互助机制，促进数字产业集群的发展质量与区域联动，统筹区域之间的数字产业集群协同协调发展。

三是完善促进数字产业集群发展的保障体系。建立产业竞争力评估分析模型，根据评估分析采取差异化政策措施，保障不同集群健康发展。建立技术创新中心、技术市场等中介机构，促进集群企业的交流互动。在加大市场监管力度的同时推动实施数字产业集群营商环境优化与创新能力提升等工程，为数字产业集群发展提供环境保障。

（三）推进数字经济和实体经济深度融合

一是探索工业互联网规模发展路径。创新平台赋能新方法新机制，强化政产学研用深度融合，推动服务商与企业深度合作，促进远程现场、机器视觉等应用场景全面融入关键生产环节。建立工业数据合作机制与数据共享模式，推动构建工业数据分类和合作机制，推动重点行业和区域的工业数据空间构建。发挥央企、国企等大型“链主”企业的辐射效能，带动产业链上下游中小企业上云上平台，支持各级政府通过政府购买服务等方式力促中小企业应用平台发展。

二是加大中小企业数字化转型支持。深入开展中小企业数字化转型行动，鼓励出台具有地方特色、行业特点的细化支持政策措施，加大中小企业数字化转型支持。鼓励龙头企业释放部分市场需求，面向中小企业采购零部件、原材料、半成品等，推动更多企业进入龙头企业供应链，促进中小企业沿着“专精特新”的方向发展。依托科研机构、行业协会等组织，定期开展中小企业数字化转型进展评估，组织发布数字化转型典型案例，带动更多中小企业数字化转型。

三是完善数字化转型服务体系。依托工业互联网园区、数字经济园区等载体，布局建设一批数字化转型促进中心、公共服务平台，面向传统产业特别是中小企业提供数字化赋能、智能化改造等公共服务。培育优质数字化解决方案提供商，支持引导数字化转型领先企业向赋能者转变，结合市场需求推出多样化数字化转型服务和产品。健全数字化转型人才培养体系，深化产教融合、产融合作，鼓励金融机构定向开放面向企业数字化转型的金融服务产品。

（四）激发数字经济各类主体的创新活力

一是推动创新政策扎实落地。推动研发费用加计扣除、高新技术企业税收优惠、科技创业孵化载体税收优惠、技术交易税收优惠等普惠性政策扎实落地，进一步放大支持创新政策效应。健全各类创新主体获得创新资源的公平性和便利性措施，形成“创新不问出身”的政策环境。引导企业围绕国家需求开展技术创新，探索政府和社会资本合作开展关键核心技术攻关。

二是鼓励各类创新主体加大人才培育和引进力度。推动企业等创新主体招收更多高水平科技人才，扩大企业博士后招收规模，鼓励企业吸引更多海外博士后。国家科技人才计划应加强对企业、新型研究院所等科技领军人才和重点领域创新团队的支持。加大高等教育中的国际化人才培养力度，探索多元化的国际化人才培养新模式，推进“外语+”人才培养，实现现有专业人才、外语人才向国际化人才转型。

三是助力互联网企业“走出去”。紧跟我国领导人出访步伐，在出访期间支持互联网企业同相关政府与机构签署合作协议，开展经贸活动，助力宣传中国企业与中国产品。完善企业出海服务，通过外交和协会等多种渠道向企业提供国外市场、法律、社会等信息及相关咨询服务。建立和完善外国企业商会制度，促进出海企业间的交流合作，引导互联网企业和产业链上下游企业抱团出海，提高整体竞争力。

（五）优化数字经济人才培养和保障体系

一是强化高端数字人才培养。完善数字创新人才培养机制，加强数字化领域创新团队培养建设工作，发挥科研机构、研究型大学、科技企业的先导作用，整合各类要素资源，建立联合培养机制，着力培养大批具有突出技术创新能力、善于解决复杂工程问题的数字领域工程师队伍，培养顶尖数字技能人才，加快形成数字技能人才的雁阵格局。

二是依托人才能力图谱开展针对性培训。针对当前首席数字官、首席信息安全官、首席数据官、数据架构师、云计算架构师、人工智能和产业数字化等人才缺口，瞄准产业发展现状和未来技术趋势，绘制数字经济人才能力图谱。根据图谱完善数字技能人才培训体系，培养复合型、创新型数字技能人才。探索产教融合新教育模式，打造职业院校与用人单位高度协同、推动与社会支持相互结合的数字技能人才职业培训体系。加快数字技能人才培训基地、公共实训基地等技能人才服务平台建设，推行工学结合、校企合作的数字技能人才培养模式，探索新型职业培训包教学。

三是完善对数字技能人才的基本保障。对创新型数字技能领军人才实行人才梯队配套、科研条件配套、管理机制配套的特殊政策。完善人才激励机制，依托数字化平台探索构建充分体现知识、技术等创新要素价值的收益分配机制。针对兼职类数字技能人才收入不稳定的特征，推动建立多层次社会保险体系，推进社会保险法定人员全覆盖，维护各类数字技能人才的合法权益。

（六）进一步引导地方数字经济实践探索

一是着力提升领导干部、公务员和企业管理者数字经济思维能力和素质。开展数字经济专题培训、数字经济健康发展全国深度行和相关会议论坛及调研等系列活动，宣讲数字经济政策规划、各细分领域发展情况、新技术新产业新模式等内容，加深各方对数字经济的认识和理解，增强地方发展数字经济的本领。

二是加大数字经济政策研究和创新力度。围绕数据要素、数字产业集群、数字经济和实体经济融合等重点领域研究推出一批政策措施。探索数据沙箱、监管沙盒、触发式监管等新型监管方式，充实数字经济政策工具箱。加强数字经济立法研究，总结地方数字经济促进条例、数据条例等立法实践，加快推进国家数字经济立法进程。

三是持续开展数字经济发展水平评估和规模测度。针对不同区域、不同行业开展数字经济发展水平评估和监测，积极对标国际评估实践，完善我国数字经济发展水平评价指标体系，以评促建、以评促用、以评促发展，通过评估进一步明晰地方数字经济发展重点和发展路径。持续开展数字经济规模测度，开发既具国际可比性又符合我国发展实际的测度方法，推动数字经济不断做强做优做大。

参考文献

国际数据公司（IDC）:《中国半年度边缘计算服务器市场（2022 年上半年）跟踪报告》，2022 年 10 月。

国际数据公司（IDC）:《2021 年人工智能市场份额发布——市场格局震荡，终局远未到来》，2022 年 6 月。

钟力、唐会芳、王雨薇:《用隐私计算技术实现数据出境合规利用》，《中国信息安全》2022 年第 3 期。

陈思、马其家:《数据跨境流动监管协调的中国路径》，《中国流通经济》2022 年第 9 期。

中华全国工商业联合会:《2022 研发投入前 1000 家民营企业创新状况报告》，2022 年 9 月。

国际电信联盟（ITU）:《衡量数字发展：2022 年事实和数据》，2022 年 11 月。

智联招聘:《十大前沿数字技术人才发展报告》，2022 年 10 月。

埃森哲:《2022 中国企业数字化转型指数》，2022 年 10 月。

腾讯研究院:《中小企业数字化转型发展报告（2022 版）》，2022 年 9 月。

中国互联网络信息中心（CNNIC）:《第 51 次中国互联网络发展状况统计报告》，2023 年 3 月。

中国台湾 104 人力银行:《半导体人才白皮书》，2022 年 8 月。

B.2

中国数字经济发展指数报告（2022）

王梦梓　赵令锐　陈耿宇*

摘　要：　本研究立足我国数字经济发展特色，以数字产业化、产业数字化、数字化治理三个方面为分析视角，构建“数字经济发展指数”指标体系，利用官方及企业数据，对我国整体及31个省（自治区、直辖市）的数字经济发展水平进行分析评价。结果显示，截至2021年12月，全国数字经济发展指数为130.9，环比增长2.4%，同比增长15.3%，数字经济持续稳步提升。一级指标数字产业化、产业数字化、数字化治理指数分别为55.8、62.6和12.5，分别同比增长28.3%、4.5%和23.8%。2021年，5G和千兆宽带建设呈现爆发式增长，5G基站数和千兆宽带用户数分别同比增长98.5%、440%，对整体数字经济发展指数拉动提升作用明显。

关键词：　数字经济发展指数　数字产业化　产业数字化　数字化治理

数字经济正在成为重组全球要素资源、重塑全球经济结构、改变全球竞争格局的重要力量。党中央、国务院高度重视发展数字经济。2021年10月，习近平总书记在十九届中共中央政治局第三十四次集体学习时强调，把

* 王梦梓，博士，国家工业信息安全发展研究中心信息政策所数字经济研究室工程师，主要研究方向为数字经济测度、数字贸易；赵令锐，博士，国家工业信息安全发展研究中心信息政策所助理研究员，主要研究方向为数字化转型、数字经济测度、数据产权等；陈耿宇，国家工业信息安全发展研究中心信息政策所数字经济研究室助理工程师，主要研究方向为数字经济测度、数字产业。

握数字经济发展趋势和规律，推动我国数字经济健康发展。2022 年 5 月，全国政协召开“推动数字经济持续健康发展”专题协商会。

国家工业信息安全发展研究中心（简称“中心”）自 2019 年构建“数字经济测度工具箱”（简称“工具箱”）以来，已连续 4 年开展数字经济测度研究，并发布全国以及长三角、京津冀等系列数字经济发展水平评价报告。2022 年，中心在“工具箱”基础上精简了一级、二级、三级指标，补充了四级指标，形成“数字经济发展指数”指标体系，并首次实现全国数字经济发展指数以月度频率更新。本报告基于“数字经济发展指数”指标体系，对全国及 31 个省（自治区、直辖市）的数字经济发展水平进行分析评价，以期为我国数字经济健康发展提供数据支撑。

一　“数字经济发展指数”指标体系

此次推出的“数字经济发展指数”，结合我国数字经济发展特色，以数字产业化、产业数字化、数字化治理三个方面为分析视角，坚持科学性、前瞻性、可比性、可操作性原则，形成一组有机关联的指标体系，包括 3 个一级指标、9 个二级指标、34 个三级指标，如图 1 所示。指标体系选择国家及地方工信、统计、商务、海关等机构的官方权威数据，以及两化融合公共服务平台上 22 余万家企业调查问卷数据、万得数据等为数据来源，通过综合运用德尔菲法、主成分分析法等方法确定各项指标权重，并运用逐级加权方法计算和评价我国整体及 31 个省（自治区、直辖市）数字经济发展水平。

（一）数字产业化

数字产业化是以数据为核心，围绕数据采集、传输、开发、服务等开展的经济活动。该一级指标从数字基础设施、新兴数字产业、传统数字产业三个维度展开，其中，数字基础设施包括固定宽带、移动宽带、5G、数据中心、数字人才等 5 项三级指标；新兴数字产业包括云计算、大数据、物联网、

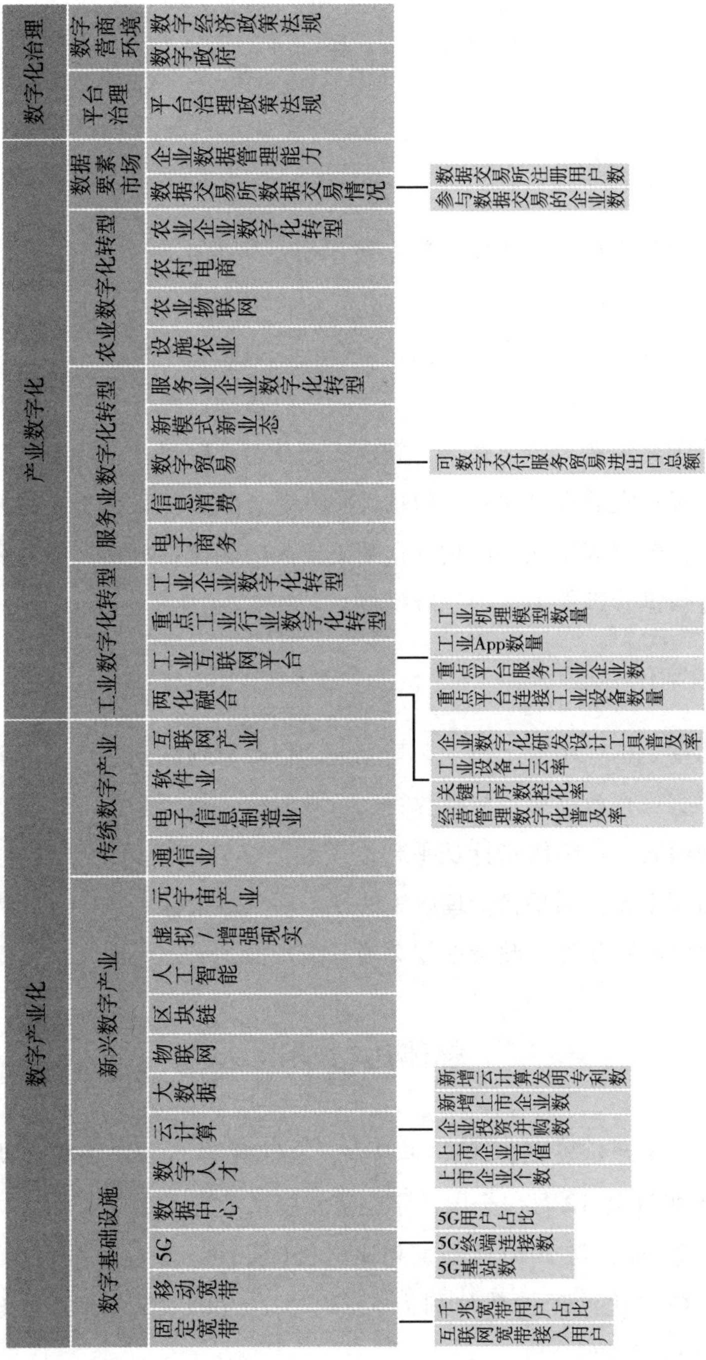

图 1 “数字经济发展指数”指标体系

资料来源：国家工业信息安全发展研究中心。

区块链、人工智能、虚拟/增强现实、元宇宙产业等 7 项三级指标；传统数字产业包括通信业、电子信息制造业、软件业、互联网产业等 4 项三级指标。

（二）产业数字化

产业数字化是指传统产业应用数字技术所带来的生产质量和效率提升，该一级指标从工业、服务业、农业数字化转型，以及数据要素市场四个维度展开。其中，工业数字化转型包括两化融合、工业互联网平台、重点工业行业数字化转型和工业企业数字化转型等 4 项三级指标；服务业数字化转型包括电子商务、信息消费、数字贸易、新模式新业态和服务业企业数字化转型等 5 项三级指标；农业数字化转型包括设施农业、农业物联网、农村电商和农业企业数字化转型等 4 项三级指标；数据要素市场包括数据交易所数据交易情况和企业数据管理能力 2 项三级指标。

（三）数字化治理

数字化治理是指运用数字技术，建立健全行政管理的制度体系，创新服务监管方式，实现行政决策、行政执行、行政组织、行政监督等体制更加优化的新型治理模式。该一级指标从平台治理和数字营商环境两个维度展开，其中，平台治理主要包括平台治理政策法规 1 项三级指标；数字营商环境主要包括数字政府和数字经济政策法规 2 项三级指标。

二　总体运行情况

基于指标体系评价发现，2016 年以来，全国数字经济发展指数持续稳步提升。截至 2021 年 12 月，全国数字经济发展指数为 130.9（见图 2），与上月相比增长 2.4%，与 2020 年同期相比增长 15.3%。其中，数字产业化、产业数字化、数字化治理指数分别为 55.8、62.6 和 12.5，分别同比增长 28.3%、4.5%和 23.8%。

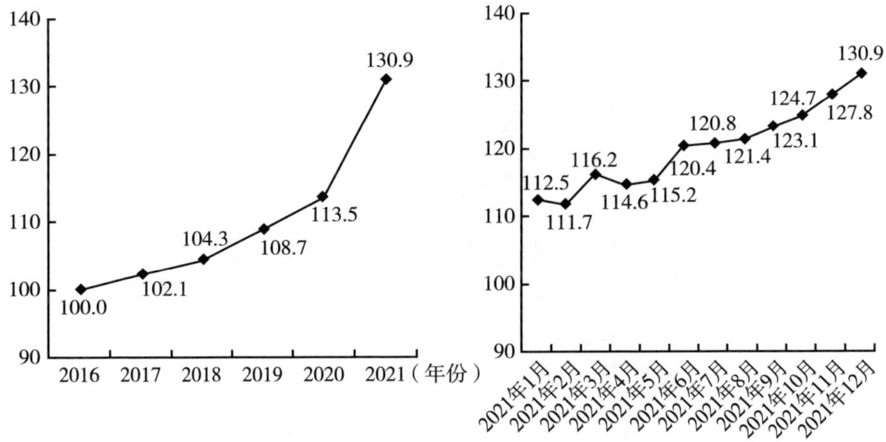

a.2016~2021年数字经济发展指数　　b.2021年1~12月数字经济发展指数

图 2　数字经济发展指数走势

资料来源：国家工业信息安全发展研究中心。

从近五年变化来看，全国数字经济发展指数 2021 年增速达到 15.3%，高于五年平均增速 5.5%。指数在 2021 年的高速增长主要受益于数字产业化的快速提升，特别是在数字基础设施领域，5G 和千兆宽带建设快速增长，统计数据显示，5G 基站数、千兆宽带用户数分别同比增长 98.5%、440%，对指数拉动提升作用明显。从分领域贡献度来看，数字产业化、产业数字化、数字化治理对总指数的贡献度分别为 42.6%、47.8%和 9.6%，产业数字化贡献了指数的最大份额（见图 3），工业、服务业、农业数字化转型领域的各细分指标均呈现稳健增长的态势。

需要特别指出的是，本研究采用多指标综合评价法构建起数字经济发展指数。从结果上看，5G、千兆光纤等剧烈变化的个体指标对总指数的影响较大，而两化融合、工业互联网平台等稳健增长的个体指标对总指数的影响容易被覆盖，难以得到体现，但并不意味着这些领域对数字经济整体作用有限，当前，产业数字化仍然是数字经济发展的主战场。

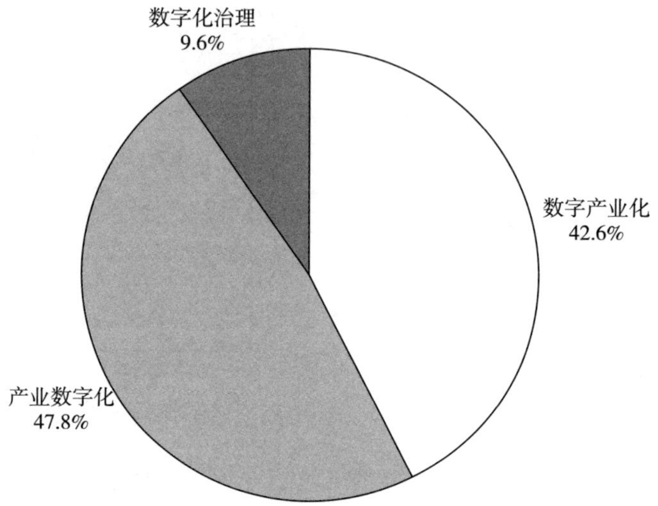

图 3　2021 年数字经济发展指数一级指标对总指数的贡献度

资料来源：国家工业信息安全发展研究中心。

三　分领域运行情况

（一）数字产业化指数快速增长，数字基础设施呈现高增长态势

截至 2021 年 12 月，数字产业化指数为 55.8，下属二级指标数字基础设施、新兴数字产业、传统数字产业指数分别为 24.4、18.6 和 12.8，与上年同期相比增长 57.4%、11.4%和 13.3%（见图 4、图 5）。其中，数字基础设施增长最为迅速，2019 年是 5G 商用元年和千兆宽带部署元年，经过 2020 年稳步提升之后，2021 年呈现爆发式增长，带动数字基础设施指数增速比 2020 年提高 55.4 个百分点。

新兴数字产业主要由云计算、大数据、物联网、区块链、人工智能、虚拟/增强现实、元宇宙产业等新一代信息技术产业相关指标构成。从数据上看，人工智能和元宇宙产业指数增长较快。2021 年，新增人工智能发明专利

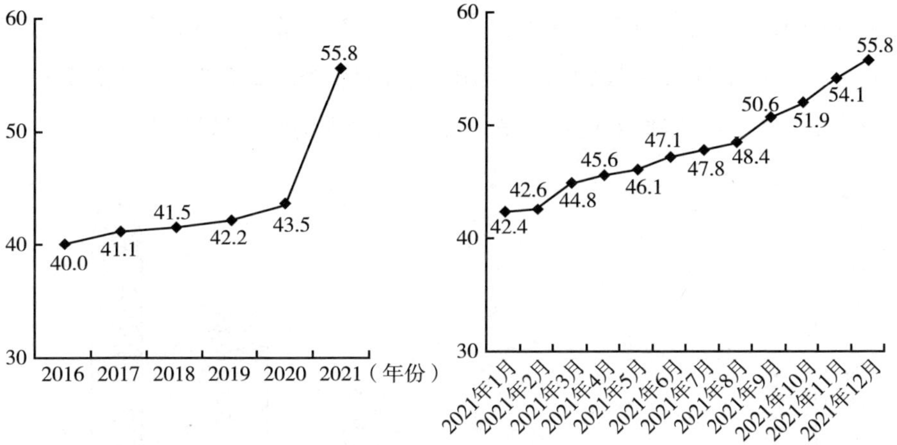

a.2016~2021年数字产业化发展指数　　b.2021年1~12月数字产业化发展指数

图 4　数字产业化发展指数走势

资料来源：国家工业信息安全发展研究中心。

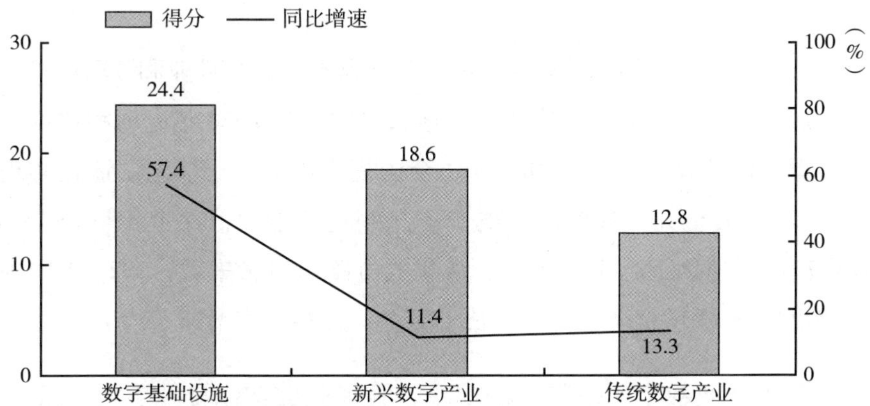

图 5　2021 年数字产业化二级指标得分及同比增速

资料来源：国家工业信息安全发展研究中心。

数18794件，与2020年相比增长52.7%（见图6）①，人工智能产业指数与上年同期相比增长13.6%；元宇宙产业在2021年备受资本青睐，截至2021年底，投融资事件数和投融资完成额分别同比增长276.9%和712.5%，元宇宙产业指数同比增长高达48.1%，是增幅最大的新兴数字产业。

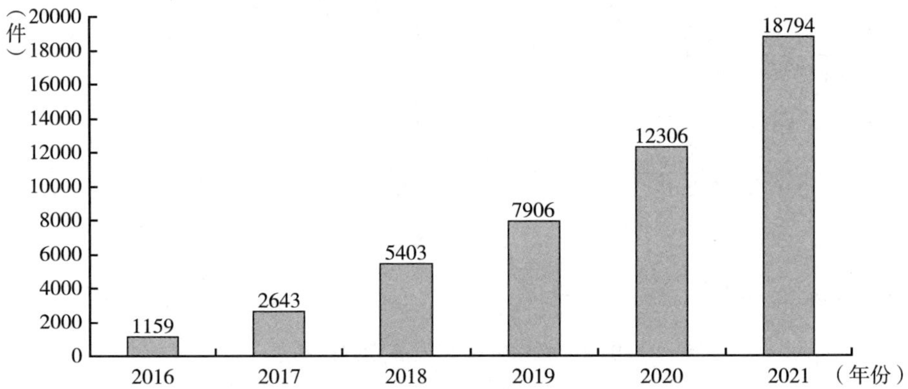

图6　2016~2021年新增人工智能发明专利数

资料来源：国家工业信息安全发展研究中心整理。

传统数字产业主要由通信业、电子信息制造业、软件业和互联网产业等指标构成，其中电子信息制造业指数增长最快，与2020年同期相比增长近两成。据工信部数据统计，2021年，全国规模以上电子信息制造业实现营业收入14.1万亿元，规模以上电子信息制造业增加值比上年增长15.7%（见图7），增速创下近十年新高。从集成电路出口量来看，2021年中国集成电路出口量3107亿个，同比增长19.6%，保持较高增速。

（二）产业数字化指数平稳提高，服务业数字化转型最为活跃

截至2021年12月，产业数字化指数为62.6（见图8）。下属二级指标工业数字化转型、服务业数字化转型、农业数字化转型、数据要素市场分别

① “新增人工智能发明专利数”数据来源于国家知识产权局，由国家工业信息安全发展研究中心整理发布，不同人员对人工智能认识存在差异，统计专利发明数时可能存在少量偏差。

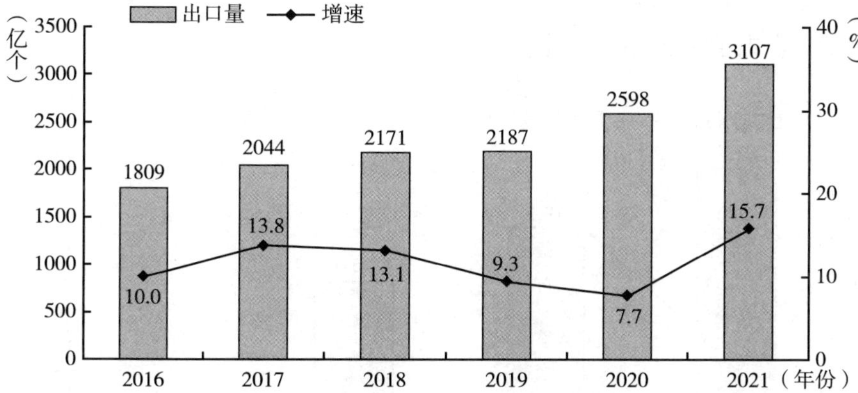

图 7　2016~2021 年电子信息制造业增加值增速及集成电路出口量

资料来源：工信部、中国海关。

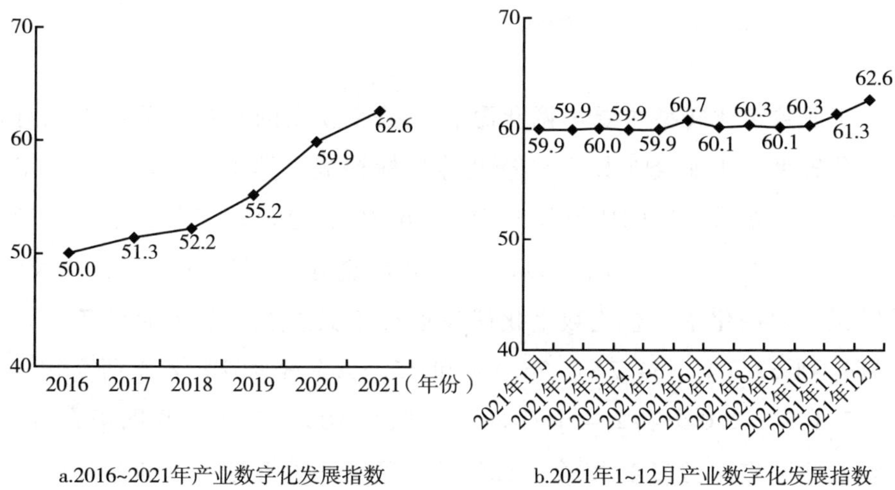

图 8　产业数字化发展指数走势

资料来源：国家工业信息安全发展研究中心。

为 23.5、19.1、15.0 和 5.0（见图 9），其中工业和服务业数字化转型与上年同期相比增长 4.0%、10.4%，在全球经济下行、新冠疫情持续冲击产业的背景下，实现“十四五”开局阶段稳健起步，为“十四五”期间产业数字化转型奠定良好基础。农业数字化转型①和数据要素市场②受数据可获得性限制，在数值上无明显变化。

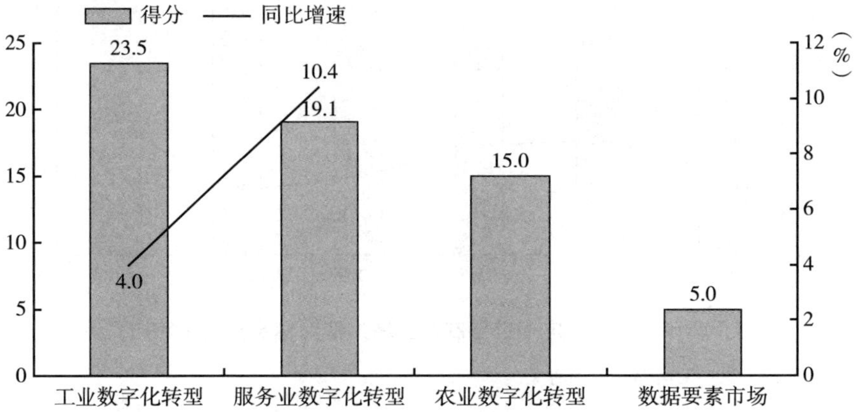

图 9　2021 年产业数字化二级指标得分及同比增速

资料来源：国家工业信息安全发展研究中心。

工业数字化转型主要由两化融合、工业互联网平台、重点工业行业数字化转型、工业企业数字化转型等指标构成。其中，两化融合、工业互联网平台指数分别同比增长 6.6%和 6.3%，是拉动工业数字化转型的重要力量。两化融合方面，2021 年，我国企业经营管理数字化普及率、关键工序数控化率、企业数字化研发设计工具普及率、工业设备上云率分别达到 69.7%、54.2%、74.1%和 15.5%，较 2020 年分别高出 1.6 个、3.1 个、2.6 个和 2.4 个百分点（见图 10）。工业互联网平台方面，工业互联网应用已覆盖 45 个国民经济大类，工业互联网高质量外网覆盖全国 300 多个城市。培育较大型的工业互联网平台超过 150 家，连接工

① 二级指标农业数字化转型选取中国农业信息网上设施农业面积、农业物联网等相关数据，这些数据均为实时统计，而本研究开启于 2021 年底，因此 2021 年大部分数据缺失，导致农业数字化转型指数无变化。

② 二级指标数据要素市场选取北京、上海、江苏、浙江、山东五家数据交易所当月参与数据交易的企业数量、当月累计注册用户数等数据，这些数据从研究起始时间 2021 年底开始统计，2021 年大部分数据缺失，导致数据要素市场指数无变化。

业设备超过 7800 万台（套），国家、省、企业三级协同联动的技术监测服务体系基本建成。

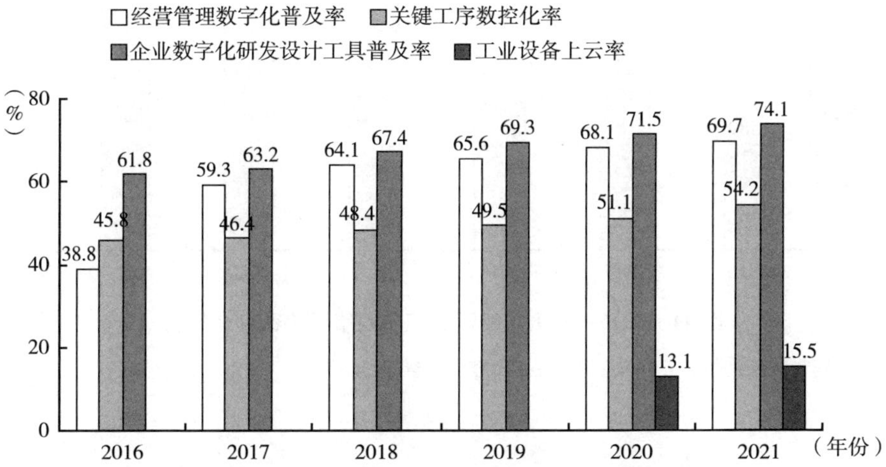

图 10　2016~2021 年全国两化融合相关指标变化情况

注：工业设备上云率仅有 2020 年和 2021 年数据。

资料来源：国家工业信息安全发展研究中心，《2021 中国两化融合发展数据地图》，2021 年 12 月。

服务业数字化转型主要由电子商务、信息消费、数字贸易、新模式新业态、服务业企业数字化转型等指标构成。服务业数字化转型在产业数字化各项二级指标中增长最为迅速，其中，新模式新业态在后疫情时代快速发展，指数同比增长高达 18.4%。

农业数字化转型主要由设施农业、农业物联网、农村电商、农业企业数字化转型等指标构成。截至 2021 年底，我国设施农业规模为 3217.6 万亩，农业物联网“小喇叭”总数 65999 台。农产品网络零售额从 2016 年的 1589 亿元增长至 2022 年的 4221 亿元，如图 11 所示。

数据要素市场主要由数据交易所数据交易情况和企业数据管理能力等指标构成。当前数据交易市场仅有百亿级别，与万亿级的大数据产业规模存在较大差距，该指标的监测主要通过跟踪几家头部数据交易所数据来实现，是一个阶段性的替代方案，后续将根据数据交易市场发展情况进一步完善。

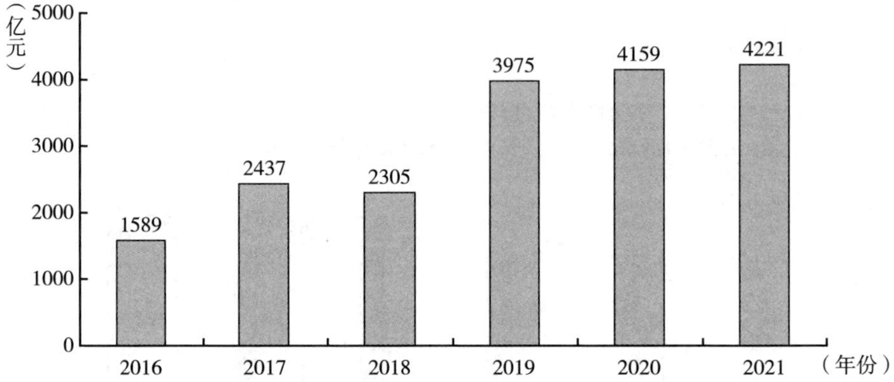

图 11　2016~2021 年我国农产品网络零售额变化情况

资料来源：国家工业信息安全发展研究中心整理。

（三）数字化治理在曲折中上升，数字经济政策体系不断完善

截至 2021 年 12 月，数字化治理指数为 12.5（见图 12），同比增长 23.8%，是近五年来该指标最大涨幅。二级指标平台治理和数字营商环境指数分别为 7.0 和 5.5，与 2020 年同期相比分别增长 11.1%和 44.7%（见图 13）。

平台治理方面，国家为促进平台经济健康发展相继出台了《关于推动平台经济规范健康持续发展的若干意见》《互联网平台分类分级指南（征求意见稿）》《互联网平台落实主体责任指南（征求意见稿）》一系列政策举措，取得了显著成效。数字营商环境方面，2021 年是“十四五”规划和第二个百年奋斗目标的开局之年，《中华人民共和国国民经济和社会发展第十四个五年规划和 2035 年远景目标纲要》中数字经济单独成篇，《“十四五”数字经济发展规划》构建形成推动我国数字经济健康发展的“四梁八柱”，信息通信、大数据、软件、两化融合、机器人、智能制造等数字经济关键领域“十四五”发展规划陆续出台，《数据安全法》《个人信息保护法》通过表决并正式实施，进一步完善我国数字经济发展环境。

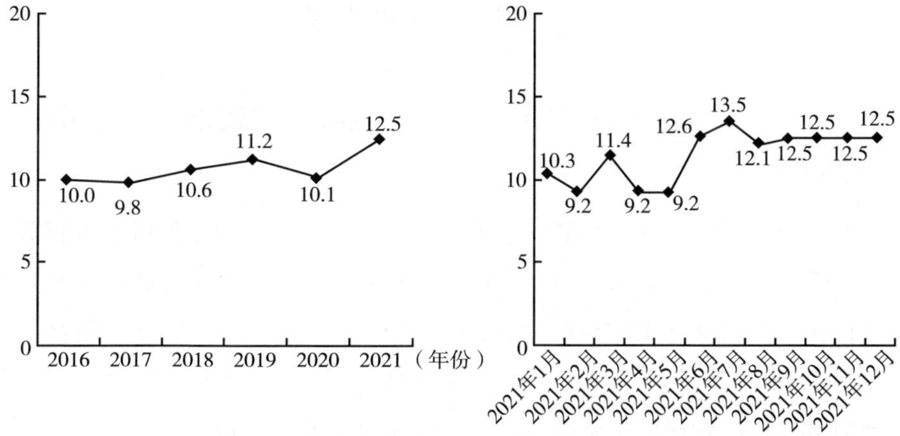

a.2016~2021年数字化治理发展指数　　b.2021年1~12月数字化治理发展指数

图 12　数字化治理发展指数走势

资料来源：国家工业信息安全发展研究中心。

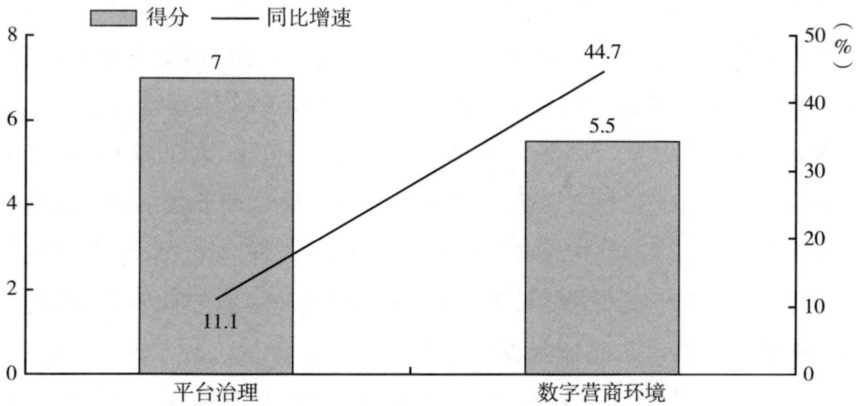

图 13　数字化治理二级指标得分及同比增速

资料来源：国家工业信息安全发展研究中心。

四　分地区运行情况

（一）东部地区引领全国数字经济发展，西部地区部分省市实现“换道超车”

截至 2021 年 12 月，东部、中部、西部、东北地区数字经济发展指数分别为 167.8、115.3、102.5 和 103.0（见图 14），数字经济发展不平衡现象仍然存在。全国共计 12 个省（自治区、直辖市）数字经济发展指数高于全国平均水平（126.1），其中，75.0%为东部地区省份，东部地区省份成为带动全国数字经济发展的中坚力量；16.7%为西部地区省份，部分省份已初步实现数字经济“换道超车”；8.3%为中部地区省份，数字经济发展潜力还有待进一步释放；东北地区省份得分均低于平均分，亟须发挥自身资源禀赋，找到数字时代的经济增长方式和路径。

分指数来看，数字产业化指数方面，东部、中部、西部、东北地区得分分别为 79.2、43.6、43.6 和 39.8。全国共计 10 个省（自治区、直辖市）数字产业化指数高于全国平均水平（54.7），其中，80.0%为东部地区省份，20.0%为西部地区省份，中部和东北地区省份均低于全国平均水平。产业数字化指数方面，东部、中部、西部、东北地区得分分别为 64.8、50.1、39.7 和 43.6。全国共计 15 个省（自治区、直辖市）产业数字化指数高于全国平均水平（50.2），其中，60.0%为东部地区省份，20.0%为中部地区省份，13.3%为西部地区省份，6.7%为东北地区省份。数字化治理指数方面，东部、中部、西部、东北地区得分分别为 23.8、21.6、19.2 和 19.6。全国共计 15 个省（自治区、直辖市）数字化治理指数高于全国平均水平（21.2），其中，53.3%为东部地区省份，20.0%为中部地区省份，26.7%为西部地区省份，东北地区省份均低于全国平均水平。

从各地区的分指数得分来看，东部和西部地区数字产业化指数大于产业数字化指数，说明东部和西部地区近年来数字经济发展主要得益于其适度超前布局数字基础设施、大力发展数字产业等路径；中部和东北地区产业数字化指数大于数字产业化指数，与全国总体情况一致，说明中部和东北地区数字经济发展主要得益于产业数字化转型，通过大力推动数字技术与实体经济融合，实现实体经济升级提质，打造数字经济新优势。

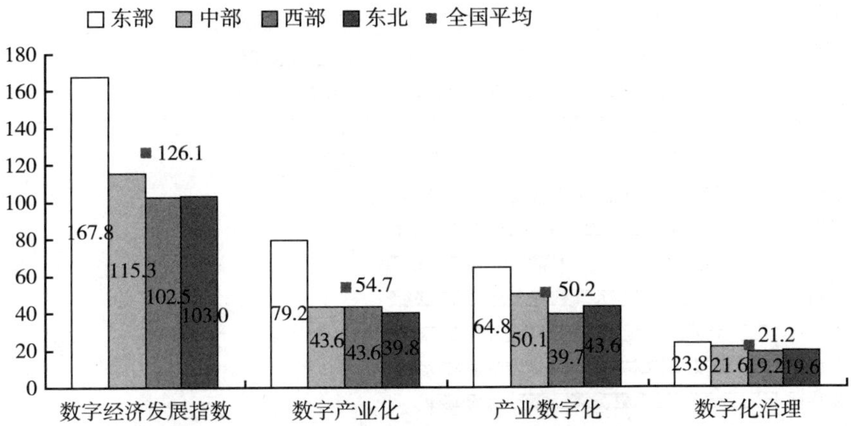

图 14　2021 年分地区数字经济发展指数及分指数

资料来源：国家工业信息安全发展研究中心。

（二）广东、北京领跑各地数字经济发展，重庆、四川跻身指数排名前十

截至 2021 年 12 月，数字经济发展指数排名前五的省份为广东（201.9）、北京（200.5）、江苏（199.5）、浙江（189.9）、上海（185.0）（见图 15），这些省份在各项二级指标排名中均位于前列，无明显短板弱项，是带动区域数字经济发展的排头兵。广东数字经济近年来呈现加速发展势头，5G 基站数、光纤用户数等均居全国前列，电子信息制造业规模连续 31 年居全国第一，累计推动超 2.1 万家规上工业企业数字化转型，2021 年数字经济发展指数高居榜首。北京以科技创新为引擎，全面推动全球数字经济标杆城市建设，数字技术创新取得新突破，万人 5G 基站数全国第一，服务业数字化转型升级跑出加速度，2021 年数字经济发展指数位居全国第二。

重庆和四川是仅有的两个排名跻身前十的中西部省份，指数分别为

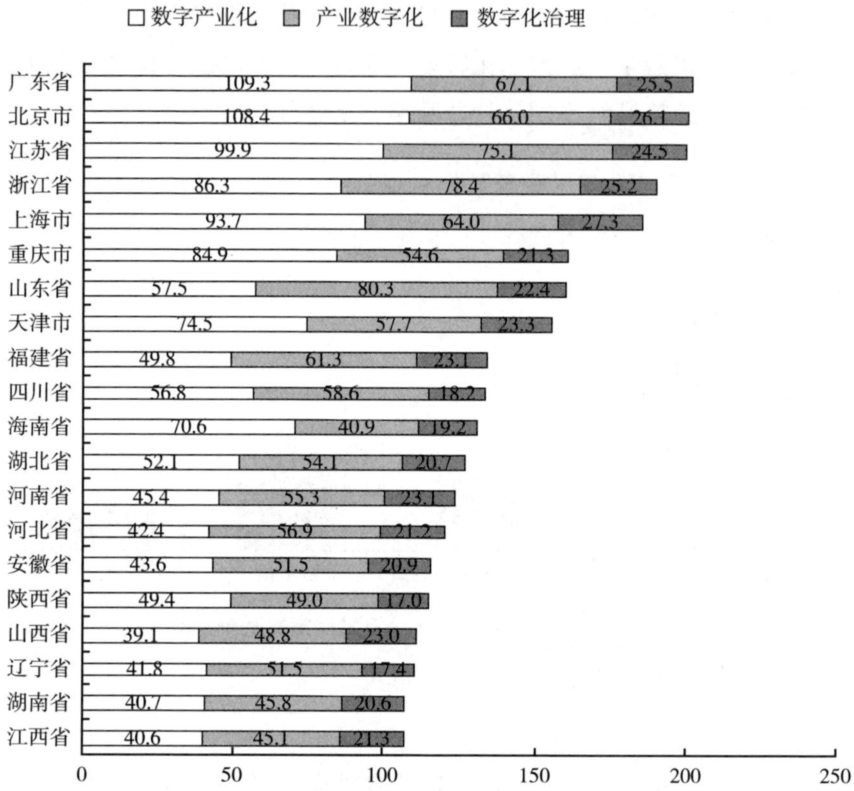

图 15 2021 年数字经济发展指数 TOP20 分指数得分

资料来源：国家工业信息安全发展研究中心。

160.8 和 133.6（见图 16），在中西部地区发挥数字经济辐射带动作用。重庆大力推进以大数据智能化为引领的创新驱动发展战略行动计划，2021 年数字经济发展指数居全国第 6 位。四川聚焦数字产业化、产业数字化两大发展方向，形成以“芯屏存端软智网”为重点的数字核心产业，电子信息产业营业收入突破万亿元，2021 年数字经济发展指数居全国第 10 位。在重庆、四川的携手合作下，成渝双城经济圈实现了高速发展，已成为西部地区数字经济发展的重要增长极。2021 年，成渝地区双城经济圈地区生产总值高达 7.39 万亿元，占西部地区的 30.8%。

安徽、陕西、山西、辽宁、湖南、江西等中西部和东北部地区省份排名

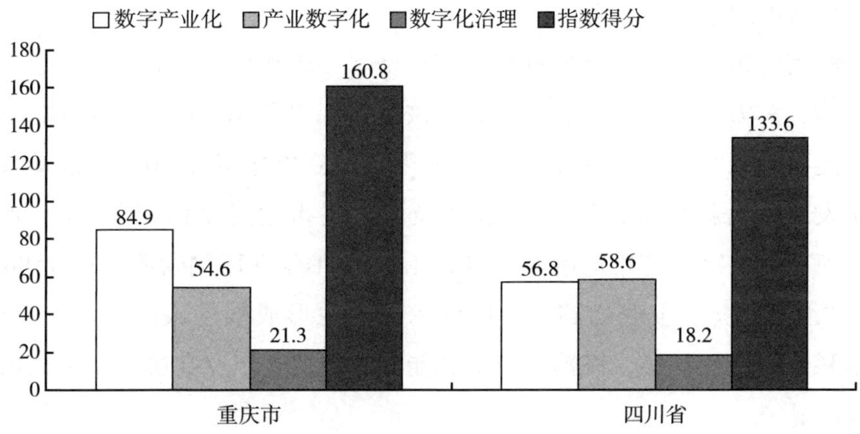

图 16　2021 年重庆、四川数字经济发展指数及分指数

资料来源：国家工业信息安全发展研究中心。

跻身全国前 20，这些省份数字经济发展指数十分接近，差值在 10 之内，亟待找到发力点，在激烈的竞争中实现突破。

（三）四川、海南深入探索独具特色的数字经济发展路径，实现跨越式发展

以 2021 年全国数字经济发展指数均值（126.1）和全国人均 GDP（8.1 万元）为基础坐标轴，将 31 个省（自治区、直辖市）数字经济发展指数与人均 GDP 构成的散点图划分成四个象限（见图 17）。从中可以发现，四川和海南这两个省份，虽然人均 GDP 均低于全国平均水平，但依托本地区位、产业、政策等优势，探索出了独具特色的数字经济发展路径，数字经济发展指数超过全国平均水平。

四川省立足成渝双城经济圈建设，协同推进数字产业化和产业数字化，加速发展数字经济核心产业，推进传统产业数字化转型升级，两项分指标得分分别为 56.8、58.6，分别列全国第 10 名、第 8 名，推动数字经济发展取得明显成效。2021 年，四川省数字经济核心产业增加值为 4012.2 亿元，同比增长 21.5%，占 GDP 比重为 7.5%，已成为西部地区数

字经济发展的重要增长极。

海南省积极利用海南自贸港政策优势，“超常规”布局 5G 等数字基础设施，大力推进数字产业化发展，该分指标得分 70.6，列全国第 8 位，同时建设“高智能”的传统产业数字化，该分指标得分 40.9，推动数字经济发展迈上新台阶，2021 年数字经济发展指数居全国第 11 位。近年来，海南省数字经济年均增速 30%以上，2021 年互联网营收突破 1500 亿元，“互联网+”企业已超过 38000 家，多地形成数字旅游、数字健康、数字科技等产业集群，以数字经济赋能海南自贸港产业高质量发展的成效愈加凸显。

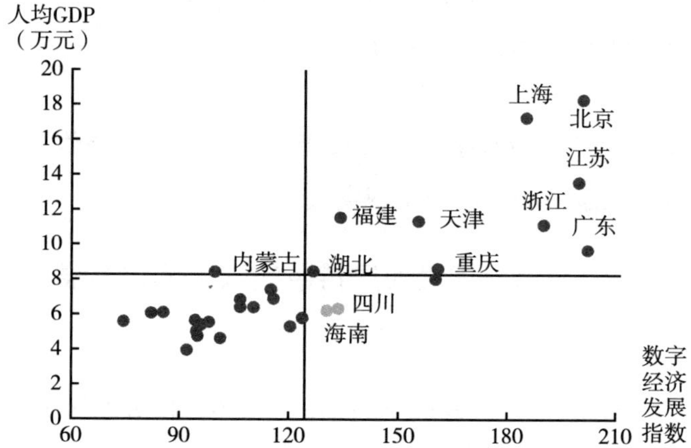

图 17　全国各省（自治区、直辖市）数字经济发展指数与人均 GDP 散点图（港澳台除外）

资料来源：国家工业信息安全发展研究中心。

五　下一步发展建议

后疫情时代，在整体经济下行压力加大的背景下，我国数字经济逆势而上，发展数字经济已经成为各地顺应时代大势的重要战略任务。各地应立足发展需要，结合本地实际，聚焦短板弱项，努力做强做优做大数字经济。

（一）强化整体思维，推动数字经济统一大市场建设

贯彻落实《中共中央 国务院关于加快建设全国统一大市场的意见》精神，各地应破除“地方本位”思想，打破地区间行政边界，在更广范围内吸引多主体参与，扩大数字经济溢出的空间半径。一方面，发达地区利用先发优势，加强关键核心技术攻关，推动高端制造业和服务业的智能改造，变革生产方式，提高发展质量，为欠发达地区发展数字经济提供样本；另一方面，欠发达地区可以基于发达地区的发展经验，通过互联网和新一代信息技术在各行各业的应用，推动产业价值链向上攀升，积极探索适合本地资源禀赋和发展特点的数字经济发展路径，实现数字经济发展后来居上。

（二）坚持适度超前，建设泛在普惠的数字基础设施

与过去以“铁公基”为代表的传统基建相比，我国数字基础设施需求空间巨大，短期内适度超前建设不会引发过剩浪费。不仅是发达地区要优先布局，相对滞后的欠发达地区，也可通过构建先进的数字基础设施体系，为当地数字经济跨越式发展提供可能。通信网络方面，各地统筹 5G 网络规划建设，加快 5G 网络全面部署，推动公共设施和社会资源开放共享，做好土地、电力等要素资源保障。推进千兆光纤网络部署和骨干网升级演进，构建通达全球的国际信息通信基础设施。泛在感知设施方面，重点推进城市智能抄表、智慧建筑、市政物联、交通物流、广域物联、工业物联等应用场景的感知设施部署，为新型设施部署预留位置和空间。算力网络方面，加快构建数网协同、数云协同、云边协同、绿色智能的多层次算力设施体系，加快推进“东数西算”工程建设。

（三）突出创新引领，加大数字产业化支持力度

数字产业发展领先地区应立足自身在科研创新领域优势，聚焦大数据、人工智能、物联网、区块链、元宇宙等新兴数字产业，加大投入力度，集中优势资源在技术、产业、应用、政策上共同发力，同时还要注重对周边地区

的辐射带动作用，形成相互影响、相互依存的良性互动关系。具备一定数字产业基础的地区应在传统数字产业优势领域精耕细作，持续增强软件、半导体、集成电路、通信设备等领域的产业链优势，锻造一些“杀手锏”技术，占据产业竞争制高点，巩固提升优势产业的国际领先地位。数字产业欠发达地区应抓紧开展数字产业情况摸排，通过成立数字经济产业园区，以及培训、峰会、论坛等手段充分进行对外交流，快速明确市场方向，并着手本地化龙头企业培育。

（四）注重数实融合，加快推动产业数字化转型

各地方推进产业数字化转型应重点着眼于自身传统产业优势，推动互联网、大数据、人工智能等新一代信息技术与工业、服务业、农业深度融合，以数据驱动提升产业竞争优势。深化工业数字化转型，推动工业互联网发展，引导制造业企业生产设备上云上平台和业务系统云化改造，引导上下游企业加强供应链数字化管理和一体化协同。大力推动服务业数字化转型，提升物流智能化水平，发展数字贸易，以及跨境电商、直播电商、社交电商等电子商务新模式新业态，依托本地自然历史资源，开发智慧旅游、智慧文创等助力消费转型升级。加快发展农业数字化转型，建设大田种植、畜禽养殖、质量安全等领域农业物联网，推动农业机器人、植保无人机、无人驾驶拖拉机等智能农机应用，发展农村电商。

（五）坚持深化改革，提升数字化治理能力水平

数字技术是推动城市治理能力现代化的重要途径，是提升国家治理体系和治理能力现代化的重要基础。一方面，要促进平台经济规范和健康发展，紧密围绕本地平台经济发展过程中出现的突出问题，深入学习和落实中央历次会议关于平台经济的指示精神，促进公平竞争、强化反垄断，防止资本无序扩张，积极探索适应平台经济发展、顺应灵活用工形式的劳动标准体系，注重加强个人数据保护；另一方面，优化提升数字营商环境，各地区应积极释放政策红利，鼓励融合新业态加快发展，以“鼓励创新，包容审慎”为

原则，科学制定、审慎出台新的准入和监管政策，制定负面清单，保护各类市场主体依法平等进入。

参考文献

中国信通院：《数据中心白皮书（2020 年）》，2022 年 4 月。

中央党校电子政务研究中心：《省级政府和重点城市一体化政务服务能力调查评估报告（2021）》，2021 年 5 月。

国家发改委：《2021 年中国营商环境白皮书》，2021 年 11 月。

国家工业信息安全发展研究中心：《2021 中国两化融合发展数据地图》，2021 年 12 月。

曹雅丽：《产业数字化是主战场 我国数字经济逆势而上》，《中国工业报》2022 年 7 月13 日。

领 域 篇

Domain Reports

B.3
算力基建和卫星互联网成为各国数字基础设施竞逐重点

王梦梓*

摘　要： 随着经济社会加速数字化转型，数字基础设施作为数字经济的底座支撑，像水、电、公路等传统基建一样，成为人们生产生活的基本要素，其重要性已成为全球各国的广泛共识。当前，各国高度重视数字基础设施建设，全球互联互通提质增速，算力基础设施进入新一轮发展期，卫星互联网建设不断取得新突破，但同时也面临数字鸿沟仍然凸显、算力能耗亟须改善等问题，对各国提出更高要求和挑战。

关键词： 通信网络　5G　算力基础设施　卫星互联网

* 王梦梓，博士，国家工业信息安全发展研究中心信息政策所数字经济研究室工程师，主要研究方向为数字经济测度、数字贸易。

2022年，互联网普及率继续提升，互联网资费有所下降，但数字鸿沟仍然存在，低收入地区扩大互联网接入仍然面临挑战。随着人工智能、大数据等产业化应用加速，算力基础设施建设进入高速发展期，在碳达峰碳中和目标指引下，绿色节能要求更为迫切。卫星互联网的竞争在全球各主要经济体间展开，美国SpaceX公司在这一领域优势明显，我国从政策和产业两方面加快布局步伐，是这一领域全球有力竞争者。

一 全球互联互通提质增速，不同国别、区域、群体数字鸿沟仍然显著

全球信息通信基础设施向着广覆盖、低延时、低成本的方向加速发展，在此过程中，5G和千兆光纤带动工业互联网、智能制造、智慧城市等创新发展，为产业数字化发展奠定基础，成为各国建设重点。

（一）全球互联网覆盖率差距仍然巨大

国际电信联盟发布的《衡量数字化发展：事实和数据2022》显示，当前全球约53亿人可以上网，仍有27亿人未被互联网覆盖，数字发展不平衡问题依然突出。[①] 从国家发展程度差别看，北美和欧洲发达国家中有80%~90%的人口使用互联网，阿拉伯国家和亚太国家约有2/3的人口使用互联网，非洲国家这一比例约为40%，而在最不发达国家和内陆国家中，互联网覆盖率仅为36%。从城乡群体差别来看，全球约82%的城市人口被互联网覆盖，是农村覆盖率的1.8倍，非洲城乡群体互联网覆盖率差距则更大，分别为64%和23%。从不同收入群体差别看，全球高收入群体互联网覆盖率达92%，中高收入群体为79%，低收入群体只有26%。互联网使用成本仍然是其普及的主要障碍，大多数低收入经济体

① “Measuring Digital Development：Facts and Figures 2022”，https：//www. itu. int/hub/publication/d-ind-ict_ mdd-2022/.

的消费者平均需要花费其收入的9%以获取移动数据，远高于全球均值（1.9%）。

（二）我国5G基站数量和用户规模全球领先

据知名网速测试机构Ookla统计，截至2022年11月底，全球128个国家共计部署了127509个5G网络。中国、韩国、美国位于全球5G发展的第一梯队，但无论是5G基站数还是用户规模，我国均遥遥领先。截至2022年底，我国移动通信基站总数达1083万个，其中5G基站231.1万个，占移动基站总数的21.3%，占比较上年末提升7个百分点，5G移动电话用户达到5.61亿户，占移动电话用户的33.3%。[①] 韩国科技信息通信部统计数据显示，截至2022年2月底，韩国5G基站数约为20.3万个，截至2022年末，韩国5G用户为2805.9万人，约为4G用户数的一半。美国官方尚未公布5G基站数量，仅从美国联邦通信委员会（FCC）发布的《2022年通信市场报告》中可以看到，2021年底美国移动通信基站约为42万个，因此估计5G基站数量低于该值。爱立信2022年底发布《移动市场报告》，预计2022年底美国5G用户数超过1.4亿。

（三）各国在提质增速需求带动下掀起光纤建设热潮

随着5G、云计算等通信技术的发展，光纤光缆需求随之上升，英国商品研究所（CRU）预计，到2025年，全球光缆需求量将达到6.1亿芯公里，美国、加拿大、英国等国家掀起光纤建设热潮。截至2022年12月，美国光纤宽带家庭覆盖数为6800万，与上年相比增长了13%，光纤宽带已覆盖近一半自住房。[②] 加拿大光纤宽带部署也在2022年持续扩大，截至2022年底，家庭覆盖率达到66%。英国电信监管机构表示，2022年底，英国光纤到户（FTTP）已覆盖42%的家庭，到2023年3月达到50%，并且未来两年内将

---

① 《2022年通信业统计公报》，https://www.miit.gov.cn/gxsj/tjfx/txy/art/2023/art_77b586a554e64763ab2c2888dcf0b9e3.html。

② 美国光纤宽带协会：《2022年光纤提供商调查》，2022年12月21日。

达到 80%。我国在该领域取得的成绩令人瞩目，我国已经建成全球规模最大的光纤网络，实现千兆光网“市市通”。截至 2022 年底，互联网宽带接入端口数达到 10.71 亿个，其中光纤接入端口达到 10.25 亿个，占比高达 95.7%，具备千兆网络服务能力的端口数达到 1523 万个。[①] Ookla 发布的 2022 年 12 月全球网络指数显示，中国的固定宽带下载速率中位值达 223Mbps，是全球平均水平 75Mbps 的 3 倍，超越了美国、日本、韩国、德国等一众发达国家。[②]

二 算力基础设施进入新一轮快速发展期，节能绿色需求凸显

人工智能、元宇宙等产业快速崛起对算力提出更高要求，华为全球产业展望（GIV）预测，2030 年人类将迎来 YB 数据时代，全球算力规模达到 56 ZFlops，平均年增速达到 65%，算力建设成为大势所趋，各国加快部署数据中心、智能计算中心、超算中心等算力基础设施。

（一）全球各国算力竞争加剧

全球各国数据中心建设热情持续高涨，Synergy Research 预测未来三年，全球超大规模运营商的大型数据中心数量将突破 1000 个大关，并在此后持续快速增长。算力规模与经济发展水平呈现显著的正相关，IDC、浪潮信息、清华全球产业院于 2022 年 3 月联合发布的《2021～2022 全球计算力指数评估报告》发现，算力指数每提高 1 点，数字经济和 GDP 将分别增长 3.5‰和 1.8‰。报告还测算，美国和中国计算力指数分别为 77 和 70，处于领跑者位置，其次是日本、德国、英国、法国、加拿大等（见图 1）。美国

① 《2022 年通信业统计公报》，https://www.miit.gov.cn/gxsj/tjfx/txy/art/2023/art_77b586a554e64763ab2c2888dcf0b9e3.html。

② 《危机下的中美新基建狂潮》，2023 年 2 月 1 日，https://www.cyzone.cn/article/713436.html。

超大规模互联网和云服务供应商的巨量需求驱动其计算力市场高速增长，在算力市场中仍占据重要的竞争地位。为了获得数字经济时代的比较优势，全球主要国家在数据中心领域的资本投入日趋活跃。Synergy Research 数据显示，2022 年，全球完成 187 起数据中心并购交易，交易总价值达 480 亿美元。在过去的七年里，数据中心并购交易的总价值已经超过 2000 亿美元，其中近一半发生在过去两年。

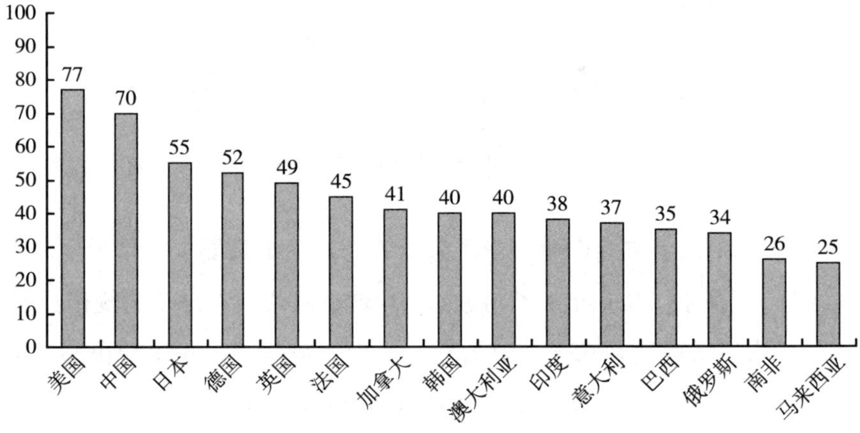

图 1　各国计算力指数及排名

资料来源：《2021～2022 全球计算力指数评估报告》。

（二）数据中心绿色化转型发展成为大势所趋

数据中心是耗能大户，IDC 预计，到 2024 年数据中心耗电量将占到全社会耗电量的 5%以上，[①] 数据中心绿色化转型成为各国实现绿色低碳发展战略目标的重要一环。2022 年 2 月，日本新能源产业技术综合开发机构（NEDO）提出投入 1376 亿日元（约合 69.8 亿元人民币）启动“下一代数字基础设施建设”项目，[②] 开发下一代绿色功率半导体和绿色数据中心，助

① 《“双碳”强风吹拂：数据中心的绿色改革图谱》，2022 年 4 月 14 日，https://m.thepaper.cn/baijiahao_17599127。

② 参见 https://www.nedo.go.jp/news/press/AA5_101513.html。

力实现碳中和目标。北欧已经普及数据中心余热回收为社区供热，一座大型数据中心相当于近万个家庭的用电，而其中大部分电能都转换为热能。美国亚马逊、微软、谷歌等互联网、云计算巨头相继对碳中和作出承诺，例如，亚马逊提出2025年在其整个业务中实现100%的可再生能源，微软2030年将所有电力消耗与可再生能源采购相匹配。我国在“双碳”目标要求下，从中央到地方均将限制高PUE（数据中心能源效率）写入政策。2022年1月，国务院印发《“十四五”节能减排综合工作方案》，提出要“推进新型基础设施能效提升，加快绿色数据中心建设”。2023年3月，工信部等6部门公布2022年度国家绿色数据中心名单，至此，我国已先后创建四批共计196家国家绿色数据中心，主要分布于互联网、通信、金融、公共机构、能源、生产等领域。此外，上海、青海等省市也都在2022年发布了绿色低碳数据中心建设计划。

（三）我国算力基础设施发展迎来历史机遇期

我国通过打造若干国家枢纽节点和区域大数据中心集群，全面推进全国一体化大数据中心体系建设。2022年初，“东数西算”工程正式全面启动，京津冀、长三角、粤港澳大湾区、成渝、内蒙古、贵州、甘肃、宁夏等8地启动建设国家算力枢纽节点，10个国家数据中心集群规划部署。工信部数据显示，2022年，我国数据中心规模增速超过25%，算力规模达到全球第二，算力核心产业规模达到1.8万亿元。[①] 在中央政策引导下，各地积极开展算力布局，超过30个城市正在或提出建设智算中心（见表1）。深圳启动了新一期智算中心和超算中心建设，为粤港澳大湾区新型网络、人工智能等领域的400多家核心企业提供服务。郑州2023年2月启动城市算力网建设，致力于打造“中部地区第一张城市算力网”，建设全国首个集约型、系统性城市算力网络。2022年8月，宁波人工智能超算中心项目正式启动，为宁波各个行业大脑、智能感知、区域治理等提供算力支撑。

---

① 《“新思想引领新征程” 数字基础设施建设提速 打造经济新优势》，https：//baijiahao.baidu.com/s? id=1758336992628798650&wfr=spider&for=pc。

表 1　2022 年我国省区市算力设施建设相关政策文件

发布日期	政策	发布机构
2022 年 2 月	《河南省"十四五"新型基础设施建设规划》	河南省发展和改革委员会
2022 年 3 月	《山东省级财政支持新型数据中心建设奖补政策实施细则》	山东省大数据局等 3 部门
2022 年 5 月	《北京市低效数据中心综合治理工作方案》	北京市发展和改革委员会 北京市经济和信息化局
2022 年 6 月	《新型数据中心"算力浦江"行动计划(2022~2024 年)》	上海市通信管理局
2022 年 6 月	《上海市工业和通信业节能降碳"百一"行动计划(2022~2025)》	上海市经济和信息化委员会 上海市发展和改革委员会
2022 年 6 月	《关于推进本市数据中心健康有序发展的实施意见》	上海市经济和信息化委员会 上海市发展和改革委员会
2022 年 7 月	《山东一体化算力网络建设行动方案(2022~2025 年)》	山东省通信管理局
2022 年 7 月	《关于在长三角生态绿色一体化发展示范区加快数字经济发展推进先行先试的若干举措》	长三角一体化示范区
2022 年 7 月	《关于加快推进"东数西算"工程建设全国一体化算力网络国家(贵州)枢纽节点的实施意见》	贵州省人民政府办公厅
2022 年 8 月	《宁夏回族自治区贯彻落实碳达峰碳中和目标要求 推动数据中心和 5G 等新型基础设施绿色高质量发展实施方案》	宁夏回族自治区发展改革委等 4 部门
2022 年 8 月	《全国一体化算力网络成渝国家枢纽节点(四川)实施方案》	四川省发展和改革委员会等 6 部门
2022 年 8 月	《全国一体化算力网络国家枢纽节点宁夏枢纽建设 2022 年推进方案》	宁夏回族自治区人民政府办公厅
2022 年 8 月	《关于促进全国一体化算力网络国家枢纽节点宁夏枢纽建设若干政策的意见》	宁夏回族自治区人民政府办公厅
2022 年 8 月	《宁夏回族自治区数据中心建设指南》	宁夏回族自治区发展改革委等 4 部门
2022 年 8 月	《关于支持全国一体化算力网络国家枢纽节点(甘肃)建设运营的若干措施》	甘肃省人民政府办公厅
2022 年 12 月	《上海市新型基础设施领域碳达峰实施方案》	上海市经济和信息化委员会 上海市发展和改革委员会
2022 年 12 月	《青海省绿色零碳算力网络建设行动计划(2023~2025 年)》	青海省通信管理局 青海省工业和信息化厅

资料来源：国家工业信息安全发展研究中心。

三　卫星互联网产业发展实现突破性进展，国际竞争日益激烈

2022年，全球在卫星通信和卫星互联网的实际应用方面取得了突破性进展，美国、中国、欧盟、英国等大国主导的太空“圈地战”日益激烈，“天地一体”的通信网络成为未来发展趋势。

（一）大国主导的太空“圈地战”愈演愈烈

卫星互联网建设与打造天地一体化网络、未来6G通信系统、军事侦察监视等息息相关，全球主要国家都对此十分重视。除了美国在卫星互联网领域取得先发优势以外，中国、英国、欧盟等也是卫星互联网领域的有力竞争者。2022年2月，欧洲议会投票通过提案，计划投资60亿欧元（约合440亿元人民币），在2027年之前部署通信卫星网络IRIS²，替代美国星链（Starlink）系统，以确保欧盟的网络主权。具体来说，欧盟将于2024年起步构建名为“卫星弹性、互联和安全基础设施”的卫星互联网系统，并计划于2027年前发射170颗卫星。从官方资料来看，欧盟更倾向于依靠自身力量进行卫星互联网的研发和建设。与此同时，美国SpaceX公司计划在2019年至2024年发射1.2万颗卫星组成“星链”网络，以提供互联网服务，中国也已申报近1.3万颗卫星计划，大国主导的太空“圈地战”日益激烈。

（二）美国SpaceX公司引领卫星互联网建设实现突破

当前，SpaceX是全球最大的卫星运营商，同时也是全球排名第二的独角兽企业，成立至今取得了一系列举世瞩目的成就，实现了多个“第一次”的突破，例如，第一次实现了运载火箭重复利用，大大降低了发射成本；第一次实现由民营太空公司完成载人飞行。2022年，SpaceX公司提供的网络性能不断提升、业务版图显著扩大，并且首度实现盈利，其提供的卫星互联网服务正在全球加速渗透。SpaceX在2022年成功发射61次低轨卫星，发

射总数约是上年的 2 倍，累计发射数量已经超过 3600 颗，是所有国家在轨卫星之和的 2 倍。2022 年 5 月，“星链”卫星互联网服务测速结果显示其提供的下载速度达到 301Mbps，公司则宣称能够提供 1Gbps 带宽的高速互联网服务，远超当前全球地面互联网的平均网速。2022 年 12 月，SpaceX 公司推出“Starshield（星盾）”服务，正式将民用领域的星链服务扩展到军事领域，初步重点是应用于地球观测、安全通信和有效载荷托管三个领域。

（三）我国卫星互联网政策布局和产业发展提速显著

我国卫星互联网领域处于国际领先水平，卫星互联网政策布局和产业发展提速显著。政策方面，2022 年 9 月，国务院办公厅发布《关于深化电子电器行业管理制度改革的意见》，提出“将卫星互联网设备、功能虚拟化设备纳入进网许可管理”，2023 年 2 月，工信部发布《关于电信设备进网许可制度若干改革举措的通告》，将上述指导意见落实到改革举措和实施细则。产业方面，中研普华研究院预测，我国卫星互联网 2022 年总投资规模估计达到 130 亿元，2023 年有望达到 145 亿元。[①] 2022 年 1 月，由银河航天自主研发的 6 颗低轨宽带通信卫星正式出厂，并在 3 月成功发射，单星设计通信容量超过 40Gbps，具备单次 30 分钟不间断通信服务能力，验证了我国具备卫星低成本、批量研制、组网运营等能力，对我国商业卫星发展具有积极意义。

参考文献

美国光纤宽带协会：《2022 年光纤提供商调查》，2022 年 12 月。

中研普华研究院：《2020～2025 年中国卫星互联网行业发展前景及投资风险预测分析报告》，2020 年 8 月。

ITU，“Measuring Digital Development：Facts and Figures 2022”，Nov. 2022.

① 中研普华研究院：《2020～2025 年中国卫星互联网行业发展前景及投资风险预测分析报告》，2020 年 8 月。

B.4

释放数据要素价值成为各国关注重点

黄梁峻*

摘　要： 当前，随着全球数据产量、规模和相关支出的扩大，数据价值不断凸显，各国日益重视抢抓数据机遇，充分释放数据价值，带动经济发展。2022 年以来，多国部署数据战略，加快激发数据要素价值；同时，数据要素在战事应对、供应链建设、节能减碳等方面也发挥着越来越重要的作用；然而，全球数据治理面临机遇和挑战并存的局面，数据资产入表可能引领新一轮数据价值释放，而数据治理碎片化和数据安全问题则亟须各国共同关注和应对。

关键词： 数据产量　数据战略　数据应用　数据治理　数据要素

当前，随着全球数据产量、规模和相关支出日益扩大，数据价值不断凸显。从数据产量上看，美国大西洋理事会 2022 年 10 月发布的报告指出，当前众多设备和传感器与互联网互联，推动每天生成、存储和分析大约 2.5 万亿字节的数据，其中大约 30%的数据是由医疗保健行业生成的，主要来自先进的医疗设备以及智能手机和手表等日常消费产品。从数据销售规模上看，经合组织 2022 年 12 月发布的报告《衡量数据和数据流的价值》指出，在美国，2019 年数据销售收入估计为 333 亿美元；同年，欧盟和美国的数据服务出口额分别为 186 亿美元和 67 亿美元；

* 黄梁峻，国家工业信息安全发展研究中心信息政策所数字经济研究室助理工程师，主要研究方向为平台经济、数据要素、数字经济国际合作。

2021年，对大数据企业的风险投资达到了356亿美元，反映了投资者对这些企业未来收入的看好。从数据软硬件支出上看，美国波士顿咨询公司2023年2月发布报告指出，全球与数据相关的软件、服务和硬件的支出已达约5000亿美元，预计在未来五年内将翻一番。在数据价值不断凸显的全球趋势下，各国日益重视抢抓数据机遇，充分释放数据价值，带动经济发展。

一 各国通过强化数据战略和政策抢抓数据要素发展机遇

当前，各大经济体纷纷抢抓数据作为战略资源的重大机遇，通过出台战略政策和加快项目建设强化数据开放共享，释放数据价值。

（一）美国数据战略强调平衡数据开发利用和隐私保护

2019年美国发布了联邦数据战略，为提升政府数据基础设施建设和推动数据共享设定了10年愿景，从符合伦理的治理、有意识的治理设计和学习型文化建设三方面对联邦数据治理提出总领性要求。此后，美国相继发布了《联邦数据战略2020行动计划》《联邦数据战略2021行动计划》，强调各机构在应对共同的数据挑战的过程中，应使用现有的协作渠道帮助实现人工智能研究的民主化并发展联邦劳动力的数据技能。2023年3月，美国白宫科技政策办公室（OSTP）发布了《促进数据共享与分析中的隐私保护国家战略》，旨在支持隐私保护数据共享和分析（Privacy-Preserving Data Sharing and Analytics，PPDSA）技术。PPDSA技术平衡了数据收集、分析和伦理社会问题，利用隐私增强技术进行数据分析和提高数据价值，同时确保用户隐私和秘密安全。该战略指出，随着新兴数据生成方法、数据收集技术、通信手段等技术的不断发展，大量数据不断生成，而计算技术的进步降低了数据分析和人工智能的成本，使用数据更为便捷。因此，数据发展潜力巨大。然而，数据的潜力也受到政策、法律、技术、经济、社会和道德的限制与挑战。为了实现数据价值，需要采取有力的隐私保护措施来平衡数据价值挖掘和隐私保护。该战略确定了政府的目标，即支持隐私保护数据共享和分析技术，并为隐私保护数据共享和分析技术的发展提供政策与技术支持。

（二）欧盟打造“数据欧洲”，推动跨部门数据共享流通

近年来欧盟相继提出《欧盟数据战略》《数据治理法案》《非个人数据在欧盟境内自由流动的框架条例》《高质量数据集实施法案》《数据法案》等政策法规，通过立法促进个人、企业和公共部门间的数据共享和跨部门流动。2023 年 3 月，欧盟委员会公布了数字欧洲计划的 2023~2024 年工作方案，旨在规划未来几年关键信息技术政策的重点领域。该计划将向改善云服务安全性、构建人工智能实验及测试设施以及提高数据共享水平等方面投入 1. 13 亿欧元。数据共享流通是该工作计划的核心，重点是建设行业内数据空间，包括部署“数据欧洲”并将范围扩大到整个欧盟企业和公共部门。此外，工作组将继续推进“支持欧盟的数据”项目，如开放数据门户网站和数字产品证照等。

与此同时，欧盟数据空间建设稳步推进。欧盟在《欧盟数据战略》中提出了“欧洲共同数据空间”的概念，旨在构建统一数据市场。其中，盖亚 X 是最全面的数据空间，将不同产业领域进行横向连接，而 Catena-X 专注于数字化汽车行业的供应链整合。据 2023 年 4 月盖亚 X 官方网站透露，已有超过 350 家企业成为盖亚 X 的成员；而 Catena-X 参与企业已超过 120 家，包括奔驰、大众等汽车制造商，SAP、西门子、微软、IBM 等 IT 和 OT 企业，博世等零件供应商，以及研究机构、金融机构、物流行业等。Catena-X 的主要目标是确保数字主权、加强汽车二氧化碳排放规则协同、满足资源循环和供应链的尽责查证合规要求，以及增强汽车供应链的韧性和竞争力。Catena-X 为参与企业提供多种服务，包括资源循环化、提供可追溯性信息、管理二氧化碳排放等。

二　数据要素在战事应对、供应链建设、节能减碳等方面发挥重要作用

（一）数据要素为提升作战能力奠定基础

俄乌冲突已经持续一年多，双方军事力量的悬殊，本来应该是一场闪电战，最终却演变成为一场持久战。从原因上看，除了以美国为首的北约给予全方位的先进武器支援外，最核心的是数据要素在战争中的应用带来了全新情报保障，在美国和北约的情报支持下，俄罗斯的军事行动处处掣肘。

2022 年 8 月，芬兰 Iceye 公司与乌克兰 Serhiy Prytula 慈善基金会达成了协议，将一颗合成孔径雷达卫星的能力转让给乌克兰政府。该卫星可以收集乌克兰上空的图像和数据，并且可以访问其星座中其他卫星的数据。这一举措正在为乌克兰政府提供更多的数据和技术支持。2023 年 1 月，美国国防部首席数字和人工智能办公室（CDAO）同步启动了全球信息优势实验（GIDE）项目，旨在将先进的人工智能和数据分析技术引入作战系统中，以提高作战效率和战场决策的准确性。

（二）数据要素为强化供应链韧性提供支撑

数据要素在供应链建设方面也正发挥着日趋重要的作用。例如，2022 年 7 月，英国成立了一个关键矿物数据中心，由英国地质调查局运营。该中心的目的是收集和分析与钴、锂等关键矿物供应有关的信息。其中，该中心的第一项主要工作是研究电动汽车电池所需矿物的未来需求和供应情况。通过收集和分析数据，英国的目标是建立一个完善的电动汽车产业链，这一举措可以提高英国电动汽车产业的竞争力，增强其供应链的韧性和可持续性。

（三）数据要素为节能降碳提供保障

数据要素在绿色生态建设方面也发挥了越来越重要的作用。例如，2022

年 11 月，联合国环境监管机构宣布将启动一个全球甲烷排放量探测系统——“甲烷警报和响应系统（MARS）”。该系统将与天文台合作，利用现有的空间卫星网络来探测全球各地的甲烷排放，估计各地甲烷含量，并及时告知当地的公司或政府。该系统将首先关注全球的石油和天然气业务，然后逐步延伸到其他行业，如煤炭、垃圾、牲畜和种植。通过使各个国家和地区更好地了解自身甲烷排放的总量、全球占比、行业来源等信息，帮助其更好地制定和落实节能减碳的规划。

三　全球数据开发利用机遇与挑战并存

在全球化和数字化的背景下，数据作为一种重要的资源和资产，已经成为世界各国关注和竞争的焦点。在这一背景下，全球数据开发利用机遇与挑战并存。

（一）从价值评估上看，数据资产入表成为全球关注重点

随着数据在生产中发挥的作用日趋明显，数据资产的评估和入表愈加受到关注。经合组织 2022 年 12 月发布的报告《衡量数据和数据流的价值》指出，由于数据已成为生产的重要投入，其价值应在宏观经济统计中得到充分体现。将数据作为生产中重复使用的资产明确纳入宏观经济统计是当前国民账户体系（SNA）① 修订的优先事项。计算成本总和法被认为是获得高质量和可比较的数据资产投资估值最可行的方法。这与其他自营知识产权产品（如软件和研发）的估值一致。虽然数据资产很可能包含在即将发布的 SNA 修订版中，但即使 SNA 更新，衡量数据生产和交易的指南的制定工作仍将继续。对选定的经合组织国家的实验估计表明，数据资产的价值相当可观。

① 国民账户体系（System of National Accounts，SNA）由联合国、国际货币基金组织、世界银行、经济合作与发展组织、欧盟委员会等国际组织制定并颁布，它是一个宏观经济统计的基本框架和国际标准，为经济分析、政策制定和国际比较研究提供了一套兼具综合性、一致性和灵活性的宏观经济统计工具。

然而，将它们纳入宏观经济统计数据似乎对增长率和生产率的影响不大，因为很大一部分数据可能已经记入 SNA 的其他无形资产，如软件和数据库以及研发。预计未来，数据资产的评估和入表将进一步为各国激发数据要素价值提供动力。

（二）从跨境流通上看，全球数据治理体系仍呈碎片化

2022 年 12 月，哥伦比亚大学民主制度研究中心召集了 5 位从事数据监管工作的国际学者，评估当前全球数字治理的现状。在小组讨论中，这些专家强调全球数据治理处于不稳定状态。当被要求以 1 到 10 的等级对当前的数据治理有效性水平进行评分时，小组成员给出的平均分数仅为 3.7。

据不完全统计，全球出台跨境数据流通政策法规的国家已超过 100 个，针对跨境数据流通的多层次监管政策体系初步形成，如欧美隐私盾、APEC 的跨境隐私规则、数据本地化存储、告知同意规则、“白名单”制度和技术保护要求等，这些监管规则推动数据保护主义日趋浮现。数据保护主义限制跨境数据传输的动机通常是多个，并且相互交织重叠。首先，确保数据价值保留在国内，从而推动国内数字产业发展；其次，数据的位置对其安全更为重要，限制数据跨境流动可以增强数据的安全性，以防止本国数据被他国监控。但是国际上对限定数据存储位置有利于提升数据安全的假设表示异议，认为数据是否安全并不在于数据存储在哪里，数据本地化不能抵御外国监控行为，只是增强了本国政府对本国公民的网络行为监控。在数据跨境壁垒日益盛行的情况下，数据全球化与数据本地化博弈将持续升级，要想降低数据壁垒所带来的损失，唯有开展全球数据治理，打造数据跨境流通“朋友圈”，建立数据跨境共享规则，才能在国际合作中实现共治共赢。

（三）从外部威胁上看，数据安全成为全球面临的共同问题

2022 年 7 月，IBM 公司安全部门发布《2022 年数据泄露成本报告》，评估了过去一年全球数据泄露事件的影响。这份年度报告分析了自 2021 年 3 月至 2022 年 3 月，全球 550 家企业出现的数据泄露事件。报告指出，当前

平均每起数据泄露造成的损失从 2021 年的 424 万美元增长 2.6%至 2022 年的 435 万美元，相较于 2020 年的 386 万美元增长了 12.7%。

近一年来，全球范围内发生了多起恶性数据安全事件，从公共部门到私营部门，数据安全正在成为全球面临的共同威胁。例如，2022 年 10 月，伊朗原子能组织宣布布什尔核电站的电子邮件服务器遭到黑客攻击，导致大量敏感数据泄露，此次攻击波及布什尔发电厂各个部门的管理和运营时间表、伊朗和俄罗斯核专家的签证和护照信息以及与当地和外国组织所签署的协议。伊朗的一个名为 Black Reward 的黑客组织声称对此次攻击事件负责。2022 年 12 月，网名为 Ryushi 的用户在某黑客论坛上发帖称，已成功利用推特在 2021 年曝出的漏洞抓取了超 4 亿用户数据，并以 20 万美元的价格在线出售，其中包括美国众议员亚历山大·奥卡西奥—科尔特斯和以太坊加密货币创始人维塔利克·布特林等知名人士的私人信息，黑客还提供了 37 人的个人数据和 1000 个账户的样本以证明数据的真实性。2023 年 1 月，印度尼西亚国有国防承包商 Pindad 公司遭遇数据泄露，一个伪装成美国国家安全局（NSA）的黑客组织试图在暗网上出售大量数据，包括 Pindad 员工的身份信息和职位信息，以及有关印度尼西亚国防制造业的重要信息。2023 年 3 月，印度发生了一起规模巨大的司法数据泄露事件，导致超过 9 亿条司法记录被盗，包括印度法律文件、警方记录、法庭文件等，数据量高达约 600GB。这些事件都提醒我们，无论是政府还是企业，都必须采取措施来保护其数据安全，以避免经济和社会的不良后果。

当前，数据安全威胁已经不再局限于某一个国家或地区，数据泄露、网络攻击、恶意软件等威胁已经跨越国界，对全球经济和社会安全产生了极大的影响。各国需要联合起来，加强信息共享和合作，共同应对跨境数据安全威胁。

参考文献

经济合作与发展组织：《衡量数据和数据流的价值》，2022 年 12 月。

美国波士顿咨询公司：《管理数据成本和复杂性的新架构》，2023 年 2 月。

IBM：《2022 年数据泄露成本报告》，2022 年 7 月。

美国大西洋理事会：《数据鸿沟：新兴技术及其利益相关者如何影响第四次工业革命》，2022 年 10 月。

B.5
数字产业进入结构性调整期

陈耿宇*

摘　要： 2022年，受全球高通胀挤压、消费疲软影响，数字产业进入调整期，设备领域支出和出货量均同比下降。各国仍持续推进技术创新，区域创新呈现由西向东转移态势，大数据、人工智能等新兴数字产业保持增长。值得关注的是，生成式人工智能经过前期的技术积累，2022年进入“蝶变期”。元宇宙相关产业热度下降，相关设备出货量亦同比减少。

关键词： 数字产业　生成式人工智能　元宇宙

当前，全球经济疲软，受此影响，数字产业发生结构性调整。与此同时，各国持续推动产业创新发展，新兴数字产业保持相对繁荣态势，生成式人工智能经过迭代积累进入“蝶变期”。

一　主要经济体表现不佳，传统数字产业进入调整期

2022年，俄乌冲突、疫情冲击和大国博弈等动荡因素推动全球通胀，全球主要经济体经济增速下滑。受全球通胀影响，消费疲软，数字产业发展进入调整期。其中，全球IT产业规模、全球设备出货量出现负增长，全球服务器市场和全球网络安全相关硬件、软件、服务总投资规模保持增长。

---

* 陈耿宇，国家工业信息安全发展研究中心信息政策所数字经济研究室助理工程师，主要研究方向为数字经济测度、数字产业。

（一）主要经济体表现不佳

2022年，受价格飙升和地缘政治的不确定性影响，全球消费信心下滑。2022年10月，据美国布鲁金斯学会与英国《金融时报》联合发布的全球经济复苏追踪指数（TIGER），全球增长势头以及金融市场和信心指标明显恶化。据国际货币基金组织（IMF）的研究，2022年全球经济增长3.4%（见图1），世界主要经济体经济增长速度都有所下降，中国、美国和欧盟，分别实现了3.0%、2.0%和3.7%的增长，相对于2021年增速分别下降5.4个、3.9个和1.8个百分点。①

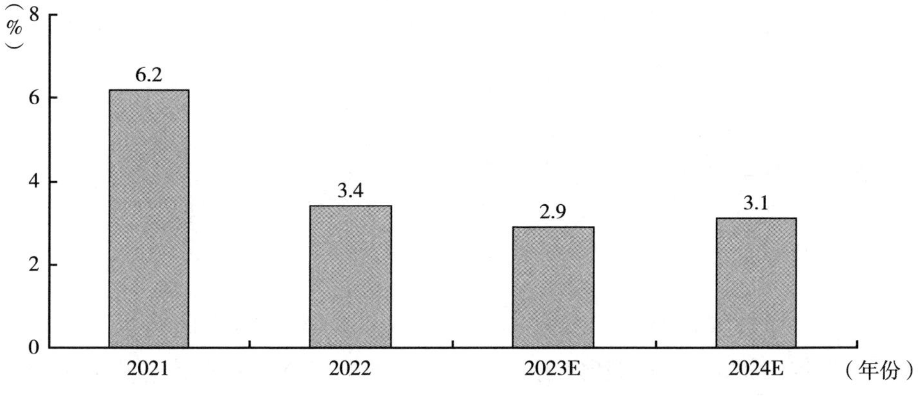

图1　2021~2024年全球GDP增长情况

资料来源：IMF，国家工业信息安全发展研究中心整理。

2023年，预计衰退阴影将笼罩全球经济，主要经济体衰退风险将有所增加，全球经济可能进入"浅衰退"区间。据IMF预测，2023年全球经济增长2.9%，全球通胀将从2022年的8.8%下降到2023年的6.6%和2024年的4.3%。主要发达经济体央行上调利率对抗通货膨胀以及俄乌冲突对经济活动构成的压力。据IMF预测，2023年中国经济增速回升至5.2%，但大多数经济体的经济增长将明显放缓。其中，欧元区和英国的衰退风险相对较高；美国将面临

① 国际货币基金组织：《世界经济展望》，2023年1月。

中度可能性的衰退风险；巴西经济活动趋弱，2022 年第四季度 GDP 环比下降 0.2%，结束连续五个季度增长的势头。美国和欧盟经济增速分别下降至 1.4%和 0.7%，英国则跌入负增长（-0.6%），巴西经济增速下降至 1.2%（见表 1）。

表 1　2021～2024 年全球及主要国家和地区的经济增速

单位：%，百分点

项目	2021 年	2022 年	2023 年（预测）	2024 年（预测）	与 2022 年 10 月《世界经济展望》预测 2023 年增长率的差异
全球 GDP 增速	6.2	3.4	2.9	3.1	0.2
中国	8.4	3.0	5.2	4.5	0.8
日本	2.1	1.4	1.8	0.9	0.2
印度	8.7	6.8	6.1	6.8	0.0
欧盟	5.5	3.7	0.7	1.8	0.0
德国	2.6	1.9	0.1	1.4	0.4
法国	6.8	2.6	0.7	1.6	0.0
意大利	6.7	3.9	0.6	0.9	0.8
西班牙	5.5	5.2	1.1	2.4	-0.1
英国	7.6	4.1	-0.6	0.9	-0.9
俄罗斯	4.7	-2.2	0.3	2.1	2.6
美国	5.9	2.0	1.4	1.0	0.4
加拿大	5.0	3.5	1.5	1.5	0.0
拉丁美洲和加勒比地区	7.0	3.9	1.8	2.1	0.1
巴西	5.0	3.1	1.2	1.5	0.2
墨西哥	4.7	3.1	1.7	1.6	0.5
中东和中亚	4.5	5.3	3.2	3.7	-0.4

资料来源：IMF，国家工业信息安全发展研究中心整理。

（二）传统数字产业进入调整期

受全球通货膨胀影响，全球 IT 产业进入调整期。Gartner 数据显示，2022 年全球 IT 支出达到 4.39 万亿美元，较 2021 年下降 0.2%，预计 2023 年增长率回升至 2.4%。Gartner 认为，2022 年尽管通货膨胀侵蚀消费者购买力并压低预算支出，但整体企业 IT 支出仍保持强劲，软件和 IT 服务部门在 2022 年将分别增长 7.1%和 3.0%。由于消费者和企业都延长了采购更新周期，2022 年设备市场将下降 10.6%（见表 2）。

表 2　全球 IT 支出预测

单位：10 亿美元，%

项目	2022 年支出	2022 年增长率	2023 年支出	2023 年增长率
数据中心系统	212	12.0	214	0.7
软件	783	7.1	856	9.3
设备	722	-10.6	686	-5.1
IT 服务	1245	3.0	1313	5.5
通信服务	1423	-2.4	1423	0.1
共计	4385	-0.2	4491	2.4

资料来源：Gartner，2023 年 1 月。

从市场范围看，受消费疲软影响，全球设备出货量下降。据 Gartner 数据，2022 年全球设备出货量（PC、平板电脑、手机）总数约 18.2 亿台。2022 年 PC、平板电脑和手机的出货量比 2021 年分别下降 16%、12%和 11%。2023 年全球设备出货量预计为 17.4 亿台，比 2022 年下降 4.4%（见表 3）。

表 3　2022~2023 年全球各类型设备出货量预测

单位：千台，%

各类型	2022 年出货量	2022 年增长率	2023 年出货量	2023 年增长率
PC	287159	-16	267676	-6.8
平板电脑	136938	-12	132963	-2.9
手机	1395247	-11	1339505	-4
共计	1819344	-11.9	1740143	-4.4

资料来源：Gartner，2023 年 1 月。

IDC 数据显示，全球服务器市场在 2022 年第三季度表现强劲，同比增长 25.0%，全年预计同比增长 18.6%。数字基础设施已经发展成为关键投资，但宏观经济环境将继续成为短期内市场表现的决定性因素。据 IDC 预测，2023 年全球服务器市场增长回落至 3.2%（见图 2）。长期来看，基础设施现代化、快速增长的工作负载（如 AI/ML）以及对云和边缘部署的持续投资，将推动市场进一步增长。IDC 数据显示，2022 年中国服务器市场规模为 273.4 亿美元（1888.37 亿元人民币），同比增长 9.1%。①

2022 年全球网络安全总投资规模为 1955.1 亿美元，并有望在 2026 年增至 2979.1 亿美元，五年复合增长率（CAGR）约为 11.1%。中国市场方面，IDC 预计，到 2026 年中国网络安全支出规模接近 288.6 亿美元（约 1982.68 亿元人民币），五年复合增长率将达到 18.8%，增速位列全球第一。②

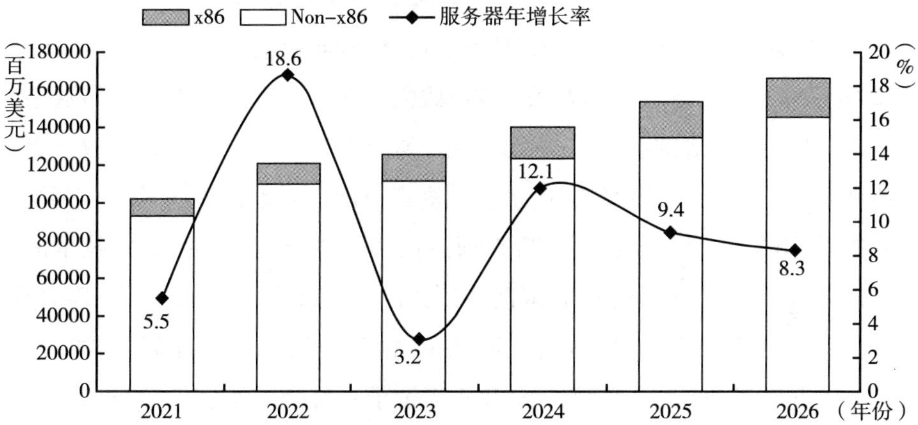

图 2　2021~2026 年全球服务器市场预测

资料来源：IDC，季度服务器跟踪，2022Q3。

二　各国持续推进技术创新，新兴数字产业保持增长

2022 年，各国寻求“科技突围”，更新出台产业政策支持数字技术创新

① IDC：《2022 年中国服务器市场跟踪报告》，2023 年 3 月。

② IDC：《全球网络安全支出指南》，2023 年 3 月。

发展。伴随着全球激烈的创新竞赛，区域创新中心呈现向东方转移态势。与此同时，全球大数据、人工智能等新兴数字产业保持增长态势。

（一）各国持续推进技术创新

竞争中各国寻求“科技突围”，持续推动数字技术创新。2022 年 8 月，美国总统拜登签署了《芯片与科学法案》，该法案旨在向美国半导体行业和尖端科研领域提供资金支持，总共分为 A、B、C 三部分：2022 年芯片法案、研发与创新法案、美国最高法院安全资金法案。《纽约时报》称该法案是“数十年来政府对产业政策最重大的干预”，将为“与中国的地缘政治竞争”提供长期战略支持。2022 年 7 月，欧盟委员会通过新的《欧洲创新议程》，旨在引领新一轮深度科技创新，促进其向绿色化和数字化双转型。2022 年 6 月，英国政府发布新版《英国数字战略》，旨在使英国成为数字创新的最佳地点，该战略明确了六大支柱：数字基础、创意和知识产权、数字技能和人才、资金、提升数字化水平、提高英国国际地位。同月，英国国防部发布《国防人工智能战略》，旨在通过前沿技术枢纽，支撑新兴技术的使用和创新，从而支持创建新的国防 AI 中心。2022 年 12 月，英国政府称，将投资 1.1 亿英镑用于研发包括 6G 在内的下一代技术的计划。2022 年 6 月，德国联邦教研部（BMBF）推出了“量子系统——发展尖端技术，塑造未来”研究计划。通过这项计划，德国希望扩大在量子系统方面的竞争力，通过德国制造的尖端技术确保德国和欧洲的技术主权，力争在未来十年内成为量子计算和量子传感器技术的世界领导者。2022 年 4 月，日本内阁发布《人工智能战略 2022》和《量子未来社会愿景（草案）》，旨在加快人工智能和量子技术在日本的发展。

全球创新竞争激烈，中国科技集群首次赶上美国。据世界知识产权组织发布的《2022 年全球创新指数报告》（GII），位于指数前 20 的国家和地区，大多数排名发生升降变化，反映出全球创新竞争激烈（见表 4）。2022 年瑞士连续第 12 年成为世界上最具创新性经济体，其次是美国、瑞典、英国和荷兰，中国的排名上升至第 11 位，超过了法国，而土耳其和印度则首次跻身前 40 名。此外，根据 GII 数据，2022 年全球前 100 大科技集群（Science & Technology Clusters）集中在北美、欧洲和亚洲三个地区。全球科技集群 Top5 分别是：东京—横滨（日本）、深圳—香港—广州（中国和中国香港）、北京（中国）、首尔（韩国）和圣何塞—旧金山（美国）。此外，中国拥有 21 个科技集群，首次赶上美国，并列世界第一。在中国和美国之后，德国排第三，有 10 个科技集群，日本有 5 个，法国、加拿大、印度和韩国各有 3 个。

表 4　2022 年全球创新指数排名 Top 20

国家/地区	2022 年排名	2021 年排名	排名变化	国家/地区	2022 年排名	2021 年排名	排名变化
瑞士	1	1	0	中国	11	12	1
美国	2	3	1	法国	12	11	-1
瑞典	3	2	-1	日本	13	13	0
英国	4	4	0	中国香港	14	14	0
荷兰	5	6	1	加拿大	15	16	1
韩国	6	5	-1	以色列	16	15	-1
新加坡	7	8	1	奥地利	17	18	1
德国	8	10	2	爱沙尼亚	18	21	3
芬兰	9	7	-2	卢森堡	19	23	4
丹麦	10	9	-1	冰岛	20	17	-3

资料来源：世界知识产权组织（WIPO），《2022 年全球创新指数报告》。

数字产业相关企业创新力位居前列，全球创新中心向东方转移。美国专利服务机构①数据显示，美国公司共获得了 142703 项新专利；日本公司共获得了 46504 项新专利；中国公司共获得新增专利 24538 项，比 2021 年增长 19%，是新增专利数量增长最快的国家。分行业来看，自动驾驶汽车是 2022 年专利申请最多的技术领域。2018～2022 年的专利数量的年复合增长率为 64.3%。此外，其他专利申请的热门领域还包括数据处理等。在 2022

① IFI Claims Patent Services.

年美国专利授权 Top50 排行榜中，中国有 4 家企业上榜——台积电、华为、京东方和 Oppo，分别居榜单第 3 位、第 4 位、第 11 位和第 43 位，如表 5 所示。Top50 榜单按总部所在国统计，美国、日本、韩国、中国的企业数量依次为 22 家、14 家、6 家、4 家，德国、荷兰、瑞典、沙特阿拉伯各 1 家（见表 5）。仅从 2022 年美国专利授权 Top50 排行榜来看，创新正从西方向东方转移。亚洲上榜公司在 2022 年获得的专利数量比西方国家公司多出 16%（5690 项），远超过亚洲公司在 2021 年仅高出 0.3%的优势。

表 5　2022 年美国专利授权 Top50 排行榜

单位：项，%

排名	企业名称	总部所在地	2022 年专利数	2021 年专利数	增幅	排名变化
1	三星电子	韩国	6248	6364	-2	1
2	IBM	美国	4398	8681	-49	-1
3	台积电	中国台湾	3024	2798	8	1
4	华为	中国	2836	2769	2	1
5	佳能	日本	2694	3021	-11	-2
6	LG 电子	韩国	2641	2487	6	2
7	高通	美国	2625	2149	22	3
8	英特尔	美国	2418	2614	-7	-2
9	苹果	美国	2285	2541	-10	-2
10	丰田汽车	日本	2214	2028	9	2
11	京东方	中国	2195	2135	3	0
12	三星显示	韩国	2106	1975	7	1
13	美光	美国	1920	1789	7	2
14	亚马逊	美国	1863	1943	-4	0
15	微软	美国	1815	2417	-25	-6
16	谷歌	美国	1548	1493	4	2
17	现代汽车	韩国	1436	1268	13	3
18	索尼	日本	1397	1679	-17	-2
19	爱立信	瑞典	1397	1387	1	0
20	本田汽车	日本	1346	1209	11	4

续表

排名	企业名称	总部所在地	2022 年专利数	2021 年专利数	增幅	排名变化
21	福特	美国	1316	1626	-19	-4
22	慧与	美国	1300	919	41	12
23	易安信	美国	1295	1243	4	-1
24	起亚	韩国	1289	1203	7	1
25	精工爱普生	日本	1243	1231	1	-2
26	三菱电机	日本	1142	1158	-1	0
27	戴尔	美国	1125	770	46	18
28	SK 海力士	韩国	1119	958	17	3
29	波音	美国	1082	1263	-14	-8
30	博世	德国	1057	895	18	5
31	沙特阿美	沙特阿拉伯	941	836	13	9
32	思科	美国	923	961	-4	-2
33	松下	日本	921	1067	-14	-6
34	日电	日本	915	827	11	7
35	电装	日本	912	950	-4	-3
36	德州仪器	美国	910	970	-6	-7
37	哈里伯顿	美国	906	871	4	0
38	村田	日本	896	731	23	10
39	通用电气	美国	871	1065	-18	-11
40	东芝	日本	791	745	6	7
41	飞利浦	荷兰	781	836	-7	-2
42	美国电话电报公司	美国	777	918	-15	-9
43	Oppo	中国	756	720	5	6
44	应用材料	美国	711	674	5	N/A
45	第一资本	美国	706	699	1	N/A
46	雷神技术	美国	688	788	-13	-4
47	理光	日本	675	771	-12	-1
48	富士胶片	日本	661	714	-7	2
49	兄弟工业	日本	657	592	11	N/A
50	甲骨文	美国	648	596	9	N/A

资料来源：美国商业专利数据库。

（二）新兴数字产业保持增长

全球数据市场快速扩张。IDC 数据显示，由于美元走强，大数据和分析（BDA）市场受到了一定程度的影响，但仅限于欧洲、中东和非洲（EMEA）等地区。[①] 2022 年上半年，中东和非洲的 BDA 市场按美元计算收入同比增长 10%，亚太地区的 BDA 市场按美元计算增长了 16%，美洲市场则增长了 21%。聚焦中国市场，IDC 预计，2026 年中国大数据 IT 支出规模预计为 359.5 亿美元，市场规模位列第二。[②] 从增速的角度来看，中国大数据 IT 支出五年 CAGR 约为 21.4%，位列全球第一，呈现强劲的增长态势。随着数字经济、数字化转型、新基建等投资建设进一步加快，中国终端用户对大数据硬件、软件、服务的需求将稳步扩大。

全球超大规模数据中心持续增加。据 Synergy Research Group 数据，全球超大规模大型数据中心数量在 2022 年第二季度末增加到 800 多个，而 2021 年第三季度，全球在运营超大规模数据中心数量约 700 个。美国占数据中心容量的 53%，欧洲和中国分别占 16%、15%（见图 3）。美国 1/3 的数据中心位于弗吉尼亚州北部。弗吉尼亚州被称为世界互联网之都，亚马逊的大量数据中心基础设施位于弗吉尼亚州北部。亚马逊、微软和谷歌，每家都拥有超过 130 个数据中心，其中主要地区（北美、亚太地区和欧洲）至少有 25 个。中国市场相对孤立，但拥有阿里巴巴、腾讯和百度等中国数据中心。在欧洲，超大规模基础设施的主要国家市场是爱尔兰和荷兰。

人工智能市场活力持续提升。2022 年，全球人工智能独角兽企业数量继续增长，市场规模保持扩张，带动工智能芯片需求增长。据 2022 年胡润全球独角兽榜，全球人工智能行业有 94 家独角兽上榜，相比 2021 年榜单增加了 10 家。IDC 预测，全球人工智能支出，包括以人工智能为中心的各类系统的软

---

① “Worldwide Semiannual Big Data and Analytics Software Tracker”，https：//www.idc.com/getdoc.jsp？containerId=IDC_ P23465.

② IDC：《2022 年 V2 全球大数据支出指南》，2022 年 8 月。

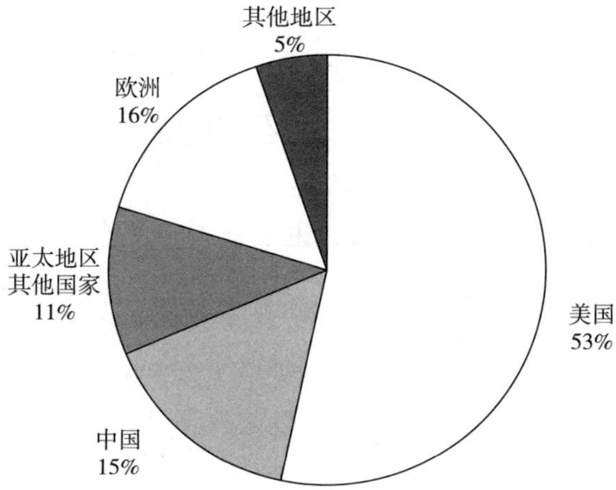

图 3　2022 年第二季度全球超大规模数据中心分布

资料来源：Synergy Research Group。

件、硬件与服务支出，在 2023 年将达到 1540 亿美元，较 2022 年同比增长 26.9%，预计 2022 年至 2026 年复合年增长率（CAGR）为 27.0%。[①] 到 2026 年，以 AI 为中心的系统总支出将超过 3000 亿美元。据 Precedence Research 数据，2022 年全球人工智能芯片市场规模为 168.6 亿美元，2022~2032 年 CAGR 有望达 29.7%。

我国人工智能市场增速放缓。据 IDC 数据，2022 年上半年我国整体市场规模达 23 亿美元，相对于 2021 年同期的 42.2%市场增速整体放缓。其中，计算机视觉市场规模达到 9.76 亿美元，前五大计算机视觉厂商为商汤科技、旷视科技、海康威视、创新奇智和云从科技，构成了 42.3%的市场份额；语音语义市场规模达到 10.54 亿美元，主要代表厂商为科大讯飞、阿里云和百度智能云，构成了 25.6%的市场份额；机器学习平台市场规模达到 2.75 亿美元，前五大机器学习平台厂商为第四范式、华为云、九章云极 DataCanvas、创新奇智和美林数据，构成了 64.1%的市场份额。

① IDC：《全球人工智能支出指南》，2023 年 3 月。

三　生成式人工智能进入“蝶变期”，元宇宙“热”迅速“降温”

2022年，在新兴数字产业领域，生成式人工智能快速迭代，应用前景和市场规模增速看好，但元宇宙“热”明显“降温”，受宏观经济影响，相关设备出货量同比大幅下降。

（一）生成式人工智能进入“蝶变期”

生成式人工智能（Generative AI）经过前期的技术积累，2022年进入“蝶变期”。生成式人工智能是通过各种机器学习（ML）算法使用现有内容，创建新的可信内容（如文字、图片、视频）。生成式人工智能可用于多种活动，如创建软件代码、促进药物研发和有针对性的营销，但该技术也会被滥用于诈骗、欺诈、政治造谣、伪造身份等。

产品方面，技术快速迭代。2022年1月，OpenAI在GPT-3基础上进行微调，并在训练中加入人类反馈数据，推出InstructGPT。4月，OpenAI发布的Dall-E2，可以根据用户的需要生成所需要的图形。2022年11月，OpenAI推出人工智能对话聊天机器人ChatGPT，ChatGPT不仅在日常对话、专业问题回答、信息检索、内容续写、文学创作、音乐创作等方面展现出强大的能力，还具有生成代码、调试代码、为代码生成注释的能力。ChatGPT发布后5天用户已超百万，而OpenAI之前发布的GPT-3用了将近两年的时间才突破100万用户。截至2023年1月底，ChatGPT月活用户已高达1亿，成为史上活跃用户规模增长最快的应用。

市场方面，投融资活跃、前景看好。2022年1月，OpenAI对外表示已从投资者处筹集了2.5亿美元。2022年10月，Stability AI完成1.01亿美元融资，估值10亿美元。同月，Jasper完成1.25亿美元融资，估值达15亿美元。据Precedence Research数据，2022年全球生成式人工智能市场规模估计为107.9亿美元，预计到2032年市场规模将达到1180.6亿美元左右（见

图4），在2023~2032年的预测期内以27.02%的复合年增长率增长。按地域划分，北美地区在市场上处于领先地位，并在2022年占据了超过41%的收入份额。Gartner预计到2025年，生成式人工智能将占所有生成数据的10%，而2022年这一比例还不到1%；大型企业机构对外营销信息中的合成信息比例将从2022年的不到2%上升到30%；使用生成式人工智能技术系统研发的新药和材料比例将从现在的零上升到30%以上。①

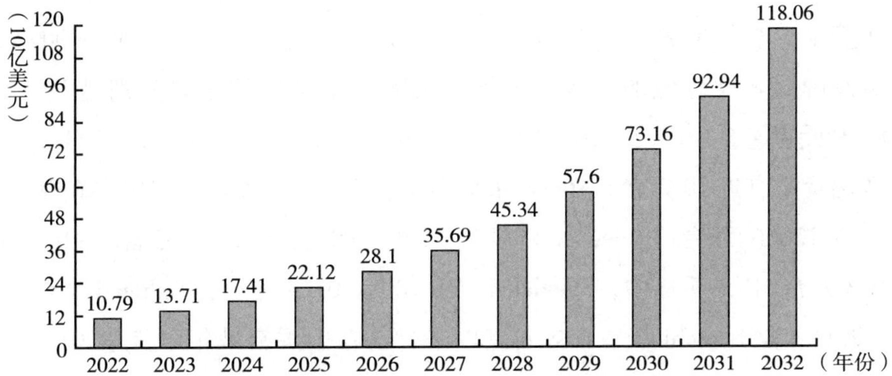

图4　2022~2032年生成式人工智能市场规模及预测

资料来源：Precedence Research，2022年12月。

（二）元宇宙"热"迅速"降温"

元宇宙龙头企业发展受挫。2022年，Meta股价累计跌超70%，元宇宙部门现实实验室（Reality Labs）成为"烧钱无底洞"。据Meta财报数据，2022年第三和第四季度，Reality Labs营收分别为2.85亿美元、7.27亿美元，同比降幅分别为49%和17%。该部门2022年共计亏损137.17亿美元，与2021年亏损的101.93亿美元相比，亏损扩大34.57%。11月，Meta正式宣布裁员，将会影响超过1.1万名员工，约占Meta公司员工总数的13%，

① Gartner：《ChatGPT只是开始：企业生成式AI的未来》，https：//www.gartner.com/cn/information-technology/articles/beyond-chatgpt-the-future-of-generative-ai-for-enterprises。

Reality Labs 也受到裁员影响。元宇宙“房产”暴跌，根据研究机构 WeMeta 的数据，在 2021 年 11 月到 2022 年 10 月，Decentraland 和 The Sandbox 等元宇宙虚拟地产平台的平均价格下跌超 80%，二者销量也急剧下滑。2023 年 2 月，微软解散了成立仅 4 个月的工业元宇宙团队。

元宇宙相关设备出货量同比大幅下降。据 IDC 数据，2022 年，AR、VR 头盔的全球出货量为 880 万台，同比下降了 20.9%。① 尽管市场低迷，但 Meta 公司仍然以近 80%的份额引领整个市场。市场排名第二的字节跳动公司占据了 10%的份额，该公司继续扩大其产品组合，并专注于 Meta 明显缺席或品牌知名度较低的市场。市场排名第三至第五的公司分别是 DPVR、HTC 和爱奇艺。Nreal 在 AR、VR 头盔市场中排名第六，但其 2022 年的 AR 头盔出货量有近 10 万台，在 AR 市场中排名第一。2022 年，中国 AR/VR 头显出货 120.6 万台（sales in 口径），其中 AR 出货 10.3 万台，VR 出货 110.3 万台。VR 头显中，Standalone VR 出货 101.4 万台，Tethered VR 出货 8.9 万台，是 Standalone VR 自问世以来首次在中国突破年出货量 100 万台大关。

参考文献

国际货币基金组织：《世界经济展望》，2023 年 1 月。

IDC：《2022 年中国服务器市场跟踪报告》，2023 年 3 月。

IDC：《全球网络安全支出指南》，2023 年 3 月。

IDC：《2022 年 V2 全球大数据支出指南》，2022 年 8 月。

IDC：《全球人工智能支出指南》，2023 年 3 月。

Gartner：《ChatGPT 只是开始：企业生成式 AI 的未来》，2023 年 2 月。

IDC：《全球 AR 和 VR 头盔季度追踪》，2022 年 3 月。

① IDC：《全球 AR 和 VR 头盔季度追踪》，2022 年 3 月。

B.6

产业数字化转型提档加速

赵令锐*

摘　要： 数字化转型是全球经济增长的重要引擎。为抢抓数字化转型新机遇，世界各国加快推进产业数字化转型，不断提升传统产业数字化水平。农业数字化转型稳步推进，各国政策支持力度持续加大，农村电商加快推动农产品上行。制造业数字化转型持续深化，工业互联网赋能作用显著提升，企业数字化转型步伐明显加快。服务业数字化水平显著提高，电子商务、数字货币、远程办公等保持蓬勃发展态势，日益融入人们工作生活的方方面面。

关键词： 数字化转型　农村电商　工业互联网　央行数字货币

当前，数字经济已成为不可阻挡的世界潮流，数字技术正加速融入各行业各领域，成为助力各个产业实现效率提升和模式创新的利器，推动产业高质量发展。

一　农业数字化转型稳步推进，农业生产数字化建设快速起步

农业是关系国计民生的基础产业，在技术进步引领下，农业数字化转型成为全球农业发展的重要趋势。

* 赵令锐，博士，国家工业信息安全发展研究中心信息政策所助理研究员，主要研究方向为数字化转型、数字经济测度、数据产权等。

（一）各国支持战略政策持续出台

世界各主要国家都把数字农业作为未来农业的发展方向，充分发挥数字技术红利，加快提升农业领域风险应对能力。2022 年 2 月，法国农业和食品部公布了“农业和数字化”路线图，将数字技术列为 2022~2027 年农业和农村发展规划的重点，围绕加强农业教育等方面的数字技术培训、保护和开发农业数据管理等 7 个优先事项展开。2022 年 8 月，澳大利亚政府发布了《农业数字基础战略》，规划了数字技术在本国农业、林业和渔业的发展路径，目标是到 2030 年成为数字农业的成熟使用者、开发者和出口商，主要举措包括提升领导能力、加大技能培训、加强数据治理等。2022 年 8 月，美国拜登政府通过《通胀削减法案》向农业部提供 200 亿美元，用于部署气候智能型农业[①]实践。2022 年 9 月，美国农业部宣布为 70 个“气候智能型”产品项目提供 28 亿美元。2022 年 12 月，美国农业部再向另外 71 个“气候智能型”农业项目投资 3.25 亿美元。2023 年 1 月，法国政府宣布投资 6500 万欧元加速农业生态化、数字化发展，支持发展新一代的农业设备数字技术和机器人、开发数字工具、开展人工智能与农业数据分析等。

联合国粮农组织等国际组织也十分重视农业数字化转型，把数字农业作为农业国际交流合作的一项重要议题。2022 年 10 月，联合国粮农组织举行农业粮食体系数字化专题活动，探讨借助数字能力及机遇，缩小城乡差距，为妇女及青年赋权，帮助他们获取信息技术和市场。该活动汇集了来自埃塞俄比亚农业转型局、乌干达发展银行、国际原子能机构和康奈尔大学的代表，他们分享各自在以数字技术推动农业粮食体系发展方面的经验和成果。2022 年 12 月，联合国粮农组织 2022 年第三届数字农业论坛在线上召开，论坛以“新兴技术助力农业数字化转型”为主题，各国嘉宾围绕优化农业数字化基础设施建设、乡村振兴、电商发展带动产业链转型、农业生产智能

① 气候智能型农业（CSA）是一种指导行动的方法，旨在对农业系统改造和重新定向，帮助和支持其有效发展并确保在气候变化下的粮食安全。

化等话题展开讨论，多形式推广数字农业成果。2023 年 3 月，联合国粮农组织和联合国工业发展组织联合启动农业粮食体系转型加速计划（ASTA），通过建立伙伴关系和促进公共与私营部门投资，帮助最不发达国家提高农业粮食体系效率、包容性、韧性和可持续性。

我国也高度重视农业数字化发展，持续出台推进数字农业发展的相关政策。2022 年 2 月，国务院发布《“十四五”推进农业农村现代化规划》，指出要建设发展智慧农业，推动物联网、大数据、人工智能、区块链等新一代信息技术与农业生产经营深度融合。2022 年 9 月，农业农村部办公厅印发《农业现代化示范区数字化建设指南》，明确了农业现代化示范区数字化建设的路线图和时间表。2023 年 2 月初，《中共中央 国务院关于做好 2023 年全面推进乡村振兴重点工作的意见》提出，深入实施数字乡村发展行动，推动数字化应用场景研发推广。加快农业农村大数据应用，推进智慧农业发展。2023 年 2 月，农业农村部发布《关于落实党中央国务院 2023 年全面推进乡村振兴重点工作部署的实施意见》，提出要大力发展智慧农业和数字乡村，包括推进数据整合、创新数字技术、拓展应用场景等。此外，各地也加大农业数字化相关工作布局，比如重庆市 2023 年政府工作报告提出要打造一批数字农业园区、数字农业工厂，新建 20 个智慧农业示范基地。

（二）农业生产数字化建设快速起步

随着新一代信息技术的迅速发展，北斗导航、5G、物联网等数字技术与农业生产融合应用日益普及，智能农机、自动化育秧等新产品新应用不断涌现，农业生产效率进一步提升。数据显示，智能农机具备连续工作、全时作业能力，作业效率提升 20%～60%。[①] 2022 年，巴西东北部皮奥伊州大拜沙杜里贝罗市迎来该国首个采用 5G 技术的农场，农场主可以实时监测动物健康状况，并利用无人机拍摄和传输的高清图像提高田间日常工作效率。农

① 《我国发布首个智能农机技术路线图　到“十四五”末形成一批商业化无人农场》，https：//m. gmw. cn/baijia/2022-05/18/1302952764. html。

场还配备有能够自主作出决策的机器人，包括拖拉机、收割机等在内的农业机器，农场的生产效益预计可提升 20%～30%。① 世界经济论坛《利用技术改善十亿人的生计》报告预计，无人机可以帮助印度农业转型，推动农业 GDP 增长 1%～1.5%，创造至少 50 万个新就业岗位，支持该国迎来新的数字繁荣时代。

由于转型基础、投入力度等存在差异，各国数字技术在农业领域应用存在明显差距。根据观研报告网《中国有机农业行业发展深度分析与投资战略评估报告（2023～2030 年）》数据，高收入国家、中高收入国家、低收入国家的农业数字化渗透率分别为 12.5%、7.9%、3.3%，其中我国农业数字化渗透率达到 8.9%（见图 1）。联合国粮农组织《2022 年粮食及农业状况》报告发现，自动化的发展在国家之间以及国家内部都存在巨大的差异，撒哈拉以南非洲的技术普及率尤为落后，而数字自动化技术的应用大多集中在高收入国家。由于数字技术的商业应用尚未成熟，部分技术仍处于原型阶段，还有一部分技术受限于农村基础设施落后（如通网和通电），很多数字技术难以推广，在低收入和中等收入国家尤为如此。

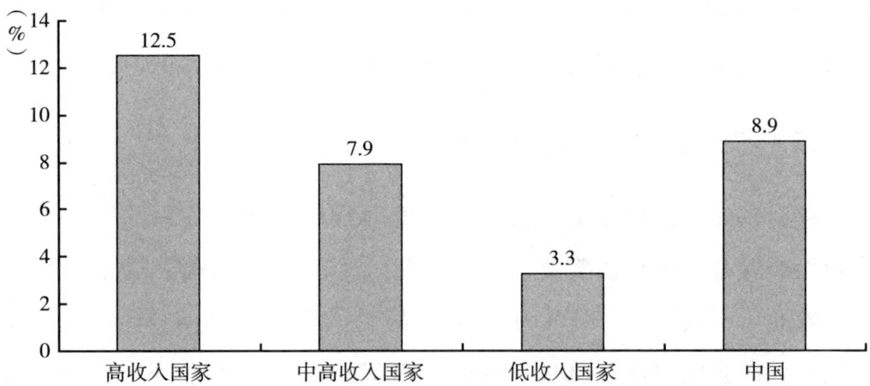

图 1　2021 年全球不同类别国家与我国农业数字化渗透率

资料来源：观研报告网，《中国有机农业行业发展深度分析与投资战略评估报告（2023～2030 年）》。

① 《科技应用提升巴西农业生产效益》，《人民日报》2022 年 7 月 15 日。

我国农业数字化转型稳步推进，通过数据加持、技术赋能，农业领域数字化应用加速拓展，数字农业发展取得新进展。农业农村部数据显示，2021年，全国农作物耕种收综合机械化率达72.03%，较上年上升0.78个百分点。以北斗、5G等信息技术为支撑的智能农机装备进军生产一线，加装北斗卫星导航的拖拉机、联合收割机超过60万台。《中国数字乡村发展报告（2022年）》显示，乡村数字基础设施建设加快推进，智慧农业建设快速起步，农村数字经济实现新突破。截至2021年，全国农业生产信息化率提升至25.4%，大田种植、设施栽培、畜禽养殖、水产养殖的信息化率分别为21.8%、25.3%、34.0%、16.6%。2021年全国植保无人机保有量12.1万架，年作业10.7亿亩次。

（三）农村电商加快推动农产品上行

农业数字化转型不仅体现在农业的生产过程，同时也体现在农产品的销售与运输上，农村电商带动农产品上行和农民增收。商务大数据显示，2022年，全国农村网络零售额达2.17万亿元，同比增长3.6%。其中，农产品网络零售额5313.8亿元，同比增长9.2%。《2022全国县域数字农业农村电子商务发展报告》显示，2021年全国县域网络零售额约4.4万亿元，按可比口径同比增长15.4%，预计农村电商将由消费电商转向产业电商，助力农业品牌化发展。《阿里巴巴丰收节原产地观察》发现，农产品销售呈现四大趋势：西部农产品更受消费者喜爱、滋补类农产品销售增长、茶类产品加速上行、鲜花绿植销量增加。

依托于强大吸引力，直播电商等新型电商模式在农村地区高速发展，“手机成为新农具、直播成为新农活”，助力农产品上行。《中国乡村振兴产业融合发展报告（2022）》发现，直播、短视频助力农产品销售、乡村旅游、乡村培训效果明显；其中，短视频成为新农人的学习工具，果树嫁接相关短视频在抖音获得300多万点赞，9.9亿人次观看了“乡村大师课”。《2023中国农产品电商发展报告》数据显示，2022年全国农村网商（网店）达1730.3万家，同比增长6.2%。其中，直播电商就有573.2万家，占

33.1%。另外，农产品跨境电商继续保持高速增长。《2023中国农产品电商发展报告》数据显示，2022年我国农产品跨境电商贸易额达81亿美元，同比增长25.9%。其中，出口12.1亿美元，同比增长153%；进口68.9亿美元，同比增长15.7%。

农村电商的快速发展离不开物流体系的建设与完善，在有关政策的支持下，我国农村电商公共服务基础设施建设不断加快，让工业品更好下乡、农产品更好进城。商务部数据显示，截至2022年底，电子商务进农村综合示范项目累计支持1489个县，支持建设县级电子商务公共服务中心和物流配送中心超2600个，村级电商物流服务站点达15.3万个。国家邮政局监测数据显示，2022年平均每天有约1亿件包裹在乡村进出，95%的建制村实现快递服务覆盖，进一步畅通了工业品下乡进村和农产品出村进城的渠道。《中国数字乡村发展报告（2022年）》显示，截至2021年底，36.3%的市级以上重点农业龙头企业通过电商开展销售，利用电商销售的农产品加工企业营业收入比上年增长10.8%。

二　制造业数字化转型持续深化，企业数字化转型步伐明显加快

当前，新一代信息技术与制造业的融合程度不断加深，制造业数字化转型势不可当，沿着数字化、网络化、智能化阶段不断跃升。

（一）数字化转型发展支持力度加大

为抢抓数字化发展新机遇，美国、欧盟等世界主要国家和地区先后出台相关战略政策，加强部署微电子、自动化、信息等先进技术在制造业的应用，推进制造业数字化转型发展。2022年1月，欧盟委员会发布《工业5.0：欧洲的变革愿景——面向可持续工业的管理系统改革》报告，提出欧洲工业应深度变革，以促进欧洲绿色化、数字化双重转型。2022年5月，美国能源部发布《2022制造业网络安全路线图》，概述了未来五年美国制造

业网络安全的广阔前景，使各种规模的美国制造商能安全推动数据密集型、数字化转型，并利用人工智能和机器学习等新兴技术提高生产力。2022 年 7 月，韩国正式实施《产业数字化转型促进法》，旨在加快产业的数字化转型，为产业数字化政策的制定和实施提供法律保障。2022 年 11 月，巴西科技与创新部（MCTI）发布《巴西数字化转型战略 2022～2026》，在对巴西数字化转型所面临的挑战进行诊断的基础上，部署了未来 4 年要实施的新行动，旨在协调联邦行政部门与数字环境相关的举措，并利用数字技术的潜力，通过创新，提高竞争力、生产力以及本国的就业和收入水平，促进可持续和包容性的经济与社会发展。

在加强发展战略规划指引的同时，各国也在加大技术、资金、人才等方面支持。2022 年 3 月，英国商业、能源与产业战略部（BEIS）宣布，英国政府将提供高达 1.5 亿英镑作为新的竞争性贷款项目，以支持一些最具创新性企业的研究和开发项目，包括下一代数字技术、先进材料和制造、传感器、机器人和智能机器等。2022 年 4 月，美国国家标准与技术研究院（NIST）宣布“先进制造技术路线图计划”首轮资助 4 个项目，每个项目资助 30 万美元，为期 18 个月，用于支持制定旨在加强美国跨行业制造技术的路线图。2022 年 6 月，德国联邦教研部提出 STEM（科学、技术、工程和数学）行动计划 2.0，提供 4500 万欧元在 5 个行动领域实现更好的理工科教育，提供 STEM 人才。2022 年 10 月，美国国家科学基金会（NSF）启动新兴技术领域劳动力发展计划，以补足传统 STEM 教育的不足。该计划投资 3000 万美元，为美国人提供更多新兴和新技术领域（如先进制造、人工智能、量子信息科学以及半导体和微电子学）的实践学习机会。

（二）工业互联网赋能作用显著提升

工业互联网作为工业全要素、全产业链、全价值链连接的枢纽，日益成为实体经济数字化转型的关键支撑，为制造业数字化转型创造新机遇、打开新局面，迎来了广阔的发展前景。中国工业互联网研究院《全球工业互联网创新发展报告（2022 年）》显示，2021 年，全球工业互联网产业增加值规模达到 3.7 万亿美元，年均增速近 6.0%。从各国发展看，美国位于全球首位，产业增加值规模高达 8855.0 亿美元，中国位居第二，产业增加值规模达到 6485.9 亿美元，日本、德国列第三和第四位，产业增加值规模分别为 2853.2 亿美元、2227.8 亿美元。IDC 和卡奥斯 COSMOPlat《工业互联网生态 2.0 白皮书》显示，工业互联网生态正在从线性价值传递的 1.0 阶段，迈入共享聚变的 2.0 阶段，不仅能够为响应企业的动态需求和发展机会提供支撑，还将赋能产业协同和区域转型升级，在更大规模上推动创新共赢。

我国工业互联网在各方共同努力下，迈入规模发展、提档升级的关键期，构建了与制造业发展阶段相匹配的发展模式，尤其是平台发展由单项赋能向综合赋能转变。工信部数据显示，全国具有一定影响力的工业互联网平台超过 240 个，滚动遴选了国家级跨行业跨领域平台 28 家，累计遴选 140 个工业互联网平台创新应用项目。截至 2022 年 12 月，32 个重点平台连接工业设备总数超过 8000 万台套、工业 App 数量 29 万余个，服务企业数量超过 760 万家次，有力促进了产品全流程、生产各环节、供应链上下游的数据互通、资源协同，加速企业数字化转型。国家工业信息安全发展研究中心《2022 工业互联网平台发展指数报告》显示，2022 年我国工业互联网平台综合发展指数达 251，较 2021 年增长 17.2%，其中，企业赋能指数达到 213，增幅 38.2%。

工业互联网应用范围不断拓展，向研发、制造等核心环节延伸，全面融入 45 个国民经济大类，助力制造业、能源、矿业、电力等各大支柱产业数字化转型升级。工信部数据显示，全国“5G+工业互联网”项目达 4000 多个，率先在钢铁、采矿等 10 个重点行业领域形成 20 个典型应用场景，促进传统企业提质降本增效。工业互联网产业联盟调查数据显示，工业互联网在中小企业应用普及率近年来持续走高，近两年提升近 5 个百分点，83%的企业表示应用工业互联网后生产经营效率明显提升。工业互联网平台应用推广公共服务平台数据显示，截至 2022 年第四季度，我国工业互联网平台应用普及率达 22.2%，企业工业设备上云率为 17.7%，业务上云普及率为 41.4%。[①]

（三）企业数字化转型步伐明显加快

面对不确定性的外部世界，企业普遍加大数字技术投入，加快数字化转型步伐，以应对不断增长的风险挑战，增强发展动力。联合国工业发展组织《2022 年工业发展报告》显示，应用全新的先进数字化制造技术能够为增强经济韧性提供助力，运用高水平数字化技术的制造业企业，其月销售额、年利润、就业率等多项经济指标的表现也远好于其他企业。工信部数据显示，通过智能化改造，智能制造示范工厂的生产效率平均提升 32%，资源综合利用率平均提升 22%，产品研发周期平均缩短 28%，运营成本平均下降 19%，产品不良率平均下降 24%。[②] 埃森哲《2022 中国企业数字化转型指数》调研显示，近六成企业表示，未来 1~2 年将加大数字化投资力度，其中计划大幅增加（15%以上）的企业占比为 33%，同比增加 11%。

各行业各领域企业均在推进数字化转型，但不同行业不同类型企业的转型程度存在差距。世界经济论坛、新加坡经济发展局《全球智能产业就绪指数倡议：2022 年制造业转型洞察报告》显示，不同行业和企业的数字化步伐不尽相同，2022 年半导体、电子和制药行业领先，物流行业的排名有所上升，而且以跨国公司（MNC）为主导的行业领先于以中小企业（SME）为主导的行业。普华永道《2022 年数字化工厂转型调研报告》显示，在接受调研的全球制造商中，只有 10%已经完成数字化转型计划或正处于最后阶段，64%的受访企业仍位于数字化转型的初期，而在“数字化冠军”企业中，80%已基本或完全完成转型项目。埃森哲《2022 中国企业数字化转型指数》数据显示，转型领军企业的数字化优势进一步扩大，2022 年这一差距达到 38 分，其中在

① 《工业互联网平台应用关键监测指标》，https://www.iipap.com/cloud-cms/shtml/index.html。

② 《加快制造业数字化网络化智能化发展！“新时代工业和信息化发展”系列新闻发布会第六场实录》，https://wap.miit.gov.cn/gzcy/zbft/art/2022/art_70337b64b11d45139460e9d2e1b034c9.html。

产品和服务的数字化升级能力上的表现是其他企业的近 8 倍。

作为企业中的绝大多数，中小企业受到的关注度持续增长，数字化转型对其生存和发展有着举足轻重的作用。波士顿咨询集团（BCG）对 3700 多家中小微企业（MSME）进行的一项调查显示，企业的数字化工作主要集中在客户拓展和供应商管理上，超过 60%的 MSME 在这两大业务支柱方面实施了数字化转型。① 腾讯研究院《中小企业数字化转型高质量发展报告（2022 版）》数据显示，数字化内部管理、数字化营销是当前中小企业应用得较多的业务，超过 40%的中小企业做过这两项实践，而供应链管理、智能化生产等深度数字化的效益型应用相对较低，还有 8.6%的企业没有做数字化应用。IDC 数据统计发现，未来几年中小企业将持续加大对 IT 技术的投资。2022 年中国中小企业的 IT 支出达 812 亿美元，同比增长 4.0%，其中中型企业（100~499 人企业）的 IT 支出占比为 33.6%。预计疫情后政策指导下，中小企业的年 IT 增长率将维持在 12%以上。②

三　服务业数字化水平显著提高，电子商务、数字货币等持续增长

随着互联网、大数据、区块链等数字技术的应用普及，服务业各领域转型发展加快，数字化水平不断提高，推动服务业质量变革、效率变革和动力变革。

（一）全球电商增长放缓，社交电商等新模式持续增长

受全球通胀、经济增长放缓等影响，全球电商增长出现放缓态势，隐现拐点信号，2022 年传统电商进入新竞争阶段。根据 eMarketer 预测，2022 年全球电商销售额的增幅预计为 12.2%，增幅同比下降 4.1%，进入平稳发展期。根据 Webretailer 公布的数据，2022 年全球电商销售额达到 5.5 万亿美

① 美国波士顿咨询公司：《数字化转型推动中小微企业在疫情后复苏》，2022 年 8 月。

② IDC：《抗击衰退——中小企业的业务弹性与数字创新》，2023 年 4 月。

元，预计到 2025 年将超过 7 万亿美元，占全球消费者支出的近 1/4（23.6%）。从增长速度看，东南亚有望成为全球电商增长最快的地区。《2022 年东南亚电子经济报告》数据显示，2022 年东南亚地区电商规模预计为 1310 亿元，并有望在 2025 年增至 2110 亿美元，复合年均增长率达 17.2%。其中，印度尼西亚规模最大，2022 年电商规模预计为 590 亿美元，越南和菲律宾则是未来的领跑者，2022 年电商规模预计分别为 164 亿美元、140 亿美元。

从新形态来看，移动电商、社交电商等电商新业态新模式彰显强大活力，保持高速增长。移动电商方面，由于移动端的便利性，消费者更倾向于通过手机等移动端进行购物，移动电商大幅增长。Statista 数据显示，2021 年移动端购物占总电商销量的 72.9%，到 2024 年，全球零售移动电商销售额预计将达到 4.5 万亿美元，占零售电子商务总额的 69.9%。社交电商方面，随着 Facebook、Instagram、TikTok 等社交媒体应用都内置了社交商务功能，社交电商也得到进一步发展，社交电商日益强大。《2023 全球电子商务趋势报告》显示，2022 年社交媒体平台的全球销售额估计为 9920 亿美元，预计到 2026 年，社交商务的全球价值将达到约 2.9 万亿美元。Socialinsider《2022 年电子商务社交媒体行业报告》数据显示，电子商务品牌在 Instagram、Twitter 上占据了更显著的市场份额，分别占所有帖子的 27%、44%。

我国电子商务总体稳步增长，直播电商、跨境电商等持续活跃。国家统计局数据显示，2022 年全国网上零售额 13.79 万亿元，同比增长 4%。其中，实物商品网上零售额 11.96 万亿元，同比增长 6.2%，占社会消费品零售总额的比重为 27.2%。商务部数据显示，重点监测电商平台累计直播场次超 1.2 亿场，累计观看超 1.1 万亿人次，直播商品超 9500 万个，活跃主播近 110 万人，即时零售渗透的行业和品类持续扩大。① 跨境电商发展迅速，也表现出强大的韧性。2022 年 11 月 24 日，《国务院关于同意在廊坊等 33 个城市和地区设立跨境电子商务综合试验区的批复》正式发布，同意在

① 《商务部电子商务司负责人介绍 2022 年网络零售市场发展情况》，http：//www.gov.cn/xinwen/2023-01/30/content_ 5739154.htm。

廊坊市、枣庄市、拉萨市等33个城市和地区设立跨境电子商务综合试验区。至此，中国跨境电子商务综合试验区数量达到165个，覆盖31个省份。海关总署数据显示，2022年中国跨境电商进出口2.11万亿元，增长9.8%。其中，出口1.55万亿元，增长11.7%；进口0.56万亿元，增长4.9%。

（二）数字货币研发提速，数字人民币研发试点稳妥推进

随着数字金融服务需求的不断增长，全球货币金融体系迈入数字化变革时代，许多经济体加快推进央行数字货币（CBDC）研发。2022年3月，英国央行和麻省理工学院宣布了一项为期12个月的联合研究项目，以探索构建CBDC系统所涉及的潜在技术挑战，权衡机会与风险。2022年4月，伊朗宣布计划推出其CBDC。伊朗央行（CBI）表示，它已向国内银行和信贷机构发布了有关伊朗CBDC（加密里亚尔）监管框架的报告。2022年7月，法国央行加快其CBDC零售计划，希望最早在2023年将中央银行的货币作为结算资产。此前，法国央行与私营部门已经合作开展了9项实验。2022年8月，韩国央行宣布，将从下半年起与金融机构联合开展央行数字货币（CBDC）联动试验。根据国际清算银行2022年5月发布的央行数字货币（CBDC）调查，26%的央行正开展CBDC试点或在开发CBDC，较2021年调查上涨近1倍，62%的央行正在进行相关实验或概念验证，90%的央行正在进行数字货币的相关研究。

数字货币在带来便利的同时，其发行、运作也存在较大风险，各经济体数字资产监管方面政策不断出台。2022年3月，英国央行宣布起草该国首个数字资产监管框架，以挖掘数字资产潜力，维护金融稳定，并促进创新。2022年9月，美国白宫发布全球首个综合性的《数字资产负责任发展框架》，内容涵盖金融服务行业如何发展以促进跨国交易，以及如何打击数字资产中的欺诈行为等，从而保护美国数字资产消费者、投资者、企业利益，维护金融稳定、国家安全和金融环境。2022年10月，欧盟议会经济和货币事务委员会投票通过了《加密资产市场监管法案》，希望规范该地区内的数字资产监管，并敦促欧盟委员会制定加密货币可持续投资指南。2022年10

月，二十国集团（G20）金融稳定委员会发布《国际加密货币监管框架》，旨在加强国际合作，确保加密货币在监管层面的一致性，防范金融风险。

我国数字人民币研发试点稳妥推进，在全球处于领先地位。数字人民币在2022年北京冬奥会、冬残奥会场景等重大试点项目圆满成功，试点覆盖40多万个场景，参与试点的用户、商户、交易规模稳步增长，市场反响良好。2022年9月，数字人民币智能合约预付资金管理产品——“元管家”上线，标志着数字人民币智能合约在预付费场景落地。2022年12月，支付宝加入数字人民币受理网络，并作为首家支付平台支持数字人民币钱包快付功能，已分批次上线。同时数字人民币试点城市再次扩容，从原来的“10+1”试点地区拓展到17个省市，新增山东济南，广西南宁、防城港和云南昆明、西双版纳。根据中国人民银行的数据，截至2022年8月底，试点地区累计交易笔数3.6亿笔、金额1000.4亿元，支持数字人民币的商户门店数量超过560万个，应用场景包括批发零售、餐饮文旅、教育医疗、公共服务等领域。

（三）远程办公成为刚需，教育、医疗数字化迈向新阶段

疫情催化的线上办公趋势不可逆转，远程办公成为工作刚需，全球进入远程办公和混合办公的常态。爱尔兰高威大学2022年5月底公布的全国远程办公调查报告显示，大约1/3的受访者表示，如果他们无法远程办公，即使降薪也要换个工作。安永的一项全球调查也显示，如果对自己的工作时间和地点没有话语权，54%的员工可能会辞职。智联招聘《中国远程居家办公发展报告》数据显示，95%的求职者都希望一周中至少有1天可以远程居家办公，近50%的求职者的需求是一周3天以上，20%的求职者希望全部天数都可以远程居家办公。CNNIC数据显示，截至2022年12月，我国线上办公用户规模达5.4亿，较2021年12月增加7078万，占网民整体的50.6%。用户规模的快速增长，推动线上办公市场快速发展。财新智库2022年3月线上调研显示，虽然远程办公对于本地办公的补充角色有所淡化，但在线办公工渗透率不断提升至97.5%。CNNIC数据显示，截至2022年12

月，在线视频会议/电话会议、在线文档协作编辑、在线签约、在线任务管理/流程审批的使用率分别为36.8%、29.0%、17.2%和16.9%。

教育学习方面，数字技术的应用，加快全球教育体系变革，全球教育数字化转型迈向新阶段。2022年9月，联合国召开了教育变革峰会，“促进数字学习和转型”是五大行动领域之一。该行动指出，要努力实现以最边缘化群体为中心的数字学习和转型，扩大对免费高质量数字教育内容的投资，通过教学创新和变革将教育推向数字空间。2022年9月底，美国联邦教育部主办全国数字公平峰会，教育技术办公室发布了《促进全民数字公平：制定有效数字公平计划的社区建议，以消除数字鸿沟并实现技术赋能学习》，用以指导制订有效的数字公平计划，弥合数字鸿沟，实现技术授权学习。2023年1月底，法国发布《2023~2027年教育数字化战略》，提出了一系列加强学生数字技能的举措，并为教师开展数字化教学提供支持。我国教育数字化转型加快推进，迈入智慧教育的新阶段。教育部数据显示，中小学（含教学点）已全部接入互联网，99.5%的学校拥有多媒体教室；国家智慧教育平台汇聚基础教育资源4.4万条、职业教育精品在线开放课程6757门、高等教育优质慕课2.7万门，访问总量超过67亿次，成为规模巨大的教育资源中心和公共服务平台。

医疗健康方面，全球卫生健康领域正在经历一场深刻变革，数字化、网络化和智能化正驱动传统医疗健康行业加速迈向数字健康新阶段，由以疾病治疗为主转向以健康服务为主，“互联网+医疗”趋向常态化。德勤2022年连接和移动趋势调查结果显示，49%的受访者表示，他们在过去一年中至少使用过一次互联网医疗。根据Fair Health每月统计，2022年5月美国远程医疗报销问诊费用在所有问诊报销费用中的比例达到了5.4%，较4月增长10%。其中，精神健康疾病的问诊连续数月占据绝对份额，占比高达62.8%。我国互联网医疗在政策引导下，行业加快规范化发展，服务内容从线上问诊、开方买药逐渐触及医疗核心领域。国家卫健委数据显示，截至2022年底，已有超过2700家互联网医院获批，互联网诊疗总服务量达2600余万人次。CNNIC数据显示，截至2022年12月，我国互联网医疗用户规模达 3.6 亿人，占网民整体的 34.0%。艾瑞咨询《2022 年中国在线医疗健康服务消费白皮书》数据显示，45.7%的用户使用在线医疗健康服务 3~5 次/年，31.6%的用户使用超过 6 次/年；用户在线医疗年度花费集中在 301~1200 元，其中，23.6%的用户花费 601~900 元，21.4%的用户花费 901~1200 元，20.3%的用户花费 301~600 元。

参考文献

世界经济论坛：《利用技术改善十亿人的生计》，2022 年 10 月。

联合国粮农组织：《2022 年粮食及农业状况》，2022 年 11 月。

中国食品（农产品）安全电商研究院、北京工商大学商业经济研究所：《2023 中国农产品电商发展报告》，2023 年 3 月。

阿里巴巴：《阿里巴巴丰收节原产地观察》，2022 年 9 月。

新华网：《中国乡村振兴产业融合发展报告（2022）》，2022 年 9 月。

联合国工业发展组织：《2022 年工业发展报告》，2021 年 12 月。

腾讯研究院：《数字化转型指数报告 2022》，2022 年 12 月。

普华永道：《2022 年数字化工厂转型调研报告》，2022 年 11 月。

中国工业互联网研究院：《全球工业互联网创新发展报告（2022 年）》，2022 年 11 月。

IDC、卡奥斯 COSMOPlat：《工业互联网生态 2.0 白皮书》，2022 年 12 月。

国家工业信息安全发展研究中心：《2022 工业互联网平台发展指数报告》，2023 年 3 月。

世界经济论坛、新加坡经济发展局：《全球智能产业就绪指数倡议：2022 年制造业转型洞察报告》，2022 年 2 月。

美国波士顿咨询公司：《数字化转型推动中小微企业在疫情后复苏》，2022 年 8 月。

谷歌、淡马锡、贝恩公司：《2022 年东南亚电子经济报告》，2022 年 10 月。

Socialinsider：《2022 年电子商务社交媒体行业报告》，2023 年 3 月。

小 U 出海、UseePay：《2023 全球电子商务趋势报告》，2023 年 4 月。

世界银行：《全球金融科技监管机构调查报告》，2022 年 11 月。

普华永道：《2022 年度全球央行数字货币指数报告》，2022 年 9 月。

中国互联网络信息中心（CNNIC）：《第 51 次中国互联网络发展状况统计报告》，2023 年 3 月。

艾瑞咨询：《2022 年中国在线医疗健康服务消费白皮书》，2022 年 9 月。

B.7
全球数字经济治理能力日益强化

殷利梅*

摘　要： 2022年，随着全球数字经济蓬勃发展，与之相适应的治理体系不断完善。平台治理方面，互联网平台强监管态势继续保持，监管机构对平台的处罚力度不减。数据治理方面，各国陆续出台数据治理相关政策法规，激发数据要素价值的导向越发明显。技术治理方面，以ChatGPT为代表的生成式人工智能为人工智能治理带来巨大挑战，加密货币监管、元宇宙等前沿技术治理受到广泛关注。

关键词： 数字经济　平台治理　数据治理　技术治理

数字经济作为一种新型经济形态，正推动社会生产方式、生活方式和治理方式的深刻变革，为全球经济发展增添新动能。同时，互联网、大数据、人工智能、区块链、元宇宙等数字技术的快速发展与进步，特别是ChatGPT（Chat Generative Pre-trained Transformer）等颠覆性数字工具的出现，带来了全球对于诸如互联网平台垄断、数据和隐私保护、跨境数据流动，以及人工智能伦理等数字经济治理核心议题的热议。全球主要国家和地区聚焦平台治理、数据治理和技术治理，陆续出台一系列法律法规和政策举措，应对日益纷繁复杂的数字经济治理难题和挑战，为数字经济快速健康发展保驾护航。

* 殷利梅，国家工业信息安全发展研究中心信息政策所数字经济研究室主任、高级工程师，主要研究方向为数字经济战略、数据要素、数字素养与技能。

一　互联网平台强监管态势继续保持

2022 年，以美欧为代表的国家和地区对谷歌、Meta、推特等互联网平台企业继续保持强监管态势，尤以欧盟最为突出。标志性事件是，欧洲议会于 2022 年 7 月 5 日分别通过了《数字服务法》（DSA）和《数字市场法》（DMA）。这意味着后续这些数字平台在欧洲的运营方式将面临重大调整，并在全球范围内产生深远影响。

（一）美欧持续推进互联网平台监管立法，但进展程度不一

美国反垄断相关立法推进放缓。回溯 2021 年 6 月，美国众议院议员一次性推出了《终止平台垄断法案》《美国选择与创新在线法案》《平台竞争和机会法案》《收购兼并申请费现代化法案》《通过启用服务切换（ACCESS）法案》《州反垄断执法场所法案》六部反垄断法案。到 2022 年 1 月，美参议院司法委员会投票通过继续推进《美国选择与创新在线法案》；2022 年 6 月，该法案获得美国参众两院通过，之后一旦总统签字，法案立即生效。该法案的目标是促进竞争，监管对象是市值或者销售额 5500 亿美元以上、月平均活跃用户 5000 万以上的平台公司；也包括全球月活用户 10 亿以上，或者年度净销售额 5500 亿美元以上的平台。但六部法案中的其他五部，还没有更新的消息。此外，2022 年美众议院相关议员还推动多项涉及网络隐私、儿童安全、数据收集透明度、社交媒体问责制度等方面的立法。总体来看，政府监管者和科技巨头之间的“讨价还价”不可避免，美国出台互联网平台立法将是一个漫长的博弈过程。

欧盟坚定推动《数字市场法》（DMA）和《数字服务法》（DSA）两法案。《数字市场法》于 2022 年 11 月 1 日生效，《数字服务法》于 2022 年 11 月 16 日生效。前者针对“守门人”（搜索引擎、应用商店、社交网络、视频分享平台、通信应用程序或云服务）的主导市场力量制定了规则，后者更新了《电子商务指令》，并统一了针对非法内容的规则，同时要求平台增

加透明度。美国战略与国际问题研究中心估计，DMA 和 DSA 保守估计会给美国数字服务提供商带来 220 亿~500 亿美元的合规和运营成本，并迫使他们放弃关键的商业机会，如利用专有数据开发新的商品和服务，甚至放弃为欧洲公司提供捆绑服务。当然，美国数字服务提供商所服务的欧洲企业，由此增长的成本保守估计为每年 430 亿欧元，甚至达到每年 710 亿欧元，相当于欧盟 GDP 的 0.3%。此外，欧盟反垄断专员玛格丽特 · 维斯塔格（Margrethe Vestager）于 2022 年 3 月表示，欧盟监管机构将对反垄断法《欧盟竞争法第 1/2003 号规则》（2004 年生效）进行更新，以提高其效率。根据该法规，欧盟委员会已经对谷歌、苹果、亚马逊、Meta、微软和英特尔等公司处以数十亿欧元的罚款。整体上，欧盟对数字平台监管的决心和行动没有变化。

（二）监管机构对互联网平台处罚力度不减，涉及滥用市场支配地位、数据和隐私安全、限制数据共享

滥用市场支配地位方面，2022 年 1 月，美国 Meta 公司在英国面临一桩索赔金额超 23 亿英镑的集体诉讼，该公司被指控滥用其市场支配地位，利用 4400 万用户的个人数据大量获利。同月，美国多州联合提交的一份反垄断诉讼文件显示，谷歌公司首席执行官皮查伊亲自批准了一项与 Facebook 的在线广告交易，或构成操纵数字广告市场的行为。3 月，美国多家机构联合致函美国联邦贸易委员会（FTC），要求全面审查微软收购动视暴雪交易案，认为这笔合并交易可能会导致市场力量过于集中，并威胁到数据隐私和安全，也会影响消费者的权益，以及员工工资等，要求 FTC 彻底调查这笔交易。10 月，谷歌公司被印度反垄断监管机构罚款逾 1.6 亿美元。根据美国康特波因特研究公司数据，谷歌开发的安卓手机操作系统在印度占据主导地位，印度 95%的智能手机使用的都是该系统。但印度竞争委员会（CCI）称，该操作系统的配置非法排挤了 YouTube、Chrome 浏览器等谷歌热门应用程序的竞争对手。

数据和隐私安全方面，2022 年 3 月，欧盟隐私监管机构爱尔兰数据保护委员会表示，将因数据泄露事件对 Meta 公司处以 1700 万欧元的罚款。5

月，美国联邦贸易委员会（FTC）表示，推特公司以欺骗性方式将账户安全数据用于定向广告，需支付 1.5 亿美元罚款。9 月，韩国个人信息保护委员会（PIPC）对谷歌和脸书母公司 Meta 处以合计 1000 亿韩元（7190 万美元）的罚款，原因是这两家公司未经用户同意收集个人信息并将其用于个性化在线广告和其他目的。10 月，美国得克萨斯州已对谷歌公司提起诉讼，指控其在未经适当同意的情况下收集数百万得克萨斯居民的生物特征数据。12 月，爱尔兰数据保护委员会对脸书处以 2.65 亿欧元（约合 20 亿元人民币）的罚款，理由是该软件中超 5 亿用户数据被泄露。截至 2022 年底，脸书母公司 Meta 已因隐私泄露被该监管机构罚款近 10 亿欧元。

限制数据共享方面，2022 年 7 月，意大利反垄断机构竞争和市场管理局（AGCM）宣布对谷歌公司展开调查，理由是该公司滥用市场主导地位，限制平台之间数据互联互通。AGCM 在一份声明中称，谷歌阻碍了与其他平台的互操作性，特别是限制了与意大利运营商 Hoda 推出的 Weople 应用程序间的互操作性，这可能“限制消费者从数据中获得的经济利益”并限制竞争。

二　全球数据治理能力不断提升

数据已经成为竞争、生产力、增长和创新的基础，数据治理问题正变得越来越重要。聚焦各经济体内部，在加强数据隐私保护的同时，越加强调通过数据治理促进数据共享和流通，进一步激发数据价值。与此同时，数据鸿沟问题也逐步引起关注。在各经济体之间，跨境数据流动始终是焦点议题，围绕美欧之间的磋商谈判持续增多，但是建设具有全球共识的跨境数据流通规则依然任重道远。

（一）各国接连出台数据治理相关政策法规，激发数据要素价值导向越发清晰

数据隐私立法方面，据统计，截至 2022 年，美国已有 5 个州通过了全面的数据隐私法。2021 年，至少有 25 个州引入了全面的隐私立法，还有更

多州引入了尚不全面的立法来解决特定的隐私问题。2022 年 6 月，美国两院立法者共同发布国家数据隐私和数据安全框架的讨论草案，草案将优先于大多数现有的数据隐私和安全州法律。该草案规定美国联邦贸易委员会（FTC）作为负责拟议新规则的主要联邦监管机构，具体内容包括制定统一的国家数据隐私框架、创建一套强大的消费者数据隐私权，以及适当的执行机制，旨在使美国人对个人数据有更多的控制权。11 月，印度电子和信息技术部发布《2022 年数字个人数据保护法案》（*Digital Personal Data Protection Bill 2022*），并于 12 月 17 日前公开征求意见，这是印度个人数据保护法案的第四次更迭。此前的 9 月，美国参议院国土安全和政府事务委员会投票决定推进《改进数字身份法》。本次投票决议将在立法程序上进一步推动美国开发数字身份系统，后续将由参议院全面审议。该法案要求成立政府层面的改进数字身份工作组，为联邦机构选取安全方法，保护个人的隐私和安全，并支持可互操作的数字身份验证。

数据治理战略方面，2022 年 2 月，欧盟公布《数据法案》草案，旨在为非个人数据的利用提供公平的访问和共享框架，明确企业之间（B2B）、企业与政府之间（B2G）的数据流通措施，草案涉及数据共享、公共机构访问、国际数据传输、云转换和互操作性等方面规定。草案的监管对象主要为互联网产品的制造商、数字服务提供商和用户等。后续，欧盟内部成员国将就相关内容进行谈判，美国大型数据企业也将和欧洲参与者就其数据控制权展开激烈斗争。3 月，美国白宫科技政策办公室（OSTP）发布《推进隐私保护数据共享和分析的国家战略》，以保护公共和私营部门实体的用户数据隐私，减少偏见并以公平的方式最大限度地提高效率。战略文件建立了四个指导支柱：制定保护公民权利的隐私保护数据共享和分析（PPDSA）技术、促进创新和公平、建立具有问责机制的技术，以及最大限度地降低弱势群体的风险。该战略指出，应大量持续投资公共和私营部门以加速研发，重点是新兴的 PPDSA 技术和大胆的探索性研究。4 月，美国发布关于促进使用公平数据的建议书，建议书由此前拜登成立的“公平数据工作组”在调研美国数据收集政策、数据监管和数据应用设施情况的基础上撰写而成，其目的在于促进美国制定一项可用于增加公平统计和代表美国公众数据多样性的数据治理战略。11 月，欧盟正式发布《欧洲互操作法》，旨在使数字公共服务的跨境数据交换更加高效和安全。

数据鸿沟问题逐渐引发关注。数据鸿沟指的是收集和使用足够数据的个人和社区与没有收集和使用足够数据的个人和社区之间的差距。随着数据驱动的经济和社会不断发展，那些没有足够数据的人会发现，许多服务对他们来说效率在下降。数据鸿沟可以以多种方式表现出来：如因为收集环境质量数据的传感器数量不足，某些地方的人们可能面临更大的环境风险；因为缺乏跟踪和衡量学区与教育项目之间的联系，一些学生只能获得次优的教育机会；没有详细电子健康记录的患者将无法从健康分析系统获得更好的照顾；没有可穿戴医疗设备的患者不会收到健康异常的警报，可能因此得不到及时的治疗；而那些在基因数据库中代表性不足的患者将无法从精准医疗中受益。这些数据差异的出现可能是出于多种原因，包括资源缺乏、政治压力或法律和监管问题等。但简而言之，数据鸿沟不仅意味着数据驱动的某些服务对某些群体不起作用，还意味着数据驱动的决策可能对某部分人甚至是有害的。

（二）跨境数据流动的多双边磋商持续增多，实践探索逐步推进

美国、欧盟、日本、英国等主要经济体之间频繁开展跨境数据流动议题的谈判磋商，在跨境数据流动上初步达成共识。2022 年 5 月，日本、美国、韩国及中国台湾地区等七个国家和地区同意基于亚太经济合作组织（APEC）下的“跨境隐私规则”（CBPR）建立新的合作框架，将其从 APEC 中独立出来，在现有的 CBPR 基础上建立名为“全球 CBPR”的全新框架，并建立新的企业认证系统。

美欧之间，2022 年 3 月，美国和欧盟委员会发表联合声明，宣布美欧已就新的《跨大西洋数据隐私框架》达成原则性协议，该框架将促进跨大西洋数据流动，并为数据流动提供安全、可靠、可持续的法律基础。根据声明，美国将制定新的保障措施，以确保通信情报活动在追求既定的国家安全

目标方面是必要的和相称的，建立一个具有指导补救措施的、有约束力的两级独立机制，并加强对通信情报活动的严格分层监督，以确保遵守对监视活动的限制。新政策将由美国情报界实施，以有效保护其公民及其盟友和伙伴的公民，并与该框架下提供的高标准保护保持一致。接下来，美国的承诺将被纳入一项行政命令中，该命令将成为欧盟委员会制定新的跨大西洋数据隐私框架的充分性决定草案的基础。紧接着，2022 年 10 月，美国总统拜登签署了该行政命令，批准实施上述美欧数据隐私框架。12 月，欧盟发布《关于欧盟—美国数据隐私框架的充分性决定草案》。

美英之间，2022 年 7 月，美国司法部在一份声明中称，美国和英国于 2019 年签署的数据访问协议将于 2022 年 10 月生效。这份跨境数据访问协议将允许两国政府直接向位于对方国家的科技公司索取有关严重犯罪事件的信息。此前，相同的条款也被纳入了《布达佩斯公约》的更新版本。10 月，美国国务院宣布启动美英技术和数据全面对话，将重点关注美国和英国之间的数据传输合作。该对话的主题包括数据保护和共享、关键和新兴技术及共同开发数字基础设施，其中人工智能技术和供应链漏洞将是两国共同推动解决的课题。

欧日之间，2022 年 4 月，欧盟与日本在数据保护领域关于“相互充分性安排”第一次审查结束并发布联合声明。欧盟委员会和日本个人信息保护委员会（PPC）通过了关于各自充分性决定运作的报告。审查结果表明，欧盟和日本数据保护框架之间的趋同在过去几年中进一步加强，相互充分性安排运作良好。欧日双方将继续深化在保护个人信息方面的双边合作，将在全球范围推广“信任数据自由流动”概念。

英韩之间，2022 年 7 月，英国与韩国签署新的数据充分性原则协议，该协议将促进两国数据共享，保障两国数据能够不受限制地安全传输。

2022 年 12 月，经济合作与发展组织（OECD）38 个成员和欧盟签署第一份基于原则的政府间隐私协议《关于政府获取私营部门实体持有的个人数据的宣言》，该文件是经合组织数字经济政策委员会（CDEP）召开的超过 18 次会议的成果。该宣言制定了七项原则，以促进对个人数据的访问，同时确保透明度、遵守法律标准和合法目标，以及提供监督和补救机制。当政府机构在其领土内采取法律行动并拥有强制国外私营企业共享数据的法律依据时，文件中概述的原则同样适用。值得注意的是，政府在域外行动的直接访问数据被排除在外。

三　人工智能等技术治理问题越发凸显

人工智能、区块链、元宇宙等数字技术蓬勃发展，带来的治理挑战不容忽视。从ChatGPT到加密货币，再到元宇宙，新技术层出不穷，由此引发的算法歧视、数据隐私泄露、数据滥用、虚假宣传等问题受到全球广泛关注，技术治理将成为当前和未来一段时间数字经济治理的重要内容。

（一）从战略谋划到落地实操，以ChatGPT为代表的生成式AI治理成为焦点

人工智能政策标准和工具包陆续发布。2022年10月，美国白宫发布人工智能权利法案蓝图，旨在保护个人数据不被人工智能（AI）算法滥用。该蓝图确定了AI领域的指导方针，概述了指导AI系统设计、使用和部署的五项原则，包括公众应该受到保护、免受不安全或无效的系统影响、防止通过算法进行歧视、应该通过内置的保护措施来防止滥用数据的行为等，具体做到：让公众有权决定自己的数据如何被使用；公众在使用自动化系统时，应理解它是如何运作的；公众在使用AI系统时，能够在适当的时候选择退出。继2021年4月欧盟委员会提出《人工智能法》条例草案后，2022年12月，欧盟理事会通过了关于《人工智能法》的共同立场，旨在确保投放到欧盟市场并在欧盟范围内使用的人工智能系统是安全的。这一提案对人工智能系统的定义、禁止人工智能应用的领域、人工智能系统的高风险分类、与执法机关有关的范围和规定、支持创新的措施等方面进行了阐述。欧盟希望通过该法案为人工智能在整个单一市场的发展制定一个统一、横向的法律框架，既能推动人工智能的投资和创新，又能促进保障公民基本权利和安全的

现行法律得到有效执行和加强。具体实操层面，2022 年 2 月，北约数据和人工智能审查委员会（DARB）确定开始制定用户友好且负责任的人工智能认证标准，旨在确保北约范围内新的人工智能和数据项目符合国际法以及北约的规范和价值观。2022 年春季，知名 AI 评估工具供应商 HireVue 发布了首个“AI 可解释性声明”。该声明概述了 HireVue 使用的 AI 评估工具的工作方式，包括有关 HireVue 如何开发、监控 HireVue 评估 AI 的一些细节。5 月，新加坡发布了全球首个 AI 监管测试框架和工具集，目标是培养公众对 AI 技术的信任，同时支持 AI 技术的广泛使用。该框架和工具集最终形成了 8 个关键 AI 伦理准则和五大支柱，如表 1 所示。8 月，美国国家标准与技术研究院发布《AI 风险管理框架》的第二稿草案并征求公众意见。

表 1　新加坡 AI 监管测试框架和工具集

8 个关键 AI 伦理准则	五大支柱
①透明性：对受到 AI 系统影响的个人提供适当的信息； ②可解释性：理解和解释 AI 系统在做什么； ③可复现性：第三方或 AI 系统所有者可以复现 AI 系统的结果； ④安全性：AI 系统的安全（网络安全）风险可以被识别和缓解； ⑤稳健性：AI 系统对异常的输入数据仍然能够保持正常运转； ⑥公平性：即使在部分属性发生变化后 AI 系统仍然能够做出相同的决策。用于训练模型的数据具有代表性； ⑦可审计性：对 AI 系统开发采用适当的管理监管； ⑧人类能动性和监管：AI 系统的设计应以不会降低人类做出决策的能力为原则	①AI 和 AI 系统使用的透明性：除了披露 AI 在系统中使用的情况外，个人应该能够做出是否使用 AI 系统的决策； ②理解 AI 模型如何做出决策：允许个人知晓影响 AI 模型输出的因素； ③确保 AI 系统的安全和弹性：个人知晓 AI 系统不会带来伤害，是可靠的，在遇到非法输入时能够按照原意图执行； ④确保公平性：个人知晓用于 AI 模型训练的数据是足够有代表性的，AI 系统不存在歧视的情况； ⑤确保 AI 系统的适当管理和监管：个人应知晓在 AI 系统开发和部署后存在人工审计和控制，AI 系统应该对人类和社会有益

资料来源：新加坡信息通信媒体发展局。

ChatGPT 引发全球监管行动。ChatGPT 是美国 OpenAI 公司研发的聊天机器人程序，于 2022 年 11 月 30 日发布。ChatGPT 是人工智能技术驱动的自然语言处理工具，它能够通过理解和学习人类的语言来进行对话，还能根据聊天的上下文进行互动，真正像人类一样来聊天交流，甚至能完成撰写邮件、视频脚本、文案、代码、论文等任务。该产品一经推出就引发了全球的广泛关注，瑞银集团报告显示，2023 年 1 月末，ChatGPT 便获得 1 亿月活用户，此时距 ChatGPT 发行仅过去 2 个月。当前，围绕 ChatGPT 的治理问题成为主流声音。2023 年 3 月，美国科技伦理组织人工智能与数字政策中心（CAIDP）要求美国联邦贸易委员会（FTC）禁止 OpenAI 发布新的商业版 GPT-4。同月，马斯克等 1000 名 AI 领域专家签署联名信，呼吁暂停训练比 GPT-4 更强大的人工智能，理由是对社会存在潜在风险。2023 年 4 月，意大利个人数据监管局（GPDP）宣布暂时禁用 ChatGPT，并对其涉嫌违反欧盟《通用数据保护条例》（GDPR）和意大利数据保护法规展开调查。当前，OpenAI 已在意大利下线 ChatGPT，意大利也成为全球首个官方封禁 ChatGPT 的国家。此外，三星公司在引入 ChatGPT 的近 20 天时间内，发生 3 起数据外泄事件。其中一起因三星员工直接将企业机密信息以提问的方式输入 ChatGPT 中，会导致相关内容进入学习数据库，从而可能泄露给更多人。

（二）区块链治理规则细化，加密货币监管成为主要方向

区块链和数字资产受到重视。2022 年 3 月，美国政府问责局（GAO）发布新报告《区块链：新兴技术为某些应用带来好处但面临挑战》，指出虽然区块链技术可以帮助企业营造公平的竞争环境、实现更大的金融包容性，但同时也对企业和消费者构成风险挑战。GAO 认为区块链技术的风险挑战包括缺乏互操作性和通用标准、法律和监管缺位、收益及成本不确定性等。为了缓解以上挑战，GAO 为政策制定者提出以下应对措施：为区块链技术的开发、实施和使用制定统一标准；明确现有的法律法规，并创建新机制以进行适当监督；帮助用户和监管机构更好地了解区块链技术，而不仅停留在数字货币层面；支持旨在确定区块链是否适合实现特定任务和目标的活动，如应对金融系统风险等。同月，美国白宫正式发布《确保数字资产负责任

发展的行政命令》，针对数字资产的发展和监管提出了七个具体目标，以及美国政府需要采取的相应措施，并要求财政部、金融稳定监督委员会、商务部等相关部门于行政命令签署之日起 180 日内提交包含发展建议在内的实施报告。考虑到美国央行数字货币的潜在优势和风险，报告鼓励美联储继续进行央行数字货币的研究、实验和评估，呼吁财政部牵头成立跨机构的工作组以支持美联储央行数字货币研发。

相关经济体积极探索加密货币监管框架。2022 年 2 月，美国联邦调查局（FBI）设立了一个负责区块链和虚拟资产相关业务的新部门，此举表达了美国严厉打击利用加密货币进行网络犯罪的决心。7 月，G20 金融稳定委员会（FSB）发表声明称，将推出全球性的加密货币监管规则。该声明称，包括稳定币在内的加密资产正在快速发展，但需要在国内和国际层面受到与其构成的风险相称的有效监管和监督，且相关服务提供商必须始终确保遵守其运营所在司法管辖区的现有法律义务。该声明还表示，如果稳定币要被用作广泛使用的支付手段或在金融体系中发挥重要作用，则应在强有力的监管和相关当局的监督下获取。FSB 正在努力确保加密资产受到强有力的监管，并于 2022 年 10 月向 G20 财长和央行行长报告稳定币和其他加密资产的监管方法。2022 年 9 月，美国白宫发布首个加密货币综合监管框架，其内容包括金融服务行业应该如何发展以促进跨国交易，以及如何打击数字资产中的欺诈行为等。该框架遵循白宫 2022 年 3 月发布的行政命令，旨在推进 6 个优先事项：消费者和投资者保护；促进金融稳定；打击非法金融；维护美国在全球金融体系和经济竞争力方面的领导地位；金融包容性；负责任的创新。此外，白宫还考虑通过设立新的监管机构、修改《银行保密法》等举措加强数字资产的监管与创新。

央行数字货币（CBDC）研发力度加大。2022 年 5 月，根据国际清算银行最新发布的《2021 央行数字货币调查报告》，从事中央银行数字货币开发的央行比例已由上年度的 86%上升至 90%。其中，约 60%的央行表示，加快 CBDC 开发的原因之一是稳定币与其他加密货币的强劲增长。欧盟委员会计划在 2023 年初提出一项数字欧元法案，日本、澳大利亚央行也启动相应的数字日元试点和数字货币研究项目。美国大西洋理事会发布报告称，如果 CBDC 需要收集一个国家每个人的金融交易信息，那么该数据库将成为一个非常高价值的目标，可能引发网络安全风险。美国联邦储备委员会已将保护美元和国际金融体系视为国家安全的核心挑战，并开始论证发行 CBDC 的好处和风险。据此，美国大西洋理事会提出以下几项原则，以完善未来 CBDC 的立法和监管政策：利用好现有风险管理和法规框架；重视隐私以加强安全性；发行前广泛测试、安全审计；确立问责制等。

（三）元宇宙等前沿技术治理受到关注，提前布局至关重要

通常来讲，有关新技术的伦理道德规范始终落后于创新本身，要为元宇宙世界奠定良好的道德基础，就要在行业自律成为常态之前，先行建立监管制度。2022 年 10 月，全球警察机构国际刑警组织表示正在为元宇宙可能发生的新型网络犯罪风险做准备，国际刑警组织在第 90 届国际刑警组织大会上宣布了其元宇宙刑警团队。欧盟执法机构欧洲刑警组织在一份报告中表示，恐怖组织未来可能会使用虚拟世界进行宣传、招募和培训恐怖分子。报告还称，元宇宙用户有可能创建带有“极端色彩”的虚拟世界用于恐怖活动训练。

举个简单的例子，随着在线虚拟现实环境的快速发展，可能很快会出现这样一个场景：当一位政治候选人向数百万人发表演讲时，尽管每个观看者都认为他们看到的是相同版本的候选人，但在虚拟现实中，他们实际上看到的是略有不同的版本。对于每一位观看者而言，候选人的脸部特征都被巧妙地进行了修改，与观看者具有更多相似特征。这是通过将每个观看者的面部特征与候选人的面部相融合来实现的。这种图像操作，可以令观看者增加对候选人的好感。因此，在元宇宙中，很容易开展这种大规模的模仿行为。并且在虚拟现实环境中，恶意行为者对用户心理和情感的操纵与欺骗将达到当前无法想象的程度。如果元宇宙世界没有有效的独立监督，这个新的数字世界肯定会变得肆无忌惮，不仅会出现类似社交媒体和 AI 已经表现出来的各

种被滥用和不公平现象，同时也会带来更多我们连想也没想到的风险。因此，更应提前布局谋划，加强治理能力建设。

参考文献

美国德国马歇尔基金会：《欧盟新数字法规带来的关键变化》，2022 年 7 月。

美国信息技术与创新基金会：《数据鸿沟还是数字鸿沟？或两者兼有?》，2022 年 11 月。

美国兰德公司：《Facebook 的错误信息已经够糟糕了，元宇宙会更糟》，2022 年 8 月。

B.8

数字领域国际合作新空间持续扩展

牛玮璐　王梦梓*

摘　要：　当前，全球范围内远未形成统一的数字经济治理框架，各国在数据跨境流动、数字税等领域缺少共识，美国拉拢盟友意图进一步巩固其在数字经济领域的全球优势地位。G20、APEC、金砖国家等国际组织成为各国数字经济领域交流合作的重要渠道。我国秉持互利共赢的数字领域国际合作主张，中国声音、中国方案得到越来越多国家的理解、支持和响应，但数字经济规则制定能力仍有待加强。

关键词：　数字经济　国际合作　G20　APEC　金砖国家

数字经济事关我国发展大局，围绕数字经济开展国际交流合作，是推动我国经济高质量发展、加快构建国内国际双循环新发展格局的客观要求，也是我国参与全球数字经济治理的重要举措。

一　美国拉拢盟友提升全球影响力，数字领域大国博弈愈发激烈

2022 年，美国动作频频，积极拉拢全球盟友加快构建以美国为中心的

* 牛玮璐，国家工业信息安全发展研究中心信息政策所数字经济研究室工程师，主要研究方向为数字经济国际规则、数字贸易等；王梦梓，博士，国家工业信息安全发展研究中心信息政策所数字经济研究室工程师，主要研究方向为数字经济测度、数字贸易。

技术联盟，进一步提升美国在数字经济领域的全球主导力，数字领域大国博弈更加激烈。

（一）美国成立网络空间和数字政策局统筹开展全球网络外交相关工作

2022年4月4日，美国国务院宣布成立网络空间和数字政策局（CDP），负责统筹此前分散在各联邦机构内部的网络外交相关工作，制定保护互联网基础设施的完整性和安全性相关政策，应对与网络空间、数字技术和数字政策相关的国家安全挑战、经济机遇以及对美国价值观的影响。CDP的成立标志着网络外交正式成为美国整体外交战略的核心环节，美国在机构设置上已形成网络空间安全、外交和意识形态的“三合一”治理架构，极大提升了美国在全球拉拢盟友形成网络空间治理联盟的能力。CDP成立不到一个月，美国与60个国家和地区发布《互联网未来宣言》，提出要构建“开放、自由、全球、互操作、可靠和安全的互联网”，本质上是要在全球互联网建立以美国为主导的“数字联盟”。

（二）积极拉拢亚太地区盟友推进印太战略

自拜登上台以来，美国持续通过建立“印太经济框架”、召开美国—东盟特别峰会等方式拉拢亚太盟友，构建以美国为中心的“印太联盟”。2022年5月12~13日，美国—东盟特别峰会在美国华盛顿特区举行，这是2016年以来美国总统首次邀请东盟领导人到华盛顿特区召开峰会。会上，白宫宣布将向东盟投资600万美元以支持数字创新、加强数字经济规则制定以及制定人工智能的全球标准，并表示这笔资金预计将调动更多的私人融资。5月23日，美国总统拜登在日本东京访问时宣布启动“印太经济框架”，重点关注数字经济领域供应链、贸易与标准，初始成员包括日本、韩国、印度、澳大利亚、新西兰及7个东盟国家。

（三）推动跨大西洋数字领域政策协调

2022年，欧美跨大西洋政策协调进展加快，试图围绕经贸投资、科技创新、全球治理等议题形成共识并采取更加一致的行动。3 月，美国和欧盟委员会宣布美欧就《跨大西洋数据隐私框架》达成原则性协议，为跨大西洋数字伙伴关系在数据流动、情报共享和互操作性等方面合作铺平了道路，也标志着过去数年里，不断引发对立冲突的欧美数据管辖争端出现松动迹象。4 月，美国、加拿大、日本、韩国、菲律宾、新加坡、中国台湾共同发布全球跨境隐私规则声明（Global Cross-Border Privacy Rules Declaration），正式对外宣告成立全球跨境隐私规则（Cross-Border Privacy Rules，CBPR）论坛，致力于促进数据自由流动与有效的隐私保护。这一举动本质上是将亚太经合组织（APEC）框架下的 CBPR 体系转变成一个全球所有国家都可以加入的体系。全球 CBPR 论坛旨在建立 CBPR 和处理者隐私识别（Privacy Recognition for Processors，PRP）系统认证，这是全球首创的数据隐私认证，可证明公司符合国际公认的数据隐私标准。同时，该论坛将促进贸易和国际数据流动，促进全球合作，在共同的数据隐私价值观基础上，承认各国国内保护数据隐私方法的差异。

二　G20、APEC、金砖国家等国际组织聚焦数字经济，为各国交流合作提供平台

二十国集团（G20）、亚太经合组织（APEC）、金砖国家（BRICS）等国际组织均将数字经济及其关键、前沿领域作为重要议题，为各国开展数字经济国际合作搭建桥梁和纽带。

（一）G20强调互联互通、数据流动和数字技能提升对经济复苏的重要性

印度尼西亚是 2022 年 G20 峰会的主席国。2022 年 G20 以“共同复苏、强劲复苏”为主题，旨在推进强劲、包容、韧性的全球复苏以及创造就业和增长的可持续发展议程。《二十国集团领导人巴厘岛峰会宣言》指出，“各国认识到数字互联互通以及打造有利、包容、开放、公平和非歧视的数

字经济的重要性。致力于进一步实现基于信任的数据自由流动和跨境数据流动，推进更加包容、以人民为中心、赋能和可持续的数字转型。鼓励就发展数字技能和数字素养、数字基础设施互联互通开展国际合作。继续完善跨境支付合作"，强调了深化数字互联互通、跨境数据流动、数字化转型、数字技能和数字素养以及跨境支付等领域合作的重要性。此外，在本届G20峰会上，我国提出《二十国集团数字创新合作行动计划》，旨在推动数字技术创新应用，实现创新成果普惠共享，携手构建协调包容、合作共赢、共同繁荣的全球数字经济格局。

（二）APEC围绕全面开放、全面联通、全面平衡优先开展工作

2022年11月，APEC第二十九次领导人非正式会议在泰国曼谷举办，这是新冠疫情以来APEC会议首次在线下举办，会议期间发表《2022年亚太经合组织领导人宣言》。此次APEC会议主题是"开放、联通、平衡"，在开放方面，APEC主张重启亚太自贸区对话，通过亚太自贸区工作计划促成高质量和全面的区域贸易安排，并进一步加强与APEC工商咨询理事会等利益攸关方合作；在联通方面，APEC建议加强硬件、软件和人员联通，促进数字互联互通，通过高质量基础设施建设和投资大力促进区域、次区域和偏远地区互联互通，促进供应链开放、安全和韧性；在平衡方面，APEC认为通过数字转型及推动区域数字系统互认促进贸易、减少贸易壁垒、加速经济增长，鼓励提出更多前沿和综合性数字经济合作倡议，充分利用新兴技术，为企业和消费者创造有利、开放、公平、非歧视的数字生态系统。习近平总书记赴曼谷参加APEC会议，并在工商领导人峰会上发表《坚守初心 共促发展 开启亚太合作新篇章》的书面演讲，指出要"顺应新一轮科技革命和产业变革，加速科技创新和制度创新，培育新经济、新业态、新商业模式，实现亚太经济数字化转型"。

（三）金砖国家就进一步加强数字经济互利合作达成共识

2022年，我国接任金砖国家主席国，以"构建高质量伙伴关系，共创

全球发展新时代”为主题，主办金砖国家领导人第十四次会晤。数字经济作为金砖国家重要议题受到广泛关注，会上达成了《金砖国家数字经济伙伴关系框架》（简称《框架》），涉及数字认证、电子支付、电子交付单据、数据隐私和安全、网上争端解决等数字经济前沿领域，围绕提高港口数字化水平、鼓励数字基础设施投资、提升中小微企业能力等重点领域和方向，进一步深化了合作共识，开启了金砖国家数字经济合作新局面。该《框架》是金砖经贸领域第一份数字经济合作专门文件，为了推动该文件落实，我国组织了“买在金砖”网上促销活动、金砖国家数字经济对话会、“云上大讲堂”电商培训金砖专场等活动，并且邀请联合国贸发会议（UNCTAD）、国际贸易中心（ITC）等国际组织，为金砖国家数字经济合作撰写《金砖国家数字经济报告》，为五国合作提供技术支持。

三　我国积极拓展数字领域国际合作新空间，宣介中国声音和中国方案

习近平总书记强调，“积极参与数字经济国际合作。要密切观察、主动作为，主动参与国际组织数字经济议题谈判，开展双多边数字治理合作，维护和完善多边数字经济治理机制，及时提出中国方案，发出中国声音”。

（一）我国秉持互利共赢的数字领域国际合作主张

我国始终致力于推动更大范围、更宽领域、更深层次的对外开放合作，提升我国数字领域国际合作水平。在国内，习近平总书记在主持中央政治局第三十四次集体学习时强调，“要积极参与数字经济国际合作，主动参与国际组织数字经济议题谈判，开展双多边数字治理合作，维护和完善多边数字经济治理机制，及时提出中国方案，发出中国声音”。2022 年 10 月，中央网络安全和信息化委员会印发《“十四五”国家信息化规划》，提出“拓展互利共赢的数字领域国际合作体系”。在国际场合，习近平主席在 G20 领导人第十七次峰会上呼吁合力营造开放、包容、公平、公正、非歧视的数字经

济发展环境，在 APEC 第二十九次领导人非正式会议上提议加速数字化绿色化协同发展，在全球发展高层对话会上提出我国将在包括数字经济在内的 8 个领域与国际合作伙伴特别是发展中国家开展务实合作。2022 年 7 月，在世界互联网大会上正式组建国际组织，为全球互联网共商共建共享提供平台。一系列举措体现了我国致力于为世界网络空间和平与发展做出更大贡献的崇高目标和大国担当。

（二）治网主张理念国际影响力显著提升

我国以习近平总书记提出的“构建网络空间命运共同体”理念为指导，构建治网理念和治网模式，深刻阐释应对全球性挑战的中国主张和中国方案，数字治理中国声音更加洪亮。我国相继出台《网络安全法》《数据安全法》《个人信息保护法》等法律，明确各主体的监管责任和法律义务，以国内法的形式明确我国对网络安全、数据安全的管辖理念，受到其他各国的广泛关注。2022 年 11 月，国务院新闻办公室发布《携手构建网络空间命运共同体》白皮书，介绍国内网络法制建设成就并分享我国参与网络空间国际治理方式和理念，即顺应信息时代发展趋势，坚持以人民为中心的思想，秉持共商共建共享的全球治理观，推动构建网络空间命运共同体。随着中国国际数字产品博览会、中国国际软件博览会、世界互联网大会、世界人工智能大会等交流合作盛会在国内开展，中国主张、中国方案得到越来越多国家的理解、支持和响应，在国际社会的影响力持续提升。

（三）数字经济规则制定能力仍有待加强

我国尚未形成系统的数字经济制度，也尚未提出具有全球引领性的经验和理论指导。一方面，数字领域国际合作不仅仅是单纯的外交议题或数字化议题，其涉及外交、安全、通信、内容、技术等多个领域，包括政府、企业、学界、社会组织、个人等多种参与主体，强化统筹协调，形成多方合力，是做好数字领域国际合作工作的重中之重。当前，世界主要大国都在推进外交转型，统筹各种资源，实施跨领域、跨部门的总体网络空间外交战略，如美国成立网络空间和数字政策局。随着我国综合国力和国际地位不断提升，国内国际两个大局联系互动更加紧密，面临的各种涉外局面日趋复杂，我国也亟须通过体制改革和机制创新，既调动各方积极性和创造力，又强化数字领域国际合作的集中领导，各司其职，释放潜力，形成合力，在数字领域国际合作大棋局的激烈博弈中占据主动地位。另一方面，我国缺乏有关全球数字经济治理的理论基础，在理论积累、储备和创新等方面还存在较大提升空间，同单纯的国家治理相比，全球经济治理对理论体系具有更高要求，不仅要协调国家之间的利益纷争，还要促进不同利益国家在全球性问题上达成共识。

参考文献

习近平：《坚守初心 共促发展 开启亚太合作新篇章》，《人民日报》2022 年 11 月 18 日。

《2022 年亚太经合组织领导人宣言》，新华网，2022 年 11 月。

国务院新闻办公室：《携手构建网络空间命运共同体》，2022 年 11 月。

国际篇
International Reports

B.9 美国着力强化数字经济领域的全球领先地位

黄梁峻*

摘　要： 美国数字经济发展态势稳中有升。国内政策方面，拜登政府注重构建创新的数字发展环境，在数字基础设施建设、新兴数字技术研发、数字化转型、数字经济治理等方面均有所行动。国际政策方面，拜登政府意欲拉拢盟国构建排华的数字规则和产业联盟，在数据跨境规则构建、半导体供应链建设、数字企业发展等方面寻求构建绝对的话语权和领导权。

关键词： 美国　数字经济　数字化政策

---

* 黄梁峻，国家工业信息安全发展研究中心信息政策所数字经济研究室助理工程师，主要研究方向为平台经济、数据要素、数字经济国际合作。

2022 年以来，美国国内和国际政策持续延续了对数字经济发展的重视。国内政策方面，强调数字经济发展的创新性；国际方面，拉拢盟国组建排华的规则和供应链联盟，维护数字领域全球领导地位。

一 美国数字经济规模稳中有升

2022 年 11 月，美国商务部经济分析局（U. S. Bureau of Economic Analysis，USBEA）发布的数据显示，2021 年美国数字经济规模（增加值）达到 2.41 万亿美元，占当年国内生产总值（约 23.32 万亿美元）的 10.3%，高于 2020 年的 2.17 万亿美元。按实际价值计算，数字经济增加值在 2020~2021 年增长了 9.8%，远高于美国整体经济增长的 5.9%。2016~2021 年数字经济实际增加值年均增长率为 6.7%。美国的数字经济增加值由基础设施（软件和硬件）、电子商务（企业对企业和企业对消费者）、定价数字服务（云服务、电信服务、互联网和数据服务，以及所有其他定价数字服务）和联邦非国防数字服务四个部分组成，其中：基础设施在 2021 年贡献了 9110 亿美元的 GDP，增长率（11.1%）超过了整体数字经济的增长率（9.8%），其中硬件增长 7.8%，软件增长 12.9%；电子商务在 2021 年贡献了 5590 亿美元的 GDP，电子商务的 GDP 增长率（6.9%）低于数字经济的增长率（9.8%），但仍优于美国经济平均增长水平（5.9%）；定价数字服务在 2021 年贡献了 9390 亿美元的 GDP，除电信服务外，各子项目的 GDP 增长均超过 10%，其中云服务增长近 20%，电信服务是定价数字服务的最大组成部分，其 GDP 在 2021 年增长了 6.3%；联邦非国防数字服务在 2021 年贡献了 2.58 亿美元的 GDP，该部分的 GDP 自 2016 年以来一直在下降，2021 年，联邦非国防数字服务的 GDP 下降了 9.3%。

二 美国国内数字政策注重构建创新发展环境

美国从完善数字基础设施建设、引导新兴数字技术发展、推动产业数字化转型、强化数字经济治理等方面入手，培育数字经济发展的创新环境。

（一）数字基础设施建设不断完善，弱势群体数字网络连接覆盖率得到提升

2021 年 11 月，美国通过了《基础设施投资和就业法案》（简称“两党基础设施法”），该法案为宽带部署提供了 650 亿美元，其中大部分将用于“宽带公平、接入和部署计划”（BEAD）。美国国家电信和信息管理局（NTIA）致力于为美国各州提供资金，以便使各州能够制订计划，实际部署该笔资金。截至 2023 年 3 月，仅用于各州宽带部署规划过程的拨款就有 3.04 亿美元。不同的州可以通过不同的方式使用这些拨款，包括确定互联网服务不足的区域、增加人员配置、开展社区调查等。

此外，美国的宽带建设注重连接少数族裔地区。美国国家电信和信息管理局下设少数族裔宽带倡议办公室，该办公室致力于确定和解决少数族裔社区高速互联网接入的障碍，并制定了“连接少数族裔社区管理试点计划”，这是一个 2.68 亿美元的拨款计划，给历史上的黑人学院和大学、部落学院和大学以及少数族裔等机构、社区和居民提供宽带接入和硬件设备，雇用和培训信息技术人员。截至 2023 年 2 月，已经在这一试点计划的前十个项目中发放了超过 2000 万美元的拨款，后续还将进一步支持相关项目。

（二）新兴技术领域投入加大，人工智能、量子计算等为布局重点

美国政府和企业非常注重数字新兴产业前沿性、前瞻性研究，积极推进芯片、5G 通信及下一代通信、人工智能、脑机接口等数字技术研发，在新兴技术领域强化布局。

芯片领域，2021 财年美国国防授权法案授权设立芯片计划，资助半导体研发和制造活动。2022 年《芯片与科学法案》再次对芯片计划授权，并设立 500 亿美元芯片基金、20 亿美元国防芯片基金、5 亿美元国际技术安全和创新芯片基金、2 亿美元芯片劳动力和教育基金。2022 年 9 月，美国商务部发布《美国芯片基金战略》，明确这笔资金主要投资于三个方面：280 亿美元投资于芯片，尤其是先进芯片生产；100 亿美元投资于成熟工艺芯片供

应链建设，以满足国防、汽车、信息通信以及医疗设备等重点领域需求；110亿美元投资于前沿技术研发，包括建设一个国家半导体技术中心、三个新的半导体领域美国制造研究所，以及国家先进封装制造计划和计量研发计划。相关资金可通过直接拨款、贷款补贴、贷款担保或签订合作协议等形式对企业提供。

5G领域，美国发布关于保护5G云基础设施完整性的第四部分指南以及《负责任的人工智能指南》等，为5G运营商、人工智能伦理评估提供可操作的建议。此外，美国拨款208万美元支持制定制造技术路线图，明确加快技术开发和转让的步骤，提高制造业竞争力。

人工智能领域，美国人工智能公司OpenAI旗下产品ChatGPT横空出世，初步具备与人类相似的学习能力和逻辑常识，在2个月内积累超过1亿活跃用户，被评价为可能“颠覆人类生产方式”的产品。

脑机接口领域，美国研发“人工视觉脑”，帮助盲人获得基本视觉，Neuralink展示最新脑机接口产品，可让猴子用大脑意念玩电子游戏，或将帮助瘫痪病人恢复活动能力。

（三）数字化转型不断推进，技术研发赋能相关产业

农业数字化方面，美国农业部（USDA）已于2022年11月向小型企业的科学研究投资2160万美元，以支持34个研究项目。这些项目涉及食品科学和营养、自然资源保护等多个主题，旨在提出创新和数字化的解决方案。此外，拜登政府于2023年2月向该领域进一步投资了5900万美元，以提高独立肉类和家禽加工能力，加强食品工业链数字化水平，扩大农民的市场机会，并在农村地区创造就业机会。

制造业数字化转型方面，自2012年至今，美国已建立了16个各有侧重的制造业创新研究所，形成了遍布全国的先进制造创新网络。通过政府的牵引、企业的主导、高校和科研机构的支持，这一网络打通了先进制造技术从基础研究到产业化、规模化应用的创新链条。因此，相关产业数字化转型稳步推进。例如，在汽车制造领域，美国芯片企业高通于2022年9

月表示，其汽车数字化业务未来将扩大至300亿美元。高通称，这主要得益于其“高通骁龙数字底盘产品”，该产品可以提供辅助驾驶和自动驾驶技术，以及车载信息娱乐和云连接。此外，高通公司还将扩大与梅赛德斯—奔驰集团的合作，从2023年起在奔驰车载信息娱乐系统中使用高通骁龙的座舱平台。在飞机制造领域，美国俄克拉荷马州廷克空军基地B-1轰炸机的系统项目办公室（SPO）已于2022年3月授予威奇托州立大学国家航空研究所（NIAR）一份为期6年、价值1亿美元的合同，用于继续推进复合材料密集型B-1轰炸机的数字工程转型工作。该项目将使B-1轰炸机获得与全新设计飞机相同的数字化能力，允许通过数字建模来应对未来作战任务。

数字货币方面，美国已经开始重视并且加速对数字美元的开发和测试。2022年3月，美国总统拜登发布了一项行政命令，要求对开发美国数字货币进行更深入的研究。随后，在2022年10月，美国纽约联邦储备银行官员米歇尔·尼尔表示，该银行认为利用央行数字美元来加速外汇市场的结算是有望的。他指出，研究表明，使用数字货币进行外汇结算可以在平均不到10秒的时间内完成，并且具有横向扩展的潜力。因此，美联储正在积极探索如何推出一种完全数字化的美元，以满足日益增长的数字化支付需求。

（四）数字经济治理地位凸显，反垄断、数字资产监管等成为重点

一是加强反垄断政策和消费者保护。近年来，美国数字科技巨头凭借雄厚的资金实力和强大的技术能力获得了垄断优势，严重影响了公平的市场竞争秩序，破坏了市场创新环境。为了维护市场竞争秩序，提升中小企业的创新能力，美国正在积极推进针对数字科技巨头的反垄断立法实践。特别是，美国已经通过了《2021年平台竞争和机会法案》《2021年美国创新与选择在线法案》《2021年终止平台垄断法案》《2021年竞争与反垄断执法改革法案》《2021年开放应用市场法案》等草案，以加大反垄断执法力度。此外，美国联邦贸易委员会在2023年2月成立了“技术办公室”，该办公室的成

立旨在强化数字领域的反垄断执法和消费者保护，使该机构能够与全球其他领先的反垄断和消费者保护执法者保持一致。这些措施都有助于加强反垄断政策和消费者保护，从而加速数字经济市场竞争秩序的建立。

二是加大数字资产监管力度。2021 年以来，美国数字资产领域多次发生大规模的泡沫破裂，给投资者带来了巨大的损失，也令金融系统的稳定性受到了挑战。此外，首次代币发行（ICO）中广泛存在的非法证券发行、内幕交易与欺诈，比特币在暗网中关联的非法交易和洗钱风险，稳定币对国家货币系统和政策的影响与挑战，非同质化代币（NFT）领域中屡见不鲜的盗版和侵权，以及加密币挖矿所带来的大量能源消耗等，也成为数字资产治理亟须回应的挑战。针对这些挑战，美国总统拜登在 2022 年 3 月 9 日签署了一份行政命令，要求确保数字资产的负责任开发。这份行政命令旨在要求联邦政府采取有力措施，以减少数字资产对消费者、投资者和企业带来的风险，维护金融稳定和金融系统的完整性，打击和预防犯罪及非法金融活动，维护国家安全，保护人权，促进金融公平。2022 年 9 月，美国发布了《数字资产综合框架》，该框架要求美国证监会、财政部、能源部、商务部、司法部、联邦调查局、科学与技术政策办公室等 10 余个部门，在各自的职责范围内相互协调，通过制定政策、强化执法、促进技术研究、开展市场教育、推动国际合作等多种方式，共同构建数字资产治理体系。

三是加强网络安全治理，提升数字经济安全保障能力。2023 年 3 月，美国白宫正式发布了《国家网络安全战略》。该战略由国家网络总监办公室（ONCD）制定并负责执行，并提出了网络安全战略的三条主线：将网络安全的负担从个人、小企业和地方政府转移到最有能力为所有人降低风险的组织，以“重新平衡”保卫网络空间的责任；在抵御当今紧迫威胁的同时，进行长期的战略规划和投资，以获得更加有韧性的未来，并重新调整激励措施，以支持长期投资；协调使用“国家力量的所有工具”，以保护美国的网络安全、公共安全和经济繁荣。

三　美国对华数字经济竞争博弈态势明显

拜登政府执政以来，美国积极拉拢盟友，意图在数字经济规则、产业链供应链、数字企业发展等方面构建美式联盟，强化对华围堵，确保美国数字领域的全球领先地位。

（一）从规则上看，美国力推其主导的“数据跨境流动圈”

当前，数据跨境流动规则尚未达成具有全球性共识的规则体系，依然呈现“碎片化”状态，但在美国主导下，通过针对不同国家和地区采取不同策略的方式，美国逐步构建了一套数据跨境自由流动的“数据跨境流动圈”。

美国采取不同策略，拉拢欧洲、亚太、印太等区域的国家构建“数据跨境流动圈”。2021 年 4 月，在美国和日本的倡导下，七国集团（G7）数字和技术部长会议建立了“促进可信数据自由流动计划”的 G7 路线图，并获得 G7 之外韩国和澳大利亚赞同；10 月，G7 就跨境数据使用和数字贸易原则达成一致。2022 年以来，以 G7 路线图为基础，美国多线出击，针对不同国家和地区采取不同策略。欧洲方面，2022 年 3 月，美国与欧盟就跨大西洋数据传输的新框架达成了原则性协议，美国在该框架中做出了前所未有的承诺，将实施改革，加强数据隐私和公民权利保护，遵循欧盟的数据监管标准，这标志着欧美数据管辖争端出现松动迹象。亚太方面，2022 年 4 月，美国、日本、韩国、加拿大、墨西哥、菲律宾以及中国台湾等 7 个国家和地区同意将“跨境隐私规则”（CBPR）从亚太经济合作组织（APEC）中独立出来，建立“全球 CBPR”，并推动巴西、英国等国加入。印太方面，2022 年 5 月，拜登政府主导的“印度太平洋经济框架”（IPEF）启动，美国、韩国、日本、印度、澳大利亚、新西兰、印度尼西亚、泰国、马来西亚、菲律宾、新加坡、越南、文莱 13 个国家成为初始成员，新框架将通过制定跨境数据流动规则等方式，推进自由贸易。

美国将中国视为战略竞争对手，打压我国数据跨境流动规则。一方面，美国在国际社会极力渲染中国“数字威权主义”，试图拉拢盟国建立数据跨境流动的新规则和标准，在数字技术和数字经济等方面对中国进行全面打压。例如，2022 年 4 月，美国与法德英日等全球 60 个合作伙伴签署《互联网未来宣言》，该宣言以保护所谓“人权和基本自由”为噱头，要求促进全球互联网数据自由流动，但其实质是意欲基于民主原则构建符合美国利益的统一互联网，将中国排除在外。另一方面，美国通过国内立法阻止我国获取美国人的个人数据。例如，据路透社 2022 年 5 月 12 日报道，美国政府正在起草一项新行政令，将赋予司法部巨大的权力，阻止中国等外国对手获取美国人的个人数据。

（二）从产业链上看，构建排华的半导体供应链联盟

美国政府加强外交攻势，拉拢盟国，建立半导体供应链同盟，强化对华半导体产业链围堵。

一是主导构建半导体产业联盟。2021 年 5 月，美国、欧洲、日本、韩国、中国台湾地区等地的 64 家企业宣布成立美国半导体联盟（SIAC）。9 月，美日印澳“四方安全对话”就构建“安全的半导体供应链”达成一致。2022 年 4 月，美国政府提议与韩国、日本、中国台湾地区建立“芯片四方联盟”，并于 2022 年 9 月召开了第一次会议。

二是强化对华半导体技术封锁。2022 年 10 月，美国商务部工业安全局（BIS）宣布了对美国《出口管理条例》（EAR）的一系列修订，并公布了针对中国企业的新的出口管制措施。这是 BIS 近年来最大幅度的限制性举措，也是 2022 年中美科技“脱钩”的最大动作，对中国的半导体行业乃至整个高科技制造业都影响巨大。美国商务部指出，截至 2022 年 12 月 16 日，共有 633 家中企遭纳入实体清单，包括半导体企业中芯国际、长江存储以及监视器设备商海康威视，更广泛波及中国的人工智能、无人机、航空航天等产业。

三是联合盟友对华进行出口限制。2022 年 11 月，美国商务部长雷蒙多明确表示，希望日本、荷兰尽快与美国保持步调一致，共同实施对华半导体

新规。12 月，美国商务部长雷蒙多和日本经济产业大臣西村康稔进行电话会谈，要求日本响应美国对中国的芯片管制措施。在美国的施压下，日荷两国相继响应。2023 年 3 月，荷兰政府表示，计划对半导体技术出口实施新的限制以保护国家安全，该声明中并未直接提及中国，也未提到荷兰半导体设备主要供应商 ASML，但中国和 ASML 都将受到影响。同月，日本政府宣布，将对 23 种尖端半导体制造设备扩大实施出口限制措施，旨在防止相关技术被转用于军事用途。

（三）从企业竞争上看，扩大对华数字企业打压

拜登上台以来，采取了“小院高墙”式的“选择性脱钩”战略对我国数字企业进行打压。

软件领域，美国国际贸易委员会（USITC）2022 年 12 月启动“337 调查”，对涉及位置共享的系统、相关软件、组件以及包含这些系统的产品进行调查。USITC 将对包括小米、联想等多家公司及其子公司开展“337 调查”。

互联网领域，马里兰州于 2022 年 12 月宣布禁止在州政府行政部门的平台上使用 TikTok、微信以及其他一些基于中国和俄罗斯的产品和平台，原因是这些实体对该州构成不可接受的网络安全威胁，有可能涉及网络间谍、监视政府实体和不当收集敏感个人信息。此前，美国国会共和党众议员迈克·加拉格尔与参议院情报委员会共和党人马尔科·卢比奥共同提出一项议案，要求在美国完全禁止 TikTok。

电信领域，美国白宫于 2022 年 11 月宣布，决定延续实施特朗普时期颁布的对华禁令，禁止美国人投资与中国军方有关联的中国公司。特朗普执政期间，曾于 2020 年 11 月公布一项行政命令，禁止美国投资者对“中国军方拥有或控制的企业进行投资”，于 2021 年 1 月生效。这项命令禁止美国投资者对中国电信、中国移动、海康威视等被美国国防部认定为“受中国军方支持”的中国企业证券进行任何交易。同时，它还禁止美国人在被认定为“中国军事企业”的 60 天内买卖这些企业的证券。

参考文献

美国信息技术与创新基金会：《2022 年美国宽带状况：重新评估整体情况》，2022 年 12 月。

美国布鲁塞尔研究所：《如何最好地确保国际数字竞赛合作》，2023 年 2 月。

西班牙皇家埃尔卡诺研究院：《中美科技战及其对欧洲的影响》，2023 年 2 月。

美国半导体行业协会：《半导体设计领导力面临日益严峻的挑战》，2022 年 12 月。

新美国安全中心：《芯片出口管制的正确时机》，2022 年 12 月。

B.10

欧盟在大国竞争旋涡中捍卫数字主权

陈耿宇 *

摘　要： 2022年，在大国竞争、能源危机和地缘政治形势紧张等因素冲击下，欧盟着力筑牢数字基础设施、数据、人才等推动数字经济增长的基础，持续努力激发创新创造活力。为巩固共同价值观，欧盟采取提出共同宣言的方式，并完善数字经济领域监管立法。欧盟内部积极推进能源以及数字经济合作，并建立了单一市场应对危机的框架体系。在外部关系方面，欧盟在数字技术和供应链方面向与美合作靠拢，追随美国打压中国企业。同时，维持务实对华合作立场，并在经济利益和维护“数字主权”等方面与美国展开博弈。

关键词： 数字主权　数据法案　欧洲创新议程　人工智能监管

欧盟是世界经济的主要参与者。2022年，欧盟合并其成员国内生产总值为16.6万亿美元，比2021年约下降1万亿美元。在经济下行压力之下，欧盟年度政策的重点是应对俄乌冲突带来的挑战、解决能源危机和推动战略自主进程三大方面。其中，在大国竞争旋涡中捍卫数字主权又是欧盟战略自主进程的一大重点。

---

* 陈耿宇，国家工业信息安全发展研究中心信息政策所数字经济研究室助理工程师，主要研究方向为数字经济测度、数字产业。

一 2022年欧盟数字经济总体发展平稳

2022 年，在地缘政治紧张、能源危机蔓延等因素冲击下，欧盟通胀持续走高，经济增长放缓。同时，欧盟数字经济发展失衡难题依旧存在。但其仍着力捍卫其数字主权，积极巩固数字经济发展基础，推动数字基础设施建设、促进工业数据价值涌现、培养欧洲数字人才。此外，欧盟支持创新的政策取得了不错的成效，欧盟的创新绩效与主要竞争对手差距有所缩小，在经济下行压力下投融资市场仍较为活跃。

（一）着力巩固经济增长基础

合力研发建设数字基础设施。欧盟视数字技术和数字基础设施为确保数字主权的关键和基本手段之一。2021 年 12 月，欧盟的工业界和欧盟委员会之间关于 6G 智能网络和服务的联合承诺（SNS JU）通过了其首个 2021～2022 年工作计划，拨款 2.4 亿欧元用于支持 4 个主要的补充工作流。2022 年 3 月，欧盟委员会制定了其 6G 愿景，旨在创建一个监管框架，鼓励支持 6G 的基础设施和技术。该愿景获得许多研究和创新（R&I）项目的支持，并已为其分配了 20 亿欧元的公私资金。2022 年 10 月，欧盟委员会宣布创建 Hexa-X-Ⅱ，这是欧洲 6G 旗舰计划的第二阶段，将参与者扩展至 44 个组织。Hexa-X-Ⅱ的目标是创建预标准化平台和系统视图，将是欧盟未来 6G 标准化的基础。2022 年 11 月，欧盟宣布欧洲议会与欧盟成员国就预算为 24 亿欧元的《2023～2027 年欧盟安全连接计划》达成政治协议，将建立新型主权卫星星座 $IRIS^2$。该星座将是继伽利略和哥白尼之后欧洲的第三个太空旗舰计划，目标是为政府用户提供安全的卫星连接，支持对经济、环境、安全和国防至关重要的应用，并进一步开发包括通信盲区在内的全球高速宽带服务。

立法促进工业数据价值涌现。欧洲未能创造出像谷歌和微软等以消费者为导向的数字巨头，但欧盟拥有强大的工业基础。根据欧盟委员会的估计，

80%的工业数据未得到充分利用。[①] 欧洲议会议员认为数据是“欧洲不断增长的竞争力资产，我们不能不优化的资产”。2022 年 2 月，欧盟委员会正式公布《数据法案》（*Data Act*）草案，这是继 2020 年 2 月发布《欧盟数据战略》之后，在《数据治理法》（*Data Governance Act*）之后公布的第二项重要立法举措。该草案涉及数据共享、公共机构访问、国际数据传输、云转换和互操作性等方面的规定。按照欧盟立法设计，《数据法案》旨在为非个人数据（如各种智能设备、自动化生产线、自动驾驶汽车等产生的数据）的利用，提供公平的访问和共享框架，以推动数据市场更加开放，将大量工业数据释放到经济中，充分发挥数据经济价值，提高欧盟的竞争力和创新能力。

强化培育欧洲数字人才。欧洲缺乏利用新技术以实现其绿色和数字化转型所需的人才和熟练劳动力。欧洲创新与技术研究院（EIT）旨在根据欧盟委员会的“欧盟新创新议程”，通过在所有成员国建立强大的深度技术人才库来缩短这一差距。2022 年 10 月，EIT 宣布启动深科技[②]人才计划，邀请合作伙伴共同努力，在未来三年内培养欧洲深科技领域的 100 万人才。作为欧洲最大的创新生态系统，EIT 将调动其 3400 多个合作伙伴网络和欧洲 70 多个中心来开发最先进的深度技术教育计划。新举措不仅将确保熟练劳动力的发展，还将设法留住活跃在深科技领域的高增长公司，以维持和扩大其在欧洲的业务。

（二）持续激发创新创造活力

欧盟积极出台政策支持创新发展。2022 年 7 月，欧盟委员会通过新的《欧洲创新议程》（简称《议程》），旨在促进欧盟科技创新，促进其向绿色化和数字化双转型，提升欧洲的技术领先地位，并为气候变化和网络威胁

① “Manufacturing data-sharing as driver for sustainability in Europe”, https: //www. digitaleurope. org/resources/manufacturing-data-sharing-as-driver-for-sustainability-in-europe/#_ ftn3.

② 深科技（Deep Tech）最早由经济学家大卫·罗森博格提出，指建立在独特的、受保护的或难以复制的科学技术基础上的颠覆性解决方案。当前，深科技企业创新方向主要聚焦于高新材料、人工智能、生物科技、区块链、无人机和机器人学、光子学和电子学、量子计算七大前沿领域。

等社会挑战提供创新型解决方案。《议程》共确定五大旗舰行动，一是资助规模化企业，将动员欧洲的机构和其他私人投资者投资于欧洲深科技初创企业的规模化发展，并从中受益。二是通过实验空间和公共采购扶持创新，将通过改善框架条件，包括监管的实验方法（如监管沙盒、测试床、生活实验室和创新采购）来促进创新。三是在欧盟范围内加速和加强欧洲创新生态系统的创新，将支持创建区域创新谷，并帮助成员国和地区将至少 100 亿欧元用于具体的区域间创新项目，包括欧盟关键优先事项的深层技术创新。它还将支持成员国通过综合利用凝聚力政策和地平线欧洲工具来促进所有地区的创新。四是培养、吸引和留住深科技人才，将通过一系列举措确保关键深科技人才在欧盟的发展和流动。五是改进政策制定工具，将开发和使用强大的、可比较的数据集，为整个欧盟各级的政策提供信息，并确保通过欧洲创新理事会论坛在欧洲层面进行更好的政策协调。

全球经济逆风之下欧盟投融资保持活跃。受宏观环境高利率和通胀风险影响，全球创投市场交易趋于冷静且理性。但据 Atomico 数据，在 2022 年上半年，欧洲的科技行业火力全开，投资水平仍比 2021 年同期高出 4%。投资从 7 月开始放缓，到 8 月和 9 月进一步减速。2022 年全球仅有 3 起市值在 10 亿美元以上的科技 IPO，其中 2 起发生在欧洲。据 Dealroom 数据，北欧初创公司在 2022 年获得了 117 亿美元投资，比 2021 年的历史最高水平低 36%，但比 2020 年的总额高出 50% 以上，北欧的资金水平已基本恢复到疫情大流行前的趋势线。①

欧盟与主要竞争对手的创新差距缩小。2022 年 9 月，欧盟发布《2022 年欧洲创新记分牌》，对框架条件、投入、创新活动和影响 4 个要素下 12 个创新维度的 32 个指标进行测度后得出创新绩效测度结果。测度结果显示，韩国、澳大利亚、加拿大和美国的创新绩效表现领先于欧盟，欧盟的创新绩效水平领先于日本、中国等（见图 1）。与 2015 年相比，2022 年有 26 个成

① Dealroom：《2023 年北欧初创企业和风险投资报告》，https：//finance. sina. com. cn/tech/roll/2023-02-20/doc-imyhhsyc8490548. shtml。

员国的创新绩效表现出增长，只有法国的创新绩效表现为下降（下降了1.0%）。自2015年以来，中国的创新绩效增长最大（24.9%），其次是欧盟（9.9%），其余竞争对手创新绩效的增长低于欧盟，欧盟与美国、韩国、加拿大等主要竞争对手间的差距缩小。

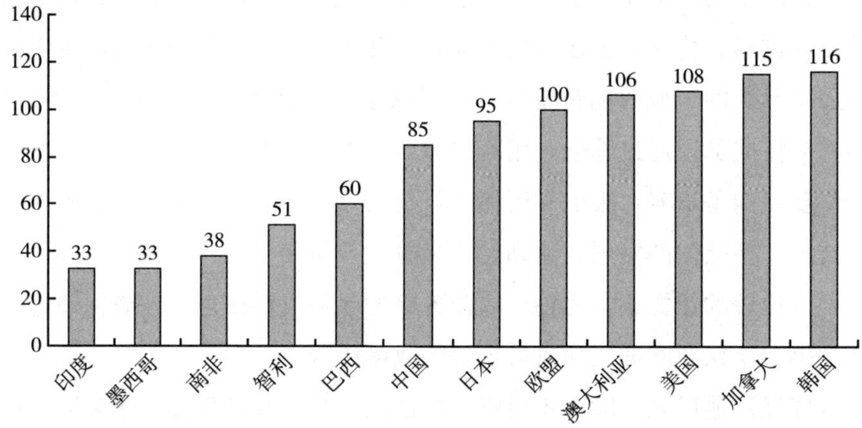

图1　主要竞争对手的创新绩效表现

资料来源：《2022年欧洲创新记分牌》，2022年9月。

（三）区域发展失衡难题待解

欧盟成员国间数字经济发展不平衡问题依旧存在。欧盟每年发布数字经济与社会指数（Digital Economy and Society Index，DESI），是对欧盟成员国数字经济与社会发展水平做出评价的合成指数，可作为分析研究欧盟各国数字经济发展水平的重要参考。2022年7月28日，欧盟委员会发布“2022年数字经济与社会指数（DESI）”，采用人力资本、连接性、数字技能集成、数字化公共服务等4项一级指标，跟踪展示欧盟成员国过去一年在数字领域取得的进展，并根据结果对需要定向投资和行动的领域提供支持。欧盟成员国在数字化工作方面均取得了进步，但仍在努力缩小数字技能、中小企业数字化转型和先进5G网络部署方面的差距。而就国家而言，如表1所示，芬兰、丹麦、荷兰和瑞典仍然属于欧盟数字化进程的领军力量，其DESI总分接近70分。但上述国家在人工智能、大数据等先进领域的应用率仍低于30%，与《2030数字指南针：欧洲数字十年之路》提出的75%的目标相去甚远。法国的进展最为显著，相较2021年排名上升4位，其次是西班牙、斯洛文尼亚、意大利，排名分别上升2位。13个国家的DESI低于欧盟的平均水平，其中，波兰、希腊、保加利亚、罗马尼亚等4国排名最低。DESI指数的得分显示欧盟内部各国数字经济发展水平存在巨大差异，发展不平衡难题依旧待解。

表1　2022年欧盟国家数字经济与社会指数（DESI）得分情况

单位：分

国家	人力资本	连接性	数字技能集成	数字化公共服务	DESI总分
芬兰	71.4	60.5	59.1	87.4	69.6
丹麦	59.2	77.1	58.0	83.1	69.3
荷兰	63.1	70.1	52.1	84.2	67.4
瑞典	62.0	60.3	56.2	82.4	65.2
爱尔兰	62.6	61.5	43.3	83.5	62.7
马耳他	56.6	53.0	48.1	85.8	60.9
西班牙	51.3	69.7	38.5	83.5	60.8
卢森堡	57.8	59.3	35.0	83.4	58.9
爱沙尼亚	53.9	44.4	36.5	91.2	56.5
奥地利	51.0	56.5	39.2	72.1	54.7
斯洛文尼亚	44.3	59.9	39.8	69.5	53.4
法国	49.9	64.2	31.9	67.4	53.3
德国	45.0	67.3	35.8	63.4	52.9
立陶宛	42.5	49.4	37.2	81.8	52.7
欧盟	45.7	59.9	36.1	67.3	52.3
葡萄牙	45.9	51.6	37.6	67.9	50.8
比利时	48.7	39.8	48.0	64.8	50.3
拉脱维亚	44.1	50.1	25.8	78.8	49.7
意大利	36.6	61.2	40.7	58.5	49.3
捷克	45.6	52.7	33.8	64.5	49.1
塞浦路斯	41.8	58.8	35.3	57.5	48.4
克罗地亚	51.8	48.1	36.7	53.6	47.5

续表

国家	人力资本	连接性	数字技能集成	数字化公共服务	DESI 总分
匈牙利	38.4	57.6	21.6	57.4	43.8
斯洛伐克	44.1	49.8	27.8	52.0	43.4
波兰	37.0	46.5	22.9	55.8	40.5
希腊	40.1	49.6	26.6	39.4	38.9
保加利亚	32.6	50.7	15.5	51.9	37.7
罗马尼亚	30.9	55.2	15.2	21.0	30.6

资料来源：国家工业信息安全发展研究中心整理。

二　巩固欧盟价值观和监管优化同步推进

欧盟2021年推出《2030数字指南针：欧洲数字十年之路》战略，为2030年实现数字主权的数字化转型愿景指出方向。随后，2022年，在维护数字主权的路径上，欧盟重点关注巩固数字时代的共同价值观，提出《欧洲数字权利和原则宣言》。同时，数字领域两项重磅立法《数字市场法》与《数字服务法》正式生效；人工智能监管框架持续完善，与《人工智能法》配套的《人工智能责任指令》获得欧盟委员会通过。

（一）巩固数字时代共同价值观

欧盟及其成员国强化巩固数字时代共同价值观。2022年12月，欧盟委员会主席和欧洲议会主席共同签署了《欧洲数字权利和原则宣言》。该宣言由欧盟委员会于2022年1月提出，体现了欧盟对以人为本、可靠、安全和可持续的数字化转型的承诺，符合欧盟的核心价值观和基本权利。该宣言补充了成员国先前的数字倡议，即《塔林电子政务宣言》《数字社会和基于价值的数字政府柏林宣言》《里斯本宣言——有目的的数字民主》等。该宣言向欧盟公民表明，欧洲价值观以及欧盟法律框架中所载的权利和自由必须在网络上受到尊重。该宣言将作为政策制定者和公司处理新技术的指导方针，还将引导欧盟在全球范围内进行数字化转型。通过该宣言，欧盟希望通过以下方式确保欧洲价值观：一是将人置于数字转型的中心；二是通过连通性、数字教育、培训和技能、公平和公正的工作条件以及获得数字公共服务来支持团结和包容；三是重申选择自由和公平数字环境的重要性；四是促进在数字公共空间的参与；五是增加数字环境中的安全、保障和赋权；六是促进可持续性。此外，该宣言将指导欧盟《2030 年数字十年政策方案》的具体工作，这是实现这个十年中欧盟共同数字目标的监测和合作机制。

（二）达成数字立法新的里程碑

欧盟在“数字主权”理念下推出数字领域重大立法。2022 年 11 月，欧盟的两项里程碑式的数字立法正式生效，即《数字市场法》（*Digital Market Act*，DMA）与《数字服务法》（*Digital Service Act*，DSA），两法案被视为欧盟在数字领域 20 多年来的首次重大立法。

DSA 为欧盟提供了一套统一的监管规则。DSA 强调，所有在欧洲单一市场提供服务的在线平台，无论是在欧盟还是在其他地区都必须遵守法案规则。同时，法案针对在线平台规定了一些具体义务，以确保安全和负责任的在线环境。在商品销售及服务提供方面，法案规定了打击网上非法商品或服务的措施，如用户可以对其认为较为可靠的商品或服务自由进行标记，便于平台方准确把握相应的用户需求及用户评价。DSA 对数字平台规定了全面的新义务，并将数字平台置于全新的透明度和责任框架之下。对于违反 DSA 的行为，可能导致高达该主体前一财年全球营业额 6%的罚款。

DMA 试图构建一个数字化的公平竞争环境，将大型在线平台视作数字市场的“看门人”，要求“看门人”规范自己的竞争行为，不允许优先推广自家产品和跨服务使用数据。“看门人”禁止行为包括，一是未经许可，交叉或合并使用从其核心平台服务或从其核心平台服务上做广告的第三方处获得的个人数据。在与业务用户竞争时，使用操作核心平台服务后得出的数据。二是阻止企业用户通过直接或第三方在线销售渠道，以相同或不同的价格或条件向最终用户提供同种产品或服务。以彼此对核心平台服务的访问为条件，进行业务交往。在搜索结果进行排名时，差异化对待自己的服务和产品。要求最终用户使用特定的操作系统。三是限制用户在不同应用程序和服务之间切换。使用户难以离开其平台或服务经营业务。阻止用户向监管部门举报其违规行为。如果“看门人”不履行 DMA 规定的关键义务，欧盟委员会可以处以其上一财年全球总营业额 10%的罚款，或者在屡次不遵守的情况下处以最高 20%的罚款。

（三）持续完善人工智能监管框架

2022 年，全球主要国家在人工智能领域的竞争仍然激烈。据英国牛津洞察智库 2022 年 1 月发布的《政府 AI 就绪指数报告》，全球已有约 40%的国家发布或将要发布国家人工智能战略。但欧盟坚持发展人工智能须符合欧盟价值观，持续完善人工智能监管框架，旨在创造独一无二的“信心的生态系统”，以确保欧盟消费者对人工智能技术的信心。2022 年 9 月，欧盟委员会通过了《人工智能责任指令》提案，拟就人工智能引发的损害设定责任规则，以便相关受害者能够依法获得赔偿，旨在从欧盟层面协调各国不同的人工智能监管机制，减少人工智能系统开发者和使用者所面临的法律不确定性。2022 年 11 月，欧盟立法者提出《人工智能法》最终版本。该法案规定了欧盟使用人工智能技术的规则，旨在为可信赖和以人为中心的人工智能提供标准。该法案将适用于欧盟进口包含人工智能技术的所有商品和服务。《人工智能法》和《人工智能责任指令》联系紧密、相辅相成又互有侧重。前者为人工智能在欧盟发展设定了统一的法律框架，后者就非合约性的民事责任适用于人工智能系统引发的损害规定了统一的法律要求。《人工智能责任指令》和《人工智能法》均是全球相关领域的首次立法尝试。

三　内部矛盾与大国竞争影响欧盟走向

欧盟希望在政治、能源、国防和经济等方面加强战略自主，但受欧盟内部矛盾、俄乌冲突、能源危机、中美竞争等因素影响，欧盟实现战略自主并不容易。2022 年，欧盟内部积极推进能源以及数字经济合作，并建立了单一市场应对危机的框架体系。在数字技术和供应链方面向与美国合作靠拢，追随美国打压中国企业，同时维持务实对华合作立场，并在经济利益与维护“数字主权”等方面与美国展开博弈。

（一）美国裹挟施压下的欧美博弈

受美国施压和地缘政治影响，欧盟在数字技术和供应链等方面向与美国合作靠拢。在数字技术方面，欧美在 2022 年 5 月与 12 月分别召开第二次与第三次欧美贸易与技术理事会（TTC）会议，在投资审查、出口管制以及制裁相关的出口限制方面达成了新的共识。其中，欧美贸易与技术理事会第二次会议联合声明共有 20 多处提到“出口管制”，详述了欧美在该领域开展合作的意向与规划。2022 年，美国对欧洲施加了更大压力，要求荷兰加入美对华实施的芯片禁令。在美国压力下，2023 年 1 月，荷兰、日本与美国达成协议，加入限制对华芯片技术出口的行列。在供应链方面，俄乌冲突与疫情的叠加效应扰乱了全球供应链稳定，使欧盟与美国都意识到供应链过于集中会使自身经济安全暴露在外部冲击中。为此，欧美加强了供应链领域合作。2022 年 7 月，美国与欧盟、英国、法国、德国等 18 个经济体召开“2022 年供应链部长级论坛”，并发表《关于全球供应链合作的联合声明》。根据声明，各国提出几项供应链合作原则以提高供应链韧性：透明度、多样化、安全和可持续性，并坚持高标准的劳工环境，包括防止强迫劳动，满足未来需求的劳动力发展。

欧盟围绕经济利益和维护“数字主权”与美国展开博弈。在经济利益方面，2022 年 8 月，美国总统拜登签署《通胀削减法案》（IRA）。根据该法案，美联邦政府将在气候和清洁能源领域投资约 3700 亿美元。欧盟对法案中补贴美国企业的做法表示了愤慨。欧盟内部市场专员布雷顿批评美国的保护主义措施对欧盟的经济构成“生死存亡”的挑战。法案使欧盟可能面临不利的经济影响。但如果出台类似的产业补贴政策，又违背欧盟自身的竞争规范和 WTO 规则。两难之下，欧盟持续向美国施加压力，寻求解决方案。

2022 年 10 月，美欧成立降低通胀法案工作组。该工作组囊括美国政府高层，包括白宫、国务院、财政部、商务部和美国贸易代表等。美国将就欧盟提出的与 IRA 有关的具体问题通过工作组与欧盟进行高级别接触。美国出台《芯片与科学法案》《通胀削减法案》等产业补贴政策对欧盟追求“数字主权”造成较大冲击，美欧在数字经济领域的利益分歧与妥协将长期影响欧盟数字经济的发展走向。在维护“数字主权”方面，欧盟针对美国数字巨头展开反垄断等调查。2022 年 1 月，欧盟移动运营商表示苹果的 iCloud Private Relay 隐私中继服务可能会“严重损害欧洲的数字主权”。iCloud Private Relay 功能发布后，沃达丰（Vodafone）、Telefonica、Orange 和 T-Mobile 等运营商向欧盟委员会发出了一封联名信，表示 iCloud Private Relay“将削弱其他公司在下游数字市场的创新和竞争，并可能影响运营商有效管理电信网络，侵犯了欧盟数字主权”。2022 年 8 月，知情人士透露，欧盟委员会反垄断机构正在调查谷歌应用商店的政策。谷歌 Play Store 向开发者抽取的费用高达 30%，且开发者只能用谷歌提供的计费系统。据悉谷歌已于 7 月底做出让步，允许 App 开发者用替代计费系统向欧洲用户收费。2022 年 11 月，欧洲云基础设施服务提供商（CISPE）表示，已就微软云服务涉嫌垄断的问题向欧盟委员会提起了反垄断诉讼。CISPE 表示，微软利用该公司在生产力软件方面的主导地位，将欧洲的客户引向其云服务 Azure，并使这些客户难以改用其他云服务提供商。

（二）矛盾囹圄中的欧盟内部合作

欧盟内部矛盾重重。政治方面，2022 年，走“中间路线”的法国总统马克龙连任成功。但奉行中间偏右路线的德、意现任领导人相继下台。2022 年 10 月，意大利极右翼政党领导人梅洛尼宣誓就职总理，激进右翼势力可能将开始统治欧洲。能源方面，在 2022 年 10 月举行的欧洲领导人峰会上，欧盟国家领导人尝试降低能源价格达成协议，但法国、意大利、西班牙、波兰等国都迫切希望限价，支持欧委会提出的机制防止天然气出现“极端波动和价格过高”的情况，但德国、荷兰、丹麦等国表示反对。在国防方面，波兰对德国在援助乌克兰方面行动迟缓表示不满。同时，俄乌冲突导致欧盟战略重心东移，中东欧国家战略地位上升。波兰领导的“新欧洲”与德国领导的“老欧洲”之间的矛盾日渐突出。在经济方面，德国与南欧五国意大利、葡萄牙、爱尔兰、希腊和西班牙的矛盾由来已久，五国主权债务过高，希望采取宽松政策摆脱困境，但德国采取紧缩政策。据欧盟委员会预计，欧元区 2022 年全年通胀率为 8.5%，到 2023 年，通胀率预计将下降至 6.1%。面对通胀，德国财政部部长林德纳敦促欧洲央行上调利率，2022 年欧洲量化宽松时代结束，紧缩开启，这可能使欧洲加速分裂。

此外，只要出现危机，就会高调宣布合作的“魏玛三角”（德国、法国、波兰）并不稳定。德国和法国在能源和防务领域存在矛盾。波兰被看成是美国干预欧盟事务的新抓手。波兰增加购买美国武器装备，与法国的欧盟防务自主政策存在矛盾。波兰除不满德国援乌迟缓，还反对德国的能源补贴政策，认为其破坏了欧盟经济政策的一致性。

矛盾重重的欧洲，面对大国竞争中美国的裹挟施压，实现战略自主并不容易。但欧盟内部仍积极推进能源以及数字经济合作发展，并建立了单一市场应对危机的框架体系。2022 年 8 月，丹麦、瑞典、波兰、芬兰、爱沙尼亚、拉脱维亚、立陶宛、德国等国在丹麦波罗的海能源峰会上签署“马林堡宣言”，将加强能源安全和海上风电合作，计划于 2030 年将这些国家在波罗的海地区的海上风电装机容量从 2022 年的 2.8 吉瓦提高至 19.6 吉瓦。欧盟委员会主席冯德莱恩表示，“马林堡宣言”的达成将助力欧洲加速绿色转型。2022 年 10 月，欧盟启动能源系统数字化行动计划。在欧洲绿色协议和 REPowerEU 计划的要求下，需要对欧盟的能源系统进行深度数字化改造。欧盟将采取行动促进数据共享，促进对数字电力基础设施的投资，确保消费者受益并加强网络安全建设。该行动计划具体包括三个方面：通过数字化，帮助消费者加强对能源使用和账单管理，为一体化的欧洲能源数据空间提供强有力的治理框架；控制 ICT 行业的能源消耗；加强能源网络安全。2022 年 9 月，欧盟发布“单一市场应对危机计划”（SMEI）。为更好地应对下一次全球危机，SMEI 将专注于消除障碍，保护商品，促进服务和人员的自由流动，并确保在单一市场上提供关键产品。主要措施为：设立咨询小组；建立应急规划框架；建立单一市场警戒模式的框架；建立单一市场应急模式的框架。

（三）大国竞争变局搅动中欧竞合

2022 年，对欧盟及其成员国而言，对华政治疏离与经济合作同时存在。2022 年中欧竞合背景主要基于地缘政治冲突、能源危机和全球大国博弈三个方面。其中，受中欧双方在俄乌问题上立场不同影响，欧盟对华产生政治疏离；受大国博弈影响，欧盟在追随美国打压中国企业，同时维持务实对华合作立场。

强化对华竞争，紧随美国施压中国企业。2022 年 8 月，5 名欧洲议会议员发表联合声明，要求欧盟严格审查 TikTok 有关用户数据的处理方式是否安全。2022 年 11 月，欧盟委员会主席冯德莱恩证实，其正在对 TikTok 展开多项调查。主要的关注点是传回中国的欧盟公民数据以及瞄准青少年的定向广告，监管机构希望确保 TikTok 的行为符合 GDPR 的要求。“TikTok 处理数据的做法，包括国际数据转移等，都是几项正在进行调查的对象。”2022 年 9 月，欧盟委员会通过“强迫劳动禁令”的草案，草案建议欧盟采取措施禁止在欧盟市场上使用强迫劳动制造的产品。表面上该草案宣称以切实保护人权、完善国际贸易规则、公正处理对外经贸关系为目的，但欧盟此法案所采取的措施和目的不纯，可能对特定国家、特定地区和特定商品造成严重歧视，并对全球产业链完整性造成伤害，恶化与特定国家政治关系。

推进战略自主，德法维持务实对华立场，为中欧进一步开展数字经济合作提供可能。尽管德法内部存在不同的对华主张，但 2021 年，这两个国家在维护相对稳定的中欧关系方面仍然发挥了重要作用。2022 年 11 月德国总理朔尔茨访问中国，成为新冠疫情以来第一位访华的欧盟国家领导人。朔尔茨明确表示不希望与中国“脱钩”，无论是现在还是未来，中国都是德国的重要合作伙伴。此外，包括大众汽车、西门子、默克集团、德国生物技术公司 BioNtech 等企业的德国商业高管随朔尔茨一同出访。此前，中欧企业间数字技术合作已取得新进展，2022 年 10 月，大众汽车宣布，其集团旗下软件公司 CARIAD 与智能驾驶计算平台供应商地平线开展全新合作，加快面向中国市场的高级驾驶辅助系统和自动驾驶系统开发进程。大众汽车集团计划为本次合作投资约 24 亿欧元。2022 年 12 月，欧洲理事会主席米歇尔来华访问时，表达了与中国通过加强直接对话合作、减少误解误判、共同应对全球挑战的意愿，也愿意与中方继续推动双边投资协定，增强供应链稳定互信，并深化各领域合作。欧盟统计局发布的数据显示，2022 年欧盟 27 国对华贸易额为 8563 亿欧元，较上年增长 22.8%。其中，对华出口 2303 亿欧元，增长 3.0%；自华进口 6260 亿欧元，增长 32.1%；逆差 3957 亿欧元，增长 58.1%。中国是欧盟第二大贸易伙伴、第一大进口来源地、第三大出口市场，占比分别为 15.4%、20.8%和 9.0%。持续深化中欧数字经济领域的合作，有利于中欧互利共赢，促进全球经济的稳定繁荣。

2022 年，中欧关系愈加复杂。一方面，双方竞争加剧；另一方面，中国仍是欧洲重要的经济伙伴和市场，双方具有宽广合作前景。未来，中欧应从战略高度和长远角度看待和发展中欧关系，推动中欧全面战略伙伴关系行稳致远。

参考文献

英国牛津洞察：《政府 AI 就绪指数报告》，2022 年 1 月。

欧盟委员会：《2022 年数字经济与社会指数》，2022 年 7 月。

欧盟委员会：《2022 年欧洲创新记分牌》，2022 年 9 月。

B.11 东盟数字经济在蜕变中前行

王一鹤*

摘　要： 2022年，面对全球经济社会政策调整，东盟数字经济在逆风中前行，数字经济规模、增速均实现大幅增长。其中，电子商务仍为其核心发展领域，食品外卖、在线交通、出游全面复苏，数字金融服务稳步增长，科技投资势头强劲。总体而言，伴随全球经济复苏，东盟数字经济也将迎来发展新阶段。

关键词： 东盟　数字经济　电子商务　数字金融服务

2022年，随着全球政策的调整，东盟数字经济发展也面临新形势。总体看来，东盟数字经济整体呈上升趋势，其中，电子商务依旧表现亮眼，数字金融服务、科技投资成为新亮点。数据显示，2022年东南亚数字经济规模接近2000亿美元，复合年均增长率高达20%，互联网用户规模达到4.6亿人，超过疫情初期约1.6亿人，① 远超发展预期。

一　东盟数字经济逆风前行

（一）全球环境逆风对东盟数字经济影响较小

疫情过后，全球经济社会发展仍然面临逆风态势，对东盟而言，一方

* 王一鹤，国家工业信息安全发展研究中心信息政策所数字经济研究室工程师，主要研究方向为数字化转型、数字素养等。

① 谷歌、贝恩、淡马锡：《2022东南亚数字经济报告》，2022年10月。

面，供应链面临中断风险，物流供应商的产能问题、气候变化和货运成本正在限制全球贸易路线，东盟的对外贸易也因此受阻；另一方面，流动性受限，动态清零政策和持续封锁导致东盟各国与中国的进出口中断，以及中国公民出境旅游疲软。此外，价格也呈现上涨趋势。随着经济放缓和劳动力市场疲软，消费者的可自由支配支出减少。燃料和食品价格的通货膨胀以及东盟国家货币的贬值，推动旅游、运输和食品配送的价格上涨。而且中国持续的疫情政策和生产积压阻碍了物流发展，减少了消费者获得商品的机会，致使产品可用性降低。由此可见，东南亚数字经济深受宏观政策影响，尽管如此，与其他地区相比，东南亚受到的影响相对较小。《2022 东南亚数字经济报告》数据显示，2022 年东南亚数字经济规模接近 2000 亿美元，年复合增长率高达 20%。

（二）东盟数字经济发展呈现从量变到质变转换趋势

据东盟秘书处预计，到 2025 年，东盟数字经济占区内生产总值的比重将提高至 8.5%，跻身世界前五大数字经济体行列，规模和发展速度也达到新高度。面对广阔的数字经济发展“新蓝海”，东盟积极规划，更加注重可持续和高质量发展。就规模而言，到 2025 年，东盟数字经济实现超过 3000 亿美元规模取决于当下包含多种不确定因素的复苏进程，而到 2030 年实现 6000 亿至 1 万亿美元规模，则仍然取决于战略环境评估的经济基本面。这说明东盟对数字经济可持续增长的重视程度日益增加，在衡量发展时，将利润与商品交易总额（规模）视为同等重要的考量因素。就高质量发展而言，在数字支付和物流等既有优势领域持续发力的基础之上，东盟亟须解决人才质量提升问题，而不再单纯扩大人才储备。在挖掘新动力方面，普通的“预算内”消费者和城市外居民的数字包容增长等领域成为进一步释放东盟数字经济潜力的关键。总而言之，东盟数字经济的健康发展需要建立在强大的社会和经济基础之上，尤其是在该地区进入“数字十年”之际，线下线上协同发展的趋势也提供了很多有利因素。

二　电子商务持续健康增长

（一）电商市场规模、增速持续增长

总体看来，东盟电子商务发展迅速。从规模看，数据显示①，2017～2022年，东南亚电商交易规模从109亿美元上升至1310亿美元，年复合增长率达64%。从增速看，市场研究机构eMarketer发布的数据显示，2022年东南亚以20.6%的增长速度斩获全球电商市场规模增速冠军，相比之下，全球电商销售额预计增长仅为12.2%。其中，五个东盟国家增速（新加坡36.0%、印度尼西亚34.0%、菲律宾25.9%、马来西亚18.3%、泰国18.0%）在全球电商中领跑，增速进入全球前十。东南亚电子商务的快速发展与该地持续增长的网民数量紧密相关，互联网渗透率不断提升。《2022年东南亚电子经济报告》数据显示，2022年东南亚网民数量达到4.6亿，较2019年疫情前增加了1亿人，年复合增长率达8.5%。但整体上，东南亚的电商渗透率偏低。以印度尼西亚为例，市场研究机构eMarketer数据显示，印度尼西亚2021年电商零售额在总零售额中的占比仅18.4%，而中国为50.5%。随着疫情政策的调整，线下购物逐渐恢复，商家也更注重调整模式获得盈利，在线零售渠道仍在扩张，电子商务仍持续稳步增长。从用户看，电商平台已经广泛融入东南亚当地人的日常生活。在城市中，各大电商平台几乎覆盖全部城市数字用户，渗透率可观，各类消费群体平均渗透率约为61.8%。在郊区，用户电商平台渗透率仅为32%（见图1），仍与城市有较大差距，在超市类网络零售方面尤为明显，这也表明该领域成长空间巨大。

（二）电商平台发展方式日趋多元

经过多年高速发展，东盟的电商逐渐转变发展方式，更加注重通过优化

① 谷歌、贝恩、淡马锡：《2022东南亚数字经济报告》，2022年10月。

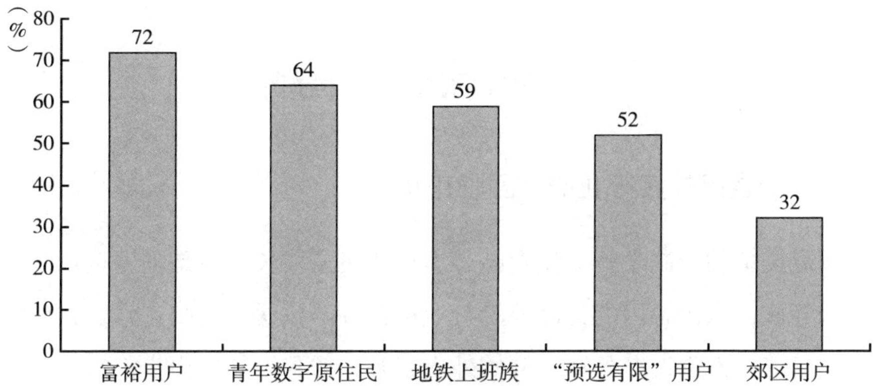

图 1　电商平台渗透率

资料来源：谷歌、贝恩、淡马锡，《2022 东南亚数字经济报告》，2022 年 10 月。

运营提高盈利能力。例如，来赞达（Iazada）、虾皮（Shopee）等众多电商平台逐渐减少促销和折扣，发展重点也逐步从获取新客户转移到深耕老客户上来。随着用户对电商平台依赖度的提升，尽管平均订单额较小（每份 10~15 美元），平台也更加专注于提高现有用户的使用频率、价值和忠诚度，通过增值服务货币化来提高利润率。例如，虾皮（Shopee）研究推出“全托管型”服务模式，旨在减轻卖家负担，进一步降低卖货门槛。通过该服务，卖家可以把运营、物流等复杂环节托管给速卖通平台，并且该服务不收取佣金，汇款周期更短，还有长达 3 个月的售后免责期。同时，在挖掘新客户方面，电商企业以“预算有限”用户和郊区用户为目标群体。例如，Foodpanda 在马来西亚、泰国等国均已覆盖了中小城市。为了获得新客户，以日常商品为主的线上零售主要通过解决新鲜度、配送时间和定价等潜在客户关注的主要问题来发展“预算有限”用户和郊区用户。2022 年 3 月，新加坡社交电商 Webuy 收购印尼社交电商 Chilibeli，通过其代理网络联通农民、供应商和消费者，以优惠价格提供新鲜和优质的产品，并将新鲜产品送到家，进而在东南亚市场实现更大扩张。此外，电商企业更加注重可持续发展，环保实践日益增多。通过优化排放、改用回收包装等方式，以塑造良好的企业形象，并提高消费者对其可持续产品的认识和忠诚度。

三 数字服务全面复苏

（一）食品外卖行业增速回归正轨

新冠疫情的管制政策促使食品外卖行业飞速成长，但是随着全球政策的调整和开放，东盟各国的食品外卖行业增速逐渐放缓，回归正常。在消费者方面，随着人们重返办公室，开始外出就餐，需求增长正逐步恢复正常。食品外卖在城市消费者中仍然很受欢迎，但价格因素迫使消费者逐渐减少订购。在企业方面，企业优先考虑盈利能力而不一味追求规模增长，相反，企业更看重提高单位效益，这将导致更少的折扣、更高的配送费和餐馆更高的取餐率，可能会降低订单增长。但疫情期间培养起来的餐饮外卖仍然存在，消费者对平台的使用率仍然是餐饮行业的关注点，以此推动外卖的可持续增长。在市场挖掘方面，东南亚的食品外卖占即食食品总支出的2%～4%，落后于美国和中国等市场的6%～8%。[①] 相比之下，东南亚食品外卖市场渗透率不足，增长空间可观，尤其是城市之外的地区成长空间更为广阔。

（二）在线交通发展复苏与阻碍并存

随着人们逐步重返办公室、线下购物增加以及旅游业需求大幅增长，多种因素推动交通流量从疫情封锁低点开始复苏，呈现“U”形发展态势，交通流量超过疫情前水平。另外，低渗透率和不断提升的城市化水平为东南亚在线交通注入长期动力。数据显示，在线运输在东南亚总运输市场中占有1%～3%的份额，低于美国和中国3%～7%的占比。[②] 尽管不断提升的城镇化有助于促进在线交通持续发展，但郊区的盈利扩张仍旧艰难。一方面，随着餐饮、酒店和出租车运营商规模增加，希望重新组建车队的平台面临燃油成

① 谷歌、贝恩、淡马锡：《2022东南亚数字经济报告》，2022年10月。
② 谷歌、贝恩、淡马锡：《2022东南亚数字经济报告》，2022年10月。

本上涨和劳动力短缺等问题。相关企业通过提供经济激励和社会福利，以吸引和留住司机；另一方面，新盈利能力指标阻碍了市场的进一步拓展，如网约车的取消费和等候费等附加费的引入逐渐转化为更高的出行价格，这阻止了相当一部分“预算内”用户，其中50%的用户将价格和促销视为是否使用网约车的重要指标。

（三）在线旅行回暖“喜忧参半”

2022年，东南亚旅行开始逐步恢复，多国旅行限制和检疫要求的放松刺激旅行需求激增，预计在2023~2024年能全面恢复到2019年疫情前的水平。从东盟内部看，区域内部的旅行意愿回升，2023年，马来西亚、越南游客国际旅行意愿出现最大飞跃，比2022年翻了一番。2023年区域内酒店已恢复到疫情前规模的约80%。国内航空旅行有所回升，马来西亚和印度尼西亚的客运量分别为2019年水平的60%、70%。另外，菲律宾、泰国出台激励计划促进公民开展国内旅行以弥补短期内无法恢复的国际旅行。从外部看，国际航班运力仍为2019年水平的30%~50%，尤其是与中日韩等游客主要来源国之间的航班尚未完全恢复，其中，来自中国大陆的游客流入仍然有限，而2022年大部分时间，日本和韩国等东南亚游客的热门目的地也尚未开放。另外，航空公司经历疫情裁员后难以应对航班激增需求，导致机票价格飞涨，也让游客望而却步。综合看来，东盟地区国际旅行需要更长时间才能反弹。

四　数字金融服务取得长足发展

（一）疫情后数字金融持续增长

多年来，在高度利好的增长环境下，东盟的数字金融服务取得了重大进展。疫情后持续的线下到线上的行为转变，促使数字金融服务所有子行业均持续增长。其中，数字支付领域年均增长率为14%，同比增加5个百分点。

保险、贷款、投资业务年均增长率分别为31%、25%和15%，预计到2030年，保险、贷款行业增速将达到23%，而投资领域将达到42%。[①] 研究显示，东南亚数字借贷的年复合增长率达52%，略高于全球平均50%的增长率。[②] 数据显示，2022年第一季度，东南亚数字借贷行业筹集了12.8亿美元，超过了所有其他金融科技类别。[③] 在最大的10轮融资中，5轮是通过数字贷方筹集。在数字保险领域，波士顿咨询（BCG）发布报告称，随着东南亚地区数字保险渗透率的提高，该区域内保险公司与互联网企业通过建立数字合作伙伴关系，将在未来5~10年内迎来超过100亿美元保费的新市场机遇。当前，部分互联网企业已经率先与保险公司建立了数字合作伙伴关系，改变了传统的保险分销模式。例如，网约车平台Grab与丘博保险集团、在线旅游平台Traveloka与富卫保险、共享出行独角兽GoJek与安联保险等已经纷纷建立起合作关系。预计到2030年，东南亚地区的财险和寿险的总保费将分别增长至1400亿美元和600亿美元。

（二）数字银行方兴未艾

2022年，数字银行开始在东南亚进入大众视野，尤其是在年轻数字原住民中颇有市场。东南亚数字银行旨在效仿英国、韩国等发达市场的同类型机构，与传统银行相比，数字银行市场有60%~70%的成本基础[④]，高效的数字化平台，加上精简的运营和分销，使数字银行具有更高的现金流，然后以较高储蓄利率回馈给银行客户，并重新投资于贷款和投资组合等新产品。数字银行的市场规模将取决于无银行账户的人口比例和现有银行的数字成熟度，其在印度尼西亚、菲律宾和越南拥有更高的竞争力，因为这些国家的现有银行数字化速度较慢，为增长提供了相当大的空间。但是在泰国和马来西亚，由于没有银行账户和银行账户不足的人口比例较低，数字银行竞争力平

---

① 谷歌、贝恩、淡马锡：《2022东南亚数字经济报告》，2022年10月。

② 墨腾创投：《东南亚数字借贷的基础阶段》，2021年1月。

③ Dealroom：《数据和标普全球市场情报》，2022年5月。

④ 谷歌、贝恩、淡马锡：《2022东南亚数字经济报告》，2022年10月。

平。现有银行享有保护性法规和综合伙伴关系等生态系统支持，这使数字银行难以顺利打开市场。在新加坡这种成熟市场，没有银行账户和银行账户不足的客户很少，数字银行的“获胜权”愈加艰难。银行系统聚集在正快速推进数字化的成熟金融机构周围，这些机构在利润最可观的高净值和富裕客户细分市场抢占先机。

五　数字科技投资势头强劲

总体看来，投资者在 2022 年上半年依旧对东盟数字科技领域投资保持强劲势头，但谨慎程度超过以往。东南亚的交易格局延续了 2021 年的上升势头，2022 年交易规模已经超过 2021 年约 15%。

（一）东盟成为金融科技投资热点地区

根据大华银行、普华永道新加坡（PwC Singapore）和新加坡金融科技委员会（Singapore FinTech Association）发布的《2022 年东盟金融科技报告》，东盟成为金融科技投资的热点地区，其中新加坡和印度尼西亚吸引了超过 3/4 的金融科技投资。2022 年前三季度，东盟地区的金融科技投资总额达到 43 亿美元，是同期全球金融科技投资总额（635 亿美元）的 7%，而 2018 年该占比仅为 2%。与 2021 年同期相比，平均交易规模从 2300 万美元增至 2650 万美元。2022 年前三个季度，投资者对成熟金融科技的投资占投资总额的 54%，高于 2021 年的 43%。投资者越来越关注那些盈利前景清晰、财务管理健全的金融科技领域。在东盟六大经济体（印度尼西亚、马来西亚、菲律宾、新加坡、泰国和越南）中，新加坡和印度尼西亚获得了大部分金融科技投资。两国前十大投资交易占据了东盟融资总额的 37%，其中位于新加坡的金融科技公司吸引了最多的投资交易。163 笔投资交易中超过一半（55%）投向了新加坡金融科技企业，总额达到 18 亿美元，占东盟融资总额的 43%。2021 年，印度尼西亚的金融科技融资大幅增长 11%，达到 14 亿美元，占交易总额的 25%。

（二）数字金融成为东南亚最大投资领域

数字金融超越电子商务成为东南亚最大的投资领域。数字金融方式保留了交易活动的最大份额。付款仍是中心环节。支付网关和货币化解决方案等关键环节的改进促成了 2022 年最大的两笔私人交易，使其成为该行业焦点。在整个东盟地区，支付和另类借贷（alternative lending）继续吸引了大部分投资，在 2022 年前 9 个月两者吸引的投资分别达到 19 亿美元和 5.06 亿美元。尽管 2022 年加密货币市场表现不稳定，但加密货币公司以 4.61 亿美元的融资金额，稳居东盟地区第三大金融科技类别。8 笔总额接近 20 亿美元的大型融资交易占东盟金融科技融资总额的 46%。同时，数字银行和 Web3 金融科技公司也开始崭露头角，投资额同比翻了一番。而传统的投资热门领域逐渐“降温”。例如，电商物流交易在多年增长后开始减少。由于 2022 年电子商务交易量比 2021 减少了约 23%，物流投资随之降温，2021 年物流公司的投资减少了。另外，由于市场动荡和宏观经济前景不明朗，2022 年在东盟新设立的金融科技公司数量降至 127 家，创历史新低。

（三）嵌入式金融逐渐兴起

随着数字服务在东盟的快速发展，越来越多的消费者熟悉并习惯使用嵌入式金融服务，促使更多的非金融公司寻求将金融服务嵌入其应用程序的方法，如应用内支付和贷款。大华银行、普华永道和新加坡金融科技委员会发布的《2022 年大华银行东盟消费者情绪研究》报告显示，东盟消费者对嵌入式金融服务的认识度很高，平均 81%的受访者表示知道内置金融服务的应用程序。就使用情况而言，70%的受访者表示他们使用了内置某种金融服务的应用程序，其中泰国和越南的比例最高，达到 83%。而在信用卡覆盖率较高的新加坡使用率为 55%。平均而言，3/4 使用嵌入式金融应用程序的受访者表示，每周至少使用一次。这表明了此类应用程序仍有提高用户使用率的潜力。对于企业而言，具有嵌入式金融解决方案的平价软件服务 SaaS 成为东南亚中小企业数字化转型和专业化发展的关键。以中小企业为例，东南亚中小企业数量超过7000万家，对GDP贡献率达到40%，解决了67%本地求职人员的就业问题，已成为该区域社会和经济发展的关键。而昂贵的现金交易和手工记账做法导致高运营成本，由于不可靠的商业和财务数据，许多中小企业无法开立银行，大多数中小企业处于离线状态，客户覆盖范围有限，严重阻碍了规模化经营。具有嵌入式金融的SaaS可以帮助中小企业解决数字化转型痛点。

参考文献

谷歌、贝恩、淡马锡：《2022年东南亚数字经济》，2022年10月。

Dealroom：《数据和标普全球市场情报》，2022年5月。

大华银行、普华永道新加坡、新加坡金融科技委员会：《2022年东盟金融科技报告》，2022年11月。

B.12
金砖国家数字经济发展势头强劲

王一鹤*

摘　要： 金砖国家数字基础设施相对发达，近90%的人口被3G、4G移动网络覆盖，5G网络已经开始铺开。互联网用户数量持续增加，上网质量不断提高。但金砖国家移动互联网费用仍高于全球平均水平，女性上网能力有待进一步提升。同时，金砖国家电子商务市场庞大，国内外电商平台活跃，电商有望在后疫情复苏期保持快速增长。尽管金砖国家广泛使用数字支付，但银行卡支付和货到付款仍然是电子商务交易的首选方式。金砖国家多数企业开始使用人工智能技术，并实现与多行业融合发展，发展前景良好。

关键词： 金砖国家　数字经济　电子商务　人工智能　数字支付

金砖国家数字经济发展潜力巨大，近年来数字经济对金砖国家国内生产总值的贡献率从南非的2%、俄罗斯联邦的4%，到印度的6.9%、中国的7.8%不等。庞大的国内市场、不断壮大的中产阶层、相对发达的数字基础设施，以及不断增加的数字技能更强的青年人口，使金砖国家成为数字经济发展的热土。

---

* 王一鹤，国家工业信息安全发展研究中心信息政策所数字经济研究室工程师，主要研究方向为数字化转型、数字素养等。

一　数字基础设施建设不断夯实

（一）5G 网络加速发展

金砖国家的移动网络普及率均很高。金砖国家努力加强互联网接入，并迎接诸如由于“最后一公里”连接和数字素养水平不足导致的区域差异等挑战。虽然 4G 是大多数金砖国家的领先移动技术，但数字经济未来竞争力的关键决定因素是 5G 等下一代网络。凭借更快的速度、更低的延迟、更低的能耗和每个基站更多的连接设备，5G 有望实现新的连接业务，如自动驾驶汽车、物联网、远程医疗和虚拟现实。中国和南非分别于 2019 年和 2021 年开始商用部署 5G 网络。到 2022 年底，中国的 5G 用户已达到 5.61 亿，是全球平均水平的 2.75 倍。[①] 预计到 2025 年，这一数字将增加 4.5 亿。2025 年，中国将成为首个 5G 连接数达到 10 亿的市场；到 2030 年，中国 5G 连接数将达 16 亿，占比接近全球总数的 1/3；2030 年制造业和服务业将成为 5G 的最大受益对象。[②] 在南非，领先的电信运营商仍处于 5G 网络发展的早期阶段。南非电信公司 MTN 集团公布的计划显示，预计到 2022 年底，南非 5G 网络将覆盖其 25%的人口，到 2025 年覆盖其 60%的人口。2022 年 7 月，巴西首都巴西利亚正式开通 5G 网络，成为该国首座拥有 5G 网络服务的城市。10 月，印度正式启动了商用 5G 服务，将由印度电信运营商 Reliance Jio、Airtel 和 Vi（Vodafone-Idea）提供。其中，Airtel 的 5G 服务已在班加罗尔、金奈、德里、古鲁格拉姆、海得拉巴、加尔各答、孟买等地区提供，预计将于 2024 年 3 月在全国推出。Reliance Jio 则在 2022 年 10 月 24 日前为金奈、德里、加尔各答和孟买的客户提供 5G 接入，并计划在 2023 年 12 月前完成全印度的 5G 部署。2023 年 4 月，俄罗斯建立了第一个国内

① 数据来源：工业和信息化部。
② 全球移动通信系统协会（GSMA）：《中国移动经济发展 2023》，2023 年 3 月。

5G 基站。该基站由俄罗斯联邦斯科尔科沃科学技术研究所（SKOLTECH）在 NTI 基金会（国家技术计划）的支持下开发，2023 年俄罗斯计划推出 100 个 5G 基站。

（二）上网条件逐步改良

得益于更好的可访问性和更低的成本，金砖国家的网络用户数量持续上升。2022 年，巴西网民数量达到 1.677 亿，俄罗斯为 1.298 亿[①]，印度为 5.95 亿[②]，中国为 10.67 亿，南非为 4119 万[③]，总规模超 20 亿，约占全球网民总数的 37%。[④] 同时，互联网访问质量也逐步提高，2023 年 3 月，全球知名测速机构 Ookla Speed 发布的全球网速指数显示，在固定宽带网速榜单上，中国居全球第 4 位（220.39Mbps）、巴西居第 31 位（106.06Mbps）、俄罗斯居第 55 位（78.03Mbps）、印度居第 84 位（50.71Mbps）、南非居第 96 位（41.80Mbps），只有印度和南非低于全球水平（79Mbps）。移动下载速方面，除中国外，其余 4 国仍低于全球平均水平（41.54Mbps）。印度和南非的固定宽带下载速度低于每秒 61Mbps 的全球平均水平。尽管如此，2022 年，南非人每天至少上网 9.5 个小时。研究显示，南非网民比全球日均上网时间多出约 3 小时。巴西紧随其后，平均每天在线时间超过 9 小时。尽管金砖国家上网条件逐步改良，但是性别数字鸿沟仍然存在。2022 年，全球性别均等率[⑤]为 0.87。巴西为 1.1，是金砖国家中性别均等率最高的国家，这意味着巴西女性使用互联网的比例高于男性。其后是中国（1.0）、俄罗斯（0.99）、印度（0.6）。改善女性对互联网的访问对于数字经济的包容性发展至关重要。降低上网成本有助于弥合女性的数字鸿沟。

---

① 截至 2022 年 1 月。

② https://economictimes.indiatimes.com/tech/technology/report-says-over-700-million-active-internet-users-in-india-as-of-december-2022/articleshow/98673654.cms.

③ 截至 2022 年 1 月。

④ 《从网民群体视角考察中国互联网 30 年》，http://www.xhby.net/zt/cmgc/202302/t20230216_7831189.shtml。

⑤ 性别均等率：使用互联网的女性比例除以男性比例。

（三）数据中心建设处于起步阶段

数据中心是托管大量联网计算机服务器的设施。由于其存储、处理和分发数据，支持网站、应用程序和软件的运行以及数字交易，数据中心因此成为数字经济发展的重要支撑。云服务、数据存储和处理的新技术，以及要求在本地存储国内生成的数据的某些政府法规，是推动数据中心需求的主要因素。虽然北美地区的数据中心数量最多，但金砖国家的数据中心增长迅速。数据中心大致可分为由单个组织（在科技巨头中很常见）建造和使用的企业数据中心，以及将机架空间出租给第三方（对于非科技公司）托管的托管数据中心。当前，托管数据中心高度集中在发达国家。截至 2021 年 1 月，全球 4714 个托管数据中心中近 80%位于发达经济体，主要位于北美和欧洲。只有 897 个在发展中国家，特别是在亚洲，154 个在中国。[①] 托管数据中心在金砖国家得到广泛使用，因为公司可以以具有成本效益的价格租用数据中心空间。

根据俄罗斯数字经济计划，包括 Rostelecom 在内的国家电信提供商已在该国扩展数据中心。其中大部分位于莫斯科和圣彼得堡地区，目标是创建一个地域多样化的全国数据中心设施网络。俄罗斯联邦储蓄银行（Sberbank）已宣布计划在萨拉托夫州建立一个大型数据中心。Yandex 是一家主要的网络服务提供商，在俄罗斯和芬兰运营着多个数据中心，并于 2021 年 9 月表示将在萨拉托夫州开设一个云中心。印度数据中心市场预计在 2022 年达到 15 亿美元。到 2026 年，俄罗斯的数据中心预计将获得价值 20. 2 亿美元的投资。鉴于快速增长的市场需求，中国将部署更多数据中心以匹配其数字经济轨迹。世界上大多数超大规模数据中心位于美国（2020 年底占 39%），其次是中国（10%）。而阿里巴巴、华为、腾讯和百度是市场上的主要参与者，4 家供应商占据了中国约 80%的市场份额。预计到 2026 年，中国数据中心市场价值将达到 362 亿美元，巴西的数据中心市场

① 联合国贸易和发展会议组织（UNCTAD）：《数字经济报告 2021》，2021 年 10 月。

将增长到 26 亿美元。① 在南非，大多数数据中心位于开普敦和约翰内斯堡的市中心或附近。南非占整个非洲大陆数据中心建筑面积的 54%，仍然是建立数据中心的首选，并有潜力成为该地区的门户。

二　电子商务实力与潜力并存

金砖国家拥有大型电子商务市场，但电子商务在各国发展情况不尽相同。网络用户中在线购物者的比例在 5 个国家中不均衡，从印度和南非的约 20%到巴西和俄罗斯的 40%，再到中国的 75%。企业对客户（B2C）电子商务领域快速增长，据估计，中国的估值为 1.37 万亿美元（2021 年），印度为 854 亿美元（2021 年），俄罗斯为 426 亿美元（2021 年），巴西为 393 亿美元（2021 年），南非为 73 亿美元（2021 年）。②

（一）巴西电商在新冠疫情催化下快速发展

2019 年，巴西 B2C 电子商务销售额比 2018 年增长 7.6%，占全国 GDP 的 1.1%。新冠疫情加速电子商务发展，730 万巴西用户首次在线购买，2020 年上半年在线销售额增长了 47%。③ 食品、个人护理、化妆品、家具和

① “Mordor Intelligence China Data Center Market-Growth，Trends，COVID-19 Impact and Forecasts（2022-2027）”，http：//www.mordorintelligence.com/industry-reports/china-data-center-market.

② J. P. Morgan：《2020 年电子商务支付趋势报告：巴西》，https：//www.jpmorgan.com/merchant-services/insights/reports/brazil-2020；J. P. Morgan：《电子商务支付趋势：中国》，https：//www.jpmorgan.com/merchant-services/insights/reports/china；J. P. Morgan：《2020 年电子商务支付趋势报告：印度》，https：//www.jpmorgan.com/merchant-services/insights/reports/india-2020#footnote-src-26；E-CommerceDB：《俄罗斯的电子商务市场》，https：//ecommercedb.com/en/markets/ru/all；E-CommerceDB：《南非的电子商务市场》，https：//ecommercedb.com/en/markets/za/all。

③ 联合国贸发会议：《2020 年贸发会议 B2C 电子商务指数：聚焦拉丁美洲和加勒比地区》，ICT 促进发展技术说明第 1 号，https：//unctad.org/system/files/official-document/tn_unctad_ict4d17_en.pdf；“E-commerce sales grew 47% in the first half of 2020 in Brazil，the biggest increase in 20 years，point Ebit Nielsen and Elo”，https：//labsnews.com/en/news/business/e-commerce-sales-grow-47-in-the-first-half-of-2020/。

电子产品是最受欢迎的电子商务采购类别。巴西电子商务协会 ABComm 数据显示，2022 年巴西电子商务的总销售额达到 1696 亿雷亚尔（约 343.2 亿美元），同比增长 5%。在巴西，主要电商平台有 Magalu、Casas Bahia、Mercado Libre，以及亚马逊两家平台 Americanas. com 和 Amazonare，其中，三家本土平台合计占巴西在线销售额的 30%。2021 年 Magalu 收入为 33 亿美元，成为巴西最大的电子商务公司。2022 年第一季度，Magalu 营收 141 亿雷亚尔，同比增长 13.2%。由于巴西幅员辽阔，地理区域多样，亚马逊 Mercado Libre 等电子商务平台开始投资建设物流基础设施。Mercado Libre 控制着大约 85% 的物流网络，这使更多产品的交货时间更短。根据 emerchantpay 的《2022 年全球支付展望》报告，2022 年巴西电子商务的市场规模为 493.83 亿美元，到 2025 年，预计将达到 794.77 亿美元。

（二）俄罗斯电子商务实现综合发展

据俄互联网贸易公司协会统计数据，2022 年俄电商交易额达 4.98 万亿卢布（约合 674.7 亿美元），同比增长超 30%。其中，俄本国电商平台占比 96.4%，交易额达 4.81 万亿卢布（约合 651.6 亿美元），同比增长 33%；外国电商平台交易额占比 3.6%，较 2022 年初下降近 10 个百分点。从商品种类看，电子产品和家用电器、家具和家居用品、服装鞋靴、食品、美妆和保健品分别占交易总额的 22%、18.3%、14.5%、13.2%和 7.7%。最大的平台是 Wildberries、Ozon、全球速卖通、Russiam、MVideo 和 DNS-Shop。最受欢迎的电子商务细分市场是电子和电器、时尚、家具和电器、食品和个人护理。俄罗斯电商企业协会（ACIT）的数据显示，2022 年第一季度，俄罗斯网民在线上花费了 1.25 万亿卢布，同比增长 59%。由于地理上的接近和交通网络发达，俄罗斯和中国之间的电子商务发展迅速。在中俄跨境电商方面，中国海关总署统计数据显示，2022 年前 7 个月，中俄贸易额达到 977.14 亿美元，同比增长 29%，其中中国对俄出口 362.67 亿美元，增长 5.2%。跨境电子商务已成为双边政策对话的重点议题，以解决在线消费者保护、海关程序、知识产权保护和电子支付安全等问题。中国公司一直在俄罗斯通过建立仓库和与当地公司建立合作伙伴关系来实现本地化运营，以此作为扩大跨境电子商务贸易的一种方式。

（三）印度电商市场发展潜力巨大

根据 InGoven Research Services 发布的数据，2022 年印度电商市场规模约为 750 亿美元，到 2024 年和 2026 年分别有可能扩大到 1110 亿美元和 2000 亿美元。至 2030 年，印度电商市场规模将达到 4000 亿美元，互联网用户数量将达到 13 亿，互联网覆盖率也将达到 61%，2022～2030 年的互联网用户增长率将达到 44%。2022 年，印度 D2C（Distributor to Custmour）市场规模为 550 亿美元，时尚服装将成为利润率最可观的品类之一，美妆个护品类将成为增速最快的品类之一。与此同时，印度互联网用户日均在移动端花费的时间为 4.7 个小时，参与线上购物的消费者共有 3.05 亿。其中，移动电商交易约占所有电子商务交易的 49%。印度电商市场的广阔前景吸引了全球资本，全球公司纷纷投资印度电子商务市场。沃尔玛在 2018 年收购了 Flipkart 的多数股权后，于 2020 年向其投资了 12 亿美元。2018 年跨境电子商务占整个电子商务市场的近 20%，其中美国、中国和澳大利亚是印度消费者在线购买产品的主要海外市场。据 Nox 聚星估计，到 2030 年，印度的消费数字经济市场预计将达到 8000 亿美元，比 2020 年增长约 10 倍。

（四）南非电商高速发展

据 Nox 聚星统计，2022 年南非有 2430 万电商用户，电商渗透率为 41.1%，电子商务市场收入为 66.9 亿美元；预计到 2025 年，电商用户将达 3340 万，电商渗透率达 53.1%。从电商市场规模来看，南非是非洲第二大电商市场，预计到 2025 年，南非将会成为非洲电商市场规模最大的市场，市场规模将超 4000 亿兰特。市场研究公司 FNB Merchant Services 数据显示，新冠疫情流行加速南非电商行业增长，例如，由于与新冠疫情引发的相关管制，外卖行业高速发展。南非多家公司开始角逐，其中跨国公司 UberEATS、Bolt Food 与 Mr. Delivery、Mr. D Food 等本土企业竞争激烈。由于该行业发展以大量外卖员为依托，企业都加大招募外卖员力度。根据数据分析公司Statista的统计，2022年南非食品外卖行业收入将增长21.3%，达8.7亿美元。另外，南非的社交电商平台也十分受欢迎，数据显示，2022年南非社交电商市场规模预计将达到8.333亿美元，年增长率高达62.4%，未来几年南非社交电商仍将稳步增长。

三　数字支付、人工智能强势发展

（一）数字支付加速普及

金砖国家对智能手机和数字支付的使用正在增加。智能手机是数字经济发展的重要载体，用户可以通过智能手机访问网络信息和进行交易。当前，金砖国家有85%~98%的移动用户使用智能手机。由于使用智能手机更容易访问、更安全的交易以及监管沙盒安全机制支持的创新金融技术解决方案，数字支付在金砖国家也越来越受欢迎。世界银行Findex报告数据显示，到2021年，俄罗斯和中国15岁以上人口中近87%已经进行或接受过数字支付。南非的份额略低，为81%，巴西为77%，印度为35%。2022年初，俄罗斯非现金支付比例稳定在62%左右，2022年3月开始下降，4月降至58%；2023年第一季度，非现金支付比例回升至61%。

在巴西，信用卡仍是主流支付方式。尽管如此，数字支付正在迅速迎头赶上。Pix和Boletobancário是巴西两大数字支付巨头。Pix是由巴西央行发布的即时支付平台，具有即时转账和支付功能，成为在线交易的第二大支付方式，统计上与信用卡挂钩。2022年，Pix成为巴西最常用的支付方式，共完成交易240亿笔，超过借记卡、boleto、TED、DOC和支票操作的总和。俄罗斯紧急救济计划也推动了疫情大流行期间数字钱包的使用，因为一些用户通过手机应用程序提交支付请求，并将资金转移到其虚拟账户。货到付款仍然是俄罗斯电子商务的首选支付方式。大多数在线支付采用货到付款账户，而越来越多的用户也开始使用如QIWI、YandexMoney和WebMoney等数字钱包。在印度，信用卡和货到付款是首选方式。银行卡是最常用的在线支付方式，借记卡适用范围优于信用卡。调查显示，到 2020 年，印度近 29%的在线购物交易使用信用卡。同时，包括维萨卡、万事达卡和美国运通卡等国际信用卡，以及国内卡 RuPay 被广泛接受和使用。预计到 2023 年，数字钱包的使用将超过银行卡。在印度，货到付款同样是重要的支付方式，但随着越来越多的印度人开设银行账户，使用货到付款的人数已经减少。

（二）人工智能产业发展迅速

尽管发展进程不尽相同，但金砖国家均开始加速发展人工智能。在巴西，工业企业已开始采用人工智能解决方案。此举将助力巴西在 2030 年国内生产总值实现 7.1%的增长。印度是全球新兴经济体中发展人工智能的领先者。预计到 2025 年，印度的人工智能市场规模将达到 78 亿美元。俄罗斯则在《2030 年前俄罗斯国家人工智能发展战略》中将人工智能技术视为国家间战略竞争的重要领域。2022 年 9 月，俄罗斯国家 AI 发展中心开始运营。另外，俄政府为实施 AI 项目的中小型企业提供资助：2021~2022 年，为 650 个项目提供 50 亿卢布；2021~2024 年，为发展 AI 行业提供 280 亿卢布。截至 2023 年 4 月，俄罗斯经济中运用的人工智能约占 20%，到 2024 年计划至少达到 50%。相比之下，中国人工智能发展相对迅速。IDC 发布的《2023 年 V1 全球人工智能支出指南》（IDC Worldwide Artificial Intelligence Spending Guide）预测显示，中国人工智能市场支出规模将在 2023 年增至 147.5 亿美元，约占全球总规模的 1/10。预计到 2026 年，中国人工智能市场将实现 264.4 亿美元规模，2021~2026 年五年复合增长率（CAGR）将超 20%。

金砖国家已经开始推动人工智能和大数据在多行业的融合应用，提升发展质量和效率。在农业领域，巴西 Solinftec 通过传感器收集的数据优化农业流程。农业金融科技公司 Traive 借助人工智能系统实时估计客户的抵押贷款表现，替代信贷系统支持获得融资。国际半干旱热带作物研究所与微软和安得拉邦州政府合作，利用人工智能为播种应用程序提供动力。人工智能算法用于监测作物和土壤健康，基于人工智能的分析解决方案有助于规划作物收获、病虫害防治和施肥等活动，以优化产量。巴西顶级矿业公司淡水河谷在米纳斯吉拉斯州建立了综合运营中心，利用人工智能技术整合生产链。巴西的石油、天然气、矿产等主要行业也开始采用大数据技术优化生产。南非人工智能初创公司 Aerobotics 通过使用人工智能技术帮助农民管理他们的农场、树木和水果。

在医疗健康领域，俄罗斯国有金融服务公司 Sberbank 已拨款 1120 亿卢布（19.6 亿美元）用于 AI 开发，该拨款将持续到 2024 年。荷兰—印度医疗保健初创公司 LevenMedical 推出了低成本、人工智能驱动的呼吸机，可以捕获患者信息以做出更好的医疗干预决策。印度在新冠疫情大流行期间推出了一款应用程序，该应用程序使用大数据帮助识别可能接触过新冠病毒者的患者。MomConnect 是一个由南非国家卫生部发起的人工智能聊天机器人，大约为 180 万准妈妈提供产前产后服务和各种保健建议。

在金融领域，巴西金融科技公司 GuiaBolso 提供了一款流行的移动应用程序，该应用程序使用 AI 来管理用户的个人财务。印度银行业已采用大数据来应对不可预测的商业环境中的挑战，改善客户服务并提高生产力和绩效。

参考文献

IDC：《2023 年 V1 全球人工智能支出指南》，2023 年 3 月。

联合国贸发会议：《全球投资趋势监测》No. 412，2022 年 4 月。

美国商业资讯：《2021~2025 年俄罗斯云和数据中心市场增长报告》，2021 年 9 月。

王飞：《从“去工业化”到“再工业化”——中国与巴西的经济循环》，《文化纵横》2018 年第 6 期。

刘锦前、孙晓：《金砖国家数字经济合作现状与前景》，《现代国际关系》2022 年第 1 期。

专 题 篇

Special Topic Reports

B.13 中国数字经济政策体系研究

牛玮璐*

摘　要：　党的十八大至今，我国数字经济政策发展可以分为探索起步、快速发展、成熟完善三大阶段。当前，数字经济政策体系主要包括数字基础设施、数据要素、产业数字化、数字产业化、公共服务数字化、数字经济治理体系、数字经济安全体系、数字经济国际合作八大领域，由国家发改委作为数字经济发展部际联席会议制度牵头单位牵头统筹推进，中央网信办、工信部、商务部等各相关部委根据职责协同推动各细分领域发展。为推动数字经济健康发展，下一步应强化各部门各地方政策统筹协调，鼓励领导干部形成互联网思维和大数据思维，提升企业创新主体地位，依托园区积极开展产业集群建设和先行先试，设立专项资金支持，优化数字营商环境。

关键词：　数字经济　经济政策　公共服务数字化

* 牛玮璐，国家工业信息安全发展研究中心信息政策所数字经济研究室工程师，主要研究方向为数字经济国际规则、数字贸易等。

党的十八大以来，习近平总书记高瞻远瞩，为发展数字经济把舵定向、绘就蓝图。党中央、国务院审时度势，出台了一系列数字经济发展战略规划，强化政策引导，为数字经济发展创造了包容创新、公平有序、普惠发展的良好环境。在党中央、国务院的领导下，我国数字经济高速发展，并已形成全球最丰富的数字经济政策体系。

一　阶段式推进，数字经济政策体系加速完善

党的十八大以来，根据国务院数字经济相关政策规划发布数量（见图1），我国数字经济政策制定可分为探索起步、快速发展和成熟完善三个阶段。经过十年的不懈努力，我国已基本形成推动数字经济发展的全方位政策体系，推动我国数字经济发展取得显著成就，为经济社会高质量发展注入强劲动能。

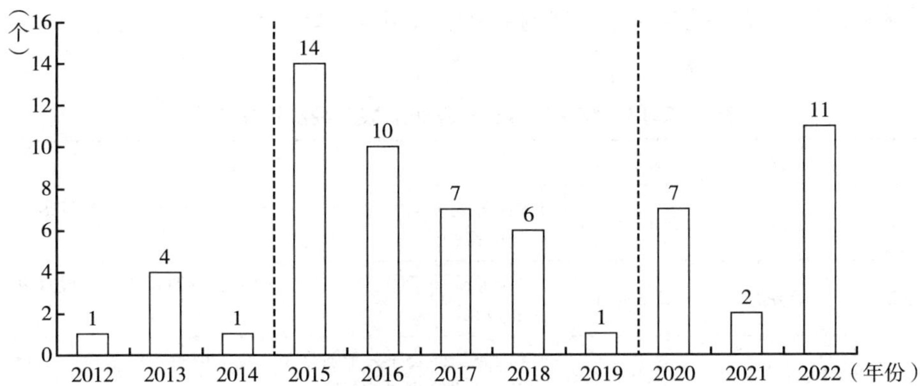

图 1　党的十八大以来国务院发布数字经济相关政策数量

（一）探索起步（2012~2014年）：“宽带中国”战略正式发布，数字技术研发加快部署

2012 年，我国网民规模刚刚达到 5.64 亿，互联网普及率为 42.1%，其中手机网民规模为 4.2 亿，数字经济规模为 11 万亿元，占国内生产总值比

重为 21.6%。这一年，手机首次超过台式电脑成为上网第一终端，移动互联网时代正式开启。

"宽带中国"上升为国家战略，为我国数字经济发展奠定坚实基础。2013 年 8 月，国务院印发《"宽带中国"战略及实施方案》（见表 1），部署未来 8 年宽带发展目标及路径，将"宽带中国"战略从部门行动上升为国家战略，宽带首次成为国家战略性公共基础设施。"宽带中国"战略提出，到 2020 年，宽带网络全面覆盖城乡，固定宽带家庭普及率达到 70%，3G/LTE 用户普及率达到 85%，行政村通宽带比例超过 98%；城市和农村家庭宽带接入能力分别达到 50Mbps 和 12Mbps，发达城市部分家庭用户可达 1Gbps。截至 2020 年底，我国互联网普及率达 70.4%，开通 5G 基站超过 71.8 万个；4G 基站总数达到 575 万个，城镇地区实现深度覆盖。截至 2021 年底，我国现有行政村历史性地实现了"村村通宽带"。"宽带中国"战略首次将宽带网络定位为经济社会发展的"战略性公共基础设施"，其改变的不仅仅是网络，更是为后续我国持续蓬勃快速发展的数字经济奠定了坚实基础。

表 1　2012～2014 年国务院发布的数字经济相关政策

序号	发文机关	发布时间	政策名称
1	国务院	2012 年 7 月	《国务院关于印发"十二五"国家战略性新兴产业发展规划的通知》
2	国务院	2013 年 1 月	《国务院关于印发"十二五"国家自主创新能力建设规划的通知》
3	国务院办公厅	2013 年 2 月	《国务院办公厅关于强化企业技术创新主体地位全面提升企业创新能力的意见》
4	国务院	2013 年 8 月	《国务院关于促进信息消费扩大内需的若干意见》
5	国务院	2013 年 8 月	《国务院关于印发"宽带中国"战略及实施方案的通知》
6	国务院	2014 年 10 月	《国务院关于加快科技服务业发展的若干意见》

资料来源：国家工业信息安全发展研究中心整理。

强调推动数字技术自身发展演进，为数字经济发展提供技术支撑。在此阶段，除"宽带中国"战略外，国务院相继印发《"十二五"国家战略性新兴产业发展规划》《“十二五”国家自主创新能力建设规划》《国务院办公厅关于强化企业技术创新主体地位全面提升企业创新能力的意见》《国务院关于加快科技服务业发展的若干意见》等文件，将新一代信息技术产业列为20项重点发展产业之一，并着重强调要加快发展下一代信息基础设施、集成电路等电子核心基础产业以及高端软件和新兴信息服务业。在该阶段，我国数字经济相关政策着力强调要推动数字技术自身发展和演进，以此带动后续的融合发展。

（二）快速发展（2015~2019年）：“互联网+”“网络强国”“数字中国”相继提出，数字经济政策顶层设计架构完成

2015年，我国互联网普及率达50.3%，半数中国人接入互联网。网民数量的激增和旺盛的市场需求推动了互联网领域更广泛的应用发展热潮，手机支付、网约车等新模式新业态快速发展，我国数字经济规模达18.6万亿元，占国内生产总值升至27%。在此阶段，“互联网+”“网络强国”“数字中国”等战略和概念相继提出，数字产业化、产业数字化、数字化治理、数字政府等领域政策接连发布，我国数字经济政策体系基本形成。

“互联网+”“网络强国”“数字中国”等战略和概念相继提出，数字经济发展顶层设计架构完成。2015年3月，“互联网+”首次写入政府工作报告，7月，国务院发布《关于积极推进“互联网+”行动的指导意见》，明确指出了将“互联网+”创新创业、协同制造、现代农业、电子商务等11个重点行动领域作为发展方向，标志着“互联网+”战略成型，进入部署实施阶段。2015年10月，党的十八届五中全会审议通过《中共中央关于制定国民经济和社会发展第十三个五年规划的建议》，明确提出实施网络强国战略和“互联网+”行动计划。2018年4月，在全国网络安全和信息化工作会议上，习近平总书记深入阐述了网络强国战略思想，强调“核心技术是国之重器”，“要紧紧牵住核心技术自主创新这个‘牛鼻子’，抓紧突破网络发展的前沿技术和具有国际竞争力的关键核心技术”，系统明确了一系列方向性、全局性、根本性、战略性问题，形成了网络发展观、网络治理观、网络

安全观、网络主权观等一系列重要思想理念，成为我国后续推进网络强国建设和发展数字经济的强大思想武器，指引着我国至今和未来的数字经济发展道路。2016 年，中共中央办公厅、国务院办公厅印发了《国家信息化发展战略纲要》，明确提出“加快建设数字中国、大力发展信息经济是信息化工作的重中之重”，此后自 2017 年起，国家互联网信息办公室开始编写并发布《数字中国建设发展报告（2017 年）》，至今已五年。加快建设数字中国，为深入推进网络强国建设、全面建设社会主义现代化国家提供重要支撑。

一系列重大战略规划相继发布，明确数字经济发展路线图和时间表。2016 年，《国家信息化发展战略纲要》《“十三五”国家信息化规划》等重大战略规划的发布为我国数字经济发展明确了路线图和时间表，明确“十三五”时期我国数字经济发展的三大任务是大力增强信息化发展能力、着力提升经济社会信息化水平、不断优化信息化发展环境；明确数字经济发展的六个主攻方向是统筹实施网络强国战略、大数据战略、“互联网+”行动，整合集中资源力量，着力引领创新驱动培育发展新动能，着力促进均衡发展优化发展新格局，着力支撑绿色发展构建发展新模式，着力深化开放合作拓展发展新空间，着力推动共建共享释放发展新红利，着力防范风险夯实发展新基石。这一系列重大任务的核心都是要加快推动我国经济社会的数字化、网络化、智能化进程，开启我国数字经济发展新征程。

各领域政策举措快速完善，融合发展成为主旋律。2015~2019 年，国务院发布数字经济相关规划、计划、办法、意见、方案等政策共计 39 项，其中产业数字化、新业态新模式、数字政府等数字经济与实体经济融合发展相关政策最多，各 8 项（见图 2），体现出融合发展已成为该阶段推动数字经济发展的核心工作。在此期间，党的十九大报告也明确提出要推动互联网、大数据、人工智能和实体经济深度融合，建设数字中国、智慧社会。数字经济与实体经济融合发展并不是简单的相加关系，而是通过数字技术赋能传统产业，提供技术支撑，实现传统产业的模式重塑和流程再造，提高质量效率，增强内生动力，提升竞争优势。

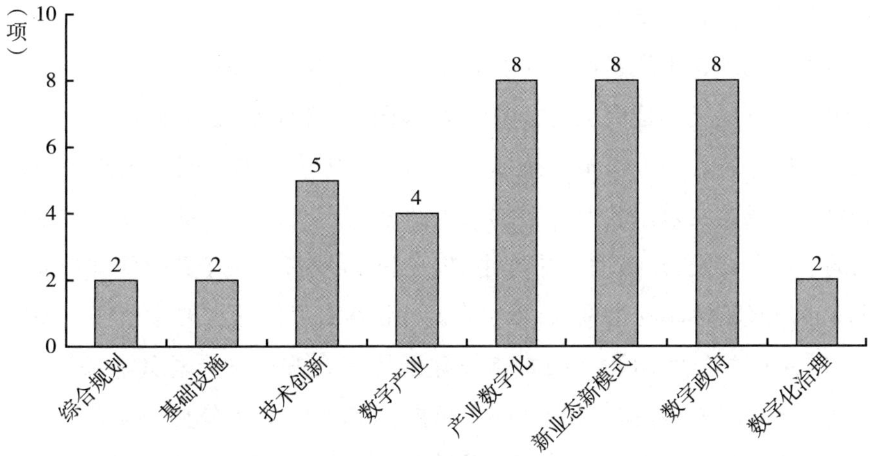

图 2　2015~2019 年国务院发布数字经济相关政策数量

（三）成熟完善（2020年至今）：数字经济专项规划发布，全方位政策支撑体系基本形成

2020 年起，突如其来的新冠疫情彻底改变了人们的生产生活方式，数字经济以其线上化的优势，成为支撑经济、保障民生的重要力量，迎来新的发展机遇，数字经济相关政策也随之进入以人民为中心、以规范治理为抓手的新阶段。

数字经济国家级专项规划发布，数字经济政策地位更高。2021 年 10 月，中共中央政治局就推动我国数字经济健康发展进行第三十四次集体学习。习近平总书记强调，数字经济发展速度之快、辐射范围之广、影响程度之深前所未有，正在成为重组全球要素资源、重塑全球经济结构、改变全球竞争格局的关键力量。2022 年 1 月，国务院从总体战略层面印发了我国数字经济领域的首部国家级专项规划《“十四五”数字经济发展规划》，从优化升级数字基础设施、充分发挥数据要素作用、大力推进产业数字化转型、加快推动数字产业化、持续提升公共服务数字化水平、健全完善数字经济治理体系、着力强化数字经济安全体系、有效拓展数字经济国际合作八方面对“十四五”时期数字经济发展作出总体部署。7 月，数字经济发展部际联席会议制度建立，联席会议由国家发改委牵头，20 个部门组成，数字经济发展跨部门协调机制正式成型。

数据成为新型生产要素，数字经济体系更完善。2020 年 4 月，中共中央、国务院印发《关于构建更加完善的要素市场化配置体制机制的意见》，首次将数据与土地、劳动力、资本、技术并列为五大生产要素，明确提出加快培育数据要素市场的要求。自此，数据成为新型生产要素，一系列发展数据要素市场的政策接连发布。5 月，中共中央、国务院发布《关于新时代加快完善社会主义市场经济体制的意见》，再次强调加快培育发展数据要素市场。2022 年 1 月，国务院办公厅印发《要素市场化配置综合改革试点总体方案》，提出“原始数据不出域、数据可用不可见”的交易范式，分级分类分步有序推动数据流通应用。4 月，《中共中央 国务院关于加快建设全国统一大市场的意见》要求，打造统一的要素和资源市场，加快培育数据要素市场，建立健全数据安全、权利保护、跨境传输管理、交易流通、开放共享、安全认证等基础制度和标准规范，深入开展数据资源调查，推动数据资源开发利用。12 月，中共中央、国务院印发《关于构建数据基础制度 更好发挥数据要素作用的意见》，从规则、市场、生态、跨境等方面构建适应我国制度优势的数据基础制度。

平台经济治理体系建立健全，发展与规范并重成为政策主思路。多年来，我国平台经济高速、繁荣发展，已成为全球规模最大的网络零售市场。2021 年全国电子商务交易额达 42.3 万亿元，同比增速 19.6%，全国网上零售额 13.09 万亿元，同比增速 14.1%，实物商品网上零售额占社会消费品零售总额的比重接近 1/4，电子商务已经成为居民消费的主渠道之一；电子商务从业人员规模达到 6727.8 万人，电商新业态、新模式创造了大量新职业、新岗位，成为重要的“社会稳定器”。在长期、快速的发展中，平台经济所具有的网络效应、边际成本趋零、外部经济性等一系列传统经济形态所不具备的特征和规律进一步凸显，责任边界难以界定、传统反垄断规制难以适用、数据保护存在风险等问题进一步暴露，倒逼我国相关监管理念、规则和手段加速改进。2021 年中央政治局第三十四次集体学习后，国家密集召开多次高层会议，印发《关于推动平台经济规范健康持续发展的若干意见》《扎实稳住经济一揽子政策措施》等文件，以促进发展和监管规范并重为原则推动平台经济规范健康持续发展。

适老化改造和数字政府建设加快推进，数字经济政策更加注重包容性发展。新冠疫情在推动数字经济加快发展的同时，也迅速暴露出了数字鸿沟问题。2020 年 11 月，国务院办公厅印发《关于切实解决老年人运用智能技术困难的实施方案》，强调要聚焦涉及老年人的高频事项和服务场景，坚持传统服务方式与智能化服务创新并行，切实解决老年人在运用智能技术方面遇到的突出困难，为老年人提供更周全、更贴心、更直接的便利化服务。2021 年 10 月，中央网络安全和信息化委员会印发的《提升全民数字素养与技能行动纲要》指出，提升全民数字素养与技能，是顺应数字时代要求，提升国民素质、促进人的全面发展的战略任务，是实现从网络大国迈向网络强国的必由之路，也是弥合数字鸿沟、促进共同富裕的关键举措。此外，疫情大流行也给政府应急管理能力和社会治理带来极大考验，对能够直通基层、联通多部门的“双向”贯通的一体化政务平台的需求激增，数字政府加快建设。2020 年至今，国务院印发了《国家政务信息化项目建设管理办法》《加强信用信息共享应用促进中小微企业融资实施方案》《国务院办公厅关于加快推进电子证照扩大应用领域和全国互通互认的意见》《国务院关于加快推进政务服务标准化规范化便利化的指导意见》《国务院关于加强数字政府建设的指导意见》等一系列政策文件，加快数字政府建设步伐。

二　部门协同、上下联动，数字经济政策实施成效初显

2021 年 12 月，国务院发布《“十四五”数字经济发展规划》，从数字基础设施、数据要素、产业数字化、数字产业化、公共服务数字化、数字经济治理体系、数字经济安全体系、数字经济国际合作八大领域对我国“十四五”时期数字经济发展做出了全面部署，同时也系统明确了我国数字经济发展政策体系架构。数字经济涉及范围广、领域多，需各有关部门形成合力联合推动。当前，我国已形成了由国家发改委牵头，国家网信办、工信部、商务部、科技部等各相关部门分工推进的数字经济发展组织架构和政策体系，如图 3 所示。

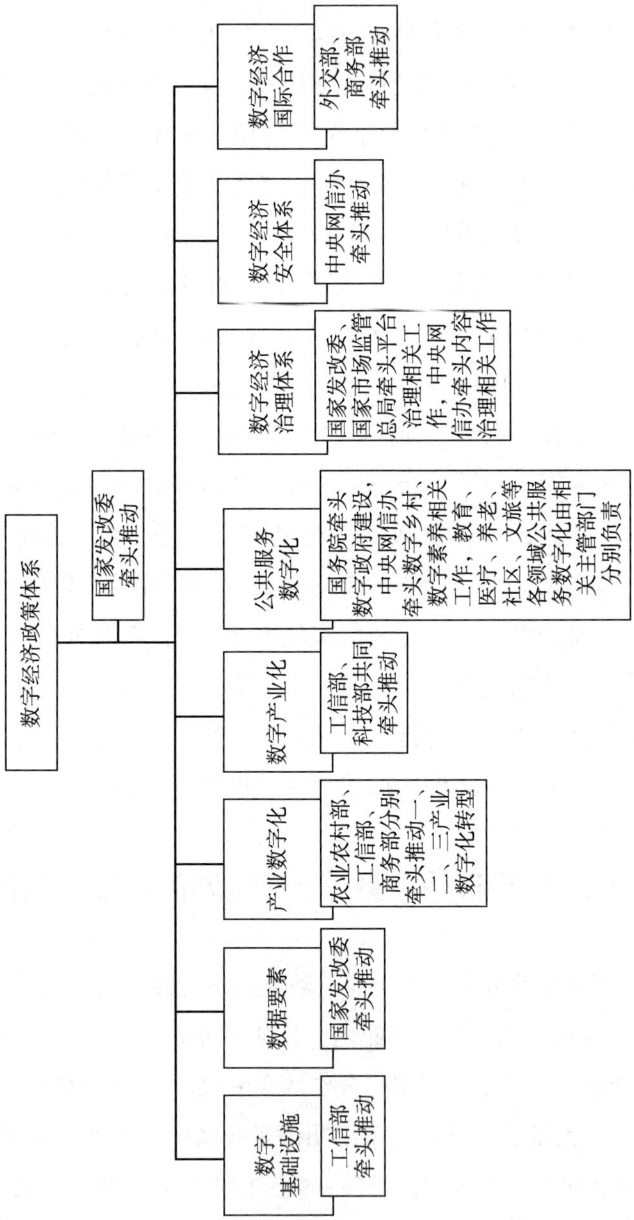

图 3　我国数字经济政策体系和各部门分工

（一）数字基础设施适度超前建设，工信部门积极探索5G+应用

数字基础设施主要由工信部牵头负责，由工信部发布相关政策。近年来，工信部主动适应技术演进规律，把握数字技术演进特点，将政策从“互联网+”拓展到“5G+”“智能+”等新领域。2019年，工信部印发《“5G+工业互联网”512工程推进方案》，明确到2022年，将突破一批面向工业互联网特定需求的5G关键技术，“5G+工业互联网”的产业支撑能力显著提升；打造5个产业公共服务平台，构建创新载体和公共服务能力；加快垂直领域“5G+工业互联网”的先导应用，内网建设改造覆盖10个重点行业；打造一批“5G+工业互联网”内网建设改造标杆、样板工程，形成至少20大典型工业应用场景。截至2022年，512工程已高质量完成。2021年7月，工信部等10部门进一步印发《5G应用“扬帆”行动计划（2021~2023年）》，明确5G与信息消费、媒体、工业互联网、车联网、物流、港口、采矿、电力、油气、农业、水利、教育、医疗、文化、旅游、智慧城市等领域的融合应用路线。随后，上海、江西、山东、山西、河南、湖北、重庆等地方相继发布5G扬帆等相关应用计划，推动“5G+”在全国范围内全面建设发展。

（二）数据要素规则加快探索，国家发改委牵头制定基础性制度

数据作为新型生产要素，对其他生产要素具有扩大、叠加、倍增作用，正在推动人们的生产方式、生活方式和治理方式发生深刻变革。数据相关工作主要由国家发改委牵头编制数据要素基础性制度文件，围绕建立保障权益、激活价值的数据产权制度，建立合规高效、场内外结合的数据要素流通交易制度，建立体现效率、促进公平的数据要素收益分配制度，建立安全可控、弹性包容的数据要素安全治理制度等内容，构建我国数据基础制度“四梁八柱”，构建与数据生产力相适应的生产关系。此外，立法明确数据要素的所有权、使用权以及收益和管理权利，从而进一步明确其交易流通规则。在立法方面，我国数据要素相关法律法规主要由负责立法的全国人大和

各级人大审议通过。在地方层面，截至 2022 年 10 月，已有 19 个省区市公布了相关数据条例，其中贵州、天津、海南、山西、吉林、安徽、山东、福建、黑龙江、辽宁和陕西出台了大数据条例，深圳、上海、重庆和浙江出台了数据条例，四川、广西、江西、河南等地公布了相关数据条例草案，积极开展数据要素市场的建立和监管探索。

（三）产业数字化是数字经济发展核心，农业农村部、工信部、商务部分工推进

党的二十大报告指出要“坚持把发展经济的着力点放在实体经济上，推进新型工业化，加快建设制造强国、质量强国、航天强国、交通强国、网络强国、数字中国”，为下一步我国推动数字经济发展指明了方向，提供了遵循。未来五年，推动数字经济与实体经济深度融合将是全国数字经济相关部门的工作重点，其中农业农村部、工信部、商务部作为我国第一、第二、第三产业的主管部门，已经在相关领域长期深耕，未来也将继续合力推进。

农业农村部统筹推进智慧农业建设。2022 年 2 月，农业农村部印发《“十四五”全国农业农村信息化发展规划》，其中明确提出，到 2025 年智慧农业发展迈上新台阶，大力发展智慧种业、智慧农田、智慧种植、智慧畜牧、智慧渔业、智能农机、智慧农垦，提升农业生产保障能力。随后，全国各地农业农村主管部门也相继出台农业农村信息化、数字农业农村等政策文件，对智慧农业建设作出具体安排，全国各地涌现出一批智慧农业建设的典型案例。2022 年 8 月，农业农村部进一步印发《农业现代化示范区数字化建设指南》，明确了今后一段时期农业现代化示范区数字化建设的发展思路，用 3～5 年，推动示范区农业生产智能化水平、经营网络化水平、管理高效化水平、农业服务便捷化水平明显提高，示范区数字化发展取得显著成效，大数据应用场景丰富拓展，建成一批智慧农业先行样板。

工信部以工业互联网为抓手推进工业数字化转型。工业互联网平台是支

撑制造业全要素、全产业链、全价值链资源汇聚配置的新型基础设施，平台的应用普及是当前我国推动数字经济与实体经济深度融合的重点、难点和关键点，也是全球主要国家的战略布局要点。近年来，在工信部的大力推动下，我国工业互联网从无到有，有力地促进了产业数字化转型和经济高质量发展。当前，我国工业互联网发展正处于起步探索转向规模发展关键期。针对当前产业发展痛点难点，工信部积极加强政策引导，研究出台了一批支持工业互联网发展，助力稳经济、保安全的新政策举措。2021 年 1 月，工信部印发了《工业互联网创新发展行动计划（2021～2023 年）》，确立了未来三年我国工业互联网发展目标，并提出 5 个方面、11 项重点行动和十大重点工程，着力解决工业互联网发展中的深层次难点、痛点问题，推动产业数字化，带动数字产业化。2021 年 11 月，工信部印发《“十四五”信息化和工业化深度融合发展规划》，明确提出到 2025 年工业互联网平台普及率需达 45%的目标，直接定量考察制造业数字化、网络化、智能化发展水平。

商务部推进服务业数字化发展成效显著。服务业是我国开展数字化转型进程最早、程度最深的行业。当前，以电子商务、外卖送餐、网约车等为代表的服务业数字化转型新模式新业态已成为我国数字经济发展的一张亮丽的名片。2020 年新冠疫情以来，各行各业开启了数字化生活生产新方式，重塑了消费场景和零售渠道，为稳定畅通供应链产业链、助力经济复苏发挥了积极作用。2021 年 10 月，商务部会同中央网信办、国家发改委联合发布了《“十四五”电子商务发展规划》，提出到 2025 年，电子商务交易额要达到 46 万亿元，全国网上零售额要达到 17 万亿元，相关从业人员达到 7000 万人等一系列定量目标，进一步奠定我国作为全球电子商务第一大国的地位。

（四）数字产业化成为下一步突破重点，工信部、科技部共同发力

习近平总书记多次指出要牵住数字关键核心技术自主创新这个“牛鼻子”，体现出数字技术创新和数字产业化发展对数字经济发展的重要性。我国数字技术创新主要由工信部和科技部分头推动。

工信部大力推动软件、数据等数字技术研发突破。数字产业的特点是数据驱动、软件定义。数据驱动体现在数据成为新型生产要素，数据的流动能够带动技术流、物质流、人才流、资金流。软件定义体现在硬件通过软件赋予其应用功能和使用价值，满足多样化需求。此外，当前互联网、云计算、大数据、人工智能、区块链等数字技术的发展都离不开软件技术的进步与推动，数字技术本质上都是软件技术。因此，数据和软件是数字技术发展的核心和基础。2021 年 11 月，工业和信息化部接连发布《“十四五”信息通信行业发展规划》《“十四五”软件和信息技术服务业发展规划》《“十四五”大数据产业发展规划》等一系列数字产业化领域专项规划，不断完善我国数字产业发展政策体系，明确新形势下相关领域发展目标和任务，加速“补短板、锻长板、优服务”，培育产业生态、促进产业聚集，推动我国数字产业发展和国际竞争力提升。

科技部聚焦推进人工智能等新一代信息技术创新发展与应用。自 2019 年科技部印发《国家新一代人工智能创新发展试验区建设工作指引》起，科技部积极推动建设国家新一代人工智能创新发展试验区。迄今为止，已有北京市、上海市、天津市、深圳市、杭州市、合肥市、德清县、重庆市、成都市、西安市、济南市、广州市、武汉市、苏州市、长沙市、郑州市、沈阳市等 17 个城市先后入选，打造了一批具有重大引领带动作用的人工智能创新高地。进入 2022 年，科技部等六部门进一步联合印发了《关于加快场景创新 以人工智能高水平应用促进经济高质量发展的指导意见》，系统指导各地方和各主体加快人工智能场景应用，推动经济高质量发展。8 月，科技部公布了《关于支持建设新一代人工智能示范应用场景的通知》，首批支持建设智慧农场、智能港口、智能矿山、智能工厂、智慧家居、智能教育、自动驾驶、智能诊疗、智慧法院、智能供应链等 10 个示范应用场景，意在加快推动人工智能应用，助力稳经济，培育新的经济增长点。

（五）公共服务数字化以普惠均等发展为方向，多部门合力协同建设

公共服务包括政务、医疗、旅游、社区、乡村发展等诸多领域，涉及面

广、与民生贴近水平高。当前，我国数字政府建设由国务院直接牵头推进，数字乡村建设和数字素养提升由中央网信办牵头，其他各细分领域则由各相关部门合力协同建设。

国务院牵头统筹推动我国数字政府建设工作。党的十八届三中全会提出，“全面深化改革的总目标是完善和发展中国特色社会主义制度，推进国家治理体系和治理能力现代化”，将推进国家治理体系和治理能力现代化作为全面深化改革的总目标，对于我国社会主义现代化事业来说具有重大意义。国务院作为最高国家行政机关，多年来在国家发改委的配合下直接牵头推进数字政府建设工作，发布了《国务院关于加快推进“互联网+政务服务”工作的指导意见》《国务院关于加快推进全国一体化在线政务服务平台建设的指导意见》《关于加快推进政务服务“跨省通办”的指导意见》《国务院关于加快推进政务服务标准化规范化便利化的指导意见》等一系列政策文件。在国务院和各部门、各级政府的推动下，我国数字政府建设取得积极成效，“最多跑一次”“一网通办”“一网统管”“一网协同”“接诉即办”等创新实践不断涌现，并在新冠疫情防控中发挥重要支撑作用。经过多年实践，面对“十四五”新起点、新形势，2022 年 6 月，国务院进一步发布《关于加强数字政府建设的指导意见》，对数字政府下一步建设作出全面部署，要求有效提升一体化政务服务和监管效能。10 月，国务院办公厅进一步发布《全国一体化政务大数据体系建设指南》，指出要整合构建标准统一、布局合理、管理协同、安全可靠的全国一体化政务大数据体系。

社会服务数字化由多个部门根据分工协同推进。社会服务包括文化、医疗、旅游、体育、社区等诸多领域，其数字化工作由中央网信办、国家卫生健康委员会、文化和旅游部、民政部、工信部、商务部等多部门根据职责定位不同分工协同推动。例如，在疫情期间备受关注的社区服务方面，2022 年 5 月，民政部、中央政法委、中央网信办等 9 部门联合印发《关于深入推进智慧社区建设的意见》，明确要从集约建设智慧社区平台、拓展智慧社区治理场景、构筑社区数字生活新图景、推进大数据在社区应用、精简归并社区数据录入、加强智慧社区基础设施建设改造等 6 个重点任务入手打造智慧社区。在助力老年人适应数字生活方面，2021 年 10 月，工业和信息化部、民政部、国家卫生健康委三部门联合印发《智慧健康养老产业发展行动计划（2021~2025 年）》，指出要强化信息技术对养老产业的支撑作用，拓展智慧养老场景，推动智能产品适老化设计，提升老年人智能技术运用能力，助力老年人享受数字生活。

中央网信办致力于促进我国数字经济包容性发展。中央网信办作为我国网信主管部门，近年来发布了数字乡村、数字素养与技能等领域的一系列政策文件。在数字乡村方面，中央网信办和农业农村部等部门共同落实《数字乡村发展战略纲要》，于 2022 年 1 月印发《数字乡村发展行动计划（2022~2025 年）》，部署了数字基础设施升级、智慧农业创新发展、数字治理能力提升等 8 个方面的重点行动。针对各地近年来在数字乡村建设实践中遇到的新问题、新挑战，中央网信办、农业农村部于 2022 年 11 月进一步联合启动了《数字乡村建设指南》修订工作，完善内容、丰富案例，更好地指导各地建设数字乡村。在数字素养和技能方面，中央网信办全面推进《提升全民数字素养与技能行动纲要》实施，加快推动 2022 年重点任务落实，会同教育部、工业和信息化部、人力资源和社会保障部联合印发《2022 年提升全民数字素养与技能工作要点》，从工作、学习、生活等场景推动提升我国全体公民的数字素养与技能。

（六）数字经济治理体系不断完善，国家发改委、国家市场监管总局、中央网信办等联合监管

数字经济快速发展对数字经济治理体系加速完善提出了更高要求。数字经济治理体系不仅是国家治理体系的重要组成部分，更是推动数字经济规范健康可持续发展的制度保障。我国数字化治理工作主要由国家发改委、国家市场监管总局、中央网信办等负责。其中，国家发改委和国家市场监管总局重点推进平台经济规范健康发展，中央网信办负责互联网信息内容管理职责。在平台经济治理方面，2021 年 10 月，国家市场监督管理总局组织起草

的《互联网平台分类分级指南（征求意见稿）》《互联网平台落实主体责任指南（征求意见稿）》向社会征求意见。2021 年 12 月，国家发改委、国家市场监管总局、中央网信办、工业和信息化部等 9 部门联合印发《关于推动平台经济规范健康持续发展的若干意见》，提出要坚持发展和规范并重，坚持“两个毫不动摇”，建立健全平台经济治理体系，构建有活力、有创新力的制度环境，促进平台经济规范健康持续发展。在网络内容治理方面，近年来，中央网信办陆续发布《网络信息内容生态治理规定》《关于进一步规范网络直播营利行为促进行业健康发展的意见》《互联网信息服务算法推荐管理规定》《互联网用户账号信息管理规定》《互联网跟帖评论服务管理规定》《互联网信息服务深度合成管理规定》等一系列内容治理相关规定，守护风清气正的网络空间。

（七）数字经济安全体系和能力建设加快推进，网信部门充分发挥统筹协调作用

习近平总书记强调要“坚持统筹发展和安全，坚持发展和安全并重，实现高质量发展和高水平安全的良性互动”。相较于传统经济形态，数字经济安全风险更加突出。维护数字经济安全，既是保障数字经济健康发展的需要，也是确保国民经济安全和国家安全的重要举措。我国数字经济安全体系主要包括网络安全、数据安全和防范金融社会风险三大方面。中央网信办负责统筹协调数字经济安全和网络安全相关工作，起草了《网络安全法》《网络安全审查办法》《数据出境安全评估办法》等一系列重要法规和条例，为我国数字经济安全发展奠定坚实基础。工信部主要负责基础电信网络和工业领域网络安全，包括制定工信领域数据安全管理制度，健全完善数据分类分级、重要数据保护、风险评估、应急管理等重点管理机制，研究制定车联网、工业互联网等重点领域数据安全标准等。此外，公安部负责信息安全等级保护相关工作，印发了《信息安全等级保护管理办法》等规定，其他各部门则根据职能分别负责金融、教育、卫生、能源等各领域的网络安全工作。

（八）数字经济国际合作积极开展，外交部、商务部统筹外事外贸活动

外交部和商务部分别为我国总体外交事务牵头单位及国际贸易和经济合作牵头单位，共同统筹推进我国数字经济领域国际合作。2020 年 9 月，国务委员兼外长王毅在全球数字治理研讨会上提出“全球数据安全倡议”，呼吁各国加强全球数字治理、网络安全合作，共同促进数据安全，得到世界多国积极评价。2021 年 3 月，在外交部的推动下，我国同阿拉伯国家联盟举办中阿数据安全合作视频会议，共同发表了《中阿数据安全合作倡议》，进一步构建数字经济领域国际伙伴关系。具体到经贸层面，特别是国际数字贸易协定谈判方面，则主要由商务部牵头推动。例如，2021 年 9 月和 11 月，我国先后申请加入当今全球最具影响力的两大贸易协定——《全面与进步跨太平洋伙伴关系协定》（CPTPP）和《数字经济伙伴关系协定》（DEPA），相关工作均由我国商务部落实并推动。

三　下一步发展建议

党的二十大报告强调要加快发展数字经济，促进数字经济和实体经济深度融合，打造具有国际竞争力的数字产业集群。为加快推动我国数字经济健康发展，建议如下。

一是要强化各部门各地方政策统筹协调。数字经济的不同问题分属各个部门主管，建立和完善数字经济政策体系，离不开各部门的通力合作。因此亟须进一步强化各部门协同治理，研究和协调数字经济发展中的重大问题，加强各部门拟发布政策之间的衔接与配合，统筹推动数字经济重大工程和试点示范，形成政策“组合拳”，避免重复监管，从而提升数字经济发展的协同性。在地方层面，要进一步明确不同地方的发展重点，避免同质化发展和数据中心等基础设施的重复建设，强调各地结合实际的特色化发展，突出亮点，形成合力。例如，在基础设施方面，部分地区可继续

加快建网，推动公共设施和社会资源开放共享，做好土地、电力等要素资源保障。同时，有条件的地方可挖掘感知设施部署场景、应用模式和管理模式，进一步推进智慧建筑、市政物联、智慧物流、工业互联等应用场景的感知设施部署。

二是鼓励领导干部形成互联网思维和大数据思维。数字经济发展覆盖面广、专业性强，对领导干部的数字素养与技能提出了很高要求。各级领导干部要着力形成互联网思维和大数据思维。在互联网思维方面，要学网、懂网、用网，善于利用互联网推进政府决策科学化、社会治理精准化、公共服务高效化。在大数据思维方面，要提升获取数据、分析数据、运用数据的能力，用数据决策、管理、赋能，积极谋划、推动、引导数字经济发展。

三是强化企业创新主体地位。支持骨干龙头企业、科研院所、高校、联盟协会等产业创新力量，协同搭建创新平台，加快推进创新成果产业化。加强模式、机制创新，建立市场化创新的方向选择机制和鼓励创新的风险分担、利益共享机制。支持企业做大做强，培育一批具有生态主导力的产业链“链主”企业，在产业链重要节点形成一批“专精特新”小巨人企业和制造业单项冠军企业，促进大中小企业融通发展。要落实好各项惠企稳企政策，大力弘扬企业家精神，营造干事创业良好氛围，培养一批具有国际视野的企业家和实干家。

四是依托园区积极开展产业集群建设和先行先试。以产业园区为载体，推进数字产业集群化发展，提升产业集聚水平。引导本地产业特色化、差异化发展，持续提升产业集群对周边地区的辐射带动能力。面向资源共享、协同制造等重点环节，开发数字化解决方案，培育一批园区数字化转型标杆。鼓励各地方依托国家级新区、经济特区、自贸试验区等，围绕数据要素市场、数据跨境流动、数字贸易规则等开展先行先试。

五是优化数字营商环境。充分认识数字经济新业态特点，积极引导构建开放、包容、有序的市场环境，以“鼓励创新，包容审慎”为原则，建立多方参与的治理体系，科学制定监管政策，保护各类市场主体依法平等进入。加大人才培养力度，依托产学研用各方建设实训基地，发展信息技术“新工科”，健全人才评价机制。

参考文献

于施洋、王建冬、郭鑫：《数字中国：重塑新时代全球竞争力》，社会科学文献出版社，2019。

国家工业信息安全发展研究中心：《2021～2022 年度数字经济形势分析》，2022 年 1 月。

国家工业信息安全发展研究中心：《2020～2021 年度数字经济形势分析》，2021 年 1 月。

国家工业信息安全发展研究中心：《2019～2020 年度数字经济形势分析》，2020 年 1 月。

B.14

加快培育统一的数据要素市场

黄梁峻*

摘　要： 我国数据资源总量日益扩大，数据采集存储渠道丰富，开放共享不断推进，数据交易流通规模不断扩大，数据要素应用场景不断拓宽，数据跨境流动探索有序开展。从发展的新动向和新趋势上看，《数据管理能力成熟度评估模型》（DCMM）贯标、数据空间建设、数据确权登记等加快探索，数据标记化技术、区块链、隐私计算等技术加速应用。我国数据要素市场在不断发展的同时，仍然面临数据采集存储标准化进展不足、数据开放共享程度不够、数据交易流通活跃度不高、数据要素融合应用能力仍需强化、数据跨境流动规制体系亟待完善等问题。基于此，本报告提出了相应的发展建议。

关键词： 数据要素　数据开放　数据流通　数据应用　数据跨境

习近平总书记在党的二十大报告中指出，“加快建设现代化经济体系，着力提高全要素生产率”。数据作为继土地、劳动力、资本、技术之后的第五大生产要素，已经成为数字经济发展的关键核心引擎。加快培育数据要素市场对于更好释放数据要素价值、推动我国经济高质量发展、转变经济发展方式、把握未来国际竞争制高点具有至关重要的意义。

---

* 黄梁峻，国家工业信息安全发展研究中心信息政策所数字经济研究室工程师，主要研究方向为平台经济、数据要素、数字经济国际合作。

一　数据要素市场的概念、构成和运行机制

当前，各界对于数据、数据资源、数据要素，以及数据要素市场等数据相关概念存在诸多不同的理解，本报告尝试进行了统一的梳理和界定，以期能够较为清晰地呈现我国数据要素市场发展的全貌。

（一）数据、数据资源、数据要素的概念界定

数据、数据资源、数据要素三个概念内涵各有侧重，但外延相同。具体来说，从内涵上来看，“数据”这一概念侧重对客观事物的描述，“数据资源”侧重数据有价值，即“有用”，“数据要素”侧重数据可参与到生产过程，即在生产过程中“有用”。但在外延或范围上，三个概念所指对象基本相同。这是因为，随着技术发展、法规完善，任何数据都可能是“有用的”，且可能参与到生产过程中。因此，本报告中提到的数据、数据资源、数据要素均为同一概念。

（二）数据要素市场的构成

当前，学术界对于数据要素市场的概念与构成没有统一的理解，我们尚未看到有研究对数据要素市场进行明确界定。本报告中，我们参照传统经济学的市场构成要素（市场主体、市场客体、市场载体和市场规则），认为数据要素市场也应包括以上四个方面。

1. 数据要素市场主体

主要指数据要素的供给方、需求方、中介方、服务方、监管方。

2. 数据要素市场客体

数据要素市场客体即数据要素本身，不限于原始数据，应包含原始数据、经加工后的数据产品、数据服务等。

3. 数据要素市场载体

数据要素市场载体即可供数据要素流转的各种设施和场所，如数据中心

等数字基础设施、各类数据共享开放交易平台等。

4. 数据要素市场规则

主要指宏观层面法律法规、标准规范，中观层面的行业自律机制和微观层面的企业数据管理等，包括数据要素市场准入规则、数据产权规则、数据价值评估规则、隐私保护规则、数据安全规则等。

（三）数据要素市场的运行机制

数据要素市场运行机制是市场主体、客体、载体和规则的良性互动方式，良好的数据要素市场运行机制能够有效平衡各类市场主体之间的关系，加快数据要素市场化配置，防范系统性市场风险，充分发挥数据价值。

一般来说，数据要素的流转指的是采集、汇聚、储存、交换、分析、使用、销毁这一资源的过程。建构数据要素的市场并使其扩大发展离不开数据要素的“流转”，因为“流转”是驱动这一市场发展的动力，而使数据要素流转起来，获得流动性就是获得这种动力。只有让数据像真正的“活水”一样流转起来，发挥数据的使用效力，才能最大限度地实现数据要素价值。基于以上认知，本报告以数据要素这一市场客体的全生命周期活动（采集存储、开放共享、交易流通、融合应用、跨境流动等）为主线，深入分析相应环节主体、客体、载体和规则之间的互动关系，梳理现状，把握趋势，发现问题，并提出针对性的发展建议。

二　我国数据要素市场发展现状

与西方国家将数据作为资源相比，我国把数据提高到生产要素高度，并提出加快培育数据要素市场。近段时间以来，我国数据要素市场在数据采集存储、开放共享、交易流通、融合应用、跨境流动等方面均取得了新进展。

（一）数据资源总量日益扩大，市场参与主体不断丰富

国家数据资源调查显示，2021 年我国数据产量达 6.6ZB，同比增长

35%，仅次于美国（16ZB），居全球第2位，预计未来五年年均复合增长率约30%。

从数据供给方看，数据供给数量和类别不断丰富。相关数据密集型企业纷纷建立数据管理平台，丰富了市场的数据供给。例如，阿里、腾讯、美团、京东等互联网企业均建立了自身的数据中台，为供应链中的销售商、广告商等提供数据产品服务。三大电信运营商从2015年前后开始探索提供数据产品服务；国家电网于2019年5月成立大数据中心，探索电力数据的服务模式。

从数据需求方看，数据需求主体日益多元。电商领域，线上商户通过向平台购买行业品类销售数据报告等，作为进货和生产决策的依据。通信领域，地方政府通过采买三大运营商用户位置信息，比对线下商户防疫健康码扫码数量，可及时发现未严格执行防疫政策的商户并督促整改；医疗领域，药物研发企业和病情诊疗机构利用电子病历系统、临床数据中心、电子用药记录等医疗数据支撑药物研发、人工智能病情诊断；电力领域，部分大型工业企业通过采买工业用电数据分析报告，为投建分布式电力储能设备提供数据支撑；交通领域，相关保险企业通过高速公路数据对私家车驾驶行为进行精准画像，准确识别客户驾驶风险，精准制定保费费率。

从数据中介方看，数据交易机构不断增加。截至2022年8月，全国24个省份已成立约40家数据交易机构，其中2022年以来湖南、广东、福建、江苏、海南、河南等地新成立了8家，另外还有几家正在筹建中。

从数据服务方看，数据服务商种类和数量日趋扩大。随着数据要素市场的不断发展，数据加工、数据集成、数据经纪、合规认证、数据保险、数据托管、资产评估、争议仲裁、人才培训等第三方专业服务机构开始形成。据统计，上海现有数据服务商167家，涵盖14个类别（见图1）。此外，北京国际大数据交易所致力于打造全国首个服务跨境场景的数据托管平台，正面向全球招募数据托管商；广东首批数据经纪人已于2022年8月“持牌上岗”。

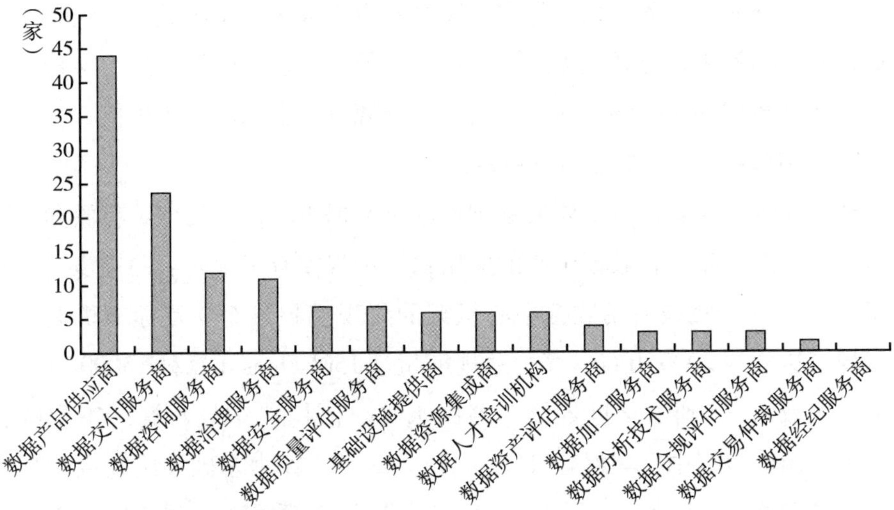

图 1　上海市数据服务商分类数量

资料来源：上海数据交易所研究院。

（二）数据采集渠道日益丰富，数据存储和处理能力不断增强

数据的采集与存储是数据要素市场的基石。在数字化日益普及的今日，不论上层应用如何创新都离不开数据的采集、存储环节。因此，只有做好数据的采集与存储，提升数据要素质量，数据要素市场才能有效形成。

1. 数据采集渠道日渐丰富

当前，各个领域正在重点关注现有的存量资源，在这些资源的基础上积极拓宽采集数据的方法和渠道，以开发新的一片蓝海——增量资源。随着移动互联网和物联网技术的开发和大步迈进，大数据的采集渠道被大大拓宽。大数据增量数据中的大部分将由物联网、车联网、外部社交网络、可穿戴设备和政府公开信息平台的数据构成。移动互联网的普及为大数据应用提供了丰富的数据源。线下企业可以通过与互联网企业的合作、利用开放的应用编程接口（API）或网络爬虫①采集丰富的网络数据，这些数据可以作为内容

① 网络爬虫（Web crawler），是一种按照一定的规则自动抓取互联网网页信息的计算机程序。

数据的有效补充。另外，快速发展的物联网也将成为越来越重要的大数据资源提供者。相较于现有杂乱无序和价值密度低的互联网数据，从可穿戴、车联网等多种数据采集终端定向采集的数据资源具有更高的利用价值。

2. 存储和处理数据的能力日趋强大

从存储载体来看，最重要的基础设施是数据中心，其发挥着存储和计算的作用。在近些年里，数据中心的应用水平和规模有了很明显的进步。直到2022年6月底，我国在用数据中心机架的总规模超过590万标准机架，服务器规模达到约2000万台，算力总规模超过150EFlops（每秒15000京次浮点运算次数），达到了全世界第2名的水平。依托“东数西算”工程的背景，十大国家数据中心集群新开工项目达25个，算力基础设施建设呈现由东向西转移的良好趋势，预计“十四五”期间数据中心投资增速将超过20%。

从存储方式上看，随着云计算和大数据技术的极快进步，本地存储和处理的传统模式已经逐渐无法满足爆发式增长的海量数据需求，鉴于此，云存储诞生且迅猛成长。基于云计算相关技术延伸和发展，云存储是一种全新的产品形态，其核心技术主要包括数据备份技术、虚拟化技术、分布式存储技术、内容分发网络技术、存储加密技术和重复数据删除技术。受国家监管和鼓励企业上云政策影响，云存储由初期的个人云存储为主转向企业级方向发展，企业云存储迎来高速发展期。据前瞻产业研究院预测，2022年我国云存储市场规模预计达到682亿元，其中超过98%为企业云存储市场，个人云存储市场占比不足2%。市场规模在未来几年仍将保持较快的增长，2026年有望突破1800亿元。

从技术产品上看，我国承担数据存储和处理的大数据技术产品市场相对较为成熟。首先，供应商数量不断增加。从早期的寥寥数家大型互联网企业到有充足的实力提供相应产品的企业已经达到了近60家。这些企业遍布军工、互联网、金融、铁路、石化、电信、电力等各行各业。其次，产品的功能日趋完善。根据中国信通院的测试，分布式批处理平台、分布式流处理平台类的参评产品功能项通过率均在95%以上。再次，显著突破出现在平台的大规模部署能力方面。以华为 GuassDB 为首，其通过了 512 台物理节点的分析型数据库基础能力测试，阿里云 MaxCompute 也不甘示弱通过了 10000 节点批处理平台基础能力测试。最后，我国企业和科技人员的自主研发意识不断加强。目前有很多基础类产品的诞生来自对于开源产品的二次开发，特别是分布式批处理平台、流处理平台等产品中的九成以上是在已有开源产品的基础之上开发的。

（三）数据开放共享不断推进，政企数据双向共享成效初显

一是政务数据开放共享成效显著。截至 2021 年底，全国有 193 个省级和城市的地方政府上线了数据开放平台，其中省级平台 20 个（不包括直辖市和港澳台）、城市平台 173 个，与 2020 年底相比新增 51 个地方平台，总数增长超过 30%（见图 2）。政务数据共享交换体系建设加速推进，国务院办公厅印发《关于建立健全政务数据共享协调机制加快推进数据有序共享的意见》，2021 年全国一体化政务服务平台数据共享交换体系接入各级政务部门 5951 个，支撑全国调用超 2000 亿次，向地方回流数据超 6000 万条，打通垂管系统壁垒，推动政府职能转变和机制再造。电子证照基本实现全国互通互认，一体化政务服务平台汇聚电子证照 900 余种，提供共享服务超过 20 亿次。养老保险联网监测数据上报量达 10. 86 亿人次，就业联网监测覆盖 7. 31 亿劳动者数据。

二是数据的开放和共享赋能企业的商业生态。互联网平台企业就是这一赋能过程的典型案例。这些企业通过互联网平台这一纽带，建设、开发、塑造了数据开发利用生态，平台上的商户、平台本身以及产业链上下游的企业之间的数据开放共享往往需要这些主体内部进行约定或通过签订协议方式进行点对点提供。此外，将掌握的数据变现是企业数据开放共享追求的目标，包括提供金融数据的万得，提供企业信用数据的天眼查、企查查，以及提供股市投资数据的同花顺等，这些企业均在细分行业领域内以其特色化的数据服务获得了大批用户，这些企业的数据开放已经完全是市场化行为。

三是政企数据双向共享成效初显。政企数据双向共享的特点是由政府主

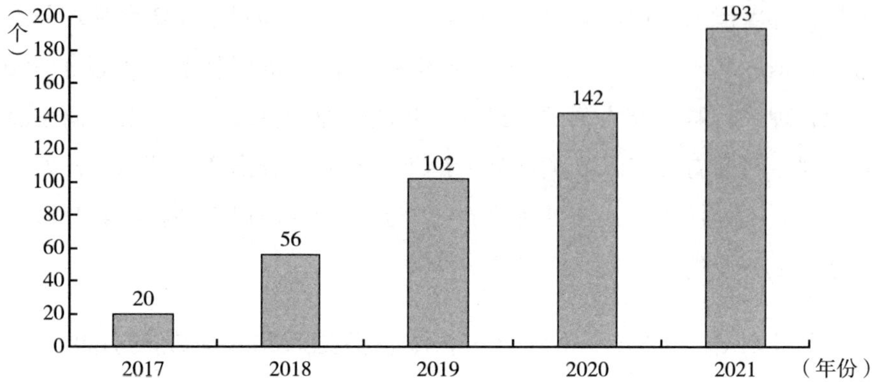

图 2　2017~2021 年地级及以上政府数据开放平台数量

资料来源：复旦大学数字与移动治理实验室。

导型向政府合作型转变。第一类是搭建政企数据共享平台，政企优势互补、各取所需。例如，美团与上海市政府联合打造“城市美好生活数字体征系统”，政府提供交管数据，帮助美团优化交通调配；美团提供不涉及用户隐私的规律性数据，协助政府探索覆盖吃、住、行、游、购、娱等场景的城市数字治理方案。广州市场监管局与饿了么、1 药网、格利食品网、美团等 4 家电商平台企业形成了良性的共筹合作，建立起数字商务的协同管理机制，促进了政企数据共享互查的实现。第二类是政府数据授权运营。例如，北京市开设金融公共数据专区，市经信局与北京金控集团签署《北京市金融公共数据专区授权运营协议》，通过市场手段推动政府公共数据在金融领域的社会化应用。截至 2022 年 9 月，专区累计汇聚了 14 个部门机构的数据，涵盖 260 余万市场主体信息，数据量超过 30 亿条，累计为银行、保险、担保等 68 家应用机构提供服务 4000 多万次，支撑 30 万余家企业向金融机构申请金融服务，金额超过 2000 亿元。此外，成都、苏州、上海等地相继成立了数据集团，承担地方公共数据和国企数据的授权运营和开发利用，进一步释放数据价值。

（四）场内外数据交易流通共同发展，规模日趋扩大

上海数据交易所研究院的评估计算显示，2021 年全球数据交易总规模

可达2000亿元，其中北美洲占有全球约一半市场（960亿元），亚洲占据全球市场1/4（500亿元），在亚洲市场中中国占50%，数据交易规模约为250亿元（见表1）。

表1　全球数据交易流通市场规模

单位：亿元

项目	北美洲	亚洲			欧洲	其他大洲	总计
国别	—	中国	日本	亚洲其他国家	—	—	—
市场规模	960	250	85	165	500	40	2000

资料来源：上海数据交易所研究院。

中国的数据交易市场逐步形成了场内交易和场外交易共同发展的态势。

从市场规模上看，场内交易与场外交易的体量仍然悬殊。《南方都市报》2022年4月文章《超九成数据交易来自“场外”？专家为合规窘境破局建言献策》指出，“数据交易需求旺盛，但场内交易不足5%”。据调研，全国最大的场内交易机构上海数据交易中心2021年交易量约占全国半数，但全年交易总额仅1亿元；而中国移动（场外交易主体之一）仅依靠其北京分公司就在2021年创造数据服务收入3.22亿元。

从数据获取上看，场内交易和场外交易是两个不同的数据获取方式，在这两个方式中，地方政府在供给侧发挥着重要的引导和协调作用。场内交易方面，主要由地方政府协调和引导数据资源供给。例如，北京实施大数据行动计划筑基工程，依托公共数据建设金融、医疗、位置数据等数据专区，允许北京国际大数据交易所等相关参与方挖掘数据价值，对外提供服务。上海则将“国有数据资产”保值增值设定为上海国企经营考核指标之一，引导国有企业将相关数据在上海数据交易所进行挂牌（已有42家上海国企参与）。场外交易方面，相关数据密集型企业主要依托对用户的服务生成数据，形成数据资源。

从发展模式上看，场外交易主体已经在各自供应链上下游形成稳定的客户群体，而场内交易则仍处于发展的探索阶段。一是重新思考职能定位。近两年成立的北京、上海、深圳等地的数据交易机构均不约而同地将自身职能定位为准公共服务机构，从优化数商产业建设、赋能传统经济和中小企业、协助社会信用体系构建等方面提出了社会效益目标。二是重新探索盈利模式。当前各大数据交易所逐渐摒弃了以收取交易佣金为主要收入来源的模式，而是探索发展了会员制、增值式交易服务等多种服务和盈利模式。三是引入技术手段探索数据价值聚合。通过采用隐私计算、区块链等技术，实现“数据可用不可见，用途可控可计量”，从而融合多方数据资源，实现价值释放。

（五）数据要素应用场景不断拓宽，跨行业、跨区域、跨部门融合应用成效显著

数据要素的融合，让数据要素价值有了“1+1>2”的效果。从技术层面看，数据要素融合主要是针对多元异构数据，不再是传统意义上的数据集成、整合，而是要实现数据库与数据库间的结构融合、关系融合、数据身份融合、主数据映射（ID 唯一）等，以达到不同数据库之间的数据能够标准一致、血缘清晰，实现数据关系的全维图谱表达，从而实现数据的全生命周期管理，数据按需融合流动。

1. 跨行业融合应用

随着生产、销售、分配等各环节分工的逐步细化，各行业各环节产生的数据不断增加，将相关数据进行整合，便产生了能够透视全产业链的信息维度。

在汽车产业链领域，达示数据搭建了一个汽车行业数据平台，在其上有 108 类汽车行业数据融会贯通，对接了产业链上游的原材料供应、零配件生产等厂商，中游的发动机制造、电池生产等厂商，下游的整车制造、维修保养等厂商，以及汽车销售、汽车保险、二手汽车交易等跨行业数据，为地方政府新能源汽车产业链布局、汽车厂商生产结构和效益优化等提供有效数据支撑。

在外贸领域，环球慧思所建设的外贸数据终端系统（GTIS）融合汇聚

了海关贸易数据（包括交易时间、产品名称、交易双方、交易量、交易价格等）、邓白氏商业数据（包括公司概况、组织架构、营收情况、财务状况、支付能力等），以及互联网公开数据（包括公司网站、关键邮箱、关键联络人 LinkedIn 账号等），为企业开展市场分析、客户开发、行业监测等提供数据支撑。

2. 跨区域融合应用

长三角数据一体化建设卓有成效。政务数据方面，加强长三角区域政府信息和数据互联互通的“长三角一网通办”不断升级，2021 年 1 月 27 日，上海市黄浦区、苏州市姑苏区、常州市天宁区通过视频联动分别完成政务服务合作备忘录“云签约”，推动实现长三角区域“一网通办、异地可办、就近办理”。截至 2022 年 3 月，长三角政务服务通过全国一体化政务服务平台以及 567 个线下“一网通办”专窗实现全程网办达 535 万余件，线下服务达 11. 4 万余次。2022 年 9 月，上海和江苏、浙江、安徽三省一市人大常委会分别审议通过《推进长三角区域社会保障卡居民服务一卡通规定》，全面促进长三角居民公共服务数据对接。这一规定的通过使社会保障卡可以成为这一区域内的重要平台，这些省市较早地在旅游观光、文化体验、交通出行以及医疗卫生、金融服务、社会保障等领域实现一卡多用、跨省通用。涉企信用数据方面，截至 2021 年 12 月末，三省一市共 14 个节点上线“长三角征信链应用平台”，上链企业已达 1714. 6 万户，接入查询机构 347 家，查询 66. 4 万笔，累计放贷金额 3213. 9 亿元。

京津冀共同打造大数据协同发展格局。京津冀三地加强政策顶层设计，北京、天津、河北各负其责，在北京的引导和创新下，天津强化支撑作用，并带动河北承接和转化该地区的决议和成果共同打造大数据协同发展格局。政务数据方面，自 2017 年起，上述三地政府发挥通信、交通、健康、教育、环保、旅游等领域平台的榜样作用，吸引三地企事业单位向平台上传自己拥有的数据，尝试实现数据的互联互通，共同建设京津冀统一数据开放平台。医疗数据方面，京津冀公共卫生领域全面合作有序推进，三地卫生健康部门累计签署 20 余项合作框架协议，持续推动卫生应急、疾病防控、妇幼健康、老年健康、精神卫生、食品安全、综合监督等方面的合作协同。截至2022年10月，京津冀地区的医疗机构可以互相认可临床检验结果的机构总数达到485家（北京262家、天津67家、河北156家）；可以互认临床检验结果的项目达到了43项，覆盖了符合要求的二、三级医疗机构、独立医学检验实验室及民营医疗机构；可以共享医学影像检查资料的医疗机构达到239家（北京59家、天津50家、河北130家）；可以共享的医学影像检查资料21项。

粤港澳大湾区创新驱动数据互联互通。外贸数据方面，“粤港澳大湾区组合港”通过搭建港口物流及贸易便利化服务平台，运用区块链、大数据等技术赋能粤港澳大湾区沿海沿江分属不同关区的港口，实现港口代码的共享，使该地区的37个港口打通各个环节的信息，实现信息的高效流动。2022年的前8个月，“湾区一港通”进出口货物8.29万余标箱，实现一次报关，一次查验，一次放行，实现了进出口货物“7×24小时”快速通关，货物通关周期减少3天以上。金融数据方面，粤港澳大湾区积极强化境内外金融数据对接，推进全国首批本外币合一银行账户、跨国公司本外币一体化资金池业务的试点工作及大湾区首批“跨境理财通”业务落地实施。

3. 跨部门融合应用

“城市大脑”建设方面，数据跨部门融合赋能城市管理。“城市大脑”是以城市作为对象的一种平台型人工智能中枢，该中枢依赖云计算、大数据、人工智能等前沿技术构建，可以将散落在城市各个角落的数据（包括但不限于企业、政务、社会数据等）汇聚起来。这一平台型人工智能中枢可以依托上述收集的数据对城市进行全域的即时分析、指挥、调动、管理，通过对城市精确、准确、整体的分析和研判，进而协助治理主体指挥、管理城市。截至2022年，在中国已有近500个城市正在推动“城市大脑”的研究、规划和建设。地方涌现了许多典型应用案例，如杭州市亲清新型政商关系数字平台（简称“亲清在线”），依托“城市大脑”，通过数据共享改造业务流程，部分政策不需要企业提供任何材料，实现“瞬间兑付”，提升了公共服务水平，极大优化了营商环境。

疫情防控方面，数据跨部门融合为数字化抗疫提供支撑。2022 年 9 月，国家卫健委主导的国家全民健康信息平台基本建设完成。横向上，在国务院联防联控机制统筹下，国家卫健委会同公安部、人社部等相关部门建立完善了跨部门“大数据”共享机制，并依托国家疫情防控管理平台等数据枢纽实现跨部门数据应用。纵向上，国家卫健委向各地及时分发多部门比对形成的风险人员数据，协助各地开展“网格化”，支撑做到“四早”（早发现、早报告、早隔离、早治疗）和“四清”（人员数量清、信息清、位置清、状态清）。

（六）各地通过方案先行试点，有序开展对数据跨境流动的探索

中央层面上，规范数据跨境流动的政策法规日益完善。2022 年 7 月，《数据出境安全评估办法》出台，明确了四类需要申报数据安全评估的数据出境情形：一是涉及重要数据的；二是涉及个人信息且出境主体为关键信息基础设施运营者的；三是涉及个人信息且数据主体已累计处理超过 100 万人次信息的；四是涉及个人信息且自上年 1 月 1 日起累计将 10 万人的个人信息或 1 万人的个人敏感信息出境的。同月，《个人信息出境标准合同规定（征求意见稿）》发布，对企业数据出境标准合同的适用范围、配套工作、监管等进行规定，明确了数据境内输出方和境外接收方的个人信息保护义务，并赋予相关个人信息主体“第三方受益人”的权利。相关规定既避免了加重中小微企业开展跨境业务的合规负担，又有利于在数字经济高速发展中积极维护数据主权。

地方层面上，各地踊跃创新，主动探索，设计实施了各自的创新方案进行先行试点。北京通过数据托管服务平台支持企业数据跨境流通。北京国际大数据交易所（简称北数所）研发的北京数据托管服务平台，作为国内第一个可支持企业数据跨境流通的数据托管服务平台，于 2022 年 4 月正式开启使用。该平台以标准统一化、管理高效化、服务定制化为特点，支持提供数据托管、脱敏输出、融合计算、建档备案等服务。目前，数据托管服务平台已落地首个试点。北数所已与某跨国公司正式签署服务协议，为其在国内

产生的数据进行托管存储和脱敏处理，该企业总部需要访问中国境内产生的数据时，托管服务平台可以输出相应数据结果，而不将原始数据输出境外。

粤港澳大湾区首个跨境数据验证平台上线试运行。粤澳跨境数据验证平台的试验运行工作在 2022 年 4 月于广东、澳门两地开启。第一个阶段该平台试验运行的对象是金融信息。该跨境数据验证平台为广东、澳门两地的各类机构提供了高效有效的跨境数据验证基础设施，进一步方便和改善了两地民企的相关体验。平台技术方案与粤澳健康码跨境互认采用的是逻辑一致的方案：居民自己可以在线上提交相关材料，澳门金融机构出具的可被内地采信的相关证明原件，由平台基于 FISCO BCOS 开发的国产开源区块链底层平台进行验证。该技术凭借区块链的不可篡改性和可追溯性，可保护公民的隐私安全并保证数据的真实性和可靠性。在《粤港澳大湾区发展规划纲要》及《横琴粤澳深度合作区建设总体方案》这两份文件正式发布后，这一创新实践推动粤澳加快跨境数据便捷有序流动，是建立开放型、合作型、示范型跨境数字服务融合的全新探索。

三　我国数据要素市场发展的新动向和新趋势

我国数据要素市场建设在探索中不断优化企业数据治理，在这一过程中，数据资源主体逐步扩大了开放共享，数据融合应用也得到了平稳促进，数据交易流通更是在合理有序的框架下进行，数据跨境流动逐步扩大，呈现一些发展新趋势。

（一）企业数据治理日趋体系化，赋能数据采集存储

政府主管部门积极推广《数据管理能力成熟度评估模型》（DCMM），帮助企业提升数据治理水平。《数据管理能力成熟度评估模型》（DCMM）是我国在数据管理领域正式发布的第一个国家标准，目的是帮助企业利用先进的数据管理理念与方法，建立、改进并完善自己的数据管理能力。各地主管部门积极推进 DCMM 贯标。一是以实施方案等形式设置了具体落实目标。

2022 年 4 月，工信部发布了《企业数据管理国家标准贯标工作方案》，提出到 2025 年在全国推动不少于 15 万人开展数据管理国家标准宣贯，贯标企业不少于 1 万家。上海、河南、山东等地积极落实文件相关要求，通过印发地方实施方案等形式，在各地区将目标进行细化分解和落实。二是对企业 DCMM 贯标提供资金支持。例如，青岛市按照企业在 DCMM 贯标等信息技术服务项目实际投入成本的 10%给予资金补助，单个项目补助金额最高 100 万元；济南市对首次通过 DCMM 二级、三级、四级评估认证的软件企业，一次性分别给予最高 20 万元、30 万元、50 万元奖励；天津市对首次通过 DCMM 二级和三级评估认证的企业给予 40 万元支持，对首次通过 DCMM 四级和五级评估认证的企业给予 50 万元支持等。截至 2022 年 8 月底，中国电子信息行业联合会已公布了 16 批参评企业，共计 329 家。其中二级企业共 201 家（占比 61.1%），三级企业共 93 家（占比 28.3%），四级企业共 28 家（占比 8.5%），五级企业 3 家。预计到 2025 年底，将推动超过 1 万家企业完成贯标。DCMM 贯标将帮助企业持续完善数据管理组织、程序和制度，充分发挥数据对企业信息化、数字化、智能化发展方面的推动作用。

互联网平台企业积极建设数据运营管理平台，实现数据采集和存储的流程化和链条化。一是通过数据的高精度采集赋能算法，实现新的应用。2022 年 4 月，上海疫情期间，复旦大学引入了美团的自动送餐配送车，为校内的老师学生提供三餐无接触的配送服务，配送量已经突破了单餐 2000 单。配送车采用了平台的基础高精度地图，采用视觉和激光雷达等多个传感器的融合，实时采集周边环境信息，提供前行路线的精准策划、控制和变更。二是建立高性能数据中台，赋能大容量数据存储和应用。阿里、腾讯、美团、京东等互联网企业均建立了自身的数据中台，将平台商户的生产、经营、销售、收益等系列数据进行分类存储和管理。以美团自建的“美团大脑”为例，该系统针对商家经营过程中的数据指标进行统计，可以给出商家的营业、流量、顾客和商品数据，并可以进一步对营业趋势、订单分布、订单地标、顾客画像、下单频次、顾客复购率、竞品对比、收益排行等提供分析服务，很好地指导了商家的经营发展方向。

（二）数据空间模式走向应用，激发数据开放共享

数据空间（Data Space）是通过标准化的通信接口、统一的连接与交互网络等架构设计，实现数据可信流通的整体技术设施。欧盟是数据空间的主要发起者和倡导者，在架构搭建、机制设计、行业生态等方面已形成领先优势。我国借鉴数据空间理念，在地方政府探索和产业实践等方面取得初步进展。

政务数据层面，广东通过数字空间构建数据开放共享的安全环境。“个人数字空间”作为广东数字政府重点建设任务，已于2022年5月在粤省事App上线，截至目前已采集、汇总95种个人常用证照和34项常用数据，累计授权655万次用证。6月，粤商通App迎来“法人数字空间”，这一数字空间可以采集、汇总30种企业常用证照和37项常用数据，企业相关员工可以在管理员或法定代表人授权后，出示这个平台上的二维码——“粤商码”即可使用企业的数据，减少了相关人士填报和提交证明资料的程序和成本。该App上这个功能的上线使群众和商业主体享受携带、授权、存证、溯源数据的边界安全服务成为可能，探索出公共数据流通应用的新范式。

产业数据层面，数据空间为企业数据传输和技术合作提供信任基础。机床生产领域，中国信息通信研究院、东方电气和中国电信联合开发的可信流通测试床，实现了工业CAD模型数据在可通信系统之间的安全可信传输，实现了以下功能：数据提供方可控制数据不被发送给第三方；数据提供方可根据需求在一定时间撤回数据；数据提供方可以监控数据被谁调用、被谁存根等。质量检测领域，华控清交建立了基于多方安全计算（MPC）的数据流通空间，将质检员在流水线每个环节采集到的问题工件图片，通过安全多方计算进行共享。计算节点使用共享数据集进行机器学习联合训练，生成并使用问题工件预测模型，给企业进行全量自动化质检。数据流通领域，华为基于国际数据空间参考架构，研发为产业生态圈企业服务的“一对一”数据共享流通平台，可进行程序自实现的跨企业数据可信流通；阿里云建设了

基于隐私计算的 DataTrust 平台，可安全接入各品牌自有数据，在原始数据不出本地的情况下实现数据计算结果的共享流通。

（三）数据登记逐步受到重视，规范数据交易流通

数据登记是指对数据相关属性进行登记，包括但不限于其来源、类型、质量、价值、应用场景，数据登记是定价、交易、结算、交付数据的基础环节，是数据要素市场化机制建设的“根节点”，是活跃数据产业的根本保障。当前，各地在数据登记的政策引导、实践探索、市场参与、平台建设等方面取得初步进展。

一是政策体系初步建立。中央层面上，2016 年，国务院印发《国家“十三五”信息化规划》，首次提出“完善数据资产登记制度”任务。2021 年 3 月，党中央在国家“十四五”规划和 2035 年目标纲要中，再次提出要发展“数据资产评估、登记结算”等市场运营体系。其后中央发布的《“十四五”数字经济发展规划》《要素市场化配置综合改革试点总体方案》《关于构建数据基础制度更好发挥数据要素作用的意见》《“十四五”大数据产业规划》等政策文件均对发展数据登记体系等进行了系列部署。地方层面上，自 2017 年贵州省政府发布我国首个《政府数据资产管理登记暂行办法》后，广东省、山东省、河南省等地政府通过发布指导意见、实施方案、数据条例等形式，鼓励各方在数据登记方面进行积极探索。2022 年 6 月，广东省出台《广东省公共数据资产登记与评估试点工作指引（试行）》，明确规定公共数据资产登记和评估各个环节的工作要求和具体流程。

二是地方实践初步开展。2021 年 9 月，浙江对全省政务系统的公共数据、应用系统、算法组件等数字资源进行了全面普查、登记和汇总，这些工作都可以通过其“一体化数字资源系统”完成，并且每项数字资源在这一过程中都获得了唯一“身份编码”。这个系统向浙江各地各部门开放了全省数字资源，各地各部门可以在很短的时间内了解并使用各地区、各领域、各条线的创新及特色应用，开展互学互鉴，实现了“一地创新、全省受益”。广东省完成了省内公共数据资源的普查登记工作，查清了 11052 个全省发布

的信息系统、56794 类数据资源目录、2672 单数据需求，对政务信息资源目录信息逻辑一致性与有效性进行了深层次整理，进一步提高了数据质量和数据共享效率。

三是市场主体积极参与。截至 2022 年，北京国际大数据交易所、上海数据交易所、山东数据交易中心等机构均登记上架了几百款数据产品，内容包含“汽车产业链数据集”“海关外贸数据集”“进出口企业全景”“京东城市数镜”等，并附有产品信息介绍，为需求方提供了清晰指引。2022 年 8 月，佛山市多家银行、保险机构联合广东省政务服务数据管理局，发布了广东省首批“公共数据资产登记证书”，登记了“支农客流宝”“产融数通宝”“高科数察宝”“招采数谱保”“应急数察典”“气象综数通”六款公共数据资产，将分别应用于乡村振兴、产业发展、高科技、工程、安全生产、气象等六大场景，为相关领域企业的贷款融资、安全生产、供应链结构优化等提供数据支撑。

四是平台建设稳步推进。数据交易机构纷纷布局。山东数据交易中心早在 2020 年就建设了“数据（产品）登记平台”；2022 年 7 月，北京国际大数据交易所数据资产登记中心正式揭牌；上海、深圳等地数据交易机构的数据登记平台也在筹备中。地方政府积极参与。除浙江、广东等地已建有政务数据资源登记系统外，2022 年 8 月，四川省德阳市数据资产登记平台正式发布，将深度对接产业界，助力数据资产全国互联、互认、上链、登记，推动数据资产的合规使用与价值变现。

（四）政策法规引导市场“互联互通”，促进数据融合应用

近段时间来，中央和各地对数据要素市场“互联互通”的重要性取得新认识，在政策法规制定、地方实践探索、数据交易市场建设等方面均有新进展。

从中央政策上看，2022 年 4 月，《中共中央 国务院关于加快建设全国统一大市场的意见》发布，强调要加快培育统一的数据市场，建立健全包括交易流通在内的基础制度和标准规范。2022 年 7 月，数字经济发展部际

联席会议制度成立，国家发改委牵头，工信部、中央网信办等 20 个国家部门联合参与，该联席会议将总体规划数字经济重大工程和试点示范的推进工作，加强与各类示范区、试验区的合作和联动，强化与有关地方、行业数字经济协调推进工作机制的沟通联系，协调推进数字经济领域重大政策实施。

从地方政策上看，2022 年 5 月，北京市发布的《北京市关于加快建设全球数字经济标杆城市的实施方案》提出“建设多来源支撑的数据资源库”，“支持发展联通政府、企业、个人的数据平台交易、数据银行、数据信托和数据中介服务模式”等举措；7 月实施的《重庆市数据条例》专门设立“区域协同”章节，提出“加强与其他省、自治区、直辖市数据交流合作，推动区域数据共享交换，促进数据资源有序流动”；9 月实施的《深圳经济特区数字经济产业促进条例》提出“推动粤港澳大湾区数字经济协同发展，协同湾区其他城市建设粤港澳大湾区大数据中心，全面支撑数据生产要素流通汇聚和产业数字化升级”，“推动大湾区数据标准化体系建设，促进数据资源共享”。

从实践探索上看，各地积极落实中央和地方政策的指导精神，推进数据要素市场互联互通。一是首席数据官制度助力数据资源“一网共享”。广东首席数据官制度试点落地广东省委政法委、省公安厅等 13 个省有关部门和广州、深圳、珠海、佛山等 11 个地市，大力保障数据资源“一网共享”管理体系的落实。首席数据官制度使广东各部门的互联互通水平和数据治理、运营能力得到了进一步的提升。二是数据经纪人模式促进数据供需对接。2022 年 5 月，广州市珠海区公布了首批“数据经纪人”名单。数据经纪人指的是能够匹配数据供需、沟通数据流通交易、调和解决数据权益冲突，并承担受托行权、风险控制、价值挖掘等作用的职业人。三是数据交易机构互联互通程度加深。8 月，深圳数据交易所与贵阳大数据交易所签署战略合作协议，其主要内容是进一步强化这两个交易所在数据场景、标准、资源等方面的对接合作，是一次探索数据互联互通的全新尝试；9 月，上海数据交易所与苏州大数据交易所进行了战略合作签约，通过在数据交易服务领域开展合作，实现双方数据要素市场的互联互通，推动多层次数据要素市场的建设。

（五）隐私计算等技术发展迅猛，助力数据跨境流动

一是标记化技术。支付标记化技术是一种由国际芯片卡标准化组织（EMVCo）在2014年正式发布的技术。其原理是用支付标记（token）代替银行卡号进行交易验证，从而避免卡号信息泄露的风险。支付标记化通过一个唯一数值实现来代替传统银行卡主账号的功能，同时确保该数值只能在特定的商户、渠道或设备中使用，从而得到优势（包括但不限于不用再保存敏感信息，持卡人卡号与卡片有效期在交易中也不会出现，支付标记仅在限定交易场景中使用）。因此，支付标记化技术既可以预防持卡人信息在交易各环节可能遇到的泄露问题，还能降低欺诈交易的发生概率。在国内，中国银联和苹果公司合作推出的移动支付方案“苹果支付”采用了支付标记化技术，有效避免了敏感信息泄露到境外的风险。

二是区块链技术。和上述技术相比，区块链技术打开了用户完全自主创新保护其数据隐私的新的可能性。基于本地生成的私钥，用于可以通过公钥计算发布有效的账户地址，从而使账户持有人的真实身份和账户地址不再密切关联。私钥赋予了用户在区块链上自主完成交易的能力，虽然每一笔交易的细节在区块链网络上都可见，但无法对应到现实世界中的具体某个人或某个机构。当前已出现一些运用区块链技术促进跨境数据流动的实践。例如，环球同业银行金融电讯协会（SWIFT）正在与包括花旗集团、先锋集团（Vanguard）和北方信托（Northern Trusts）在内的多家国际金融机构合作，将区块链技术试点应用于跨境支付数据传输中，在保护信息安全的同时提升跨境支付效率。微众银行综合运用国产开源区块链底层平台 FISCO BCOS、实体身份标识及可信数据交换开源解决方案，实现了“粤康码”与澳门健康码跨境互认，助力粤澳两地居民实现正常跨境通关，免除14天医学观察期。

三是隐私计算技术。基于安全多方计算、可信执行环境等隐私计算技术的框架，各计算参与方能够在不泄露自己数据的前提下进行多源数据的跨域

合作，即不出本地就能通过协同计算的方式达到“原始数据不出域、数据可用不可见”的效果。因此，对于那些有出境需求的用户，可以用隐私计算方案，使其数据在本身不出境的情况下，跨境进行模型训练、安全统计，代替传统的原始数据出境方法，以数据计算结果实现安全合规的数据产品出境。当前，北京国际大数据交易所、上海数据交易所、深圳数据交易所等数据交易机构均采用了隐私计算技术，进一步探索数据产品跨境流通的新范式。

四　存在的问题

虽然数据要素市场发展迅速，但也存在一些亟待解决的问题。

（一）数据采集存储标准化程度有待加强

一是数据采集的标准化还处于初始阶段。由于各行各业存在数字鸿沟，很多行业距离真正的数据处理与服务乃至实现数字化还很远。不同行业需要应国家的要求遵照各自业务和场景的采集标准。而且，数据采集标准也会随技术的变化而变化，也就是说标准不是固定不变的，标准化工作是一个长期的日趋改进完善的过程。

二是数据存储烟囱化制约数据融合利用。由于顶层设计缺失与历史等原因，传统数据中心存储烟囱化，导致数据中心设备林立、数据孤岛普遍存在，各存储设备之间数据流动困难，数据价值提取难度大，当前只有不到40%的存储资源得到有效利用。数据基础设施的管理效率低，运维操作复杂、耗时耗人，不能满足现有海量数据业务需求。云存储云化整合难，多云之间形成孤岛，云原生存储服务和传统企业存储之间融合困难，资源利用率低。

三是数据产权界定面临较大困难。数据类型复杂多变，不同类型的数据对应不同的权利，而且不同类型数据往往相互交叉包容在一起，导致数据类型的边界难以明确界定。数据的权利体系不同于传统物权，政府、企业、个人等多个主体贯穿于数据的全生命周期，数据的所有权不一定完全属于某个经济主体，很难将数据的相关权利完全区分赋予不同的主体。

（二）数据开放共享水平有待提高

一是壁垒仍阻碍政务数据共享。国家各部委主管行业数据，地方政府的大数据机构没有统合管理职能，导致数据资源的调度缺乏整体规划，没有有效的数据共享渠道，条块分割现象十分常见。此外，一些机构仍存在不愿、不敢、不能整合共享等认知问题，同时技术标准不统一、支持不稳定等技术问题也制约了数据共享的发展。

二是公共数据开放市场化程度低。目前，我国公共数据的开放程度相较于美国仅为其 1/9。仅有 7%的企业生产经营数据来自政府，反映出这一部分数据规模比较小的问题，同时这一部分数据质量低、可利用率不高、用户参与度低的问题也依然困扰着管理者。此外，大量优质的公共数据资源被政府、事业单位或者个别国资背景的企业垄断，社会资本很难获得，市场化和产业化程度较低，因此，公共数据的社会化增值步伐缓慢。

三是政企之间数据资源对接困难较大。由于企业比较重视用户隐私保护和商业利益，其不太愿意对政府开放数据。此外，法律法规、技术标准和交易机制也限制了数据开发利用规模的扩大。因此，数据开发利用要以企业内部的循环利用为主，即企业自身对自己内部的数据进行收集、汇总、存储和分析利用，优化企业内部效率和经营方式；对于集团型企业，这一类企业中一般都会存在具有投资中心功能的大型企业，而这些大型企业可以作为核心进行数据采集、汇总、存储和分析利用。因为它们实力强大，可以将有关数据及产品和服务与其他企业集团内的相关企业交易和共享，形成数据开发利用的生态系统，典型的如阿里系、腾讯系等数据阵营。

（三）数据交易流通活跃度尚待提升

一是数据收益分配机制不清晰，影响了数据交易市场活跃程度。我国数据要素相关收益分配主体不明确、权益边界模糊，数据要素收入分配“向谁分”的问题没有解决。在实践中，用户对于企业收集个人数据形成的财富价值没有基本知情权，个人没有理由和依据参与到收益分配中去。各方对于公共部门出于公共利益目的所收集的数据权属没有共识存在，从而收益分配对象不清晰、分配机制不健全。此外，数据要素价格机制尚未形成，针对数据定价，多数地方数据交易所支持交易双方对定价进行协商和谈判，但当双方对此不能达成共识且地方数据交易所又无法给出令双方信服的数据定价模型时，交易双方在这种情况下很大可能会认为数据定价缺乏“公允性”。

二是应警惕数据交易机构同质化竞争的苗头。数据交易还处在探索阶段，各地方积极响应国家总体战略部署，先行先试，值得鼓励，但应警惕同质化竞争的苗头。从全国布局看，现有数据交易机构多集中建设在沿海发达地区和中部省市，可能形成区域壁垒和产业壁垒，形成多个区域分割市场。就区域布局看，一省之内多家数据交易机构如果不做好统筹、错位发展，容易出现同质化竞争，也容易造成资源浪费和形成数据孤岛，形成新的数据割据局面。

三是新技术支撑尚不充分。一方面，虽然数据交易机构较多，但是设有官方网站、公开运营的并不多，且活跃度不高。天眼查数据显示，40 家名称含“数据交易”的企业中，15 家（约 37.5%）提供了网址信息，且能够打开的只有 9 家（22.5%），而其中能够明确提供交易系统的更是屈指可数，其他机构尚未建立或公开交易网站。作为数据交易机构，如果最基本的技术支撑都无法保障，那么所谓的交易难免成为海市蜃楼。另一方面，隐私计算、区块链等新技术在确保数据安全和实现数据交易全程可追溯方面发挥着至关重要的作用，主要还是头部数据交易平台在做相应的技术拓展，应用还有待进一步深化。

（四）数据要素融合应用能力仍需强化

一是跨行业、跨区域、跨部门的统筹协调有待进一步加强。无论是数据要素的跨行业、跨区域、跨部门融合，还是数据交易机构的互联互通，均需要兼顾不同行业和领域数据管理的差异性，要求推进有关管理部门沟通交流，增强对不同领域数据管理能力，促进数据要素融合应用。

二是数据治理能力有待进一步提高。数据要素融合可能涉及政府部门、企业、行业协会等多方主体，这些主体的数据治理能力高低影响着数据供给质量。如果数据在供给源头上存在规范和质量的问题，那么其价值很难得到充分挖掘。

三是对技术安全性的认识有待进一步强化释明。虽然多方安全计算、联邦学习等技术有强大潜能去支撑和推动数据要素融合应用，但是作为新的技术手段，当下这些新兴技术的市场还处于探索阶段，市场接受度仍有提升空间。金融行业就是一个典型。作为强监管行业，仍需各方进一步评估行业中的风险，完善风险管理措施，确保技术在风险可控下得到合理应用。

（五）数据跨境流动规制体系亟待完善

一是数据分类分级体系有待完善，数据跨境流动没有足够的基本安全管理来支撑。基于不同类别和不同重要程度的数据要采取不同的保护能力认证措施。数据的重要程度和相关控制者的水平与知识塑像相挂钩，越高的重要性也就要求越高水平的保护能力，且一般数据和重要数据的风险评估标准可能也会因此不同。然而，我国目前仍处于数据分类分级标准的探索阶段：《网络安全法》规定了数据分类，重要数据需备份和加密，《数据安全法》第 21 条对数据分类分级办法也有基础规定，但这两部法律的规定属于原则性规定，对具体分类分级标准及惩罚细则缺乏解释说明；《个人信息保护法》则只规范了个人信息和敏感个人信息的概念。在行业部门层面，中国出台了《金融数据安全数据安全分级指南》、《工业数据分级分类指南（试行）》和《科学数据管理办法》等指南，但第一部指南的规范对象只是金融机构，当下还没有识别重要数据的标准；而前两部文件也没有阐明对企业违反相关规定时的处罚措施，导致企业无法明确自身应承担的法律责任。因此，实现国家、区域、行业或自由贸易试验区层面数据跨境流动，确立数据分类分级并落实相关工作迫在眉睫。

二是对数据跨境传输进行安全评估和管理仍有操作困难，这减弱了相关制度实施效果。对于重要数据或敏感个人数据，网络攻击的潜在高风险要求数据接收方和控制者要有更充足的技术和能力。然而，我国处理网络威胁的能力，尤其是信息技术安全监控和网络攻击追溯领域的应对能力相对薄弱。比如，在进口网络信息产品和技术的安全监控中，未涉及对软件核心技术的检测分析，且缺乏评估规模化、协同化漏洞分析的能力，难以全面认识到产品存在的安全漏洞问题并采取相关的处理措施。与此同时，我国在云计算、大数据分析等新兴技术领域的实力也相对薄弱，难以监控好新兴信息技术产品的相关问题，也难以监测新的网络威胁 APT。即使实现监测，也缺少回溯和处理方法，同样无法及时有效地确定攻击源头。跨国企业的大多数商业活动都涉及数据跨境流动，这对我国监管数据跨境流动的新兴技术能力提出了更高的要求。

三是参与数据跨境流动国际监管和协调的方式单一。我国参与数据跨境流动监管协调的主要方式是加入自由贸易协定、加入国际数据管理协会和与域外国家或地区就数据跨境流动签署协调监管的谅解备忘录。然而，在中国对外签署的 19 个自由贸易协定中，除 RCEP 外，其他很少涉及数据跨境流动规则条款。国际数据管理协会是非营利性机构，目标是在世界范围内推广数据领域相关指南和最佳实践，并没有监管效力。备忘录也不是监管协调的终点和全部，仅仅意味着国家或区域间完成了数据跨境流动监管规则框架的搭建，还需要继续磋商制定相应的配套制度，将备忘录落实到常规监管中。可见，我国参与数据跨境流动监管协调时，不仅协调方式较为单一，在层次和深度上的挖掘与探索也存在不足。此外，我国参与数据跨境流动国际监管协调的频率较低，监管协调的有效性有限，不能满足数字经济时代数据跨境流动发展变化的监管需求。

五　发展建议

总体来看，我国数据要素市场建设还在发展初期，应鼓励各地在先行先试的基础上总结经验，补齐短板，更好地促进数据要素资源体系建设，建议如下。

（一）加强顶层设计和统筹协调，做到全国“一盘棋”

理顺协调管理机制。切实发挥数字经济发展部际联席会议机制的作用，明确各部门数据管理部门职责分工，统一职权范围，实现数据资源高效流转、数据产业高质量发展，支撑国家治理体系和治理能力现代化。科学设置地方管理机构，理顺央地关系，统筹激发数据要素价值有关重要事项。

完善政策评估体系。各行业各地方正在积极开展数字经济（数据）领域的政策法规实践，可以此为契机，在国家层面成立政策评估实验室，持续跟踪各地数字经济（数据）政策法规的后续进展，对执行情况展开评价。针对其中执行情况较好的内容，应该组织经验推广，鼓励其他省市学习借鉴，对于执行中发现的普遍经验，应通过国家层面的政策法规予以固化。对于执行存在的问题，应在后续政策法规制定过程中予以重点关注，并避免发生。政策评估实验室还可建立专家委员会，指导政策评估各项工作。

（二）提高数据质量管理，进一步提升数据的质量和价值

提升企事业单位数据管理能力。在企业的数据全生命周期中，质量监控、诊断评估、清洗修复、数据维护这些手段和方法可以有效帮助企业把控并提高数据质量，确保数据可以使用且有很高利用价值。改进并完善数据管理能力评估体系，推动《数据管理能力成熟度评估模型》（DCMM）、数据安全管理等国家标准贯标，推动健全数据安全管理认证制度，不断强化企事业单位数据管理水平。面向制造、能源、金融等重点领域征集数据管理优秀案例，做好宣传推广。

构建行业数据治理体系。鼓励开展数据治理相关技术、理论、工具及标准的研究和交流合作，增强企事业单位数据治理意识，构建涵盖规划、实施、评价、改进的数据治理体系。培育数据治理咨询和解决方案服务能力，提升行业数据治理水平。

（三）加快公共数据开放共享，增加数据要素供给

首先，一个有效且具有威信和示范作用的公共数据开放共享机制是必要的。这要求政务数据和公共数据实现共享和开放，整合建立统一的公共数据共享开放机制。通过立法形式明确公共数据开放共享的主体范围及其相关义务。建立数据开放共享清单管理机制，制定数据共享责任清单、数据开放责任清单，并对清单进行动态调整和更新。这些都要求相关部门要编写制作公共数据开放分级分类指南，建立数据开放共享目录管理制度并有效实施，以推动公共数据在保障安全的前提下向更大范围内开放。

其次，建设完善公共数据开放共享平台。如果想要进一步推动国家数据共享交换平台建设，首先就要完成数据共享交换接口的规范化建设，也要保证国家数据共享交换平台与各部门及地方业务系统接口打通，最终形成完整贯通的数据整合共享交换体系。与此同时，也不能忽视整合地方数据开放平台，将国家的数据开放平台和地方的平台打通，形成集中统一的公共数据开放窗口。引导民政、人社、教育、医疗等行业主管部门重点基础领域数据共享和开放，扩大公共数据开放范围。

最后，深化公共数据的社会化增值利用。研究北京市数据专区做法、上海市分级分类开放等公共数据开发利用模式，在总结公共数据开放试点地区经验的基础上，梳理公共数据的社会化增值利用的优秀实践，探讨政企合作的做法和经验，探索社会资本开展公共数据开发利用的制度规则，如授权运营、定向开放等，充分激发企业的主动性和积极性，同时避免数据垄断。

（四）完善数据交易制度规则，促进数据交易健康发展

一是加强统筹布局，推动各数据交易机构的发展不与相关交易机构的职能相冲突。一方面，相关主体要制定《数据交易场所管理办法》，以补齐数据交易监管短板；另一方面，数据交易市场的准入机制十分关键，要完善数据准入体系及人员从业资格认证体系。北京、上海、深圳作为中国改革开放的先锋城市，数字经济和数字基础设施发展水平较高，数据资源丰富、产业

集中、积极性较高，很适合进行数据交易试点，就数据确权、定价、交易规则、场景创新等先行先试，尽快总结其经验并推广到中国其他城市。引导支持数据交易机构加大公共数据授权运营，进而探索更丰富的应用场景。

二是加大技术研发，建立统一规范的标准体系。支持隐私计算、区块链、数据水印等数据交易的相关技术研发创新、标准完善和应用推广。鼓励数据交易机构建设功能完善、标准兼容的数据交易系统，较好支持数据登记、结算等交易关键环节，并为后续各数据交易机构互联互通提供重要支撑。

三是结合数据资源禀赋，建立数据交易良好发展生态。鼓励数据交易机构基于各自在工业、金融、交通等行业数据的基础和优势，找准商业模式，挖掘深层次数据价值，延展出市场所需的数据产品或服务。推动建立数据交易发展监测体系，开展数据交易机构监测工作，动态掌握数据交易额、交易数据量、数据产品挂牌数（数据产品登记证书）等情况。

（五）建立数据资产登记、评估体系，加快数据资产化发展步伐

一是加快推动数据资产登记工作。国家级、区域级的数据登记平台系统的探索性建设要齐头并进，相互交流，推动实现平台跨层级、跨区域、跨组织、跨系统、跨领域的互联互通互操作，从而保证数据资产“一地登记，全国共享”。建设数据登记标准体系，开展数据登记流程、登记数据格式、登记证书要素、权属界定标准、数据资产编码方法等领域的技术标准研制。

二是完善数据价值评估体系。尽管极具探索性，也应当开始对数据要素价值评估基本框架的建设工作。这一价值评估体系要根据数据的行业、类别、属性涉及多个层次，为数据交易定价规则的制定提供基准。有了一个高水平多层次的评估体系，数据要素参与价值创造的效率可以有效提高，数据要素市场发展所需的公平合理的环境也得以实现。

三是培育数据资产流转生态。加快数据资产集聚，鼓励国有企业、互联网企业等对工业、电信、金融等市场急需的数据进行登记和价值评估，发放数据资产凭证，支持相关企业通过其数据资产合理获益，形成示范效应，从

而提升全国数据要素总供给量。拓展数据资产应用模式，会同银行、券商、信托等金融机构，共同推广数据信贷、信托、相关资产证券化等模式，调动各方参与的积极性。

（六）完善跨境数据流动规则，逐步提升对外开放水平

一是强化数据依法有序流通，打通企业数据出入境壁垒。我国《数据安全法》强调确保数据“有效保护”与“合法利用”并重，当前在数据“有效保护”方面已取得显著成效，接下来应在数据“合法利用”方面进一步发力。“负面清单”是一种很好的解决办法，可以依托这一清单明确划定不允许出境的数据类别，除此以外的数据不受清单的限制，允许依法出境，为相关企业主体提供清晰的遵循依据。与此同时，需要重视跨境数据保护能力第三方认证机构的建设，因为这些机构可以高效地为有数据出入境需求的企业提供安全能力认证，更好地保护相关主体的跨境数据。

二是开展数据跨境流动安全管理试点工作，推动制度创新。可基于上海临港新片区、粤港澳大湾区、海南自贸港等区域开展与数字经济伙伴关系协定（DEPA）成员国及东盟的跨境数据流动先行先试，推动数据非本地存储和跨境数据流动，在跨境数据分级分类、流动机制、流动认证、个人数据传输等方面率先开展合作。欧盟的数据跨境流动“白名单制度”是一个非常值得关注的治理工具，在我国的试点区域可以参考学习这一制度，推动与其他国家和地区的企业互认，以进一步打通认证企业间的跨境数据流通。

三是积极融入国际数据流通圈，加强与欧盟、亚太、印太等地区的跨境数据合作。建立我国的行业数据空间，并加强与欧盟国际数据空间的对接，形成在企业研发、行业数据流通方面的合作。探索在区域全面经济伙伴关系协定（RCEP）中进一步纳入数据跨境流动谈判议题，在议题谈判中寻找共识。鼓励我国数字企业参与共建“一带一路”国家数字基础设施投资和建设，提前布局，服务相关国家的互联网用户，掌握数据流通的主动权。同时引导企业提升数据合规能力，注重遵循东道国的数据监管要求，为中资企业参与跨境数据流通塑造良好国际形象。

参考文献

钟力、唐会芳、王雨薇：《用隐私计算技术实现数据出境合规利用》，《中国信息安全》2022 年第 3 期。

陈思、马其家：《数据跨境流动监管协调的中国路径》，《中国流通经济》2022 年第 9 期。

刘金瑞：《迈向数据跨境流动的全球规制：基本关切与中国方案》，《行政法学研究》2022 年第 4 期。

谭博文：《复旦大学认证？剖析从疫情中诞生的“无人配送汽车”的历史与发展》，《电子技术设计》2022 年第 4 期。

B.15
2022年数据交易平台发展研究

殷利梅　黄梁峻*

摘　要： 从发展现状上看，我国数据交易平台经历了两大发展阶段，平台的注册资本多数介于5000万至1亿元，华东、华南、华中地区为主要集聚地。各大平台形成了佣金收取、会员制、增值式交易服务等多种盈利模式。从发展趋势上看，数据产权制度日趋受到关注，数据应用场景不断拓展，参与交易流通的数据类别逐步扩大，隐私计算等技术加速应用，数据交易平台的准公共服务职能逐步凸显。然而，我国数据交易平台在不断发展的同时，仍然面临数据产权不清、数据交易活跃度不高、新技术支撑不充分、出现平台同质化竞争苗头等问题。对此，本报告建议加强统筹布局，推动各数据交易机构错位发展；结合各地数据资源禀赋，建立数据交易良好发展生态；加大技术研发，建立统一规范的标准体系；完善数据基础制度，推动数据高质量供给。

关键词： 数据交易　交易平台　数据技术

2022年6月，中央深改委审议通过了《关于构建数据基础制度更好发挥数据要素作用的意见》，习近平在主持会议时强调，数据基础制度建设事

* 殷利梅，国家工业信息安全发展研究中心信息政策所数字经济研究室主任、高级工程师，主要研究方向为数字经济战略、数据要素、数字素养；黄梁峻，国家工业信息安全发展研究中心信息政策所数字经济研究室工程师，主要研究方向为平台经济、数据要素、数字经济国际合作。

关国家发展和安全大局，要维护国家数据安全，保护个人信息和商业秘密，促进数据高效流通使用、赋能实体经济，统筹推进数据产权、流通交易、收益分配、安全治理，加快构建数据基础制度体系。针对数据交易，该文件特别提出要规范引导场外交易，培育壮大场内交易，有序发展跨境流通和交易。近年来，数据交易平台建设按下“快进键”，各地纷纷抢占数据交易高地。本报告基于各数据交易平台的注册时间、所在区域、股本结构等公开信息，结合对代表性数据交易机构的调研访谈，系统地梳理了我国数据交易平台的发展现状及发展趋势，分析了面临的问题挑战，并提出了发展建议。

一　数据交易平台的相关概念及作用

随着数据技术的不断升级和应用场景的不断拓宽，数据交易的概念早已超脱了“数据买卖”这一范畴，更多地拓展到了数据产品交易及数据服务交易的维度上。

（一）数据交易的概念及分类

谈及“数据交易”，很多人会将其等同于“数据买卖”，事实上，“原始数据买卖”是我国数据交易发展过程中的一个野蛮粗放生长的阶段，并伴随着较大的侵害数据安全和个人隐私的风险。随着我国《网络安全法》《数据安全法》《个人信息保护法》等法律的颁布和实施，原始数据买卖作为数据交易的方式之一，已不再成为主流。2021 年 7 月，深圳发布的《深圳经济特区数据条例》也明确指出，数据交易的客体是“经市场主体合法处理数据形成的数据产品和服务”，而非原始数据。当前，我国数据交易主要呈现以下几种类型。

1. 按照交易是否经过数据交易所进行分类，可分为场内交易与场外交易

一是场内交易。场内交易又称交易所交易，指数据供需方在数据交易所实现供需对接，并进行交易的方式。例如，北京国际大数据交易所、上海数据交易所等数据交易平台打造数据交易生态，由相关服务商为数据供给方和

需求方提供撮合服务并完成数据交易，即为场内交易。二是场外交易。与场内交易相对，场外交易是指数据供需双方自己寻找交易对象，进行原始数据合规化或者数据产品、服务的直接交易。值得关注的是，通常业界认为数据场外交易风险较高，市场准入、交易纠纷、侵犯隐私、数据滥用等“无人管理”，容易产生非法收集、买卖、使用个人信息等“灰”“黑”数据交易产业。

2. 按照交易产品类型进行分类，可分为原始数据交易、数据产品交易与数据服务交易

一是原始数据交易。原始数据交易是指数据几乎不经过加工和挖掘，直接进行交付的方式。由于原始数据的交易很容易涉及相关敏感信息，甚至触犯法律，因此在合规市场中已经不再成为主流。

二是数据产品交易。数据产品交易是具有较高价值的数据交易，可以降低数据需求方不同数据源的整合成本，减少数据应用研发周期。数据供给方对原始数据以及涉及数据提供企业的商业秘密和用户隐私的数据，进行脱敏、清洗、加工、挖掘等处理，制作成数据产品后进行的数据交易。例如，上海数据交易所挂牌成立后完成的首单数据交易“企业电智绘”，就是基于企业电力数据加工而成的数据产品。

三是数据服务交易。数据服务交易是数据交易商业化较为成熟的一种方式。部分数据供给方不直接进行数据交易，而是将其掌握的数据资源与其行业、市场优势进行结合，通过自己开放数据平台接口（OPEN API）等模式提供数据服务。例如，阿里巴巴的数据技术平台“阿里数据”聚焦金融、电子商务、人工智能、生活服务、交通等领域提供数据服务，百度的数据技术平台 APIStore 提供设计开发、运维管理、云服务、App 推广、数据服务等五个范畴的服务。

（二）数据交易平台的类型

随着我国对数据安全监管要求的提高，场内交易以其独立性强、安全可控性高等优势，逐步发展壮大，形成了多样化的数据交易平台，大致可划分为以下三种类别。

一是国有资本主导的数据交易平台。例如，北京国际大数据交易所的第一大股东为北京金融控股集团有限公司（持股比为65%），背后的实控人为北京市国资委（最终受益股份50.32%），是一家国有资本主导的数据交易平台。

二是私营资本主导的数据交易平台。例如，哈尔滨数据交易中心有限公司的第一大股东为北京亚信数据（持股比70%），湖北华中大数据交易股份有限公司的第一大股东为东华光普大数据技术有限公司（持股比93%），这些均为私营资本主导的数据交易平台。

三是非公司形式的数据交易平台。前文所述的两种数据交易平台都是以成立公司的形式进行建设和运营的，但有的数据交易平台不是以公司形式创建的，如中关村数海大数据交易平台（成立于2014年2月）是一家产业联盟性质类的交易平台，并非公司制；山西数据交易服务平台（成立于2020年7月）则是在山西省政府与百度签署的战略合作框架协议下，通过山西综改示范区与百度合作共建的平台，也并未成立独立的运营公司。

（三）数据交易平台的作用

数据交易是数据要素市场建构的关键一环，不仅有助于打破行业信息壁垒，优化生产效率，而且有利于推进产业创新。数据交易平台在数据交易过程中不可或缺，其核心竞争力以及对数字经济发展的积极作用主要体现在四个方面。

一是解决效率问题。数据交易平台是集约化的平台，供需双方可以多方对接，这将帮助企业提升效率，摊薄成本。二是解决合规问题。数据交易平台提供合规的交易模式和手段，并留下凭证，这解决了合规风险问题。三是解决安全问题。数据交易平台在一定程度上扮演了数据交易“背书人”角色，提供了一个安全可控的交易环境，并保证所有操作都是可追溯、被记录的。四是解决信任问题。不同数据的质量千差万别，同一数据在不同的应用场景中数据价值迥异，在获得数据前数据需求方难以判定数据实际价值，而由于数据可复制和可迁移的特性，数据供给方又难以在交易前为需求方提供数据供其“验货”。数据交易平台作为一个中间人的角色，不仅可以提供数据质量评估、数据价值评估等服务，还可以在供需双方出现争端后提供争议仲裁服务，为数据供需双方创造了一个信任平台。

二　我国数据交易平台的发展现状

数据交易平台建设已按下“快进键”，各地纷纷抢占数据交易高地。国家工业信息安全发展研究中心通过梳理天眼查数据，获取了 40 家名称含“数据交易”的企业信息（截至 2022 年 8 月 24 日），同时结合对相关数据交易机构的调研，从成立时间、注册资本、地域分布、盈利模式等视角切入，分析我国数据交易平台发展情况。

（一）发展经历两大阶段，2021年以来交易平台建设浪潮再起

我国数据交易平台经历了两个发展阶段，不同阶段呈现不同的发展特点。

第一阶段以 2015 年贵阳大数据交易所成立为标志。2015 年，党的十八届五中全会正式提出“实施国家大数据战略，推进数据资源开放共享”，以贵阳大数据交易所为代表的数据交易机构如雨后春笋般涌现。2015 年，7 家数据交易机构成立；2016 年，又新增了 6 家。然而，第一阶段的数据交易平台发展模式探索十分艰难，数据孤岛问题难以解决、数据流通壁垒尚未消除、数据权属尚不明确、数据安全问题丛生，真正能够实现数据交易的屈指可数。2017~2018 年，各地数据交易平台建设进入冷静期和观望期，2019~2020 年，数据交易平台的发展相对停滞，仅有 2 家成立（见图 1）。

第二阶段以 2021 年以来北京、上海等大数据交易所成立为标志。党的十九届四中全会提出将数据作为生产要素参与分配，数据交易再度成为热点问题，2021 年北京、上海、深圳等数据交易平台的成立标志着数据交易机构迎来了第二轮探索期。2021 年数据交易机构增长加速，共有 8 家注册，

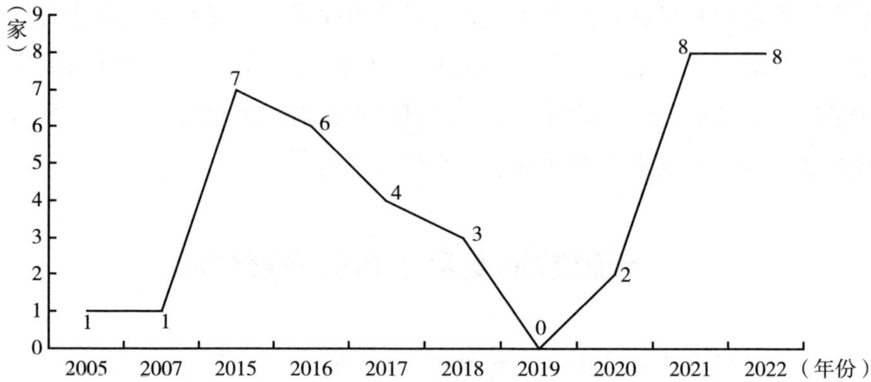

图 1　40 家数据交易平台注册时间分布

注：仅统计名称中含“数据交易”的企业数量，2022 年统计时间截至 8 月 24 日。
资料来源：国家工业信息安全发展研究中心整理。

包括北京国际大数据交易有限公司、上海数据交易所有限公司、深圳数据交易所有限公司、西部数据交易有限公司等。到 2022 年（截至 8 月），又迎来了广州数据交易有限公司、福建大数据交易有限公司、江苏无锡大数据交易有限公司、湖南大数据交易所有限公司、海南数据交易服务有限公司、郑州数据交易中心有限公司等数据交易机构的诞生。

（二）平均注册资本金近1亿元，华东、华南、华中地区为主要集聚地

从 40 家数据交易机构地域分布上看，华东、华南、华中地区为数据交易平台主要集聚地。华东地区共有 14 家，占比 35%，其中江苏 4 家、山东 3 家、上海 2 家、浙江 2 家、福建 2 家、江西 1 家。其次是华南和华中地区，各占 7 家，占比均为 17.5%，其中华南地区包括广东 5 家、广西 1 家、海南 1 家；华中地区包括河南 3 家、湖北 3 家、湖南 1 家。华东、华南和华中地区的数据交易平台数量合计为 28 家，占比为 70%。其余几大区域的数据交易平台分布较为均匀，东北、华北、西北、西南均为 3 家。截至 2022 年 8 月，辽宁、内蒙古、青海、新疆、四川、云南、西藏这 7 个省份尚未布局数据交易平台（见图 2）。

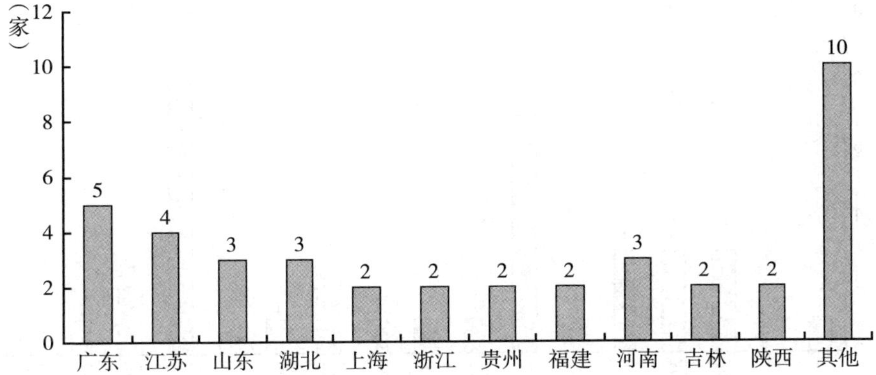

图2　40家数据交易平台所在省份分布

注：仅统计名称中含“数据交易”的企业数量，统计时间截至2022年8月24日。

资料来源：国家工业信息安全发展研究中心整理。

企业注册资本方面，40家数据交易平台的注册资本介于30万元至8亿元，多数平台的注册资本分布在5000万元至1亿元，共计23家。其中，注册资本在1亿元的较多，为8家，其次是注册资本为5000万元，也有7家（见图3）。值得一提的是，近年注册成立的数据交易公司资金实力较为雄厚，如北京国际大数据交易有限公司注册资本为2亿元，上海数据交易所有限公司注册资本为8亿元，郑州数据交易中心有限公司注册资本为2亿元。

（三）形成佣金收取、会员制、增值式交易服务等多种盈利模式

一是通过收取交易手续费创收的佣金模式。例如，此前贵阳大数据交易所对促成的每一笔交易收取10%佣金。佣金模式的优势在于简单易行，门槛低，达成交易额度越大缴纳费用越多，对交易双方最为公平。但这种模式也有相应的弊端，一是较高的佣金费用容易让数据供需双方对交易望而却步，二是一旦双方完成对接后，难免会想方设法绕过平台进行交易，以规避交易佣金费用。为了更好地适应数据可无限复制和可增值的特点，贵阳大数据交易所于2016年4月宣布取消交易佣金制，改为增值式交易服务模式，以便能“更好地反映大数据交易的乘数价值”。国家工业信息安全发展研究中心通过

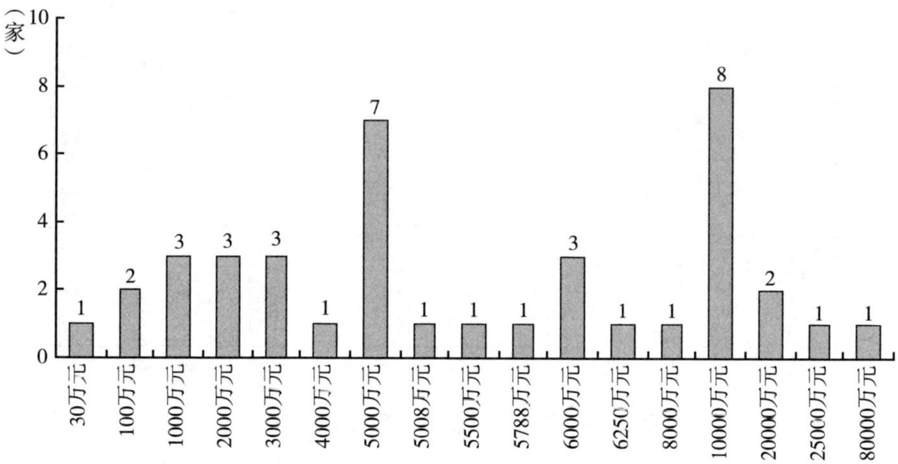

图 3　40 家数据交易平台注册资本数额

注：仅统计名称中含“数据交易”的企业数量，统计时间为 2022 年 4 月 15 日。

资料来源：国家工业信息安全发展研究中心根据天眼查数据整理。

调研相关数据交易平台获知，当前的大多数数据交易平台都仍保留有收取佣金的盈利模式，但整体趋势是佣金率不断降低，当前整体佣金率为 1%~5%。

二是通过收取会员费创收的会员制模式。例如，华东江苏大数据交易中心不收取参与交易双方的佣金，其盈利模式主要是对会员收取年费。据调研，截至 2022 年 8 月，华东江苏大数据交易中心已拥有 6000 多家会员，实现平台盈利。会员制模式的优势一方面在于消除了企业间因佣金成本费用而不愿增加交易频次的顾虑，有利于催生出企业与企业之间的长期数据合作；另一方面，会员资格的限制和交易所定期对会员资质的审查（如对数据供给方的资质的审查等），使数据交易可靠程度较高，交易安全性和交易质量更容易获得保障。

三是增值式交易服务模式。在增值式交易服务模式下，数据交易平台已经跳出了中介或“中间人”的身份，承担了数据清洗、数据标识、数据挖掘、数据融合处理等数据服务商的职能和角色。国家工业信息安全发展研究中心通过调研获知，当前大部分数据交易平台提供相应的数据增值服务，且相关业务在平台营收中的占比不低。部分平台负责人反映，这种模式存在的必要性在于，当前数据交易生态尚不成熟，“如果平台不做数据增值的话很难促成供需双方的对接”，此外数据安全合规流通的要求也使平台必须承担数据脱敏脱密等工作。但也有企业负责人表示，“数据交易平台从事数据增值服务工作，可能会对数据交易生态中的数据服务商造成‘挤出效应’，形成恶性竞争，不利于数据交易生态的良性发展。从长远来看，推进数据交易所从‘运动员’到‘裁判员’的角色转变，促使数据交易所与数据服务商职能相分离，是根本趋势所在”。

（四）支撑数据交易的法律和政策环境日趋完善

从国家层面看，相关法律法规和政策标准助力数据交易长效健康发展。一是数据相关法律法规不断完善。《数据安全法》《个人信息保护法》于2021年颁布和实施，对数据流通的安全问题作出更为明确的要求，划出了数据要素流通的边界和红线。以《数据安全法》为例，该法强调加强对重要数据的保护，在保障数据依法有序流动的同时，鼓励保障数据自由流动的市场秩序，提高数据流动性。在数据交易方面，《数据安全法》提出支持市场主体、行业协会乃至政府机构共同搭建数据交易平台，探索建立适当的数据交易程序、交易担保机制。通过创制规则，减少不必要的数据要素交易成本，最大限度地加快社会数据交易的频次。2021年11月出台的《网络数据安全管理条例（征求意见稿）》以及2022年7月出台的《数据出境安全评估办法》等法规也进一步强化了数据监管实操层面的要求。二是相关政策利好数据交易市场建设。2021年11月，《“十四五”大数据产业发展规划》发布，明确充分释放数据要素价值、做强做优做大数据产业、推动产业生态良性发展等重点布局及相关举措。2022年1月，国务院办公厅印发的《要素市场化配置综合改革试点总体方案》提出探索“原始数据不出域、数据可用不可见”的交易范式，在保护个人隐私和确保数据安全的前提下，分级分类、分步有序推动部分领域数据流通应用。2022年4月《中共中央 国务院关于加快建设全国统一大市场的意见》发布，强调要加快培育统一的数据市场，建立健全包括交易流通在内的基础制度和标准规范。可以看出，国家正积极发挥上位法律和顶层设计对数据交易流通的指引作用，减少实践中“不会”、“不当”和“不敢”推动数据流通交易共享的现象。

从地方层面看，各地积极探索，先行先试，为数据交易营造了较好的政策环境。《广东省数据要素市场化配置改革行动方案》《上海市数据条例》《深圳经济特区数据条例》《山东省大数据发展促进条例》《浙江省公共数据条例》等相继施行（见表1），为我国数据要素市场发展注入了新一轮活力。《广东省数据要素市场化配置改革行动方案》明确要求加快构建两级数据要素市场结构，2021年10月广东发布了全国首张公共数据资产凭证，明确企业用电数据可以作为贷款依据。《上海市数据条例》在“数据要素市场”“浦东新区数据改革”章节中，将培育数据要素市场的制度框架，以及建立数据交易所、国际数据港等实质性举措予以明确。《深圳经济特区数据条例》则提出，市场主体对合法处理数据形成的数据产品和服务，可以依法自主使用，取得收益，进行处分。《山东省大数据发展促进条例》鼓励运用区块链、人工智能等新技术创新数据共享模式，探索通过数据比对、核查等方式提供数据服务。浙江、广西、重庆等地也纷纷提出了培育数据要素市场的新模式和新举措，为促进数据要素流通和共享创造良好条件。

表1　2021年以来我国关于数据要素的相关政策法规

中央/地方	发布机构/地区	实施时间	文件名称
中央层面	工业和信息化部	2021年11月	《“十四五”大数据产业发展规划》
	国务院	2022年1月	《要素市场化配置综合改革试点总体方案》
	国务院	2022年4月	《中共中央 国务院关于加快建设全国统一大市场的意见》
地方层面	广东	2021年7月	《广东省数据要素市场化配置改革行动方案》
	上海	2022年1月	《上海市数据条例》
	深圳	2022年1月	《深圳经济特区数据条例》
	山东	2022年1月	《山东省大数据发展促进条例》
	浙江	2022年3月	《浙江省公共数据条例》
	广西	2022年3月	《广西加快数据要素市场化改革实施方案》
	重庆	2022年7月	《重庆市数据条例》

资料来源：国家工业信息安全发展研究中心整理。

三　我国数据交易平台的发展趋势

我国数据交易平台在探索中不断破解确权难题，有序开拓各类型数据应用场景，日益明确数据交易的公共价值导向，稳步提升数据交易安全技术，逐步培育数据交易产业链生态，呈现一些发展新趋势。

（一）数据产权制度日趋受到关注，数据登记将成为破解确权难题第一步

数据的多重属性和复杂权利义务关系使我们难以笼统地对“数据”作出权属上的单一安排。从当前数据交易流通的实践来看，个人数据和政务数据的权属问题相对清晰，企业数据的权属问题则较为复杂。对于企业数据，权属问题的核心是如何形成市场激励，鼓励市场主体对数据领域的持续投入和开发。各大数据交易平台通过探索，逐步形成了数据登记、技术赋能数据权益使用等确权模式。

数据登记方面，山东数据交易有限公司通过制定《数据（产品）登记管理办法》建立数据产品登记制度，以厘清数据供给方的数据来源、明确数据可应用场景等方式，迈出数据确权第一步。截至 2022 年 8 月，山东数据交易有限公司的数据登记品种已达 200 多种，并积极制定工作方案，建立数据登记联盟，联合全国交易机构、协会联盟等组织，加快数据登记工作在全国的推广。

此外，一些交易平台探索以技术破解数据确权难题。从行业实践上看，数据交易平台大多绕开了关于数据权属问题的复杂争议，主体采取了“所有权+用益权”的模式推进数据流通，即既承认原始数据产生者（如 App 用户等）对数据的所有权，又不妨碍相关主体对数据价值的开发利用，在保护用户隐私权等权利的基础上发掘数据价值。各大数据交易平台以数据使用价值为基本交易对象，将数据要素解构为可见的“具体信息”和可用的“计算价值”，通过相关技术对数据脱敏脱密，去除“具体信息”，仅对其中

"计算价值"进行确权、存证、交易，推进数据的有效流转。

未来，各大数据交易平台将发挥各自优势，创新数据确权解决方案，在数据权益的保护和数据价值的开发利用之间进一步找到有效的平衡点。

（二）参与交易的数据类别逐步扩大，医疗、交通、工业用电数据等成为数据需求新热点

随着应用场景的逐步开拓，我国交易流通的数据类型从金融数据逐步扩展到医疗、交通、工业等多种类型的数据。

一是电子病历系统、临床数据中心（CDR）、电子用药记录（eMAR）等数据库的医疗数据正为药物研发、人工智能病情诊断等提供日益重要的数据支撑。由于医疗体系所包含的信息化厂家和系统繁多，存在数据标准化程度低、数据治理难度高、数据孤岛现象严重等问题，医疗数据价值的释放一直面临诸多难点。我国数据交易平台正探索发挥平台资源整合优势，破除医疗数据价值释放难点。例如，2020 年 9 月，北京市大数据中心、中关村科学城管委会、中国技术交易所、清华大学北京信息科学与技术国家研究中心、中关村生命科学园 5 家单位联合发起了中关村医药健康大数据交易平台，探索延伸医疗健康智能化应用场景，拓展医疗健康应用边界。2021 年 11 月，北京国际大数据交易所联合北京市 10 家医院发起举办"北京医疗健康数据创新试点应用竞赛"，旨在在法律合规的制度框架下、在安全可信的技术环境中，将较高价值的医疗健康领域数据进行脱敏加密，以科研竞赛的形式向人工智能、医药研发、健康医疗科技等企业定向开放，支持北京市临床决策、疾病诊断、药物研发等医疗领域研究。

二是收费站磅秤数据、高速路车辆行驶等交通数据应用场景日渐明晰，赋能企业降本增效。例如，华东江苏大数据交易中心利用收费站磅秤数据帮助加工型企业（如造纸企业、建材企业等）核对原料售卖企业所运达的原料重量的真实性，解决加工型企业采购原料真实重量核算难的痛点，减少企业面临的用料成本被瞒报高报风险。此外，华东江苏大数据交易中心利用高速公路数据对私家车投保进行精准画像，帮助保险企业准确识别客户驾驶行

为的风险，精准制定费率，优化经营结构。

三是电网配电数据、电价数据等工业用电数据有效助力电力配置布局优化。如浙江大数据交易中心利用工业用电数据助力企业高效投建分布式电力储能设备。我国实行分时电价，用电量波峰波谷电价差达3倍以上，分布式电力储能设备可在电量波谷时期导入电网配电进行储存，帮助企业避开用电高峰，降低用电成本。浙江大数据交易中心针对用电单位投产分布式储能设备的需求，基于发电机构和电网电力调配数据，结合用电单位的用电情况和具体需求，开展电力差额配置和布点研究，形成分布式储能决策报告，帮助企业选择最优的分布式储能设备的建设方式，在降低企业成本的同时帮助电网削峰填谷，缓解电网峰值压力。

可以预见，未来通信、金融、医疗、应急管理、农业及水利、公安、交通、电力、信用、就业、社保、城市安全等多领域的大数据将进一步得到开发利用，促进数据交易市场的繁荣。

（三）隐私计算等相关技术加速应用，助力破解安全难题

我国数据交易市场已经具备一定的技术支撑能力，隐私计算、区块链、数据水印等技术或者已经进入应用阶段，或者正处于加速研发期，将为数据要素安全流通保驾护航。

一是通过隐私计算保障源数据安全。北京国际大数据交易所、深圳数据交易所、上海数据交易所等平台已率先将隐私计算技术应用于数据交易流通，针对高敏感度和高价值数据，可以在保证不泄露原始数据的前提下，对数据进行分析计算、联合建模等，实现“数据可用不可见，用途可控可计量”，有效限制敏感数据被复制，防止数据泄露和滥用，增强数据的共享意愿，激励数据价值的挖掘。各大数据交易平台纷纷跟进，抢抓隐私计算技术部署机遇。

二是通过区块链技术实现数据调用的全链条监管。例如，上海数据交易所采用联盟链将与交易有关的信息存储在区块链节点中，以确保数据交易安全、可信。山东数据交易有限公司通过区块链进行数据交易存证，记录交易协议、交互过程的关键信息。然而，调研发现，当前数据交易市场的区块链

技术仍呈现应用的单一化和片面化，未能全面地赋能数据交易市场应该达到的目标：去中心化、公平性、隐私性、有效性等。例如，智能合约等技术还没有实际应用的场景，未来有望进一步探索。

三是通过数据水印技术完成数据泄露的溯源和追责。在一些情形下，数据交易流通需要涉及源数据的交付（如研究性质的数据发布等），然而这也带来更多的数据泄露风险。同一份数据可以进行多次交易流通，往往涉及多个数据接收方，若其中某一方由于安全失责原因导致数据泄露，数据泄露后如何正确溯源到真正的泄露方呢？“数据水印”为这个问题提供了解决手段。数据水印是一种将标识信息（如版权信息、机构 ID 等）通过一定的规则与算法隐藏在结构化数据中的技术。隐藏后数据库的使用价值几乎不变，可用于版权保护或泄露追踪溯源。当源数据通过数据交易平台流向数据需求方时，数据交易平台可以在源数据中嵌入不同的水印信息（如接收机构 ID、时间等）给不同的接收机构。一旦发生相关的数据泄露，平台可提取泄露数据的水印信息，通过溯源取证，进而对泄露主体进行追责。数据水印技术的应用，一方面可以帮助数据交易平台了解内部安全管理与技术措施的薄弱环节，另一方面将对实施数据泄露行为的数据接收方起到心理威慑的作用，从而有效减少类似事件的发生。据调研，当前我国各大数据交易平台的数据水印技术仍然处于研究探索阶段，未来将具有广阔的开拓空间。

（四）政府公信力助力海量数据汇集，交易机构公共服务价值导向渐显

数据交易机构力推规模化发展，国有资本控股或 100%持股成为重要趋势之一。例如，贵阳大数据交易所运营之初是混合所有制，如今计划股改为国资 100%持股；北京国际大数据交易有限公司大股东北京金融控股集团有限公司持股 65%，其背后是通过北京国有资本运营管理有限公司由北京市国资委实控；广州数据交易有限公司通过广州交易集团有限公司持股 70%，实控人是广州市政府等。国有资本控股或 100%持股的优势之一就是让政府公信力为数据交易平台提供信任背书，让更多高价值公共数据进入数据交易

市场，公共数据的应用壁垒显著降低，能够实现更大价值。

以北京国际大数据交易所为例，在北京市委市政府的推动下，其已与北京市公共政务资源网、北京金融公共数据专区进行对接，利用金融公共数据专区对全市金融公共数据进行运营。借助北京国际大数据交易所平台 IDeX 系统，北京金融公共数据专区中的高价值政务数据与银行金融数据进行融合，工商银行、招商银行的“普惠金融数字画像”“企业贷后预警”等数字金融服务悉数落地，得以更高效地开展“小微业主贷”“小微普惠贷”等业务。北京国际大数据交易所还联合交通银行、中航信等机构，探索基于数据资产评估的金融创新服务。深圳数据交易所以建设国家级数据要素交易所为目标，将培育数据要素市场和促进数字经济产业紧密结合，从优化数商等产业政策、赋能传统经济和中小企业、协助社会信用体系构建等方面着手，建立跨地域、跨领域、跨行业数据交易生态圈，在粤港澳大湾区乃至全国将会逐步构建合规安全的数据要素交易流通体系，形成一批具有示范效应和较大影响力的数据交易成果，将有效推进各地数字产业化和产业数字化协调发展，培育数字经济的新业态。深圳数据交易所已经与涉及金融、通信、交通、电力等行业的多家大型央企和本地国企合作，对接其数据资源和数据需求。

相信未来，数据交易平台将在数据交易市场上扮演越加重要的角色，在自身定位上将更多展现公共服务的价值导向，进一步盘活公共数据价值，同时为地方经济和社会发展贡献力量。

（五）数据交易上下游产业链雏形初现，“数商”生态有望赋能数据产业发展

数据交易流通不仅包括发生在交易平台上的部分，也包括交易前、交易后和数据出入境等环节，不同环节均有望孕育出相应的数据服务提供商。数据入场交易前，相关数据服务商对数据进行清洗加工和合规性认证。数据入场交易时，针对供需双方存在的信息不对称问题，数据经纪商可作为双方的对接人提供交易撮合服务，而数据托管方、数据资产评估方和数据质量评估方的存在则可进一步消除供需双方的疑虑，为双方创造高信任度的交易环

境。数据交易完成后，争议仲裁机构负责进一步解决后续可能产生的纠纷。此外，部分数据交易平台也在探索发展数据跨境流动咨询与管理业务，为有数据出入境需求企业的数据跨境流动合规性提供咨询和管理服务，避免相关企业触及国家安全问题。总体而言，这些环节尚处于萌芽状态，但有望进一步发展壮大，甚至可能在将来形成规模化产业，最终共同构成数据交易的商业生态，推动数据产业蓬勃发展（见图 4）。

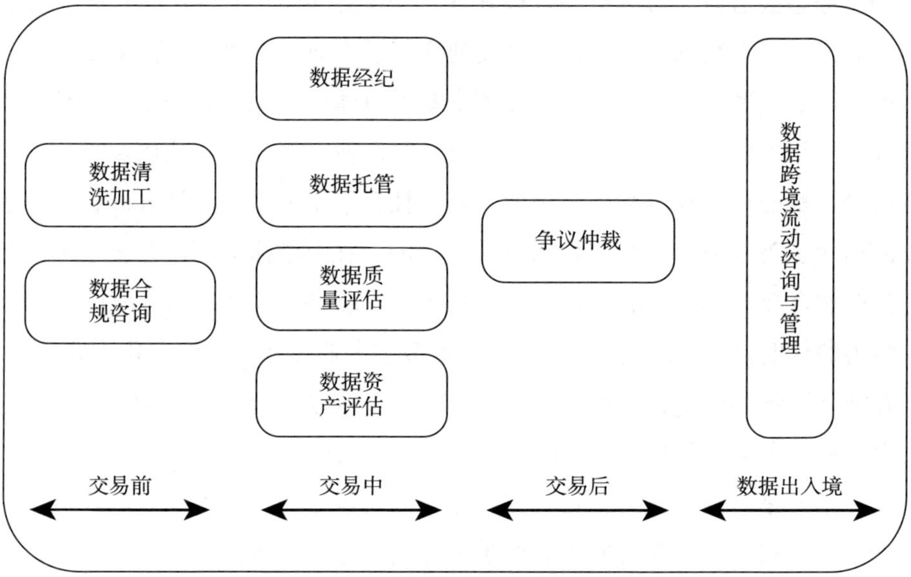

图 4　我国数据交易产业链生态雏形

当前，相关数据交易平台正积极探索培育数据服务商，构建数据交易生态体系。北京国际大数据交易所积极建设数据要素市场中介服务体系，正在招募数据托管商和数据经纪商。北京国际大数据交易所还牵头成立了“北京国际数据交易联盟”，联合供给方、应用方、服务方共同打造数据生态。上海数据交易所则打造了“全国数据交易联盟”，倡议全国数据交易机构共建新生态，推动数据流通交易体系完善，持续壮大数据经纪、审计、资产评估等多元主体，谋划新业态，塑造新职业。深圳数据交易所正全力打造数据产业合作生态，截至 2022 年 8 月，首批数商及深圳数据交易“2022 数据要素生态圈”计划策划成员已覆盖全国14个省区市，首批数商达到62家，其中深圳本地数商数量位居第一，共17家，占比27%，北京、上海两地数商分别占比23%、10%；深圳数据交易“2022数据要素生态圈”计划策划成员66家，其中深圳以外企业52家，占比79%。深圳数据交易所正探索整合生态合作伙伴的优势禀赋，建立多样化的合作模式。在数据质量管控方面，联合第三方机构，针对数据源的形式和内容审核，提供数据需求方购买前的数据测试服务等；在跨境数据交易方面，以建立深港数据交易合作机制为抓手，为数据跨境交易、离岸交易提供安全、合规、快捷的服务和管理平台，打造深港数据跨境交易中心。在各大数据交易平台的前驱探索和带动下，相信未来我国的数据交易产业生态体系将不断发展壮大，成为大数据产业的重要组成部分，赋能数字经济高质量发展。

四　存在的问题

虽然数据交易平台发展迅速，但也存在一些亟待解决的问题，应警惕一些不好的苗头。

（一）数据产权不清致使交易风险升高

数据产权问题是数据交易发展的掣肘之一。比如在金融领域，部分金融科技机构认为通过客户授权得到的个人数据，数据所有权应属于他们；部分持牌金融机构对此不认同，理由是个人数据若存在过度采集，或涉及个人隐私，其数据归属应列入“个人与平台共有”。面对这种分歧，不少地方数据交易所会给出截然不同的判断，导致持牌金融机构担心使用这类数据面临潜在合规风险，干脆对这类数据交易说“不”。当前，缺乏数据产权立法，无法明确数据的各方权利，使交易风险提高，制约了数据交易行为的发生。

（二）数据交易活跃度尚待提升

当前数据收益分配机制尚不清晰，这是影响数据交易活跃度的关键因素。从本质上讲，数据要素参与收入分配是收入在不同数据要素所有者之间的分配。然而我国数据要素相关收益分配主体不清晰、权益边界模糊，主要原因是数据要素收入分配“向谁分”的问题没有解决。在实践中，用户对于企业收集个人数据形成的财富价值不享有基本知情权，个人参与收益分配无据可依。对于公共部门出于履行法定职责等公共利益目的所收集的数据权属也尚未达成一致，导致公共数据资源价值化的收益分配对象不清晰、分配机制不健全。此外，数据要素价格机制尚未形成，针对数据定价，多数地方数据交易所支持交易双方磋商定价，但当双方出现定价分歧时，地方数据交易所又无法给出权威的数据定价模型，导致交易双方均认为数据定价缺乏“公允性”。

（三）谨防同质化竞争的苗头

数据交易还处在探索阶段，各地方积极响应国家总体战略部署，先行先试，值得鼓励，但应警惕同质化竞争的苗头。从全国布局看，现有数据交易机构多集中建设在沿海发达地区和中部省份，可能形成区域壁垒和产业壁垒，造成多个区域分割市场。就区域布局看，一省之内多家数据交易机构如果不做好统筹、错位发展，容易出现同质化竞争，也容易造成资源浪费，形成数据孤岛，出现新的数据割据局面。

（四）新技术支撑尚不充分

一方面，虽然数据交易机构较多，但是设有官方网站、公开运营的并不多，且活跃度不高。天眼查数据显示，40 家名称含“数据交易”的企业中，15 家（37.5%）提供了网址信息，能够打开的只有 9 家（22.5%），而其中能够明确提供交易系统的更是屈指可数，其他机构尚未建立或未公开交易网站。作为数据交易机构，如果最基本的技术支撑都无法保障，那么所谓的交易难免成为海市蜃楼。另一方面，隐私计算、区块链等新技术在确保数据安全和实现数据交易全程可追溯方面发挥着至关重要的作用，主要还是头部数据交易平台在做相应的技术拓展，应用还有待进一步深化。

五　发展建议

总体来看，我国数据交易还在发展初期，鼓励地方在先行先试的基础上总结经验，补齐短板，更好促进数据交易健康发展。建议如下。

（一）加强统筹布局，推动各数据交易机构错位发展

补齐数据交易监管短板，制定《数据交易场所管理办法》，推进数据交易市场的准入机制建设，完善数据准入体系及人员从业资格认证体系。选取北京、上海、深圳等数据资源丰富、产业集中、积极性较高的地区进行数据交易试点，就数据确权、定价、交易规则、场景创新等先行先试，尽快总结经验并推广。引导支持数据交易机构加大公共数据授权运营，进而探索更丰富的应用场景。

（二）结合数据资源禀赋，建立数据交易良好发展生态

鼓励数据交易机构基于各自在工业、金融、交通等行业数据的基础和优势，找准商业模式，挖掘深层次数据价值，延展出市场所需的数据产品或服务。推动建立数据交易发展监测体系，开展数据交易机构监测工作，动态掌握数据交易额、交易数据量、数据产品挂牌数（数据产品登记证书）等情况。

（三）加大技术研发，建立统一规范的标准体系

支持隐私计算、区块链、数据水印等数据交易的相关技术研发创新、标准完善和应用推广。鼓励数据交易机构建设功能完善、标准兼容的数据交易系统，较好支持数据登记、结算等交易关键环节，并为后续各数据交易机构互联互通提供重要支撑。

（四）建立完善数据基础制度，推动数据高质量供给

强化数据产权、数据收益分配等基础制度研究和实践探索，在严守安全

底线的前提下，按照政府引导、市场主导的原则，支持有条件的企业试点将通信、金融、工业等市场急需的数据开放至数据交易机构，探索建立由市场评价贡献、按贡献决定报酬的数据要素收益分配模式，激发各市场主体积极性，大幅提升全国数据要素供给数量。支持有条件的企业开展数据管理能力等国家标准的贯标，强化企业数据管理能力，提升数据供给质量。

参考文献

智慧蓉城研究院：《从 1.0 到 2.0：数据交易机构的实践探究》，2022 年 4 月。

赛智时代：《数据要素市场化配置——我国数据交易市场发展研究》，2021 年 6 月。

腾讯研究院：《数据权属大讨论中的共识凝聚》，2021 年 6 月。

公安三所网络安全法律研究中心：《全球数据交易实践、行业规范现状与政策法律问题研究报告》，2021 年 8 月。

朱英子：《数据交易机构哪家强：25 家存续半数注资超 5000 万 多为政府搭台 科技公司普遍参股》，《21 世纪经济报道》，2021 年 4 月。

B.16
2022年中国数字贸易发展报告

王梦梓　陈耿宇*

摘　要： 数字贸易是数字经济的重要组成部分，也是发展外向型数字经济的主要载体。我国高度重视数字贸易发展，党的二十大报告指出，要“推动货物贸易优化升级，创新服务贸易发展机制，发展数字贸易，加快建设贸易强国”。数字贸易作为一种新型经济形态，现行国际贸易统计理论、统计调查制度和方法尚难以准确衡量，数字贸易规模统计亟须创新统计理论、统计制度、调查手段。本报告积极探索适用于我国的数字贸易测算体系，利用“数字融合比”法，基于官方权威数据，试测算我国2021年数字贸易进出口额，以期为我国数字贸易规模测算提供理论和数据参考。

关键词： 数字贸易　服务贸易　数字融合比

数字贸易是数字经济的重要组成部分，也是发展外向型数字经济的主要载体。世界贸易组织估计，到2030年数字技术将促进全球贸易量每年增长1.8~2.0个百分点。世界主要国家和地区纷纷出台数字贸易发展战略，抢占数字贸易国际竞争新高地。党中央、国务院高度重视数字贸易发展，明确指出要加快数字贸易发展，推进数字服务出口基地建设。党的二十大报告指出，要“推动货

* 王梦梓，博士，国家工业信息安全发展研究中心信息政策所数字经济研究室工程师，主要研究方向为数字经济测度、数字贸易；陈耿宇，国家工业信息安全发展研究中心信息政策所数字经济研究室助理工程师，主要研究方向为数字经济测度、数字产业。

物贸易优化升级，创新服务贸易发展机制，发展数字贸易，加快建设贸易强国”。在此背景下，客观反映数字贸易发展情况成为国内外专家关注的重点。

一 国内外数字贸易规模测度研究进展

数字贸易区别于传统贸易最主要的特点在于是否通过数字化方式实现交易。各国统计服务贸易时依据国际收支服务扩展分类（EBOPS2010）中的服务类型进行统计，而不是按照交易方式，为数字贸易规模测度带来挑战。因此，国内外学者或机构按照交易方式提出“潜在 ICT 赋能服务”“数字可（实际）交付服务”“数字技术可（已）融合服务”等概念，以便于计算数字服务贸易规模。尽管提法各异，但各概念均区分了实际通过 ICT 网络远程交付的服务和潜在的可以通过 ICT 网络远程交付的服务。

（一）数字可交付服务的测算

联合国贸发会议（UNCTAD）和美国商务部经济分析局（BEA）都曾开展数字可交付服务相关测算工作。

联合国贸发会议在《数字经济报告 2019》中提出“已数字交付服务”（digitally delivered services）和“可数字交付服务”（digitally deliverable services）概念。前者是计算以 ICT 网络远程交付方式提供的服务规模，很难用现有的统计方法和调查工具来衡量。但是 UNCTAD 同时提出，官方统计数据可以用于估计可以数字方式交付的服务进出口规模，即“可数字交付服务”。根据国际收支服务扩展分类（EBOPS2010），“可数字交付服务”包括保险和养老金服务，金融服务，知识产权使用费，电信、计算机和信息服务，其他商业服务，以及视听和相关服务。研究发现，2018 年，全球可数字交付服务的出口额为 2.9 万亿美元，占全球服务出口的 50%。2015~2018 年，可数字交付服务贸易以每年 7%的速度增长，高于整体服务贸易出口的平均增长率（6%）。

美国商务部经济分析局（BEA）对数字服务贸易的划分方法与 UNCTAD 稍有不同，UNCTAD 提出的“已数字交付服务”包含在“可数字交付服务”

中，是“可数字交付服务”以数字化方式实际交付的部分。而BEA在2021年10月《美国国际服务：2020年的服务贸易和2019年通过关联公司提供的服务》报告中提出“ICT服务”（ICT services）和“潜在ICT赋能服务”（PICTE services，Potentially ICT-enabled services）。“ICT服务”从概念解释上是“通过ICT网络提供的服务”，BEA认为计算机软件（computer software）、电信服务（telecommunications services）、计算机服务（computer services）是100%通过ICT方式交付的服务类型，同时将保险、金融等列入“潜在ICT赋能服务”中，是主要可以（不确定）通过ICT网络远程提供的服务（按服务类型分类）。2021年10月，BEA最新的统计结果显示，2020年美国ICT服务进出口规模1308亿美元（出口839亿美元，进口469亿美元）；PICTE服务进出口规模8268亿美元（出口5202亿美元，进口3066亿美元）。PICTE服务在服务贸易总额中的占比大幅增加，出口占比从2019年的58%上升至2020年的74%，进口占比从2019年的50%上升至2020年的67%。

相比于UNCTAD以“可数字交付服务”规模近似代表数字服务贸易的计算方法，BEA对数字服务贸易的测算进一步细化，将已经实现ICT远程交付的服务从潜在的可以ICT方式远程交付的服务中分离出来，尽管有所进步和发展，但仍未实现完全测算实际数字化服务贸易的规模。

（二）数字实际交付服务的测算

国际上开展数字实际交付服务的机构主要是联合国贸发会议。2015年，联合国贸发会议启动项目并成立工作组研究如何衡量ICT赋能服务贸易（International Trade in ICT-enabled Services）。2015年10月，工作组发布《对基于ICT的服务出口进行调查报告》（*Implementing a Survey on Exports of ICT-Enabled Services*），设计了一套企业调查问卷，通过询问企业通过ICT远程方式向海外客户进行远程出口的比例等问题，计算ICT赋能服务出口的贸易额。2016~2017年，在瑞典政府资助下，联合国贸发会议分别对哥斯达黎加、印度和泰国进行试点调查。结果显示，2016年，哥斯达黎加潜在ICT赋能服务占服务出口总额的39%，ICT实际赋能服务出口占服务总出口的

38%；印度 2016~2017 财年实际 ICT 赋能服务出口占潜在 ICT 赋能服务出口的 81%，实际 ICT 赋能服务出口占总服务出口的比例为 57%；泰国的试点调查仅限于电信行业，且未在报告中给出具体数值。

数字交付贸易作为服务贸易的核心，其实际交易规模最能代表数字贸易发展实际情况，但对这部分的贸易额测算仍处于探索阶段，联合国贸发会议对哥斯达黎加、印度等国家开展的试点研究也尚未在国际上形成测算数字贸易的通用范式，数字实际交付服务贸易仍是当前数字贸易规模测算研究面临的瓶颈问题。

（三）国内数字贸易规模测度实践

在国内数字贸易测度实践方面存在三种测度范畴和主张。

第一种是遵循 UNCTAD 的数字可交付服务贸易口径，直接从国际收支统计表中选取第 6~11 品类的贸易规模作为数字贸易规模。我国商务部采用这一测度口径，2021 年 8 月，中国商务部表示，按照联合国贸发会议的统计口径计算，2020 年我国数字可交付服务贸易额为 2947.6 亿美元，同比增长 8.4%，占服务贸易总额的比重达 44.5%。中国信息通信研究院编撰的《中国数字贸易白皮书》根据这个口径，对中国和其他主要经济体的数字贸易额进行了对比。

第二种是国内学者贾怀勤主张根据数字技术与服务贸易融合状况对国际收支统计中的服务各品类贸易额进行调整。2018 年 2 月，贾怀勤在《建议开展数字贸易尝试性测度》一文中提出途径和方法：一是确立“数字技术可融合服务”和“数字技术已融合服务”概念；二是数字技术可融合服务贸易额取自国际收支表的经常项目统计，由数字技术可融合服务贸易额与数字技术融合比（简称“融合比”）之积导出数字技术已融合服务贸易额，也就是 UNCTAD 窄口径方法中实际正在通过数字交付的服务贸易规模。[①] 融合比的计算主要有三种方法：一是可以通过商务部服贸司重点企业服务贸易统计监测调查获取；二是借用社会智库的近似数据测算；三是通过数学模型测算。

第三种是一些行政区“全口径”数字贸易统计监测方案。既包括服务

① 贾怀勤：《建议开展数字贸易尝试性测度》，第一财经，2018 年 2 月。

贸易中数字可交付的部分（EBOPS 第 6～11 品类），也需要从数字不可交付服务（EBOPS 第 1～5、12 类）中提取数字技术有效赋能带动贸易效率和质量提升的部分，这就不限于数字订购交易的环节。此外，还要将跨境电商和数字硬件贸易全部纳入统计。

二　数字贸易规模测算的理论基础

（一）数字贸易概念界定

针对当前国内外学术界对数字贸易“宽”“窄”概念的分歧，贾怀勤教授认为两种理念的分歧源于学术上理论认识的不同，无对错之分，只要在特定环境适用即可，[①] 并提出“认窄识宽”的观点，认为既要认同窄概念的数字贸易，也要接受宽概念的数字贸易，以便在国内外数字贸易分析时方便沟通比较，且提出“二元三环”的数字贸易架构。[②] 本研究认同这一观点，认为应客观认识数字贸易概念上的“宽”“窄”之分，本着“认窄识宽”的思路，不断改进完善数字贸易测度口径。本研究的测度框架采用宽口径的数字贸易概念，重点测度了“数字交付贸易”和“数字订购贸易”，即认为数字贸易是指所有通过数字化形式订购和/或交付的贸易。

（二）数字贸易测算框架

基于对数字贸易概念和发展框架的认识，同时参考 OECD、WTO、IMF《关于衡量数字贸易的手册》，以及 UNTCAD 数字交付服务贸易的测度方法，我们构建了本研究的数字贸易测度框架（见图 1）。

本研究所测度的数字贸易包括“数字交付贸易”和“数字订购贸易”

① Jia Huaiqin, “Methods and Measurement Results of Digital Trade Measurement and Forward Thinking”, https：//unstats. un. org/unsd/trade/events/2021/Beijing_ workshop/default. asp.

② 贾怀勤、高晓雨、许晓娟、方元欣：《数字贸易测度的概念架构、指标体系和测度方法初探》，《统计研究》2021 年第 12 期。

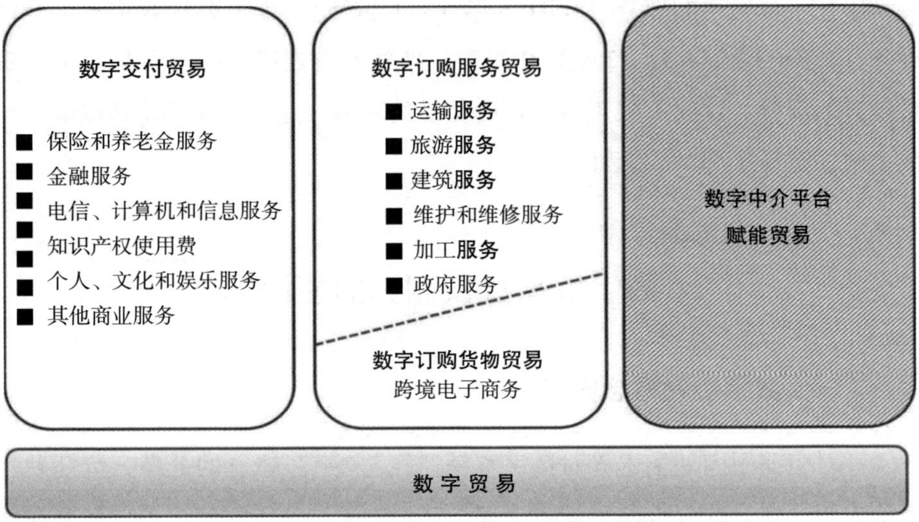

图1　数字贸易测度框架

资料来源：国家工业信息安全发展研究中心。

（见表1），其中“数字交付贸易”参考UNTCAD数字交付服务贸易的测度方法，主要包括六类，分别是：①保险和养老金服务；②金融服务；③电信、计算机和信息服务；④知识产权使用费；⑤个人、文化和娱乐服务；⑥其他商业服务。“数字订购贸易”主要包括“数字订购服务贸易”和“数字订购货物贸易”，数字订购服务贸易包括：①运输服务；②旅游服务；③建筑服务；④维护和维修服务；⑤加工服务；⑥政府服务。数字订购货物贸易与跨境电子商务具有较高的重合部分，以我国海关的跨境电子商务进出口数据为准。数字中介平台赋能贸易不在本研究讨论范围。

表1　数字贸易细分领域及对应指标解释

类别	细分	细分类别	指标解释
数字交付贸易	数字交付服务	保险和养老金服务	各种保险服务，以及同保险交易有关的代理商的佣金
		金融服务	金融中介和辅助服务，但不包括保险和养老金服务项目所涉及的服务

续表

<table>
<tr><th>类别</th><th>细分</th><th>细分类别</th><th>指标解释</th></tr>
<tr><td rowspan="4">数字交付贸易</td><td rowspan="4">数字交付服务</td><td>电信、计算机和信息服务</td><td>居民和非居民之间的通信服务以及与计算机数据和新闻有关的服务交易,但不包括以电话、计算机和互联网为媒介交付的商业服务</td></tr>
<tr><td>知识产权使用费</td><td>居民和非居民之间经许可使用的无形、非生产/非金融资产和专有权以及经特许安排使用已问世的原作或原型的行为</td></tr>
<tr><td>个人、文化和娱乐服务</td><td>居民和非居民之间与个人、文化和娱乐有关的服务交易,包括视听和相关服务(电影、收音机、电视节目和音乐录制品),其他个人、文化娱乐服务(健康、教育等)</td></tr>
<tr><td>其他商业服务</td><td>包括技术、专业和管理咨询服务、研发成果转让费及委托研发</td></tr>
<tr><td rowspan="7">数字订购贸易</td><td rowspan="6">数字订购服务贸易</td><td>运输服务</td><td>线下提供的实体运输服务,例如,用运输设备运送人和货物</td></tr>
<tr><td>旅游服务</td><td>旅行者在境外享受服务</td></tr>
<tr><td>建筑服务</td><td>建筑人员到境外施工</td></tr>
<tr><td>维护和维修服务</td><td>设备(不变更产权情况下)运入/出境进行维护和维修,结束后再返还主人,服务方只收取服务费(维护和维修费)</td></tr>
<tr><td>加工服务</td><td>将原材料、零配件(不变更产权情况下)运入/出境,由服务方进行加工、组装,成品返回货主</td></tr>
<tr><td>政府服务</td><td>政府和国际组织(含驻军)提供和购买的各项服务</td></tr>
<tr><td>数字订购货物贸易</td><td>跨境电子商务</td><td>个人或企业通过跨境物流将货物运送至境外个人、企业或海外仓,并通过跨境电商平台完成交易的形式</td></tr>
</table>

资料来源:国家工业信息安全发展研究中心。

(三)数字贸易计算方法

1. 数字融合比的计算

这里我们借鉴了贾怀勤教授提出的“数字融合比”的概念,即数字已融合服务和数字可融合服务,分别对应UNTCAD的ICT实际赋能服务和ICT潜在赋能服务,二者的比值称为“融合比”。测算数字融合比可以通过重点企业服务贸易统计监测调查问卷获得。本研究的企业调查数据来源于“两化融合公共服务平台”。该平台由国家工业信息安全发展研究中心自2009年起在工信部的指导下建立。在该平台上我们累计收集到2018~2020年10262

家服务类企业数据，具有一定的代表性，可以在一定程度上反映行业的数字技术已融合程度。

将这些企业按照服务贸易分类，筛选出 12 类样本企业，然后分别计算出 12 类服务业企业进口数字融合比和出口数字融合比。测算公式如下：

$$\overline{F_a^{Im}} = \frac{\sum_{i=1}^{n} Im_i^o}{\sum_{i=1}^{n} Im_i^p} \tag{1}$$

$$\overline{F_a^{Ex}} = \frac{\sum_{i=1}^{n} Ex_i^o}{\sum_{i=1}^{n} Ex_i^p} \tag{2}$$

其中，$\overline{F_{\mathrm{a}}^{\mathrm{Im}}}$ 为单项服务进口数字融合比，Im_i^o 表示样本企业线上跨境购买额，Im_i^p 表示样本企业全部跨境购买额；$\overline{F_{\mathrm{a}}^{\mathrm{Ex}}}$ 为单项服务出口数字融合比，Ex_i^o 表示样本企业线上跨境销售额，Ex_i^p 表示样本企业全部跨境销售额，i 表示每家样本企业。

2. 数字贸易整体规模计算方法

利用公式计算出各服务类别进、出口数字融合比之后，从《中国商务年鉴》获取 12 个服务贸易类别的进出口额，通过将 12 个领域的进出口额与对应的数字融合比相乘，加总可得到已数字化的服务贸易进出口总额。中国海关总署公布的跨境电商规模作为已数字化的货物贸易进出口总额，二者相加即得数字贸易进出口总额。

三　我国数字贸易发展整体情况

（一）数字贸易整体规模大幅增长

根据宽口径定义，2021 年我国数字贸易整体规模为 4.81 万亿元人民币，同比增长 20.3%（见图 2）。其中出口额 2.85 万亿元，进口额 1.96 万亿元。从交易对象来看，已数字化的服务贸易进出口规模为 2.89 万亿元，其中出口额 1.46 万亿元，进口额 1.43 万亿元，已数字化的服务贸易规模占服务贸易总规模（5. 30 万亿元）的 54. 5%，与 2020 年的 50. 6%相比，增长了 3. 9 个百分点。已数字化的货物贸易按跨境电商计算，其进出口规模为 1. 92 万亿元，同比增长 18. 6%。

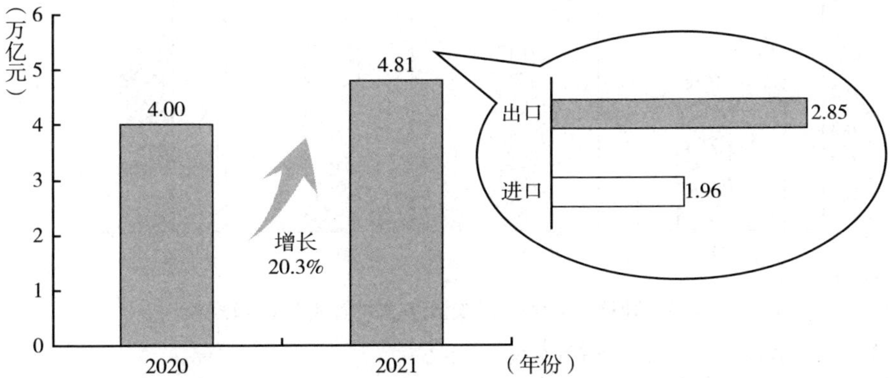

图 2　我国数字贸易整体规模

资料来源：国家工业信息安全发展研究中心。

（二）数字交付贸易顺差较上年扩大超四成

2021 年，我国数字交付贸易规模达到 1. 59 万亿元，其中出口额为 0. 93 万亿元，进口额为 0. 66 万亿元，贸易顺差 2657. 3 亿元（见图 3），与 2020 年（1883. 5 亿元）相比扩大了 41. 1%。数字交付贸易占整体服务贸易的比重从 2020 年的 28. 9%增长至 2021 年的 30. 0%，上升 1. 1 个百分点，数字交付贸易作为数字贸易的核心，对服务贸易的贡献率持续攀升。从增速看，2021 年数字交付贸易增长率保持了上一年两位数增长势头，同比增长率达 20. 5%，与上年相比增长了 3. 9 个百分点。

（三）数字订购服务贸易较上年增长三成以上

2021 年，我国数字订购服务贸易进出口总额为 1. 30 万亿元，较上年同期增长 31. 3%，其中进口额为 0. 77 万亿元，出口额为 0. 53 万亿元，贸易逆差

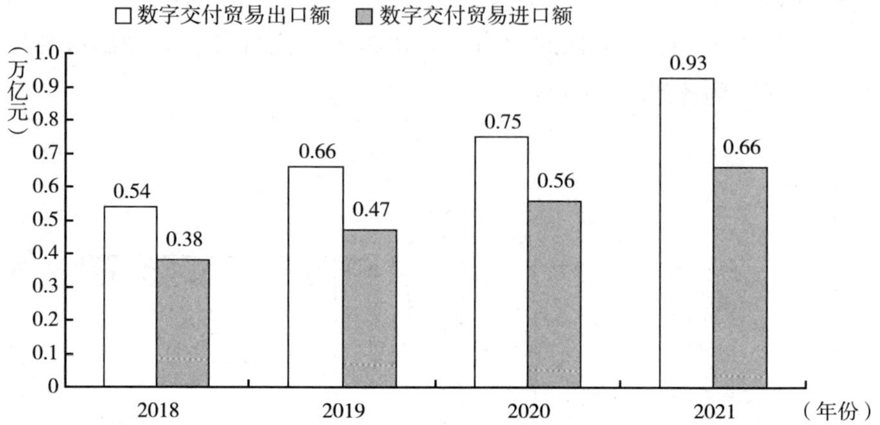

图 3　2018~2021 年我国数字交付贸易进出口规模

资料来源：国家工业信息安全发展研究中心。

2362.2 亿元（见图 4），较上年缩小 37.3%。受疫情影响，数字订购服务贸易经历了 2020 年的大幅下降（减少 2476.4 亿元）和 2021 年的强劲增长（增加 3080.5 亿元），已恢复到疫情前水平，仅旅游贸易额仍呈现下降趋势。大部分行业数字融合比稳定上升，疫情正在加速各服务行业数字化转型进程。

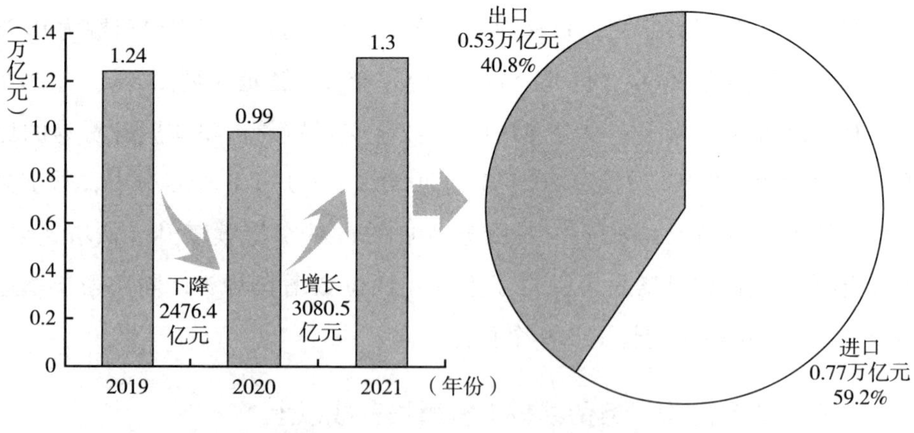

图 4　2019~2021 年我国数字订购服务贸易进出口规模

资料来源：国家工业信息安全发展研究中心。

四　我国数字贸易发展分领域情况

（一）数字交付贸易规模强势增长

数字交付贸易主要包括：保险和养老金服务；金融服务；电信、计算机和信息服务；知识产权使用费；个人、文化和娱乐服务；其他商业服务。各项进出口金额如表3所示。整体上看，2021年我国数字交付贸易规模1.59万亿元，同比增长20.5%，增速比2020年提高了3.9个百分点，发展势头迅猛。数字交付贸易占服务贸易的比重从2020年的28.9%提升至2021年的30.0%，比重持续攀升（见表2）。

表2　2021年数字交付贸易进出口情况

单位：亿元，%

类别	年份	出口额		进口额	
		金额	融合比	金额	融合比
保险和养老金服务	2018	134.2	41.2	356.9	45.4
	2019	158.5	48.1	366.3	49.3
	2020	189.4	51.1	451.2	53.0
	2021	199.8	59.6	578.3	55.9
金融服务	2018	62.4	27.1	47.6	33.9
	2019	81.0	30.0	62.6	36.8
	2020	92.8	32.2	81.4	37.2
	2021	145.3	45.3	154.9	44.9
电信、计算机和信息服务	2018	3114.0	100	1572.9	100
	2019	3716.0	100	1856.0	100
	2020	4191.4	100	2273.9	100
	2021	5126.9	100	2587.9	100
知识产权使用费	2018	135.8	36.9	826.7	35.1
	2019	187.7	40.9	1197.9	50.5
	2020	231.9	38.7	1551.6	59.8
	2021	395.8	52.1	1881.6	62.2

续表

类别	年份	出口额		进口额	
		金额	融合比	金额	融合比
个人、文化和娱乐服务	2018	43.0	53.5	98.1	43.7
	2019	47.5	57.2	131.8	46.9
	2020	56.4	62.2	114.7	55.3
	2021	84.4	68.9	138.3	65.5
其他商业服务	2018	1891.9	40.9	944.9	30.2
	2019	2398.4	47.4	1100.5	32.0
	2020	2771.3	53.7	1177.1	33.8
	2021	3319.1	55.7	1273.0	37.1

资料来源：国家工业信息安全发展研究中心。

一是金融、保险和养老金类数字服务贸易规模较小，国际竞争力水平有待提高。

2021 年，我国实现数字化的金融服务贸易规模为 300.2 亿元（出口 145.3 亿元，进口 154.9 亿元）（见图 5），实现数字化的保险和养老金服务贸易规模为 778.1 亿元（出口 199.8 亿元；进口 578.3 亿元），二者之和占服务贸易的比重仅为 2.0%，占数字服务贸易的比重为 3.7%。我国高度重视发展数字金融，“十四五”规划纲要指出，“稳妥发展金融科技，加快金融机构数字化转型”。2022 年 1 月，中国银保监会办公厅发布的《关于银行业保险业数字化转型的指导意见》提出，推进企业客户业务线上化，加强开放银行接口和统一数字门户建设，提供国际业务等综合化金融服务。近年来，尽管我国金融、保险、养老金的数字服务贸易总额和地位不断上升，但整体规模仍然较小，与发达国家仍存在较大差距，已数字化的保险和养老金服务贸易逆差为 378.5 亿元（见图 6），是 12 类服务贸易类别中排名第三的逆差项①，国际竞争力水平有待提高。

二是电信、计算机和信息服务贸易实现完全数字化交付，规模和增速均

① 2021 年，我国有 6 项服务类别的数字贸易表现为逆差，分别是：保险和养老金服务，金融服务，知识产权使用费，个人、文化和娱乐服务，运输服务，旅游服务。

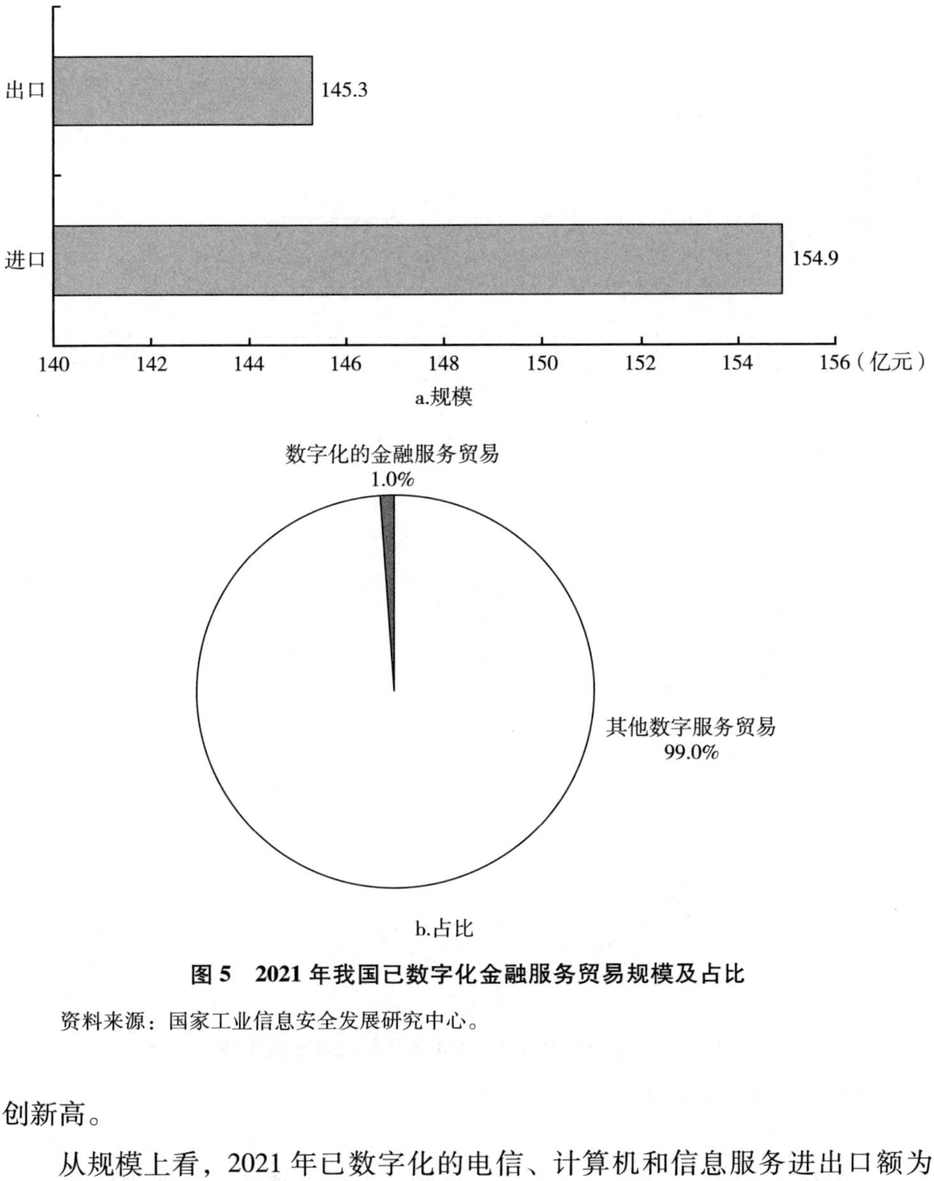

图 5　2021 年我国已数字化金融服务贸易规模及占比

资料来源：国家工业信息安全发展研究中心。

创新高。

从规模上看，2021 年已数字化的电信、计算机和信息服务进出口额为 7714.8 亿元，其中，出口 5126.9 亿元，进口为 2587.9 亿元，贸易顺差 2539.0 亿元，如图 7 所示。已数字化的电信、计算机和信息服务贸易占整体服务贸易的比重为 14.6%，占数字服务贸易的比重为 26.7%，是数字贸易重要的组成部分。从数字化程度上看，电信、计算机和信息服务进出口数

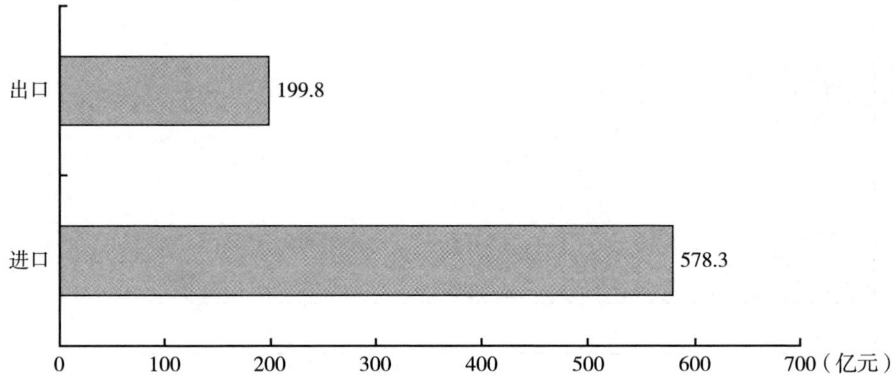

a.规模

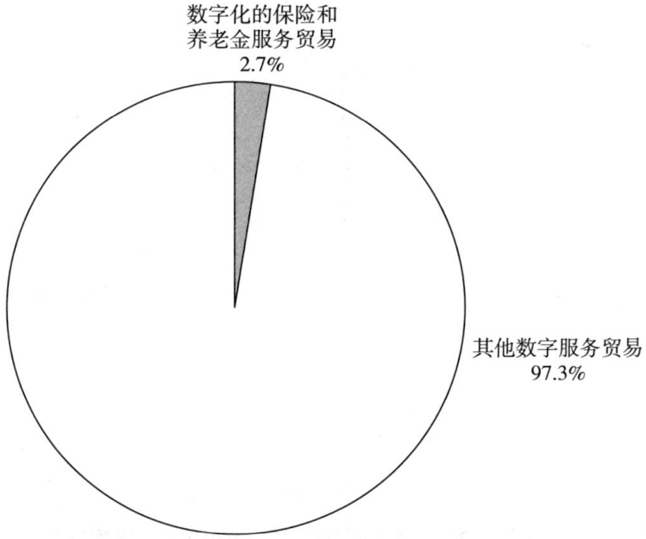

b.占比

图 6　2021 年我国已数字化保险和养老金服务贸易规模及占比

资料来源：国家工业信息安全发展研究中心。

字融合比达到 100%，是完全实现数字化融合的服务类别，数字化程度远高于排名第二的个人、文化和娱乐类服务贸易（出口数字融合比为 68.9%）。从增速上看，随着我国服务业扩大开放、数字贸易高质量发展等政策红利进一步显现，电信、计算机和信息服务类数字贸易实现两位数增长态势，同比

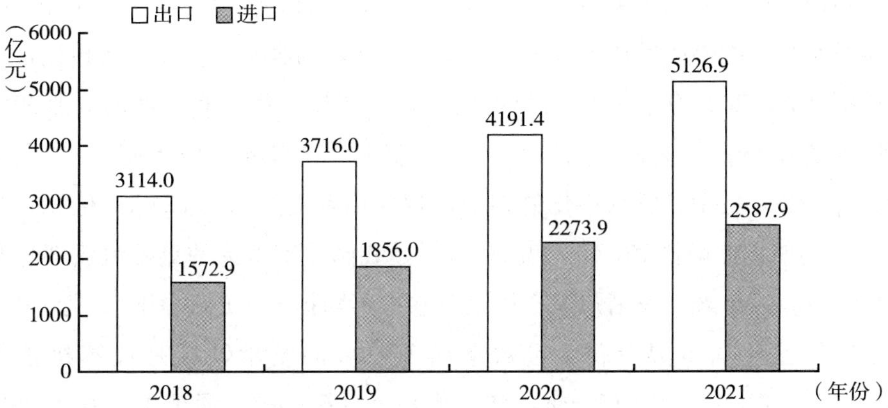

a.规模

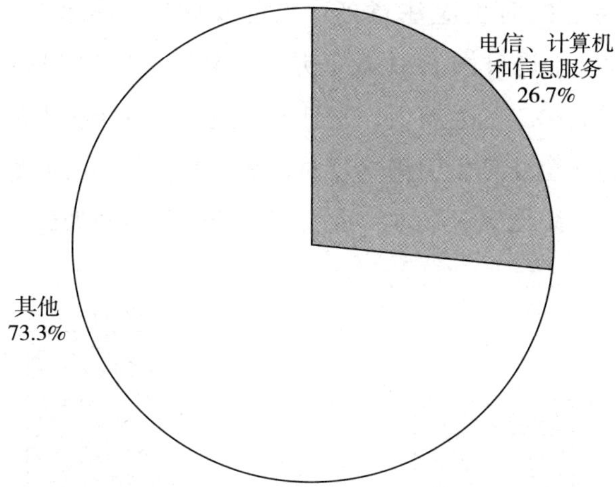

b.占比

图 7　我国已数字化的电信、计算机和信息服务贸易规模及占比情况

资料来源：国家工业信息安全发展研究中心。

增长 19.3%，与 2020 相比增加 5.5 个百分点。贸易顺差进一步扩大，与 2020 年的 1917.5 亿元相比，增长了 32.4%，反映出我国电信、计算机和信息服务在国际市场中的竞争力正快速提高。

三是知识产权使用费较 2020 年同期增长近三成，技术创新国际竞争力仍有待提升。

知识产权服务主要包括知识产权代理、商标注册、版权著作权申请等。其他商业服务主要包括技术服务、专业和管理咨询服务、研发成果转让费及委托研发等。2021 年，我国已数字化的知识产权使用费及其他商业服务的贸易规模为 6869.5 亿元（出口额 3714.9 亿元，进口额 3154.6 亿元），同比增长 19.8%。其中，已数字化的知识产权使用费贸易规模 2277.4 亿元，与 2020 年同期相比增长 27.7%（见图 8），是我国数字贸易的重要组成部分和增长动力。近年来，我国知识产权服务水平不断提升，PCT 国际专利①申请量已连续三年居世界首位，且数量居前三位的技术领域是计算机技术（15.5%）、数字通信（15.3%）和音像技术（6.9%），涌现出“技术进出口数字化服务平台”等知识产权领域优秀实践案例，实现技术和知识产权贸易一站式服务。同时也应注意到，当前我国数字知识产权出口额仅为 395.8 亿元，远低于进口额 1881.6 亿元，贸易逆差达到 1485.8 亿元，是数字服务贸易中排名第二的逆差项，并且贸易逆差有逐年扩大的趋势，反映我国技术创新能力在全球竞争中仍然较弱。知识产权服务行业如何应用数字技术提升服务效率、降低服务成本，成为行业探索的重要课题。

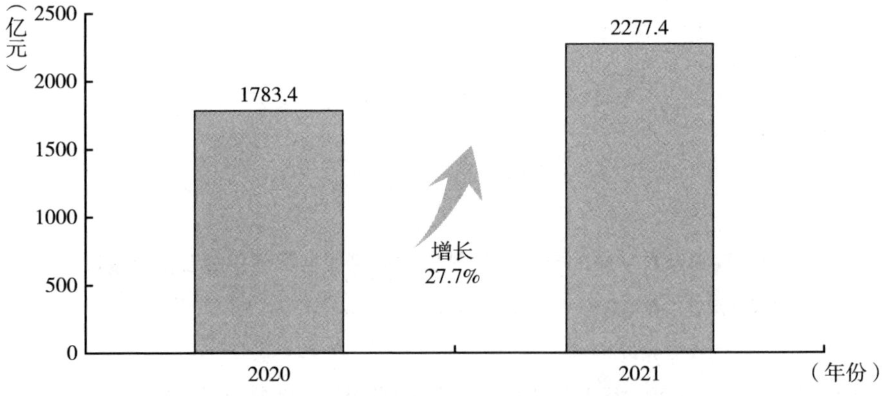

图 8　已数字化的知识产权使用费贸易增长情况

资料来源：国家工业信息安全发展研究中心。

---

① 通过世界知识产权组织《专利合作条约》途径申请的专利。

四是个人、文化和娱乐服务贸易逆差不断缩小，个人、文化和娱乐领域发展潜力加速释放。

个人、文化和娱乐服务主要包括社交媒体、数字传媒、数字娱乐、数字学习、数字出版等。2021 年，我国已数字化的个人、文化和娱乐服务进出口总额为 222.7 亿元（见图 9），在数字交付贸易中占比较小（1.4%），但数字化程度较高，出口、进口的数字化融合比分别为 68.9%和 65.5%，仅次于排名第一的电信、计算机和信息服务。随着个人、文化和娱乐类企业“走出去”步伐不断加快，出口增速（49.6%）显著高于进口增速（20.6%），贸易逆差不断缩小。2021 年我国自主研发游戏的海外销售收入同比增长 16.6%，电视剧出口 200 多个国家和地区，在全球十大音乐市场中排第 6 位，我国个人、文化和娱乐领域的发展潜力进一步得到释放。

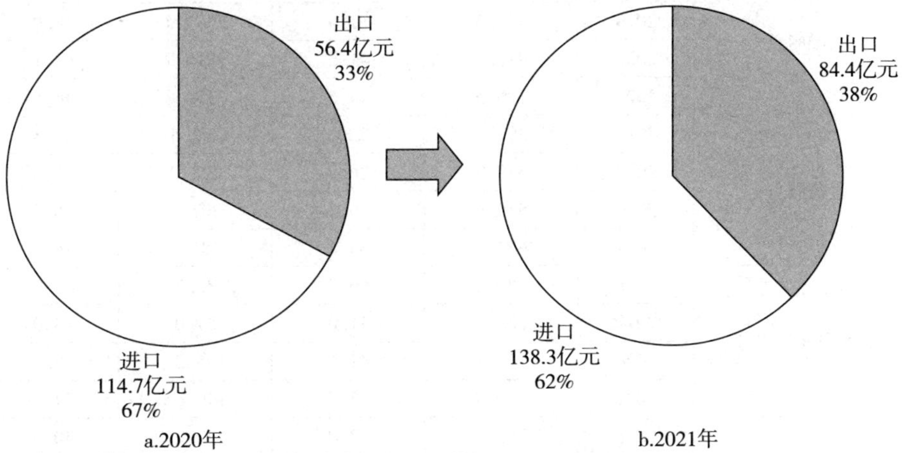

图 9　2020~2021 年已数字化的个人、文化和娱乐服务贸易进出口情况

资料来源：国家工业信息安全发展研究中心。

（二）数字订购服务贸易恢复至疫情前水平

数字订购服务贸易主要包括运输服务、旅游服务、建筑服务、维护和维修服务、加工服务和政府服务。其中，政府服务指政府和国际组织（含驻军）提供和购买的各项服务，两化融合公共服务平台上未收录相关数据，且《中国商务年鉴》中这部分服务贸易进出口额较小，在本研究中忽略不计。整体上看，2021 年我国数字订购服务贸易规模 1.30 万亿元，与上年相比增长 31.1%（见表 3），恢复到疫情前的规模水平。

表 3　数字订购服务贸易进出口情况

单位：亿元，%

类别	年份	出口额		进口额	
		金额	融合比	金额	融合比
运输服务	2018	884.5	31.6	2307.5	32.2
	2019	1012.8	31.9	2402.0	33.2
	2020	1487.5	38.1	2664.5	40.8
	2021	3626.8	44.2	3877.2	45.0
旅游服务	2018	817.3	31.3	6247.0	34.1
	2019	759.5	31.9	6582.4	38.0
	2020	473.6	41.5	3810.7	42.1
	2021	326.5	44.5	3352.8	46.8
建筑服务	2018	397.6	22.6	192.4	33.8
	2019	519.7	26.9	228.2	35.6
	2020	516.6	29.8	207.5	36.9
	2021	684.3	34.8	281.2	44.5
维护和维修服务	2018	285.1	60.0	82.2	49.0
	2019	287.8	41.0	121.0	48.0
	2020	219.7	41.6	135.5	58.5
	2021	220.8	43.5	140.4	57.0
加工服务	2018	380.5	33.0	5.3	30.0
	2019	445.2	33.0	11.9	54.0
	2020	366.2	31.2	12.3	35.8
	2021	447.8	34.5	16.8	36.6

资料来源：国家工业信息安全发展研究中心。

一是我国积极打造具有全球影响力的加工制造中心、检测维修中心，相关服务数字化转型不断加速。加工、维护和维修服务与制造业密切相关，属于服务型制造，既为制造类企业提供了新的发展领域，也是服务贸易的新增长极。国务院发布文件要求推动综合保税区发展成为具有全球影响力和竞争力的加工制造中心、研发设计中心、物流分拨中心、检测维修中心、销售服务中心。2021 年 12 月 30 日，商务部、生态环境部、海关总署发布《关于发布综合保税区维修产品增列目录的公告》，落实国务院要求，进一步打造综合保税区“检测维修中心”。2021 年，我国已数字化的加工、维护和维修服务贸易总额达到 825. 8 亿元，与上年相比增长 12. 6%，如图 10 所示。其中，维护和维修服务 361. 2 亿元，加工服务 464. 6 亿元，增速分别达到 1. 7%和 22. 7%。

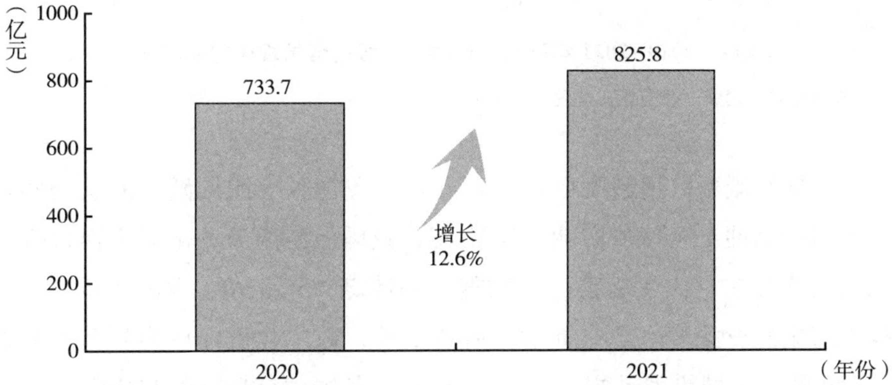

图 10　2020~2021 年已数字化的加工、维护和维修服务贸易增长情况

资料来源：国家工业信息安全发展研究中心。

二是线上订购、线下配送的跨境运输服务加速普及，规模和增速在各服务贸易类别中均排第一。当前，运输服务贸易是我国服务贸易中占比最大的领域，超过 30%，我国也是世界第一大运输服务贸易国。受新冠疫情影响，跨境电商日益受到重视，运输服务的数字化转型步伐也在不断加快。2021 年，我国已数字化的运输服务规模 7504 亿元，同比增长 80. 7%（见图 11），是数字贸易中规模最大、增速最快的服务贸易类别。数字化的运输服务出口、进口规模分别为 3626. 8 亿元和 3877. 2 亿元，数字化融合比分别为 44. 2%和 45. 0%，较上年分别增长了 6. 1 个百分点和 4. 2 个百分点，线上订购、线下配送方式的跨境运输服务正在逐年增加。

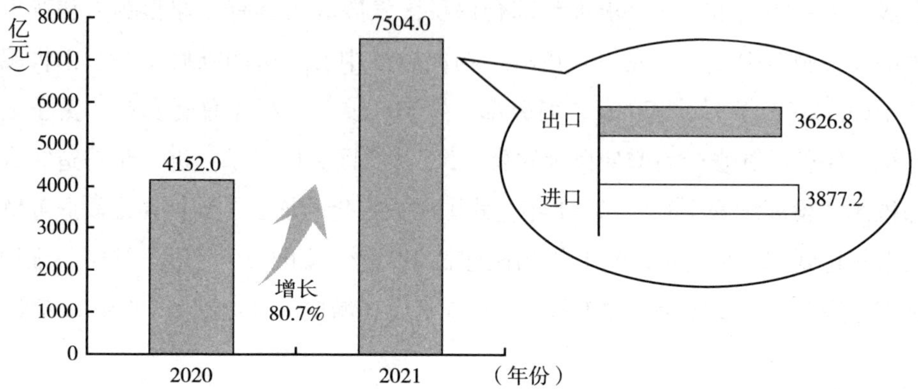

图 11　2020~2021 年已数字化的运输服务贸易规模增长情况

资料来源：国家工业信息安全发展研究中心。

三是旅游服务数字转型已成行业共识，我国数字服务贸易逆差仍然显著。疫情严重冲击全球旅游业，2021 年，我国旅游服务的出口规模仅为疫情前的三成左右。人工智能、大数据、云计算、5G、AR、VR 等新一代信息技术与旅游业深度融合，推动旅游业复苏，数字化已经成为旅游业的共识。《世界旅游城市发展报告 2021》显示，各国城市拥有的与旅游相关的 App 数量、景区在线购票所占比重、电子签字覆盖率等均大幅提升。2021 年，我国已数字化的旅游服务规模为 3679. 3 亿元，以进口为主，占比高达 91. 1%（见图 12），是我国最大的服务贸易逆差项。旅游业进出口的数字融合比显著增长，分别提升了 3 个百分点和 4. 7 个百分点，数字化转型成为疫情下旅游业应对危机的重要抓手。

四是数字订购的跨境建筑服务从疫情中全面恢复，行业数字化转型获得政策红利支持。2021 年，我国通过线上订购方式完成的建筑服务贸易规模为 965. 5 亿元，与上年相比增长 33. 3%（见图 13），超过疫情前水平。我国是建筑业大国，体量庞大、参与方众多，成就了国内丰富的建筑业数字化环境，在跨境贸易方面以出口为主，占比 70. 9%。2022 年 1 月，住建部印发《“十四五”建筑业发展规划》，其中智能化出现 30 次、BIM（建筑信息模型）出现 18 次、数字化出现 13 次，建筑服务业数字化转型已是大势所趋。在我国建筑

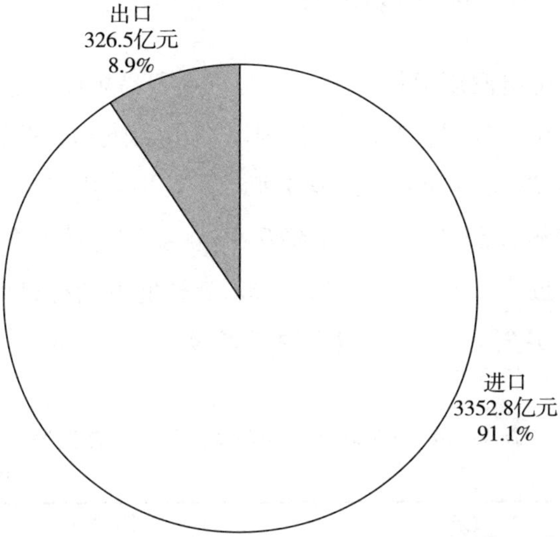

图 12　2021 年已数字化的旅游服务贸易逆差情况

资料来源：国家工业信息安全发展研究中心。

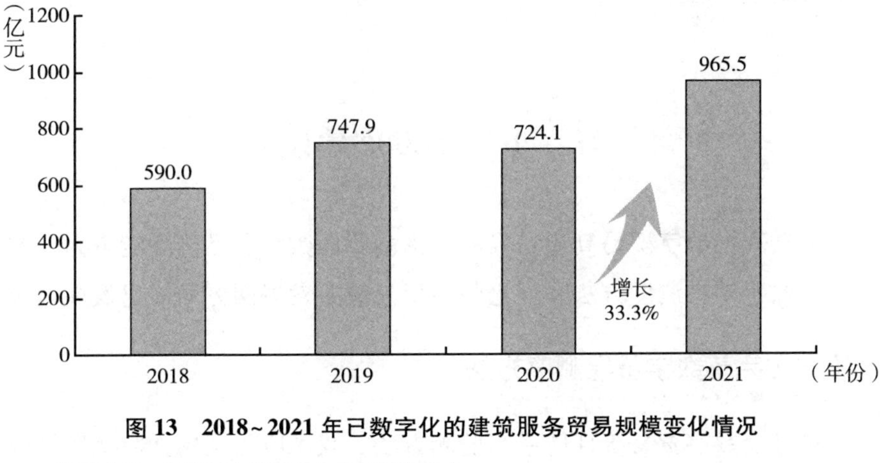

图 13　2018~2021 年已数字化的建筑服务贸易规模变化情况

资料来源：国家工业信息安全发展研究中心。

企业、工程设计等咨询服务企业参与共建“一带一路”，积极开展国际工程承包和劳务合作的背景下，数字贸易中的建筑服务业占比有望进一步扩大。

（三）数字订购货物贸易规模较上年增长近两成

本研究将跨境电商规模作为数字订购货物贸易规模的近似替代指标。根据我国海关总署统计数据，2021 年我国跨境电商进出口[①]规模达到 1.92 万亿元，比 2020 年增长 18.6%，如表 4 所示。其中，出口额 1.39 万亿元，增长 28.3%；进口额 0.53 万亿元，下降 0.9%。我国跨境电商进出口规模连年保持高速增长，近 5 年增长近 10 倍，132 个跨境电商综试区已覆盖全国 30 个省区市，使“买全球”“卖全球”成为现实。

表 4　2019~2021 年跨境电商进出口总体情况

单位：亿元，%

年份	金额			同比增长			出口进口比
	进出口	出口	进口	进出口	出口	进口	
2019	12903	7981	4922	22.2	30.5	10.8	1.6
2020	16220	10850	5370	25.7	39.2	9.1	2.0
2021	19237	13918	5319	18.6	28.3	-0.9	2.6

资料来源：海关总署。

五　下一步发展建议

为推动我国数字贸易高质量发展，提高我国数字贸易国际竞争力，本研究从完善数字贸易测度方法和促进数字贸易健康发展两方面提出发展建议。

（一）完善数字贸易测度方法

一是健全数字贸易统计体系与监测方法。我国应尽快建立数字贸易统计

① 本文中的跨境电商进出口为全业态口径，以在线成交的进出口货物为统计范围，包括并不限于海关监管方式“网购保税”（代码 1210、1239）、“跨境直购”（代码 9610）、“跨境电商企业对企业直接出口”（代码 9710）及“跨境电商出口海外仓”（代码 9810）项下进出口货物。

制度，构建数字贸易统计监测体系，开展省市级重点数字贸易企业数据直报试点，逐步实现数字贸易相关统计数据各部门间共享，建设数字贸易统计监测支撑服务平台。同时还要加强跟踪研究国内外数字贸易统计方法和模式，探索建立数字贸易高质量健康发展指标体系，为数字贸易试验区成效评估建立科学方法。

二是拓宽数字贸易相关数据来源渠道。在保证数据质量和来源可靠的前提下，扩展数据来源渠道、提高数据质量，建立数据资源共享机制，将全国性行业协会商会的有关数据纳入数字贸易统计。现在平台企业数据共享基本处于“黑箱”状态，应尽快解决企业数据隐蔽、不透明的问题，搭建政企数据共享平台，规范企业数据共享。

三是尽快开展数字贸易试测度。国际上对数字贸易的测度研究尚未成熟，仍处于摸索阶段，我国应抓住时机扩大话语空间。在国内积极探索确立数字贸易测算方法，同时鼓励高校、科研院所、智库、协会等各方创新测算方法，开展数字贸易试测算。充分利用 G20、APEC、WTO 等国际数字经济合作机制，提高我国在全球数字贸易测度中的参与度与话语权。

（二）促进数字贸易健康发展

一是加强数字贸易制度供给和法律保障。我国数字贸易发展的现实瓶颈仍然存在，数据流通、知识产权保护等薄弱环节发展难题仍需破解。应尽快明确数字贸易在经济发展中的战略定位、战略目标、发展路径，完善数字贸易促进政策。建立数据资源产权、交易流通等基础制度和标准规范，逐步形成较为成熟的数据贸易模式。完善数字知识产权保护立法，严厉打击各类网络侵权假冒行为，搭建数字贸易企业海外知识产权交流平台。

二是进一步促进数字贸易行业结构优化。从测算结果来看，我国除了电信、计算机和信息服务进出口规模较大以外，金融、保险、养老金、知识产权等知识密集型服务贸易规模仍然较小，国际竞争力仍有待提升。应充分发挥技术进出口在推动科技创新、促进生产要素流动、补齐产业链供应链短板方面的作用，支持通信、研发、设计、认证认可、检验检测等知识密集型服务贸易发展。积极开拓服务贸易新领域，稳步提升资本技术密集型服务和特色服务等高附加值服务在服务进出口中的占比。

三是提升传统产业进出口数字融合比。积极推动数字技术与传统贸易深度融合，支持运输、旅游、建筑等服务行业开展数字化改造，开展服务贸易企业数字赋能行动，整合数字化转型资源，为中小企业提供低价高质、获取便利的战略咨询、人才培训、技术支持等数字化转型服务。

参考文献

晨欢：《贾怀勤教授参加商务部数字贸易学习视频会》，对外经济贸易大学新闻网，2020 年 5 月。

方元欣、高晓雨：《数字贸易理论与发展框架研究》，《中国信息化》2021 年第 1 期。

高晓雨、贾怀勤、方元欣、王梦梓：《数字贸易测度的融合比法：从构念到实测》，《今日科苑》2021 年第 10 期。

贾怀勤、刘楠：《数字贸易及其测度研究的回顾与建议——基于国内外文献资料的综述》，《经济统计学（季刊）》2018 年第 8 期。

贾怀勤：《建议开展数字贸易尝试性测度》，第一财经，2018 年 2 月。

贾怀勤：《数字贸易的概念、营商环境评估与规则》，《国际贸易》2019 年第 9 期。

贾怀勤、高晓雨、许晓娟、方元欣：《数字贸易测度的概念架构、指标体系和测度方法初探》，《统计研究》2021 年第 12 期。

马述忠、房超、梁银锋：《数字贸易及其时代价值与研究展望》，《国际贸易问题》2018 年第 10 期。

张莉：《数字贸易成为驱动全球经济增长新引擎》，《中国对外贸易》2021 年第 9 期。

B.17
2022年全民数字素养与技能发展研究报告

殷利梅　元志林　陈耿宇*

摘　要： 国际社会普遍重视公民数字素养与技能提升，主要采取加强统筹谋划和政策布局、加大专项资金投入力度、建立数字素养与技能框架、强化数字教育和人才培养、完善数字技能评估与认证体系、提升弱势群体的数字素养与技能等六大共性举措。近年来，我国提升全民数字素养与技能取得显著成就，全民全生命周期数字素养与技能持续提升；不同职业群体数字素养与技能稳步提高；弱势群体数字素养与技能水平加速提升；数字资源供给持续丰富；数字素养与技能基础保障不断夯实。与此同时，我国提升全民数字素养与技能也面临数字从业者需求旺盛与供给短缺并存、高端数字人才培养依然任重道远、城乡居民数字素养与技能存在较大差距、部分弱势群体数字素养与技能水平仍有待提升等问题挑战。提升全民数字素养与技能，需以抓核心、保供给、促提升、普惠民、强教育、强技能、重保障和广参与等八大方向为重点加快推进。

关键词： 数字素养　数字技能　数字学习　数字生活　数字工作　数字创新

---

* 殷利梅，国家工业信息安全发展研究中心信息政策所数字经济研究室主任、高级工程师，主要研究方向为数字经济战略、数据要素、数字素养；元志林，国家工业信息安全发展研究中心信息政策所数字经济研究室助理工程师，主要研究方向为数字素养与技能、产业数字化；陈耿宇，国家工业信息安全发展研究中心信息政策所数字经济研究室助理工程师，主要研究方向为数字经济测度、数字产业。

面对全球数字化浪潮，世界主要国家和地区纷纷出台顶层战略，深化数字素养教育改革，加强数字技能培训，不断提升公民数字素养与技能。党的十八大以来，以习近平同志为核心的党中央作出建设网络强国、数字中国战略部署，加快数字基础设施建设，建立健全政策体系，加强教育培训，优化发展环境，持续提升全民数字生活、工作、学习和创新能力，让人民群众在数字化发展中有更多获得感、幸福感、安全感，为我国开启全面建设社会主义现代化国家新征程和向第二个百年奋斗目标进军注入强大数字动力。

一　数字素养与技能为数字中国建设提供重要支撑

近年来，数字技术加速突破应用，全面深度融入国民经济社会发展全过程和各领域，数字素养与技能成为公民必备的素质能力。加快提升全民数字素养与技能，对于加快建设网络强国、数字中国具有重要意义。

（一）数字素养与技能的概念与界定

数字素养与技能是数字素养和数字技能二者的结合，它们是伴随着计算机、网络、大数据、人工智能、区块链等数字技术和数字设施设备持续融入人们的生产生活而内生的一种素质和能力的集合，由媒介素养、计算机素养、网络素养、信息素养等发展而来，并随着经济社会持续数字化发展而不断变化和丰富。

早在1994年，以色列学者 Yoram Eshet-Alkalai 就提出“数字素养”（Digital Literacy）这一概念，并认为数字素养是“理解和使用通过电脑显示的各种数字资源和信息的能力”。[1] 到了2004年，Yoram Eshet-Alkalai 提出数字素养概念框架，认为数字素养包括图片—图像素养、再创造素养、分支

① 孙旭欣、罗跃、李胜涛：《全球化时代的数字素养：内涵与测评》，《世界教育信息》2020年第8期。

素养、信息素养、社会—情感素养。①

随着时代的发展，越来越多的学者、研究机构、国家（地区）加入研究数字素养的队伍中，数字素养的含义也愈发丰富。在这些研究主体中，欧盟是较早关注“数字能力”（Digital Competence）的国家和地区之一。2010 年 12 月，欧盟委员会联合研究中心提出 Dig Comp 项目。经过 2 年的研究，欧盟委员会于 2013 年发布了《欧盟数字能力框架（1.0）》（Dig Comp 1.0）②，对数字能力进行了全面的解释，构建了较为完整的数字能力框架。此后，欧盟委员会在 2016 年和 2017 年分别更新发布了 Dig Comp 2.0 版和 Dig Comp 2.1 版，③ 并于 2022 年 3 月发布了 Dig Comp 2.2 版。在最新版 Dig Comp 2.2 版（Dig Comp2.2：The Digital Competence Framework for Citizens with New Examples of Knowledge，Skills and Attitudes）中，欧盟委员会认为，数字能力包括 5 类能力领域，分别是信息和数据素养、交流与合作、数字内容创作、安全、问题解决。

联合国教科文组织参考了《欧盟数字能力框架（2.0）》，于 2018 年发布《数字素养全球框架》（*Digital Literacy Global Framework*）。联合国教科文组织认为，数字素养是个人高效、批判、安全地使用数字技术的综合能力。具体地，联合国教科文组织在框架中指出，数字素养是“面向就业、获得体面工作及创业，使用数字技术安全且合理地访问、管理、理解、整合、呈现、评估和创建信息的能力，这些能力就是所谓的计算机素养、信息通信技术素养、信息素养和媒介素养”。数字素养具体包括 7 个素养域，如表 1 所示。

---

① ESHET-ALKALAI Y.，“Digital Literacy：A Conceptual Framework for Survival Skills in the Digital Era”，*Journal of Educational Multimedia and Hypermedia* 13（1），2004：93-106.

② DIGCOMP，F. A.，“A Framework for Developing and Understanding Digital Competence in Europe”，in Punie，Y. and Brecko，B.，ed.，*JRC Scientific and Policy Reports*（Luxembourg：Publications Office of the European Union，2013）.

③ 刘茜、朱敏：《欧盟提升成人数字素养的经验及启示》，《中国成人教育》2021 年第 2 期。

表 1　数字素养全球框架

素养领域	具体素养
设备与软件操作	操作数字设备实物
	操作数字设备软件
信息与数据素养	浏览、搜索、筛选数据、信息与数字内容
	评价数据、信息与数字内容
	管理数据、信息与数字内容
交流与合作	使用数字技术交流
	使用数字技术分享
	使用数字技术参与公民事务
	使用数字技术合作
	网上行为规范
	管理数字身份
数字内容创建	创建数字内容
	整合和重构数字内容
	版权与许可
	编程
安全	保护设备
	保护个人数据和隐私
	保护健康和福祉
	保护环境
问题解决	解决技术问题
	确认需求与技术方案
	创造性地使用数字技术
	明确数字素养差距
	计算思维
职业相关能力	使用特定专业领域的数字技术
	解释和运用特定领域的数据、信息和数字内容

与数字素养紧密相关的一个概念是“数字技能”（Digital Skills）。比较而言，数字素养较为基础、综合，数字技能则侧重于数字素养中的“技能”部分，更多地指向应用。对于数字技能的定义，有两种代表性的观点。一是较为广义的解释，即数字技能涵盖的领域广泛，包括生活、工作等全部有需要的场景。例如，联合国教科文组织在 2018 年发布的《培养面向未来的数字技

能——我们能从国际比较指标中得出什么结论?》中指出:数字技能表示广泛的技能,更多地与行为、专业知识和生活技能有关;数字技能必须被获得,且必须持续适应和更新。报告认为,数字技能不仅仅是指知晓如何使用信息通信技术(即使用计算机和互联网技术来获取、制作和共享信息),更重要的是,能够批判性地处理和评估信息,运用它来解决复杂的问题,以及使用精确的技术来制作或访问互联网内容。二是较为狭义的理解,即数字技能专指工作中所需要的数字技术应用能力。例如,亚太经济合作组织(APEC)聚焦工作领域,认为数字技能指工作中的数字技能专家所需的技能。在 2019 年发布的《到 2030 年缩小数字技能差距的亚太经济合作组织路线图》中,亚太经济合作组织人力资源开发工作组提出,数字技能有着广泛的定义,这些技能包括数据科学与分析、人工智能、网络安全、数字素养等领域的人员所需的技能,以及使用尚未发明的技术从事尚不存在的工作所需的技能。

此外,以亚太经济合作组织(OECD)为代表的国际组织还提出“数字智商”(Digital Intelligence Quotient,DQ)的概念,涵盖了数字素养、数字技能等相关内容。2018 年,亚太经济合作组织(OECD)、世界经济论坛(WEF)、IEEE 标准联合会和 DQ 研究所(DQI)联合成立了“数字智能联盟”(Coalition for Digital Intelligence,CDI),研究全球通用的数字素养和数字技能规范。在参考了联合国教科文组织、欧盟委员会等机构的研究后,CDI 于 2019 年发布了《DQ 全球标准报告(2019)》。报告认为,数字智商包含数字身份认同、数字使用、数字安全等 8 个领域,分为数字公民力、数字创造力、数字竞争力三个层次,共有数字公民身份识别、平衡使用技术、网络行为风险管理等 24 种能力(见表 2)。

2021 年 10 月,中央网络安全和信息化委员会公开发布《提升全民数字素养与技能行动纲要》,提出“数字素养与技能”这一概念。文件从“发展”的视角着眼,认为“数字素养与技能是数字社会公民学习工作生活应具备的数字获取、制作、使用、评价、交互、分享、创新、安全保障、伦理道德等一系列素质与能力的集合”。

表 2　24 种 DQ 能力

领域	数字公民力	数字创造力	数字竞争力
数字身份认同	数字公民身份识别	数字合伙创始人身份识别	数字变革者身份识别
数字使用	平衡使用技术	健康使用技术	文明使用技术
数字安全	网络行为风险管理	网络内容风险管理	商业和社区网络风险管理
数字安保	个人网络安全管理	网络安全管理	组织网络安全管理
数字情商	数字同理心	自我意识与管理	关系管理
数字交流	数字痕迹管理	在线交流与合作	公共与大众交流
数字素养	媒介与信息素养	内容创造与计算素养	数据和人工智能素养
数字权利	隐私管理	知识产权管理	参与式权利管理

资料来源：CDI，《DQ 全球标准报告（2019）》，2019。

本报告借鉴了上述和其他相关研究，认为“数字素养与技能”这一概念更符合我国实际情况。本报告认为，数字素养与技能是数字时代公民必备的素养和技能，内涵将随着时代的发展而不断丰富；涉及的领域广泛，包括数字生活、数字工作、数字学习、数字创新等多个场景；存在于信息处理的全过程，既包括安全、合理地运用数字技术和工具进行收集、存储、加工、使用、传输信息等技能和能力，也包括批判性思维、伦理道德等综合素质。

（二）提升全民数字素养与技能意义重大

提升全民数字素养与技能，有利于全民畅享数字红利，主动把握数字化发展浪潮，整体提升国家竞争力。

一是坚持以人民为中心，不断提高人民群众获得感、幸福感、安全感的必然选择。数字素养与技能是数字时代公民必备的素养与技能，掌握数字素养与技能，能够使个人熟练地使用数字技术和设备来获取、制作、使用、评价、交互、分享、创新数字时代的信息，从而更加便捷地生活、更加高效地工作、更加方便地学习。我国是人口大国，截至 2020 年 11 月，全国总人口达 14.4 亿，其中 60 岁及以上人口比重达 18.70%，女性人口占比达 48.76%。①

① 国家统计局：《第七次全国人口普查公报》，http://www.gov.cn/guoqing/2021-05/13/content_5606149.htm。

在数字时代，要贯彻以人民为中心的发展思想，坚持“一个都不能少”，整体提升全民数字素养与技能，推动全民畅享更多的数字红利，不断提高人民群众的获得感、幸福感、安全感。

二是提升人力资本水平、打造数字经济新优势的有效途径。我国数字经济总量位居世界第二，2020 年，全国数字经济核心产业增加值占 GDP 比重达到 7.8%。[①] 不断做强做优做大我国数字经济，迫切需要将我国人口数量红利转化为人口质量红利，通过加强全民数字素养与技能教育和培训，不断提升人力资本水平，培育更多的高水平数字人才，推动数字经济高质量发展。

三是促进人的全面发展、加快数字社会建设步伐的必由之路。近年来，我国数字社会建设步伐全面提速，互联网普及率和用户规模连年攀升，网络购物、互联网医疗、在线课堂等新型生活场景持续丰富。但同时也应看到，数字社会涉及教育、医疗、养老、抚幼、就业等诸多公共服务领域，包括购物消费、居家生活、旅游休闲、交通出行等各类场景，涵盖家庭、社区、城市、乡村等多种空间。提升全民数字素养与技能，能够提高全民在不同社会场景下应用数字技术和工具的能力，加快促进人的全面发展，推动全民畅享美好数字社会。

四是抢抓新一轮科技革命和产业变革机遇，是提升国家竞争力的关键一招。历史上，每次科技革命都给人们的经济生活带来翻天覆地的变化，引领和抓住科技革命机遇的国家都大幅提升了国家竞争力，成功实现了崛起。当前，以新一代信息技术为代表的新一轮科技革命和产业变革孕育兴起，世界主要国家和地区纷纷出台一系列政策，开展数字素养与技能教育规划，加强数字技能培训，提升全民数字素养与技能，壮大数字人才队伍。在这样的背景下，提升我国国民数字素养与技能越发迫切，有助于我国充分发挥人才红利的乘数效应，进一步激发数字创新活力，抢抓此次科技革命和产业变革的重要机遇，加快构筑国家竞争力新优势。

---

① 《“十四五”国家信息化规划》，http：//www.cac.gov.cn/2021-12/27/c_ 1642205314518676.htm。

二　国际普遍重视公民数字素养与技能提升

为把握和引领数字化发展趋势，世界主要国家和地区纷纷采取强化政策布局，加大资金投入，构建数字素养与技能框架，加强数字教育与培训，完善数字技能评估与认证体系和提升弱势群体数字素养与技能等一系列措施，全方位提升公民数字素养与技能。

（一）加强统筹谋划和政策布局

世界主要国家和地区纷纷加强顶层设计，出台政策文件，促进全民数字素养与技能提升。欧盟委员会 2021 年发布《2030 数字罗盘：欧洲数字十年之路》，提出到 2030 年，欧盟境内至少 80%的成年人应该具备基本数字技能；拥有 2000 万信息技术领域的专业工作人员，且男女比例需要保持平衡。美国 2018 年发布《规划成功之路：美国 STEM 教育战略》（STEM：科学、技术、工程和数学），首次将数字素养和计算思维作为 STEM 素养的核心内容。俄罗斯联邦政府 2017 年批准俄罗斯数字经济发展路线图《俄罗斯联邦数字经济规划》，“人才和教育”是该规划关注的五个基本发展方向之一。新加坡 2018 年发布《数字化就绪蓝图》，提出增强数字访问的包容性，推动企业与社区共同提升公民数字素养。埃塞俄比亚政府制定《2020 ~ 2024 年国家数字技能发展战略》，提出要提高年轻人、老年人、女性和社会弱势群体等所有公民的数字知识和技能。

（二）加大专项资金投入力度

主要国家和地区积极加大资金投入，保障数字素养与技能提升相关项目开展。欧盟通过“数字欧洲计划”“地平线欧洲计划”“伊拉斯谟+计划”(Erasmus+Programme)① 等计划，以及“欧洲社会基金”“全球化和调整基

① “伊拉斯谟+计划”是“欧洲地区大学生流动行动计划”（European Region Action Scheme for The Mobility of University Students）的简称，由欧盟资助，组织为期 3 个月至一年的学生交流活动。

金”等基金提供资金支持，促进全民数字素养与技能提升。2021 年 6 月，德国对中小企业数字化计划项目“数字·现在”的预算增加至 1.14 亿欧元，用于投资数字技术和提升员工数字技能，如用于购买软件或员工培训课程。同月，美国参议院通过《2021 创新与竞争法案》，提出 2022～2026 财年拨款 52 亿美元用于关键技术重点领域的 STEM 教育和劳动力发展。

（三）建立数字素养与技能框架

国际上普遍制定或采用有关组织制定的数字素养与技能框架（见表 3），用于监测、评估和精准提升公民数字素养与技能水平。例如，欧盟早在 2013 年就出台了《欧盟数字能力框架（1.0）》，并多次修订升级，持续为政策制定、改进教学计划、研制评估工具提供支持。加拿大数字与媒体素养中心于 2015 年发布《数字素养框架》，并以此作为从幼儿园到初中阶段的数字素养教育指导标准。2016 年，加拿大数字与媒体素养中心修订了该框架，将高中阶段纳入其中，提出了 K-12 各个阶段的学生所应具备的数字能力。澳大利亚 2020 年发布《数字素养技能框架》，将数字素养技能作为第六项核心技能增设到澳大利亚核心技能框架之中，为衡量个人数字素养技能提供了国家标准。

表 3　国际上主要的数字素养与技能相关框架

制定或发布组织	名称	年份
英国开放大学	《数字和信息素养框架》	2012
国际教育成就评估协会（IEA）	《国际计算机和信息素养研究》	2013
联合国教科文组织（UNESCO）	《全球媒体和信息素养评估框架：国家准备和能力》	2013
美国微软（Microsoft）	《数字素养标准课程第 4 版》	2014
国际电信联盟（ITU）	《家庭和个人获取和使用信息技术的衡量手册》	2014
美国常识媒体（Common Sense Media）	《K-12 数字公民课程范围和顺序》	2015
加拿大数字与媒体素养中心	《数字素养框架》	2015
美国国际教育技术协会（ISTE）	《学生标准》	2016
美国马萨诸塞州中小学教育部	《2016 年马萨诸塞州数字科学与计算机素养》	2016

续表

制定或发布组织	名称	年份
欧盟委员会联合研究中心	《欧盟数字能力框架(2.0)》	2016
欧盟委员会联合研究中心	《创业能力框架》	2016
亚太经济合作组织(OECD)	国际成人能力评估项目(PIAAC)	2016
欧盟委员会联合研究中心	《欧盟数字能力框架(2.1)》	2017
英国联合信息系统委员会(Jisc)	《建设数字能力:定义的六个要素》	2017
美国国家标准与技术研究所	《改善关键基础设施网络安全的框架》	2018
加拿大数字与媒体素养中心	《课堂指南:将数字素养融入课堂实践》	2018
英国儿童互联网安全委员会(UKCCIS)	《互联世界的教育:一个让儿童和年轻人适应数字生活的框架》	2018
联合国儿童基金会/伦敦经济学院(UNICEF/LSE)	全球儿童在线项目(Global Kids Online)	2018
新加坡教育部	《网络健康框架》	2018
联合国教科文组织	《数字素养全球框架》(DLGF)	2018
新加坡技能创前程计划	《信息通信技术技能框架》	2019
数字智能联盟(Coalition for Digital Intelligence,CDI)	《DQ全球标准报告(2019)》	2019
澳大利亚教育、技能和就业部	《数字素养技能框架》	2020
欧盟委员会联合研究中心	《欧盟数字能力框架(2.2)》	2022

资料来源：《DQ 全球标准报告（2019）》，国家工业信息安全发展研究中心整理。

（四）强化数字教育和人才培养

主要国家和地区积极加强数字教育，培养数字人才。日本 2019 年公布新的教科书鉴定结果，要求从 2020 年开始，所有小学开设编程课程，并作为正式考试科目。法国高等教育部表示将提高人工智能领域学生培养数量，使人才培养总体规模翻一番。欧盟 2016 年发起成立了“数字技能与就业联盟”，将各成员国教育主管部门、数字化企业协会、高等院校及大学校长协会、培训机构与欧洲投资基金等纳入数字教育框架，并成立日常管理机构协调推进，为在校学生提供相匹配的数字能力培训与认证。此外，欧盟和非洲还积极开展代码周活动，为学生和教师提供免费的数字技能学习机会。

（五）完善数字技能评估与认证体系

国际上普遍建立和完善数字技能评估与认证体系，促进全民数字技能提升。自评估是人们提升自身数字素养与技能水平的重要方式。欧盟2018年启动了“数字能力发展系统”（Digital Competences Development System，DCDS），助力成人在非正规教育中提高自身数字技能。该项目通过在线资源为学员提供辅导，帮助其了解自身技能水平差距，建立新知识和个人经验之间的联系。值得一提的是，欧盟委员会通过“伊拉斯谟+计划”，专门为教师提供在线自我评估工具“SELFIE”。

专栏1　数字能力发展系统

欧盟数字能力发展系统（DCDS）专门为欧洲缺乏基础数字能力的成年人提供学习和培训机会，帮助他们在非正规教育中提高自身数字能力。

1. 服务对象

DCDS主要面向欧洲25岁以上缺乏基础数字能力的群体，从其学习特征和特定需求出发，开发出科学有效的系统，帮助其获得使用在线服务、搜索获取信息等基础的数字能力。

2. 课程体系

DCDS以欧洲公民数字能力框架Dig Comp 2.1为参照，开发了相应的培训课程体系。

3. 线上平台：突出游戏化特色的在线学习平台

数字能力发展环境（Digital Competence Development Environment，DCDE），是服务于DCDS的一个在线学习平台。平台提供以下功能：①自我评估工具，可以帮助学习者认识自身的数字能力水平和差距；②在线管理工具，能够将学习者档案中的信息与自我评估工具提供的结果整合在一起，为用户提供学习建议；③在线学习应用程序，它是学员参与学习路径的主要工具；④数字能力验证和认证工具，可以帮助学员和导师了解学习成果、评估课程质量；⑤论坛服务，为学员提供了一个沟通平台，学员可以与导师或者同伴交流互动；⑥开放的学习资源，DCDE 上汇聚了大量数字能力领域的学习资源，学员可以免费获取。

4. 教学模式：体现成人学习的特点

DCDS 根据成人的学习特点、学习需求、学习动机设计了混合教学模式。主要体现在：首先，学员需要通过初始的自我评估，了解个人现状，并设定希望达到的目标水平，再和导师共同制定培训方案；其次，由于成人在社会生活中积累了丰富的经验，并对个人经验有着一定的依附性，所以在学习过程中也必须考虑“经验”这一要素，导师需要充分了解学员的背景信息和相关资料，确保培训方案的个性化和针对性；最后，导师在编制具体的学习计划，选择学习内容和学习方法时，需要联系到学员承担的社会角色任务和在工作生活中面临的问题，并以“问题”为中心开展教学活动，通过“提问-解决”这种教学方式来提高学习迁移能力。

资料来源：数字能力发展系统网站，https：//digitalcompetences. eu/#：~：text = DCDS% 2C% 20the% 20Digital% 20Competences% 20Development% 20System% 2C% 20was% 20developed，your% 20digital% 20competences% 20and% 20identifying% 20shortages% 20and% 20gaps。

专栏 2　教师在线自我评估工具“SELFIE”

SELFIE 由“伊拉斯谟+计划”提供资金支持。SELFIE 基于欧盟委员会关于在教育组织中促进数字时代学习的框架而开发。SELFIE 提供免费、可定制的数字工具，以促进使用者在教学、学习和评估中提高数字技术应用能力。

SELFIE 可以收集教师、学生和学校管理层对数字技术在教学中应用的意见和看法。使用简短的陈述和问题，以 1~5 分记录受访者的回答，可以快速生成 SELFIE 报告，其中包含深度数据，并突出了特定组织的弱点和优势。该评估方法适用于学校的校领导、教师和学生等群体，涵盖了学校的许多领域。

资料来源：数字技能和就业平台，https：//digital - skills - jobs. europa. eu/en/actions/european - initiatives/selfie #：~：text = SELFIE% 20is% 20an% 20initiative% 20by% 20the% 20European%20Commission%2C，8%20international%20ones%2C%20including%20Russian%2C%20Turkish%20and%20Serbian。

在认证方面，欧盟委员会提出制定欧洲数字技能证书（EDSC），该证书可以被欧洲各国政府、雇主和其他利益相关者认可和接受，帮助人们更好地在欧盟范围内从事数字技术工作，同时也简化企业招聘数字技术人员的环节。英国于2018年发布《成人将从数字技能改革中受益》，提出通过政府与科技公司的紧密合作，提供专门培训，建立资格证书制度，保障成人数字技能教育。2019年，英国接连出台《提高成人基本数字技能》《提高成人数字技能计划》，从资格的设计与制定、教育与培训方式、预期实现的目标等方面，对专业资格证书制度进行了明确阐述。英国已经开发出成人数字技能资格标准，建立了一套包括基本数字技能资格（Essential Digital Skills qualifications，EDSQs）和数字功能技能资格（Digital Functional Skills qualifications）[①] 等的阶梯式资格体系，帮助求职者获得相应的就业资格。

专栏3　英国基本数字技能资格（EDSQs）

英国教育部从2020年8月起，为没有或低水平数字技能的成年人获取入门级和1级数字资格提供全额资助，并引入新的基本数字技能资格（EDSQs）。

基本数字技能资格（EDSQs）的内容如下。

新的资格基于国家基本数字技能标准，需接受30~50小时的指导性学习，在入门级和1级获得，适合没有或具有低水平数字技能，并希望在生活、工作或学习中掌握所需数字技能的成年人，如网上申请工作、在线理财和访问政府网站等。

基本数字技能资格（EDSQs）考察的范围如下。

（1）使用设备和处理信息：使用设备，查找和评估信息，管理和存储信息，识别和解决技术问题。

（2）创建和编辑：创建、编辑文档和数字媒体，处理数据。

（3）沟通：沟通、共享和管理可跟踪的在线活动。

① 尚未发布。

（4）交易：使用在线服务，安全地在线购买。

（5）安全和负责任：保护隐私和数据，负责任的在线，数字幸福感。

资料来源：英国资格及考试监督办公室（Ofqual），https：//www.gov.uk/government/publications/digital-qualifications-evaluation-progress。

（六）提升弱势群体数字素养与技能

各国和国际组织积极提升老年人、妇女等弱势群体的数字素养与技能，弥合数字鸿沟，促进社会包容性发展。一方面，推动老年人更好地适应数字化时代。2020 年 10 月，欧洲理事会专门就数字时代下的老年福利进行讨论，呼吁确保健康、社会服务和养老服务等领域的数字化要给老年人带来方便，同时应为其保留非数字化的服务选择。新加坡推出数字乐龄计划（Seniors Go Digital Movement），帮助“银发族”掌握数字技能，方便关爱老年人的志愿者和护理团体更有效地向有需要的人提供援助。另一方面，促进妇女和儿童的数字素养与技能提升。2014 年，国际电信联盟将每年 4 月的第 4 个星期四确立为“信息通信年轻女性日”，以营造赋权女童和女青年，鼓励其在信息和通信技术行业就业的全球性环境。2021 年，联合国发起新的全球数字学习和技能倡议，倡议针对边缘化的儿童和青年，旨在缩小数字鸿沟，并推动教育系统迅速变革。

专栏 4　数字乐龄计划

新加坡数字乐龄计划包括以下几方面。

1. 具体措施

成立数字化转型办公室（SDO），招募“数字大使”，深入社区帮助老人掌握数字技能。新加坡资讯通信媒体发展局与当地电信企业合作，推出“年长者手机上网津贴计划”，向低收入老年人提供负担得起的智能手机和配套服务。

2. 招募“数字大使”

“数字大使”月薪1800~2100美元，实际工资取决于录用者资质。与政府部门签订临时聘用合同，合同期限一般为一年，并轮班工作，每周五天，包括周末和公共假期。

在申请资质上，政府明确“数字大使”岗位只有新加坡人才有资格申请，申请人应具备优秀的数字技能、灵活的工作时间和良好的沟通能力。申请者若具有社区服务、社区参与或客户服务等方面的经验，以及说一种或多种方言的能力，将被考虑优先录用。

资料来源：新加坡数字乐龄网站，https://www.imda.gov.sg/for-community/Seniors-Go-Digital。

三　我国提升全民数字素养与技能取得显著成就

党的十八大以来，以习近平同志为核心的党中央高度重视全民数字素养与技能提升工作。2021年10月，习近平总书记在中共中央政治局第三十四次集体学习时强调，“要提高全民全社会数字素养和技能，夯实我国数字经济发展社会基础”。习近平总书记的重要论述，为提升我国全民数字素养与技能指明了方向，提供了根本遵循。2021年11月，中央网络安全和信息化委员会公开发布《提升全民数字素养与技能行动纲要》，对提升全民数字素养与技能作出全面安排部署，这是我国提升全民数字素养与技能的第一个专项顶层设计。在习近平总书记的重要指示下，在党中央、国务院的决策部署下，各部门、各地方大力推动，社会各界力量广泛参与，我国全民数字素养与技能提升取得了积极成效。

（一）全民全生命周期数字素养与技能持续提升

1. 未成年人互联网应用日益多样化①

未成年网民规模日益扩大，截至2020年底，未成年网民规模达到1.83亿

① 共青团中央维护青少年权益部、中国互联网络信息中心：《2020年全国未成年人互联网使用情况研究报告》，2021年7月。

人（见图 1），互联网普及率达到 94.9%，小学、初中、高中、中等职业教育学生的互联网普及率分别为 92.1%、98.1%、98.3%和 98.7%。初中、高中、中等职业教育学生在学龄前接触互联网的比例均低于 20%。未成年人互联网应用多样化发展，2020 年底数据显示，89.9%的未成年网民在过去半年中经常利用互联网进行学习，64.8%、62.5%、55.1%、49.3%、8.0%的未成年人上网听音乐、玩游戏、上网聊天、观看短视频、开展粉丝应援活动。

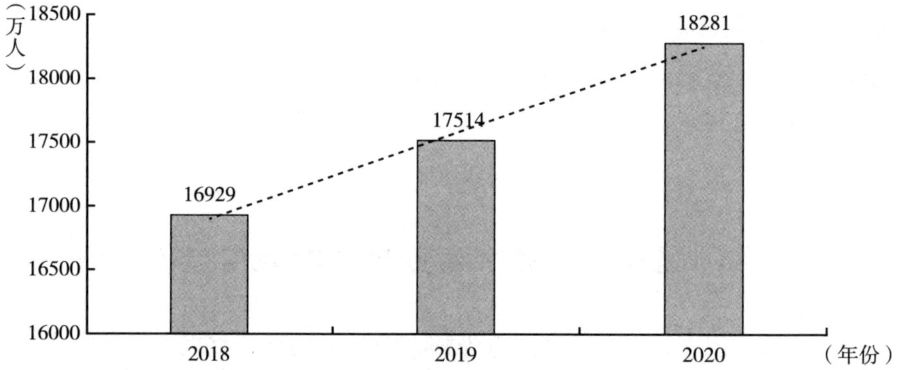

图 1　2018~2020 年全国未成年网民规模

资料来源：《2020 年全国未成年人互联网使用情况研究报告》。

2. 师生在学校数字教育中广泛受益[①]

学校教育信息化成果丰富。数字校园建设加速推进，截至 2022 年初，全国中小学（含教学点）互联网接入率达到 100%，拥有多媒体教室的学校达到 95.3%。[②]“智慧教育示范区”建设取得积极进展，教育部分别在 2019 年和 2021 年公布了两批次共 18 个“智慧教育示范区”创建区域，有力促进教育公平、提高教育质量。[③] 国家智慧教育平台正式上线运行，其所链接

① 除特殊说明外，本部分内容均来自教育部2020年新闻发布会《第一场：介绍“十三五”期间国家教育改革发展、教师队伍建设、教育经费投入与使用、信息化建设情况》，http://www.moe.gov.cn/fbh/live/2020/52692/twwd/202012/t20201201_502710.html。

② 《让每个孩子都享有公平而有质量的教育》，中国青年网，2022 年 1 月。

③ 任昌山：《“智慧教育示范区”建设的进展与未来》，https：//www.edu.cn/xxh/zt/zhjysf/202109/t20210902_ 2149552.shtml。

的国家中小学智慧教育平台、国家职业教育智慧教育平台、国家高等教育智慧教育平台等子平台也同步上线。截至 2022 年 3 月 29 日，国家中小学智慧教育平台资源总量达到 28052 条，上线了 19 个版本、452 册教材共 19508 课时教学资源；[①] 国家职业教育智慧教育平台已有教师自建课程超 17.8 万门；[②] 国家高等教育智慧教育平台首批上线 2 万门课程，覆盖了 13 个学科 92 个专业类。[③]

学生数字素养与技能水平稳步提高。数字素养教育纳入中小学课程，编程教育等信息技术内容已纳入小学、初中科学课程和中小学综合实践活动课程，并有机融入相关学科课程，高中阶段还专门开设信息技术课程，[④] 广大中小学生对数字科技的兴趣明显提升。数字素养高等教育改革不断深化，新工科全面深化，“复旦共识”“天大行动”“北京指南”推进实施，首批 33 个特色化示范性软件学院、12 个未来技术学院、50 个现代产业学院加速建设。网络安全人才培养力度明显加大，“十三五”期间，开设相关本科专业 5 个，全国布点 233 个，11 所高校入选为一流网络安全学院示范建设高校。数字经济专业正式获批 2021 年度新增备案本科专业。高校数字创新创业大赛效果显著，2015 年以来连续举办七届中国国际“互联网+”大学生创新创业大赛，累计吸引 2533 万名大学生、603 万个大学生团队参赛。[⑤]

教师数字素养和数字技术应用能力全面提升。教师信息技术培训广泛开展，“十三五”期间，完成全国中小学教师信息技术应用能力提升工程 1.0，

① 《国家中小学智慧教育平台已上线 19 个版本、近两万课时教学资源》，http：//www.moe.gov.cn/fbh/live/2022/54324/mtbd/202203/t20220330_ 612098.html。

② 《国家职业教育智慧教育平台已上线课程中心，今年底完成各功能开发》，http：//www.moe.gov.cn/fbh/live/2022/54324/mtbd/202203/t20220330_ 612097.html。

③ 《智慧高教平台首批上线 2 万门精选课，汇聚钟南山等名师大家课程》，http：//www.moe.gov.cn/fbh/live/2022/54324/mtbd/202203/t20220330_ 612094.html。

④ 《关于政协十三届全国委员会第三次会议第 3172 号（教育类 297 号）提案答复的函》，http：//www.moe.gov.cn/jyb_ xxgk/xxgk_ jyta/jyta_ jiaocaiju/202012/t20201209_ 504364.html。

⑤ 《介绍第七届中国国际“互联网+”大学生创新创业大赛有关情况》，http：//www.moe.gov.cn/fbh/live/2021/53775/twwd/202110/t20211009_ 570869.html。

启动提升工程 2.0，累计培训 1000 多万名教师。[①] 开展慕课应用等培训班 6 万余次，培训教师超过 462 万人次。[②] 教师数字化教学能力大幅提高，截至 2020 年 12 月，全国有超过 80%的中小学学科教师利用信息技术开展教学活动。“三个课堂”应用深入推进，“一师一优课、一课一名师”活动连续开展 6 年。新冠疫情迫使教师加速提升在线教学能力，2020 年全国 1454 所高校开展在线教学，103 万教师在线开出 107 万门课程，在线学习的大学生共计 1775 万人。

3. 数字技能职业教育体系日益完善

集成电路技术、智能光电制造技术、智慧健康养老服务与管理、区块链技术应用等正式成为国家职业教育专业。[③] 截至 2021 年 9 月，已有 43 家高职院校备案开设工业互联网专业，开展专业人才培养。[④] 数字技能领域校企合作逐步开展，深圳职业技术学院等职业院校加强与企业合作，共同制定数字人才培养方案，实现学校、企业、学生三方共赢。[⑤]

4. 全民终身数字学习环境持续优化

终身教育服务平台加速建设，国家开放大学、“中国社区教育网”和各地开放大学、终身学习网加速发展，有力支撑构建全民终身数字学习社会。职业技能等级证书信息管理服务平台和职业教育国家学分银行信息平台于 2020 年初上线试运行，为省级教育行政部门、职业教育培训评价组织、试点院校、学习者个人和用人单位等主体提供服务。[⑥] 全民终身学习活动周连续举办 17

---

① 《信息化推动优质教育资源共享　全国中小学联网率达 99.7%》，https：//baijiahao.baidu.com/s？id=1684981395171804039&wfr=spider&for=pc。

② 《第二场：介绍“十三五”期间高等教育事业改革发展、高校人才培养、思政工作、科技创新情况》，http：//www.moe.gov.cn/fbh/live/2020/52717/twwd/202012/t20201203_503201.html。

③ 《深入贯彻“十四五”规划　加快建设高质量教育体系发布会图文实录》，http：//www.scio.gov.cn/xwfbh/xwbfbh/wqfbh/44687/45183/wz45185/Document/1701331/1701331.htm。

④ 中国工业互联网研究院：《工业互联网创新发展成效报告（2018~2021 年）》，2021 年 10 月。

⑤ 《第三场：介绍“十三五”期间职业教育改革发展情况》，http：//www.moe.gov.cn/fbh/live/2020/52735/twwd/202012/t20201208_504120.html。

⑥ 《职教国家学分银行信息平台试运行》，http：//www.moe.gov.cn/jyb_xwfb/s5147/202001/t20200114_415480.html。

届，线上线下相结合的讲座、培训、观摩、座谈等多种形式的活动广泛开展，活动周已成为服务全民学习、终身学习的重要品牌和载体。[①]

5. 新型数字生活快速普及

智慧家庭、社区、城市等全民数字生活场景加速丰富。智慧家庭方面，截至 2021 年 6 月，智能家居设备的使用率达到 19. 8%；[②] 家庭安防、智能照明、智能影音、智能家电、智能传感、智能遮阳、环境控制、智能控制、可视对讲、智能网络、智能晾晒、智能健康等智能家居产品持续丰富。[③] 智慧社区方面，更多社区居民利用社区 App、微博、微信群、QQ 群、网站等新型社区协商议事平台参与社区治理，智能快递柜、智能充电桩等数字设施成为智慧社区“标配”。智慧城市方面，截至 2020 年 11 月，开展智慧城市、信息惠民、信息消费等相关试点的城市超过 500 个，超过 89%的地级及以上城市、47%的县级及以上城市均提出建设智慧城市。[④]

互联网创新应用百花齐放。截至 2021 年 12 月，我国即时通信用户规模达 10. 07 亿，占网民整体的 97. 5%；网上外卖用户规模达 5. 44 亿，占网民整体的 52. 7%；网络视频（含短视频）用户规模达 9. 75 亿，占网民整体的 94. 5%，其中短视频用户规模为 9. 34 亿，占网民整体的 90. 5%；网约车用户规模达 4. 53 亿，占网民整体的 43. 9%；在线医疗用户规模达 2. 98 亿，占网民整体的 28. 9%。[⑤]

（二）不同行业职业群体数字素养与技能稳步提高

1. 企业员工数字技能培训广泛开展

数字技能职业培训加快推广，“技能中国行动”在全国扎实开展，从党

---

① 教育部：《关于政协第十三届全国委员会第四次会议第 B053 号（教育类 116 号）提案答复的函》，2021 年 9 月，http：//www. moe. gov. cn/jyb_ xxgk/xxgk_ jyta/jyta_ zcs/202110/t20211022_ 574344. html。

② CNNIC：《第 48 次中国互联网络发展状况统计报告》，2021。

③ CSHIA Research：《2020 中国智能家居生态发展白皮书》，2021。

④ 《智慧城市的时代担当》，https：//mp. weixin. qq. com/s/bS6wAITjnZu-qvNg183Grw。

⑤ CNNIC：《第 49 次中国互联网络发展状况统计报告》，2022。

的十八大到2021年底，全国各级工会累计开展就业技能培训1075万人次，其中，2021年，全国各级工会提供就业服务732万人次、就业技能培训153万人次。[①] 各地根据实际情况，积极开展企业员工数字技能培训。例如，浙江省在智能制造、数字安防、电子商务、数字农业等数字领域，大规模开展有针对性的职业技能培训。[②] 河北省充分调动返乡高校毕业生、返乡青年和农民工、大学生村官、农村青年、巾帼致富带头人、退伍军人等群体的积极性，组织开展农村电商普及和技能培训，培养既懂理论又懂业务、会经营网店、能带头致富的复合型人才。[③] 数字技能职业培训供需对接更加精准，人社部2021年将职业培训券推广纳入职业技能提升行动，截至2021年末，全国共发放职业培训券1926.72万张，用券500.72万张。[④]

2. 掌握数字技能的高素质农民队伍逐步壮大[⑤]

针对农民的公益信息服务广泛开展，截至2020年上半年，依托42.4万个益农信息社，为农民和新型农业经营主体提供公益服务1.1亿人次，开展便民服务3.1亿人次。在数字化“新农具”培训方面，农业农村部连续六年开展农民手机应用技能培训活动，累计培训受众超过1.4亿人次。[⑥] 在农机作业网络化培训方面，开通“春耕农机线上服务站”，组织地方创新农机化技术指导方式，为农技骨干提供针对性的网络培训指导服务。

3. 新兴职业群体规模持续扩大

多种数字技能相关职业正式成为国家新职业，2022年6月，人社部发布《关于对拟发布机器人工程技术人员等职业信息进行公示的公告》，拟发布18

---

① 《全国工会打造线上线下“就业矩阵”》，https://baijiahao.baidu.com/s?id=1725598907752263308&wfr=spider&for=pc。

② 《浙江省人力资源和社会保障厅等18部门关于实施“金蓝领”职业技能提升行动的通知》，http://rlsbt.zj.gov.cn/art/2021/3/29/art_1229506771_2265468.html。

③ 《河北：电商培训助力乡村振兴》，https://baijiahao.baidu.com/s?id=1705140478405976108&wfr=spider&for=pc。

④ 《全国已发放职业培训券超1900万张》，https://baijiahao.baidu.com/s?id=1723979277996808247&wfr=spider&for=pc。

⑤ 除特别说明外，本部分数据均来自《中国数字乡村发展报告（2020年）》。

⑥ 《2022年度全国农民手机应用技能培训周活动在京启动》，http://www.moa.gov.cn/xw/zwdt/202206/t20220621_6402984.htm。

个新职业，其中9个新职业与数字技能高度相关。此前，人力资源和社会保障部已发布4批56个技能人员新职业，其中包括人工智能工程技术人员、物联网工程技术人员、大数据工程技术人员、云计算工程技术人员、建筑信息模型技术员、电子竞技员、无人驾驶员、智能制造工程技术人员、工业互联网工程技术人员等多个与数字技能相关的新职业。① 数字技能类国家职业技能标准加快建设，已制定颁布互联网营销师、信息安全测试员、人工智能训练师、网约配送员、建筑信息模型技术员、无人机驾驶员、无人机装调检修工等多个与数字技能相关的国家职业技能标准。② 新职业技能培训广泛开展，新职业在线学习平台于2020年3月开通，专注于新职业数字资源培训，培育新型数字人才；截至2021年7月，平台注册人数已达809万，学习人次达2757万。③ 新兴职业群体数量可观，无人驾驶航空器（无人机）有效驾驶员执照88944本，主要分布在各民用无人机生产研发企业、相关应用单位及大专院校等。④ 截至2019年6月，我国正在运营的电子竞技战队（含俱乐部）达5000余家，电子竞技职业选手约10万人，电子竞技员的整体从业规模超过50万人。⑤

4. 公务员数字治理能力不断增强

公务员信息化培训力度逐步加大。国家通过线上线下相结合的途径，采取集体学习等方式广泛开展数字素养与技能教育培训，持续提高党员领导干部数字治理能力。各地也积极加强培训，提升领导干部和公务员的学网、懂网、用网能力。例如，浙江省通过“浙里办”“浙政钉”等互联网应用开展培训，积极提升公务员数字技能。浙江公务员已经养成“以数据说话、用数据决策”的新习惯，掌握了云招商、云推介、云培训、云指挥等数字化

① 《2019~2021年人社部发布4批56个技能人员新职业》，http：//www. sipac. gov. cn/ldhshbzj/tzgg/202105/9a5f774b821e4289a66aa9e992c3f0cb. shtml。

② 《好消息！35个国家职业技能标准来了，看看有你从事的吗》，https：//baijiahao. baidu. com/s？id=1720309850858928961&wfr=baike。

③ 《新职业在线学习平台新版上线》，https：//baijiahao. baidu. com/s？id=1705222197226116123&wfr=spider&for=pc。

④ 民航局飞标司：《中国民航驾驶员发展年度报告（2020年版）》，2021年3月。

⑤ 人社部：《新职业——电子竞技员就业景气现状分析报告》，2019年6月。

办公新技能。广东省积极开展公务员数字技能培训，深化数字政府改革建设。广东公务员通过“粤政易”等 App 学习党建知识、获取政务和民生信息、召开高清在线会议，以及开展远程指挥、在线调度、远程培训、应急巡查等工作，办公效率显著提升。北京市针对广大机关工作人员、基层一线干部，通过举办“保密大讲堂”“等保制度规范培训”等专题培训，提升广大干部和群众的网络安全防护意识，促进部门间的工作交流，为进一步协同做好网络安全防护工作夯实基础。

5. 数字创新的人才基础日益夯实

科技劳动者和技能劳动者数量可观，截至 2020 年底，全国技能劳动者超过 2 亿人，占就业人员的 26.8%，其中高技能人才约 5800 万，高技能人才占技能人才的比例约 30%。[①] 数字技术专业人员规模庞大，软件人才方面，2021 年，全国软件业从业人员平均人数 809 万人，同比增长 7.4%。[②] 人工智能人才方面，2019 年，中国人工智能领域论文作者数量排全球第 2 位，达 6401 人，占比 11.43%；在全球总计 477956 人的人工智能人才库中，中国排第 4 位，拥有人工智能人才 22191 人。[③] 大数据人才方面，截至 2018 年，我国大数据产业相关人才数量占全球比重达 59.5%，规模居全球第一位。[④]

（三）弱势群体数字素养与技能水平加速提升

1. 老年人数字技术应用能力大幅提升[⑤]

高质量供给体系加速构建。相关政策持续完善，《老年教育发展规划

① 《人力资源社会保障部印发“技能中国行动”实施方案》，http：//www.gov.cn/xinwen/2021-07/06/content_ 5622643.htm。

② 工业和信息化部数据。

③ 《2020 全球 AI 人才报告：全球 AI 人才突破 47 万，中国仅有 2 万》，https：//mp.weixin.qq.com/s? _ _ biz = Mzg4ODIwNTAxMA = = &mid = 2247504402&idx = 1&sn = d1a5dc47152ca36991bc48ec80792327&scene = 21。

④ 天府大数据国际战略与技术研究院、中国科学院虚拟经济与数据科学研究中心、中国科学院大数据挖掘与知识管理重点实验室、成都市大数据协会：《2018 全球大数据发展分析报告（简版）》，2019 年 5 月。

⑤ 除特别说明外，本部分数据均来自《关于政协第十三届全国委员会第四次会议第 B053 号（教育类 116 号）提案答复的函》。

（2016~2020 年）》《关于切实解决老年人运用智能技术困难的实施方案》《互联网应用适老化及无障碍改造专项行动方案》《关于广泛开展老年人运用智能技术教育培训的通知》等政策陆续颁布，为老年人提升数字技术应用能力提供有力保障。适老化改造加速推进，“一键呼入”“爱心通道”等暖心服务投入使用，特别是“一键呼入”，截至 2021 年底，已经累计服务 7000 万老年用户。移动端 App、小程序中大按钮、大字版、语音版模块以及授权代理、亲友代办等功能陆续推出，完成适老化改造的网站和 App 达到 173 家，初步解决了老年人看不懂、学不会、用不好的问题。① 疫情之下，部分地图类 App 开发“长辈版”地图，全国多个城市在社区、医院等老年人活动较多的地方设置“数字扬招站”或“暖心打车站”，老年人出行更加便利。老年教育机构数量快速增长，依托国家开放大学办学体系，教育部推动成立 29 所省级老年开放大学或老年教育专门机构。在线老年教育广泛发展，2016 年起，教育部连续五年开展全国社区教育和老年教育资源共享行动；开放大学体系社区教育数字化资源累计达 300TB，注册学习用户超过 7000 万。2020 年，31 个省级老年教育或终身学习平台汇聚 4.1 万门“乐学防疫”公益课程，总访问量达到 900 万人次。老年人数字技术应用培训深入开展，上海、浙江等多地积极组织招募熟悉智能技术应用的教师、学生和其他社会志愿者，主动入户、入社区、入养老机构等，开展智能手机、电脑等应用培训。②

老年人利用数字技术畅享数字生活的能力大幅提升。老年人网民规模和互联网普及率方面，截至 2021 年 12 月，我国 60 岁及以上老年网民规模达 1.19 亿，占网民整体的比例达到 11.5%，60 岁及以上老年人互联网普及率达 43.2%。互联网应用方面，老年网民最常使用即时通信、网络视频、互

① 《国务院新闻办公室 2021 年 12 月 9 日新闻发布会文字实录》，http：//www.nhc.gov.cn/xcs/s3574/202112/141e8f26e8c24c93b89e27202da41b51.shtml。

② 《上海首个老年人数字化培训基地揭幕，支付宝等首批挂牌》，https：//baijiahao.baidu.com/s？id=1704890973896630608&wfr=spider&for=pc；《浙江开展老年人智能技术日常应用普及行动　消除“数字鸿沟”》，https：//baijiahao.baidu.com/s？id=1688309645683920657&wfr=spider&for=pc。

联网政务服务、网络新闻、网络支付五类应用，使用率分别达 90.6%、84.8%、80.8%、77.9%及 70.6%。老年网民能够独立完成出示健康码/行程卡、购买生活用品、查找信息等网络活动的比例分别为 69.7%、52.1%和 46.2%。[①]

2. 残疾人数字适应力稳步提高

数字助残相关政策持续完善，《关于支持视力、听力、言语残疾人信息消费的指导意见》《中国残联办公厅关于贯彻落实〈职业技能提升行动方案（2019~2021 年）〉的通知》《互联网应用适老化及无障碍改造专项行动方案》《中国残联办公厅关于推进“互联网+”辅助器具服务工作的通知》《市场监管总局　中国残联关于推进无障碍环境认证工作的指导意见》《无障碍环境建设“十四五”实施方案》等政策陆续发布。残疾人事业信息化建设步伐明显加快，截至 2020 年底，全国残疾人大数据平台已汇聚 3770 多万残疾人基础信息，实现残疾人证件办理、家庭无障碍改造、补贴发放等多项业务“一网通办”。[②] 信息无障碍建设加速推进，与生活密切相关的主流公共服务类网站和手机 App 无障碍改造快速发展。残疾人数字技能提升相关活动全面开展，截至 2018 年，全国共有残疾人就业服务机构 2811 家，工作人员 3.4 万人。[③] 残疾人职业技能提升计划深入实施，适合残疾人特点的数字技能等职业培训、创业培训、职业技能竞赛等逐步开展，残疾人利用数字技能进行就业创业的能力持续提升。例如，通过培训，残疾人电商运营能力持续提升，数据显示，2016 年 8 月至 2019 年 5 月，共有 17.41 万残疾人在淘宝天猫注册网店。[④]

3. 妇女数字工作能力显著增强

网上妇联组织加快发展，“女性之声”新媒体矩阵开通运营，截至 2019

---

① CNNIC：《第 49 次中国互联网络发展状况统计报告》，2022。

② 《数字中国发展报告（2020 年）》。

③ 《平等、参与、共享：新中国残疾人权益保障 70 年》，http：//www.gov.cn/zhengce/2019-07/25/content_ 5414945.htm。

④ 中国残疾人联合会、阿里巴巴集团：《阿里巴巴公益助残报告》，2019 年 6 月。

年9月，全国上下六级妇联组织建立新媒体平台近8000个。从全国妇联到村、社区妇联，建立90多万个姐妹微信群，直接联系妇女群众，提供法律咨询、婚恋指导、家政服务、家长课堂等服务。① 妇女数字工作能力培训深入发展，截至2019年，妇联组织培养10万多名巾帼电商带头人，辐射带动1500多万妇女增收致富，初步形成“互联网+女性创业”的服务体系。妇女数字创新创业大赛广泛开展，“她爱科技”全球创业大赛中国区大赛、中国妇女创新创业大赛等成功举办，粤港澳大湾区妇女创新创业大赛、江苏巾帼科技创新大赛、广州女性创客大赛、杭州女性创业创新大赛、昆明市女性创业创新大赛等与数字技能相关的妇女创新创业大赛在各地繁荣发展。数字经济领域女性从业人员规模可观，女性在数字经济的就业、创业规模已经超过5000万。电商平台上，约有2358万女性淘宝店主，其中农村淘宝女店主有392万人，淘宝直播和抖音上约有1244万女性主播，饿了么与美团平台上约有18万女骑手，出行平台上约有136万女司机。② 支付宝的人工智能训练师中，62.3%为女性；云客服中，72%为女性；村淘电商主播中，53%为女性。③ 职场女性数字工作能力明显提高，97%的职场女性日常工作会与数据打交道，掌握基础办公软件、视觉类软件、数据处理类软件、编程类软件，以及人工智能、区块链和云计算等数字工作技能的职场女性占比分别为67%、48%、26%、25、16%。在学习数字技能时，82%的职场女性选择即学即用的方式，61%的职场女性选择系统化的学习方式。④ 直播带货、电商运营等成为广大妇女就业的重要选择。

---

① 《〈平等　发展　共享：70年中国妇女事业的发展与进步〉白皮书发布会图文实录》，http：//www. scio. gov. cn/xwfbh/xwbfbh/wqfbh/39595/41756/wz41758/Document/1664746/1664746. htm。

② 阿里研究院、中国就业形态研究中心：《数字经济与中国妇女就业创业研究报告》，2022年3月。

③ 《2021中国农村女性就业调研报告》，https：//mp. weixin. qq. com/s/-ft-1J_ do3QLPqtoz_2Qmw。

④ 《数字经济下中国职场女性发展白皮书》，https：//www. xiaohongshu. com/discovery/item/614d408f000000000100b3a9。

（四）数字资源供给持续丰富

1. 数字资源获取渠道大幅优化[①]

信息基础设施建设规模全球领先，我国已建成全球最大规模光纤和移动通信网络，固定宽带从百兆提升到千兆。截至 2021 年底，全国移动通信基站总数达 996 万个，其中 4G 基站达 590 万个，5G 基站为 142.5 万个；启动千兆光纤宽带网络建设的城市超过 300 个；10G PON 端口建成 786 万个，已具备覆盖 3 亿户家庭的能力。宽带接入方面，三家基础电信企业的固定互联网宽带接入用户总数达 5.36 亿户（见图 2），其中，100Mbps 及以上接入速率的用户为 4.98 亿户，占总用户数的 93%；1000Mbps 及以上接入速率的用户为 3456 万户，比上年末净增 2816 万户。全国所有行政村实现“村村通宽带”，农村宽带接入用户总数达 1.58 亿户，农村光纤平均下载速率超过 100Mbps，实现与城市“同网同速”。[②] 移动电话方面，移动电话用户规模达 16.43 亿户，普及率上升至 116.3 部/百人，高于全球的 104.3 部/百人。其中，4G 和 5G 用户分别达到 10.69 亿户和 3.55 亿户。IPTV（网络电视）方面，全国用户总数达 3.49 亿户。

2. 数字教育培训资源不断丰富

优质数字资源供给水平大幅提升，农村教学点数字教育资源全覆盖项目深入实施，截至 2020 年 12 月，遴选公布 232 门职业教育在线精品开放课程。[③] 慕课数量和应用规模世界第一，截至 2022 年 2 月底，我国上线慕课数量超过 5.25 万门，注册用户达 3.7 亿，已有超过 3.3 亿人次在校大学生获得慕课学分。[④] “爱课程”“学堂在线”等在线教学英文版国际平台推出，

---

① 除特别说明外，本部分数据均来自工业和信息化部《2021年通信业统计公报》。

② 《2021 年通信业统计公报解读》，https://www.miit.gov.cn/gxsj/tjfx/txy/art/2022/art_e2c784268cc74ba0bb19d9d7eeb398bc.html。

③ 《第三场：介绍“十三五”期间职业教育改革发展情况》，http://www.moe.gov.cn/fbh/live/2020/52735/twwd/202012/t20201208_504120.html。

④ 《注册用户 3.7 亿！我国慕课数量和规模世界第一》，https://baijiahao.baidu.com/s?id=1733040780428554192&wfr=spider&for=pc。

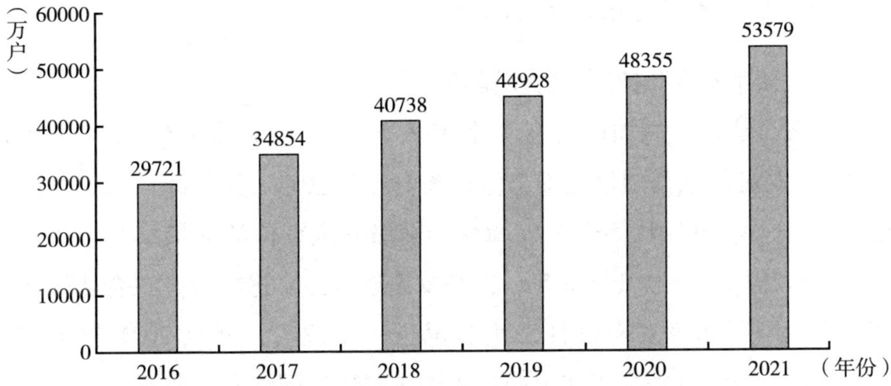

图 2　2016~2021 年我国固定互联网宽带接入用户数

资料来源：国家统计局。

形成慕课建设的中国方案、中国标准。召开中国慕课大会和世界慕课大会，发布中国慕课大会北京宣言和世界慕课大会北京宣言，发起成立首个世界慕课联盟。①

3. 数据资源加速开放共享②

相关政策法规和管理机制日益完善，《政务信息资源共享管理暂行办法》《政务信息资源目录编制指南（试行）》等政策和措施陆续出台。政务数据共享步伐不断加快，截至 2021 年 9 月，中央 62 个部门、32 个省级地方全面接入国家数据共享体系，累计发布数据共享服务接口超过 1300 个，提供数据查询核验服务超过 8.3 亿条，支撑跨部门、跨地区数据共享交换量达 697 亿条，初步实现“网络通”“数据通”。公共数据有序开放，北京、上海、浙江、福建、贵州等公共信息资源开放试点有序发展，北京、天津、河北、上海、江苏、浙江、安徽、广东等省级公共数据开放平台持续优化完善。

① 《第二场：介绍“十三五”期间高等教育事业改革发展、高校人才培养、思政工作、科技创新情况》，http：//www.moe.gov.cn/fbh/live/2020/52717/twwd/202012/t20201203_ 503201.html。

② 国家工业信息安全发展研究中心:《我国数据开放共享报告2021》,2021年9月。

（五）数字素养与技能基础保障不断夯实

1. 全民数字安全防护能力稳步提高

数字安全法律法规加快完善，《网络安全法》《数据安全法》《个人信息保护法》《关键信息基础设施安全保护条例》等法律法规陆续颁布，共同构筑起“三法一条例”数字安全保障网。网络安全宣传活动持续开展，国家网络安全宣传周已持续开展 8 年，网络安全进社区、进校园、进企业等活动持续举办。网民网络安全事件发生状况进一步改善，截至 2021 年 12 月，62.0%的网民表示过去半年在上网过程中未遭遇过网络安全问题。

2. 数字社会法治道德规范持续强化

数字社会法治道德政策法规持续完善，新修订的《未成年人保护法》于 2021 年 6 月 1 日起正式实施，其中增设“网络保护”章节。《关于加强网络文明建设的意见》于 2021 年印发。网络文明建设加速推进，“清朗”系列专项行动深入开展，“清朗”网络空间加速构建，首届中国网络文明大会于 2021 年 11 月成功举办。青少年网络素养教育深入发展，“青少年防沉迷系统”于 2019 年上线运行，政府、学校、家庭、社会相结合的网络文明素养教育机制逐步完善。

四　我国提升全民数字素养与技能面临的问题挑战

近年来，各方勇抓机遇，积极作为，我国提升全民数字素养与技能成绩显著。但是，也应清醒看到，与经济社会快速数字化发展的要求和人民日益增长的美好生活需要相比，仍面临一些问题和挑战。

（一）数字从业者需求旺盛与供给短缺并存

我国是人口大国，拥有世界上规模最大的高等教育体系，全国拥有大学（大专及以上）文化程度的人口为 2.18 亿人，拥有高中（含中专）文化程度的人口为 2.13 亿人。[①] 但在经济社会加速数字化发展的大趋势下，我国

① 《第七次全国人口普查公报（第六号）》。

数字从业者需求旺盛与供给短缺之间的矛盾将持续存在。例如，在新职业从业者方面，未来 5 年（以 2020 年为基年），新职业人才需求规模庞大，如预计云计算工程技术人员近 150 万，总人才缺口近千万。[①] 在制造业从业者方面，人力资源和社会保障部自首次发布《2019 年第三季度全国招聘求职 100 个短缺职业排行》以来，截至 2021 年底，多工序数控机床操作调整工持续上榜，电子产品制版工 4 次上榜，工业机器人系统操作员于 2021 年第一、三、四季度上榜，智能制造工程技术人员、自动控制工程技术人员于 2021 年第二、三季度上榜，增材制造设备操作员于 2021 年第三、四季度上榜。

（二）高端数字人才培养依然任重道远

近年来，数字技术加速创新，持续与实体经济融合发展，催生一批既需要懂传统产业又需要懂数字科技的新岗位。我国虽然培养了庞大的劳动者队伍，但仍然面临创新型、复合型、应用型的高端数字人才短缺问题。例如，关键核心技术人才方面，我国芯片行业缺乏高端人才尤其是领军人才，应用型人才较为紧缺。[②] 传统产业数字化转型人才方面，机械制造企业、汽车制造企业、电子信息制造企业均缺乏足够的数字化人才，[③] 其中在汽车领域，预计 2025 年智能网联汽车技术人才的存量仅为 7.2 万人，而 2020 年该领域的人才净缺口最高为 3.7 万人。[④] 智能制造和工业互联网人才方面，制造企业招聘难度最大的是研发、数字化和销售人员，智能制造人才缺口较大，如数据治理工程师、架构师、数据工程师、智能化工程师、机器人调试工程师等。[⑤]

---

① 人社部中国就业培训技术指导中心、阿里巴巴钉钉：《新职业在线学习平台发展报告》，2020。

② 国际商业策略公司 IBS 调查。

③ 北森人才管理研究院：《2021 中国制造行业人才白皮书》，2021。

④ 中国汽车工程学会、中国智能网联汽车产业创新联盟等：《智能网联汽车产业人才需求预测报告》，2020 年 12 月。

⑤ 中智咨询：《制造业 2021 年人力资本调研成果》，2021。

（三）城乡居民数字素养与技能存在较大差距

多年来，我国始终大力推动区域均衡发展，推进城乡一体化发展，已取得了积极成效。但是，在数字素养与技能方面，我国城乡居民之间仍然存在较大差距。农村地区互联网普及率偏低，截至 2021 年 12 月，我国城镇地区互联网普及率达 81.3%，而农村地区互联网普及率仅为 57.6%，[①] 比城市低 23.7 个百分点。农民数字素养水平仍然偏低，据调查，不同职业数字素养得分呈现巨大差异，其中，农民数字素养得分最低，仅 18.6 分，对比全体人群平均值（43.6 分），农民得分低了 57%。农村居民在所有评估项目中的得分比例都低于城市居民。城乡居民得分差距较大的 5 项为：数字安全意识、电脑使用、数字化增收、电脑工具开发、手机工具开发。[②]

（四）部分弱势群体数字素养与技能水平仍有待提升

我国已采取多项措施提升弱势群体数字素养与技能，但是，部分弱势群体的数字素养与技能仍不能满足数字化发展要求。以老年人为例，我国老年人人数众多，2020 年 60 岁及以上人口为 2.6 亿人，其中 65 岁及以上人口为 1.9 亿人，占比 13.5%。[③] 一方面，老年人面临使用智能设备的困难，如基础性操作难是老年人使用智能设备的最大问题，其中应用使用与功能操作障碍占比 46.7%，系统设置与维护障碍占比 41.2%，不知如何下载 App 占比 32.7%，一系列的注册、登录、支付等问题，增加了老年人的“触网”负担。[④] 另一方面，老年人学习智能设备的社会化途径较少。在学习智能手机的途径选择方面，老年人更倾向于去社区、老年大学、社会公益组织学习；但是，由于社会化学习平台不足，真正能够选择社区学习的老年人不到

① CNNIC：《第 49 次中国互联网络发展状况统计报告》，2022。

② 中国社会科学院信息化研究中心：《乡村振兴战略背景下中国乡村数字素养调查分析报告》，2021 年 3 月。

③ 《第七次全国人口普查公报（第五号）》。

④ 腾讯：《老年用户移动互联网报告》，2018。

10%，有55%的老年人通过请教儿孙或身边的年轻人，近40%的老年人选择自行摸索。未成年人方面，新冠疫情期间，33.5%的未成年网民网上娱乐的时间有所增长，听音乐和玩游戏是未成年网民的主要网上娱乐活动，62.5%的未成年网民会经常在网上玩游戏。与此同时，互联网对未成年用户造成的网络沉迷、不良内容侵蚀、过度消费等负面影响持续存在。[①]

五　我国提升全民数字素养与技能重点方向与展望

当今世界，百年未有之大变局和世纪疫情交织叠加，数字时代已经到来。提升全民数字素养与技能是顺应数字时代要求，厚植人力资本新优势，提升国家竞争力，增强人民获得感，迈向共同富裕的必然选择。全社会要持之以恒、常抓不懈，大力提升全民数字素养与技能，为我国开启全面建设社会主义现代化国家新征程和向第二个百年奋斗目标进军注入强大数字动力。

（一）抓核心：建立数字素养与技能框架体系

数字素养与技能是一系列素质与能力的集合，与国外相比，我国尚未形成数字素养与技能总体框架体系。下一步，应开展深度调查研究，结合我国实际，构建既可与国际对标，又具有我国特色的数字素养与技能核心框架。基于核心框架开展全国数字素养与技能监测和评估，为提升全民数字素养与技能打下坚实基础。同时，以核心框架为基准，鼓励生活、教育、就业、创新等具体领域及细分行业建立面向不同场景的数字素养与技能框架，为具体领域及细分行业提升数字素养与技能提供操作性指引。

（二）保供给：持续丰富优质数字资源供给

优质数字资源供给是提升全民数字素养与技能的前提。应加快数字基础

① 共青团中央维护青少年权益部、中国互联网络信息中心：《2020年全国未成年人互联网使用情况研究报告》，2021年7月。

设施建设，为优质数字资源传输利用提供“硬”支撑。引导数字资源供给主体发挥自身优势，贴近用户需求积极开发网站、移动应用程序、公众号等渠道，为优质数字资源直达用户端提供“软”支撑。鼓励党政机关、企事业单位、学校、培训机构、互联网平台企业等数字资源供给主体积极主动开放共享数字资源。建立数字素养与技能教育培训资源池，不断积累教育培训资源。

（三）促提升：突出场景驱动和应用牵引

场景驱动和应用牵引是提升全民数字素养与技能的关键。应重点打造数字生活、数字工作、数字学习和数字创新四大应用场景。围绕家庭、社区、出行、购物等人民群众的高频生活场景，不断丰富智能产品和服务供给，扩大升级数字消费，共同营造良好的数字生活氛围。针对产业工人、农民、新兴职业群体、领导干部和公务员等不同职业群体开展数字技能培训、数字技能大赛，提升数字化生产能力。推动数字能力培育在学历教育和职业教育中双发力，积极构建终身数字学习体系。注重发挥行业龙头企业在新一轮科技革命和产业变革中的创新引领和示范带动作用，培养造就高素质数字人才队伍。

（四）普惠民：满足不同群体差异化需求

满足不同群体差异化需求是提升全民数字素养与技能的核心。应力求覆盖全民，聚焦公民个人全生命周期、不同职业群体和弱势群体需求，个性化提升不同群体的数字素养与技能。满足公民在学龄前、受教育阶段、就业、退休等全生命周期的不同阶段，对数字素养与技能的差异化需求。建立不同职业群体数字技能培训资源体系和课程体系，培养不同职业群体数字技能能手和带头人，助力产业发展。为老年人、残疾人、妇女、少数民族群体等弱势群体提供数字生活、学习、就业等帮助，不断提升弱势群体幸福感、获得感和安全感。

（五）强教育：强化高端数字人才培养

面对百年未有之大变局，国际形势日趋复杂多变，数字时代创新型复合型高端数字人才是我国实现关键数字技术和产业自立自强的有力保障。应着力打造一批中小学数字素养优质精品教材和精品课程，将数字素养相关课程设为必修课，开启数字人才供应链的起点。加强普通高校和职业院校数字技术相关学科专业建设，完善数字创新人才培养机制。加强产学研协作培养，强化产教融合，整合各类要素资源，建立联合培养机制，培养顶尖数字人才。

（六）强技能：完善数字技能评估与认证

掌握较高的数字技能有利于提升劳动者就业创业能力。应加强数字技能人才评价工作，建立数字技能评估与认证标准，探索建立数字技能等级认定制度，开展劳动者数字技能自评估、评估与认定工作。优先选择部分工作基础好的地方和企业开展数字技能等级认定工作试点，引导更多企业开展数字技能等级认定，提升行业从业人员总体数字技能水平。培育数字技能评估与认定第三方服务机构，建立数字技能评估与认证的良好生态。

（七）重保障：增强数字安全和法治道德意识

增强数字安全和法治道德意识是提升全民数字素养与技能的基础和保障。随着《数据安全法》《个人信息保护法》等数字领域重要法律法规的出台，要增强相关法律知识的普及和宣传引导，普及网络安全知识，提升网络安全防范意识。加大个人信息和隐私保护力度，一方面，提高个人信息和隐私保护意识；另一方面，压实行业组织、企业机构等保护个人信息安全主体责任，加大对侵犯个人信息和隐私等违法犯罪行为的打击力度。生活在数字时代，还应引导全民依法规范上网用网，提高全民网络文明素养，强化全民数字道德伦理规范。

（八）广参与：调动社会多方主体积极性

提升全民数字素养与技能需要政府、行业组织、学校、企业和公民个人等多方主体共同参与，共促全民数字素养与技能提升。应充分发挥政府的主导作用，加强统筹谋划和总体布局，出台专项政策，开展试点示范，组织开展全国数字素养与技能提升月等重大主题活动，营造全社会提升数字素养与技能的良好氛围。企业既是数字素养与技能的供给方，又是需求方。应充分发挥企业特别是互联网平台企业的主观能动性，从供给和需求双向发力。学校和行业组织是提升全民数字素养与技能不可或缺的重要力量，应引导和鼓励学校开发数字素养与技能相关课程和教材，提升学校教育阶段数字素养与技能。支持行业组织开展数字技能培训，着力提升从业者数字技能水平，共同营造提升数字素养与技能的良好氛围。

参考文献

孙旭欣、罗跃、李胜涛：《全球化时代的数字素养：内涵与测评》，《世界教育信息》2020 年第 8 期。

刘茜、朱敏：《欧盟提升成人数字素养的经验及启示》，《中国成人教育》2021 年第 2 期。

中国互联网络信息中心：《第 49 次中国互联网络发展状况统计报告》，2022 年 2 月。

中国互联网络信息中心：《第 48 次中国互联网络发展状况统计报告》，2021 年 8 月。

共青团中央维护青少年权益部、中国互联网络信息中心：《2020 年全国未成年人互联网使用情况研究报告》，2021 年 7 月。

中国工业互联网研究院：《工业互联网创新发展成效报告（2018~2021 年）》，2021 年 10 月。

前瞻产业研究院：《2021 年中国智慧城市建设产业全景图谱》，2021 年 2 月。

腾讯应用宝：《老年用户移动互联网报告》，2018 年 5 月。

农业农村信息化专家咨询委员会：《中国数字乡村发展报告（2020 年）》，2020 年 11 月。

中国社会科学院信息化研究中心：《乡村振兴战略背景下中国乡村数字素养调查分

析报告》，2021 年 3 月。

中娱智库、抖音等：《2020 年中国网络表演（直播）行业发展报告》，2021 年 5 月。

民航局飞标司：《中国民航驾驶员发展年度报告（2020 年版）》，2021 年 3 月。

人社部：《新职业——电子竞技员就业景气现状分析报告》，2019 年 6 月。

中国科协：《中国科技人力资源发展研究报告（2018）——科技人力资源的总量、结构与科研人员流动》，《今日科苑》2020 年第 7 期。

天府大数据国际战略与技术研究院等：《2018 全球大数据发展分析报告（简版）》，2019 年 5 月。

国家工业信息安全发展研究中心：《我国数据开放共享报告 2021》，2021 年 9 月。

人社部中国就业培训技术指导中心、阿里巴巴钉钉：《新职业在线学习平台发展报告》，2020 年 7 月。

北森人才管理研究院：《2021 中国制造行业人才白皮书》，2021。

中国汽车工程学会等：《智能网联汽车产业人才需求预测报告》，2020 年 12 月。

国家互联网信息办公室：《数字中国发展报告（2020 年）》，2021 年 7 月。

《信息无障碍建设持续推进，惠及残障人士、偏远地区居民等群体　服务越来越好　用网难度变小》，中国政府网，2020 年 11 月。

中国残疾人联合会、阿里巴巴集团：《阿里巴巴公益助残报告》，2019 年 6 月。

阿里研究院、中国就业形态研究中心：《数字经济与中国妇女就业创业研究报告》，2022 年 3 月。

华中师范大学中国农村研究院农村妇女研究中心等：《2021 中国农村女性就业调研报告》，2021 年 5 月。

Ladies Who Tech：《数字经济下中国职场女性发展白皮书》，2021 年 9 月。

Element AI：《全球 AI 人才流动报告》，2020。

CSHIA Research：《2020 中国智能家居生态发展白皮书》，2020 年 9 月。

ESHET-ALKALAI Y.，"Digital Literacy：A Conceptual Framework for Survival Skills in the Digital Era"，*Journal of Educational Multimedia and Hypermedia* 13（1），2004：93-106.

DIGCOMP，F. A.，"A Framework for Developing and Understanding Digital Competence in Europe"，in Punie，Y. and Brecko，B.，ed.，*JRC Scientific and Policy Reports*（Luxembourg：Publications Office of the European Union，2013）.

B.18
2022年长三角数字经济发展报告

王梦梓　陈耿宇 *

摘　要： 本报告基于“数字经济测度工具箱”，以官方数据和两化融合公共服务平台数据为基础，对长三角城市群的上海、南京、苏州、杭州、宁波、合肥等 27 个城市的数字经济发展水平进行测评。结果发现，长三角一市三省以数字经济带动整体经济社会快速发展的态势已经形成，上海、杭州、南京适度超前建设数字基础设施，苏州、宁波、无锡等城市利用数字技术先发优势助力产业数字化转型，杭州、南京、苏州等城市数字产业发展走在全国前列，城市群全员落地城市大脑，数字经济生态环境向好发展。下一步，长三角城市可以从建设泛在互联的数字基础设施、构建一体高效的数据要素市场、推动产业数字化转型、加大数字产业化扶持力度、持续提高公共服务数字化水平、优化提升数字营商环境方面继续发力，深化数字经济发展潜能。

关键词： 数字经济　数字产业　长三角城市群

党中央、国务院高度重视发展数字经济，党的二十大报告中明确指出，“要加快发展数字经济，促进数字经济和实体经济深度融合，打造具有国际

---

* 王梦梓，博士，国家工业信息安全发展研究中心信息政策所数字经济研究室工程师，主要研究方向为数字经济测度、数字贸易；陈耿宇，国家工业信息安全发展研究中心信息政策所数字经济研究室助理工程师，主要研究方向为数字经济测度、数字产业。

竞争力的数字产业集群”。科学、客观、准确地评估数字经济发展水平，对指导地区数字经济健康发展具有重要意义。本报告基于“数字经济测度工具箱”，以官方数据和两化融合公共服务平台数据为基础，对长三角城市群的上海、南京、苏州、杭州、宁波、合肥等 27 个城市的数字经济发展水平进行测评，[①] 分析长三角数字经济发展情况。

一　长三角数字经济整体发展情况

近年来，长三角一市三省围绕“数字长三角”建设，先后推出《关于在长三角生态绿色一体化发展示范区加快数字经济发展推进先行先试的若干举措》《长三角数字干线发展规划纲要》等政策文件，共谋共建、前瞻布局，将共同建设长三角数字经济高地推向高潮。

（一）全国对标：数字经济是长三角领衔全国发展的强劲动力

长三角地区是我国经济发展最活跃、开放程度最高、创新能力最强的区域之一，在国家现代化建设和全方位开放格局中占有举足轻重的战略地位。据统计，2021 年长三角地区 GDP 为 27.6 万亿元，全国占比达到 24.1%（见图 1），数字经济规模占全国数字经济规模总量的 28%，累计建成 5G 基站超过 34 万个，约占全国总量的 1/4，数字经济成为长三角领先全国发展的强劲动力。2021 年以来，上海提出打造具有世界影响力的国际数字之都，苏州提出打造“创新集群引领产业转型升级”示范城市，杭州提出建设全国数字经济第一城，合肥提出“数字合肥”建设，长三角地区已经形成数字经济竞相发展、加速推进的良好局面。

---

① 根据 2019 年 12 月中共中央、国务院印发的《长江三角洲区域一体化发展规划纲要》，本报告将规划范围内的 27 个城市作为此次数字经济发展水平评估的对象，分别是：上海市；江苏省南京、无锡、常州、苏州、南通、扬州、镇江、盐城、泰州；浙江省杭州、宁波、温州、湖州、嘉兴、绍兴、金华、舟山、台州；安徽省合肥、芜湖、马鞍山、铜陵、安庆、滁州、池州、宣城。

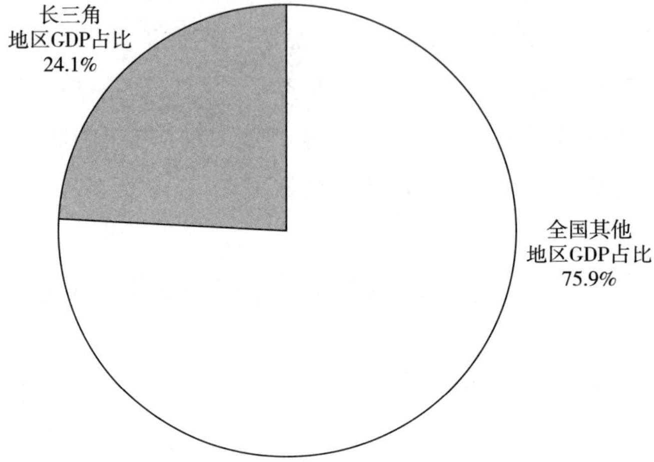

a.GDP规模占比

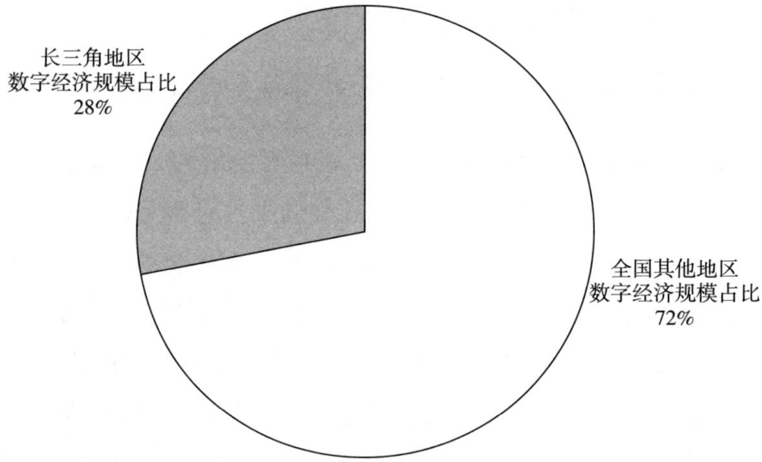

b.数字经济规模占比

图 1　长三角 GDP 与数字经济规模在全国的占比

资料来源：国家工业信息安全发展研究中心。

（二）发展进程：长三角城市群数字经济发展水平拾级而上

近年来，长三角数字经济呈现总体平稳提升的发展特征，数字经济规模总量从2019年的8.6万亿元，提升至2020年的10.83万亿元，[①] 再到2021年的约12.7万亿元，[②] 年均增长率保持在20%以上，远高于长三角地区GDP增速（2021年为12.8%），[③] 数字经济引擎作用明显。未来，长三角城市间数字经济发展差距呈缩小趋势，以上海和合肥比较为例（见表1），2021年，上海数字经济核心产业增加值占GDP的比重比合肥高2个百分点，预计到2025年将缩减为1个百分点。2022年11月，世界互联网大会乌镇峰会上，包括上海青浦、上海松江、杭州、宁波、嘉兴、湖州、南京、苏州、合肥、芜湖在内的长三角十市（区）组建“数字长三角共建联盟”，进一步激发长三角协同创新活力。

表1　上海和合肥数字经济发展对比

单位：%

数字经济核心产业增加值占GDP比重	上海	合肥	全国水平
2020年	-	9	7.8
2021年	12	10	-
2025年(预计)	15	14	10

资料来源：国家工业信息安全发展研究中心。

（三）区域格局："一主多副"结构辐射带动整体数字经济跃升

长三角城市群呈现“一主多副”的区域格局，上海作为区域中心城市，引领数字经济一体化发展，南京、杭州、合肥等省会城市，以及苏州、无锡、常州、宁波等经济强市作为副中心也各自形成城市圈，在区域内部辐射带动其他地区发展（见表2）。具体来说，上海创新能力强，服务功能强大，作为国际经济、金融、贸易、航运和科技创新“五个中心”，上海品牌和管理模式全面输

① 《2020年中国长三角数字经济发展现状及未来发展展望》，https：//www.chyxx.com/industry/202110/982911.html。

② 根据中国信息通信研究院和浙江清华长三角研究院联合发布的《长三角数字经济发展报告（2021）》中的数据推算。

③ 长三角地区2020年GDP增速为3.2%，2021年GDP增速为12.8%。

出，为长三角数字经济高质量发展和参与国际竞争发挥引领作用。南京城市圈呈现梯队发展特点，南京以电子信息产业为优势，扬州、镇江、淮安、芜湖等打造先进制造业中心，马鞍山、滁州、宣城等主要承接东部产业转移，呈现以南京为引领的产业链从高到低梯队发展。杭州城市圈互联网经济领先，民营经济发达，以信息软件、电子商务、物联安防等为代表的数字产业全国领先。合肥城市圈劳动力资源丰富，创新发展活跃，拥有中科大、合工大、安徽大学等众多高校，在新技术方面有后发优势。苏锡常城市圈制造业基础雄厚、门类齐全、企业众多，与上海对接紧密，通过创新进行传统产业数字化转型和推动产业价值链上移。宁波城市圈高效整合海港资源和平台，打造全球一流的现代化综合枢纽港、国际航运服务基地和国际贸易物流中心。

表2　长三角“一主多副”结构产业分布

中心/副中心城市	城市圈	数字产业	支柱产业
上海	上海	新一代信息技术、数字金融、电子商务	金融、商贸、汽车制造、房地产
南京	南京、扬州、镇江	智能汽车、智能装备、软件和信息技术、新一代信息技术	电子、石化、钢铁、汽车及零部件和器材制造、造纸
杭州	杭州、湖州、嘉兴、绍兴	电子商务、云计算与大数据、视频安防、量子技术、人工智能	电子商务、软件、文化创意、旅游、金融服务、装备制造、化工、五金塑料、合成纤维、电子材料、纺织服装、健康产业、食品
合肥	合肥、马鞍山、芜湖	新一代信息技术、智能制造、人工智能、电子信息、高端数控机床	汽车及工程机械、家用电器、化工及新型建材、电子电器、生物医药、钢铁、装备制造
苏州	苏州、无锡、常州	新一代信息技术、集成电路、物联网、智能终端、智能装备制造	电子信息、装备制造、冶金、纺织及服装加工、新材料、化工、通用设备制造、输变电设备制造、汽车及配件制造
宁波	宁波、台州、舟山	智能家电、软件和信息服务、海洋电子信息	船舶、港口、电气机械和器材制造、石化、纤维制品制造、旅游、海产品加工、汽车配件、医疗化工、家用电器、塑料模具、新材料

资料来源：国家工业信息安全发展研究中心。

二　长三角数字经济分领域发展情况

（一）数字基础设施：上海、杭州、南京适度超前建设数字基础设施，为数字经济发展夯实底座

数字基础设施是承载数字产业的底座，与数字产业化发展紧密相关。上海、杭州、南京等长三角节点城市数字基础设施建设适度超前，数字经济发展根基牢固。上海早在2020年就已建成“双千兆宽带第一城”，固定宽带网速长期领先全国，围绕国际数据港、数据交易所和国家算力枢纽节点建设，算力基础设施建设瞄准全球一流水平。杭州推进5G基站建设“一件事”集成改革，全市累计建成5G基站超过2.7万个，核心城区和主要园区精品网络实现全覆盖。南京是我国重要的综合性通信枢纽城市，也是我国首座双千兆省会城市，城乡千兆光网实现全覆盖。截至2021年底，南京累计建成5G基站超2.2万个，主城区、郊区中心区域5G网络全覆盖，5G上下行吞吐率、终端接入成功率等全国领先。芜湖借“东数西算”工程筹建芜湖数据中心集群，积极承接长三角中心城市实时性算力需求。

（二）数据要素市场：上海、宁波、杭州等积极探索数据共享开放，数据交易市场从建设阶段进入探索阶段

数据开发应用能力是城市数字经济竞争力的关键指标，数据只有动起来才能产生价值。长三角地区有上海、浙江、江苏和安徽4家大数据交易所或交易平台，数据交易探索走在全国前列。上海是长三角、全国乃至全球数据集聚流通的重要节点，在国内率先开展公共数据汇聚、流通、开发利用等探索，《中国地方政府数据开放报告》显示，在四个直辖市开放数林指数排名中，上海位列第一。[①] 长三角城市宁波和杭州也进入中国开放数林标杆城市前十位，

① 复旦大学、国家信息中心数字中国研究院：《中国地方政府数据开放报告：指标体系与城市标杆》，2021年7月。

宁波通过印发《宁波市公共数据管理办法》、开展数据共享开放“百日攻坚”行动、制定《公共数据管理 数据共享规范》地方标准、搭建一体化智能化公共数据平台等一系列措施，数字赋能作用日益明显。杭州建立“以共享为原则、不共享为例外”的公共数据共享模式，加快打造杭州城市大脑2.0。

（三）产业数字化：苏州、宁波、无锡等城市产业数字化转型需求迫切，数字技术先发优势助力产业转型升级

长三角是我国科学技术发展较为领先的地区，利用数字技术赋能产业升级具有先天优势，并且长三角制造业高度集聚、服务业快速崛起、农业现代化步伐加快，产业数字化转型升级需求迫切。工业方面，苏州2021年规上工业总产值为4.3万亿元，超越深圳和上海，成为全球第一大工业城市，长期以来，苏州市支持企业抓创新、抓技改，坚定推动制造业智能化改造、数字化转型工作，在长三角地区产业数字化转型中发挥标杆引领作用。除苏州以外，上海大力发展高端制造、智能制造，宁波先行先试“产业大脑+未来工厂”，无锡建设“456”现代产业体系，这些工业强市已探索出自己的产业数字化发展之路。服务业方面，上海、杭州等城市服务业数字化转型遥遥领先，这些城市服务业增加值占GDP比例较高，发展服务业数字化转型具有重要意义。上海积极发展现代服务业，诞生了哈喽出行、携程网、小红书、平安医保、平安好医生、叮咚买菜等一批生活服务类数字经济头部企业。农业方面，常州、盐城、嘉兴等农业大市，以数字技术赋能农业高质量发展，成为长三角地区农业数字化转型样本城市。例如，常州市加快信息技术在农业领域全产业、全链条覆盖应用，数字农业农村发展水平达70%。盐城着力提升农业生产智能化水平，2022年上半年，全市新建或提升建设数字农业农村基地103个，农产品电商销售额达到106.7亿元。

（四）数字产业化：杭州、南京、苏州等城市数字产业走在全国前列，为本地高质量发展提供重要牵引

数字产业化是数字经济发展的动力来源，推动数字技术的迭代升级和创

新扩散，赋能经济高质量发展。当前，长三角已建成以电子器件、集成电路、新型显示、智能装备等为代表的信息技术产业体系，5G、人工智能、大数据、区块链、云计算等新兴数字产业走在全国前列。杭州早在2018年就提出致力于建设全国数字经济第一城，经过几年发展，数字产业已经成为杭州支柱产业，数字经济核心产业对经济增长的贡献率超过50%，① 人工智能产业、集成电路产业、电子信息产品制造产业快速增长，2021年产业增加值分别增长26.9%、21.9%和16.2%。南京是全国第一个软件名城，高端软件和信息技术服务业优势明显，拥有新型显示、信息通信设备、物联网领域三个“千亿级产业”，通过创建国家级软件和信息服务先进制造业集群，开展互联网关键技术揭榜攻关，实现当地数字经济高质量发展。苏州先后引入腾讯、阿里、华为、中软国际、三六零等数字经济头部企业，抢占数字经济新赛道，补齐发展短板。

（五）数字化公共服务：数字经济深度融入长三角百姓生活，城市群全员落地“城市大脑”

当前，“数字长三角”正在融入一市三省2.3亿多常住人口的生活，人们持续享受数字时代红利，截至2022年7月底，长三角跨省通办政务服务事项或相关应用场景达138项，政务服务便利度不断提升。杭州最早提出“城市大脑”构想并付诸实践，“城市大脑”从信息化到智能化再到智慧化，让杭州实现“无杆停车场”“急救车不必闯红灯”“入园入住无须排队”“医后最多付一次”等多个应用场景，城市管理难点和民生痛点逐一破解，并为长三角乃至全国提供可推广经验。“城市大脑”杭州经验已经在上海、南京、苏州、无锡、台州、温州、合肥等长三角城市落地，推动城市治理数字化智能化发展。

① 中国信息通信研究院和浙江清华长三角研究院：《长三角数字经济发展报告（2021）》，2021年9月。

（六）数字经济生态环境：长三角数字经济发展基础夯实，数字经济生态环境持续向好发展

长三角城市群汇聚了全国高水平人才，积极探索开展数字营商环境改革试点，合力推进网络安全一体化协同发展，长三角城市群已经具备了建设数字经济的良好基础。在政策环境方面，长三角一市三省的数字经济立法已相继推出，城市层面数字经济顶层设计探索层出不穷，例如，杭州发布《关于打造数字经济“一号工程”升级版的实施意见》、苏州发布《苏州市数字经济“十四五”发展规划》、合肥发布《合肥市“十四五”数字合肥发展规划》等。营商环境方面，长三角迎来行政壁垒“拆墙行动”，2022 年 11 月 10 日，国家发改委发布的《长三角国际一流营商环境建设三年行动方案》提出，“到 2025 年，长三角区域资源要素有序自由流动，行政壁垒逐步消除，统一开放的市场体系基本建立”“探索开展数字营商环境改革试点”。数字素养与技能方面，上海、杭州等城市汇聚了众多互联网头部企业，对数字人才具有较强的吸引力，此外，苏州、宁波、无锡、常州、南京等城市优势产业突出、创新创业环境提升，也是吸引人才流入的主要城市。数字经济安全方面，合肥软件供应链安全检测中心、盐城市网络安全产业联盟、无锡市网络信息安全特色产业园区等相继落地，长三角城市竞相打造网络安全产业发展高地，筑牢数字化转型安全屏障。

三 长三角城市群数字经济高质量发展的建议

为推动长三角数字经济高质量健康发展，形成数字经济发展的强力驱动和重要支撑，具体建议包括以下六个方面。

（一）坚持适度超前，建设泛在互联的数字基础设施

落实好《关于在长三角生态绿色一体化发展示范区加快数字经济发展推进先行先试的若干举措》《长三角数字干线发展规划纲要》等政策文件的各项

要求，协同建设新一代信息基础设施，推动重点领域智慧应用，共同打造数字长三角。通信网络方面，以5G为引领，对标国际最高标准和最高水平，尽快实现5G网络全覆盖、千兆宽带全普及，国际通信能力进一步提升。感知网络方面，布局泛在感知、智能融合的神经系统，重点推进城市智能抄表、智能建筑、市政物联、交通物流、广域物联、工业物联等应用场景的感知设施部署。算力网络方面，统筹好国家“东数西算”“全国一体化算力网络国家枢纽节点”等总体建设布局，加快长三角生态绿色一体化发展示范区数据中心集群和芜湖数据中心集群建设，探索新型数据中心发展路径。

（二）注重协同互通，构建一体高效的数据要素市场

随着上海数据交易所、浙江大数据交易中心、华东江苏大数据交易中心、安徽大数据交易中心相继建立，一市三省积极探索高效便捷的数据交易渠道、透明安全的数据产品交易服务，为全国数据要素市场发展提供重要探索价值。下一步应鼓励各数据交易所/中心发挥各自优势，创新数据交易方式和交易产品，研究和探索建立统一的数据交易规则和交易体系，实现区域内数据要素市场互联互通，推动多层次数据要素市场建设，将一市三省的数据交易中心建设融入全国统一数据市场。

（三）发挥传统优势，加快推动产业数字化转型

长三角作为我国最具经济活力的地区之一，各城市已发展起各自产业优势，产业数字化转型基础良好、愿望迫切。工业方面，落实好《长三角工业互联网一体化发展示范区建设规划》的各项要求，引导制造业企业生产设备上云上平台和业务系统云化改造，通过市场化手段鼓励更多数字企业参与制造业企业业务流程和管理流程改造。服务业方面，创新服务业态、服务方式，发展数字贸易，以及跨境电商、直播电商、社交电商等电子商务新模式，依托各城自然历史资源，开发智慧旅游、智慧文创等助力消费转型升级。农业方面，依托现代农业示范基地建设打造长三角数字农业高地，推动物联网在农业生产中的应用，加强农业数字人才培养，面向

农民开展现代化农业专业技能培训，鼓励农业机器人、植保无人机等智能农机应用。

（四）突出创新引领，加大数字产业化支持力度

上海、杭州等数字产业发展领先地区应立足自身在科研创新领域优势，聚焦大数据、人工智能、物联网、区块链、元宇宙等新兴数字产业，加大投入力度，集中优势资源在技术、产业、应用、政策上共同发力，同时注重对周边地区辐射带动作用，形成相互影响、相互依存的良性互动关系。具备一定基础的地区可以在传统数字产业优势领域精耕细作，持续增强软件、半导体、集成电路等领域产业链优势，锻造"杀手锏"技术，占据产业竞争制高点，巩固提升优势产业的国际领先地位。数字产业欠发达地区应抓紧开展数字产业情况摸排，通过成立数字经济产业园区，以及培训、峰会、论坛等手段充分对外交流，快速明确市场方向。

（五）坚持深化改革，持续完善公共服务数字化水平

通过数据互通共享，聚焦高频事项和民生领域，推动跨省通办事项和应用场景不断拓展，基本公共服务便利性持续提升，长三角居民获得感、幸福感、安全感不断提升。一是推进一市三省公共数据和政务数据互联互通，支持跨省域数据标准在示范区先行先试，为基本公共服务便利共享奠定基础。二是依托全国政务服务一体化平台、长三角政务服务"一网通办"和居民服务"一卡通"，提升跨区域事项办理和服务共享的便利性、可及性，逐步实现"同城服务""同城待遇"。三是关注人的全方位赋能，围绕一个人的全周期、多层次需求，从健康、教育、住建、出行、文旅、消费、扶助、养老等多个领域，构建"跨界融合、无处不在、精确响应、优质普惠"的数字生活场景。

（六）兼顾安全发展，优化提升数字经济生态环境

长三角地区数字市场高度繁荣，汇聚了阿里巴巴、拼多多、苏宁、小红

书等一批互联网平台企业，统筹好安全与发展对长三角地区数字经济发展尤为重要。一方面，要促进平台经济规范和健康发展，紧密围绕本地平台经济发展过程中出现的突出问题，落实中央关于平台经济的指示精神，促进公平竞争、强化反垄断。防止资本无序扩张，探索零工经济下的劳动者保障体系，加强个人数据保护。另一方面，优化提升数字营商环境，积极释放政策红利，鼓励融合新业态加快发展，以“鼓励创新、包容审慎”为原则，科学制定、审慎出台监管政策，保护各类市场主体依法平等进入。

参考文献

中国信息通信研究院、浙江清华长三角研究院：《长三角数字经济发展报告（2021）》，2021 年 9 月。

复旦大学、国家信息中心数字中国研究院：《中国地方政府数据开放报告：指标体系与城市标杆》，2021 年 7 月。

B.19
全国数字经济百强城市发展水平报告（2022）

陈耿宇　王梦梓　赵令锐*

摘　要：本报告基于“数字经济发展指数”指标体系测算，评选出2021年我国数字经济百强城市。整体来看，北京、深圳、上海数字经济发展领跑全国，西部地区城市实现数字经济发展能级跃升，京津冀、长三角、珠三角三个重点城市群数字经济协同发展并进，成都、重庆形成了独具特色的数字经济发展路径。分领域来看，数字产业化方面，北深上杭广领衔“千兆城市”建设，以创新推动数字产业蓬勃发展；产业数字化方面，东部城市引领产业数字化发展，重点城市工业、服务业、农业数字化转型亮点纷呈；数字化治理方面，杭州、武汉、郑州、广州等城市政府治理效能不断提升，数字营商环境不断优化。下一步，为持续推动我国城市数字经济发展，应做好顶层设计和规划布局，推动数字经济统一大市场建设，高质量建设数字基础设施，加大数字产业支持力度，加快推动产业数字化转型，提升数字化治理能力。

关键词：数字经济　产业数字化　数字产业化　数字化治理

---

* 陈耿宇，国家工业信息安全发展研究中心信息政策所数字经济研究室助理工程师，主要研究方向为数字经济测度、数字产业；王梦梓，博士，国家工业信息安全发展研究中心信息政策所数字经济研究室工程师，主要研究方向为数字经济测度、数字贸易；赵令锐，博士，国家工业信息安全发展研究中心信息政策所助理研究员，主要研究方向为数字化转型、数字经济测度、数据产权等。

数字经济正在成为重组全球要素资源、重塑全球经济结构、改变全球竞争格局的重要力量。党中央、国务院高度重视发展数字经济，2021 年 10 月，习近平总书记在中共中央政治局第三十四次集体学习时强调，把握数字经济发展趋势和规律，推动我国数字经济健康发展；2022 年 5 月，全国政协召开“推动数字经济持续健康发展”专题协商会，国家对数字经济的重视与支持一以贯之。当前，城市化已经成为我国区域经济增长的火车头，是推动经济社会高质量发展的重要路径，以中心城市为引领的区域数字经济发展已经成为我国实现数字经济跨越式发展的新趋势。本研究以城市数字经济建设为出发点和着眼点，基于“数字经济发展指数”指标体系进行测算，遴选出我国 2021 年数字经济百强城市，力求准确、客观地反映城市数字经济发展水平，以期为我国城市数字经济健康发展提供数据支撑。

一　我国城市数字经济发展指数总体分析

2017 年，“数字经济”首次被写入政府工作报告，政府工作报告明确提出“促进数字经济加快成长”，此后，各地纷纷出台促进数字经济发展的政策举措，尤其是新冠疫情以来，各地积极抢抓数字经济发展机遇，以政策规划为引领，加快推动数字产业化，持续深化制造业、服务业和农业的产业数字化转型，积极推进城市数字化治理，奋力开创数字经济健康发展新局面。本报告筛选了我国直辖市、省会城市、计划单列市、京津冀城市、长三角城市、成渝城市、珠三角城市，以及 GDP 排名前 100 城市等 143 个城市，依据“数字经济发展指数”指标体系，评选出 2021 年我国数字经济百强城市。

（一）横向上，北京、深圳、上海数字经济发展领跑全国

总体来看，2021 年，北京、深圳、上海数字经济发展领跑全国，排名分别位列第一、第二、第三，得分较其他城市领先优势明显（见表 1）。紧随其后的是广州、杭州与苏州，三个城市得分与其余城市拉开差距。第 7~

10 名分别是天津、南京、青岛与成都，成都成为唯一进入全国城市数字经济发展指数前十的中西部城市。从区域分布来看，排名前 20 名的城市大部分位于东部地区，有 15 个；位于中部地区的有 2 个，分别是合肥（第 13 位）、武汉（第 16 位）；位于西部地区的有 3 个，分别是成都（第 10 位）、重庆（第 12 位）、西安（第 20 位）。

表 1　2021 年全国数字经济发展指数前 20 名

城市	省份	地区	排名	得分
北京市	北京	东部地区	1	257. 40
深圳市	广东	东部地区	2	253. 74
上海市	上海	东部地区	3	232. 14
广州市	广东	东部地区	4	225. 55
杭州市	浙江	东部地区	5	224. 87
苏州市	江苏	东部地区	6	214. 87
天津市	天津	东部地区	7	172. 27
南京市	江苏	东部地区	8	168. 42
青岛市	山东	东部地区	9	165. 11
成都市	四川	西部地区	10	160. 39
厦门市	福建	东部地区	11	159. 36
重庆市	重庆	西部地区	12	154. 56
合肥市	安徽	中部地区	13	142. 92
东莞市	广东	东部地区	14	142. 76
宁波市	浙江	东部地区	15	140. 48
武汉市	湖北	中部地区	16	134. 46
无锡市	江苏	东部地区	17	133. 11
佛山市	广东	东部地区	18	131. 80
济南市	山东	东部地区	19	124. 49
西安市	陕西	西部地区	20	120. 41

资料来源：国家工业信息安全发展研究中心。

进入全国数字经济发展指数百强城市名单中，东部沿海城市占大多数，其数字经济发展水平与当地经济发展水平紧密相关，排名较高的均位于东部沿海地区，如图 1 所示。统计发现，位于东部地区的城市有 56 个，占该区域城市总数的 63.6%。位于中部地区的有 24 个，占该区域城市总数的 29.3%。位于西部地区的有 16 个，占该区域城市总数的 12.2%。位于东北地区的有 4 个，占区域城市总数的 11.1%。

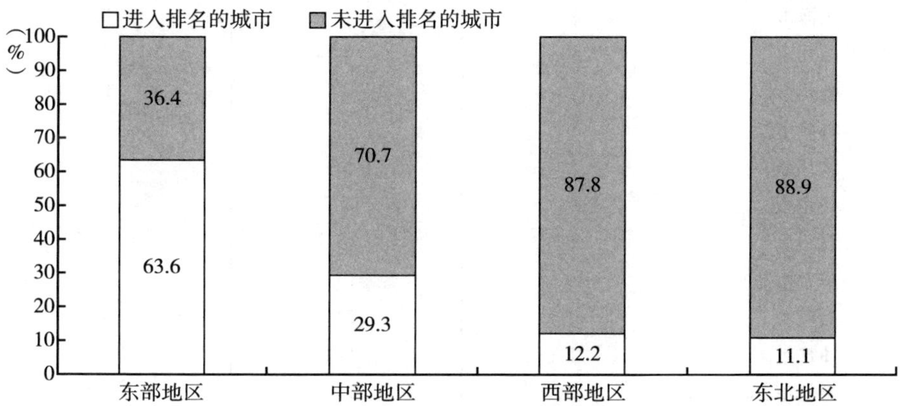

图 1　各地区进入全国数字经济发展指数百强城市的占比

资料来源：国家工业信息安全发展研究中心。

（二）纵向上，西部地区城市数字经济发展获得整体性跃升

从 2016 年至 2021 年，全国城市数字经济发展指数前 8 名保持不变，名次有所调整（见表 2），北京连续位居首位，深圳由第 4 位提升至第 2 位，杭州市由第 8 位提升至第 5 位，上海、广州、苏州、天津、南京随之下降 1 位。在前 20 名当中，合肥上升趋势最为显著，由 2016 年的第 34 名大幅提升至 2021 年的第 13 名，超过东莞、无锡、宁波等东部城市，是中部表现最好的城市。厦门、济南进入前 20 名，上升速度十分明显。宁波、无锡呈下降趋势，由 2016 年的前 10 名分别降至 2021 年的第 15 位、第 17 位。

在数字经济发展指数排名普遍提升的城市中，18 个城市实现了两位数以上排名提升，正改变全国数字经济发展局面。排名上升幅度最大的是连云港、贵阳、绵阳，由 2016 年的百强城市后 50 名提升至前 50 名，引领城市实现数字经济发展能级跃升。其次是宿迁、合肥这两座长三角城市，排名均

表 2 2016~2021 年全国数字经济发展指数前 20 名城市变化情况

城市	2021 年排名	2016 年排名	排名变化
北京市	1	1	0
深圳市	2	4	2
上海市	3	2	-1
广州市	4	3	-1
杭州市	5	8	3
苏州市	6	5	-1
天津市	7	6	-1
南京市	8	7	-1
青岛市	9	16	7
成都市	10	13	3
厦门市	11	22	11
重庆市	12	14	2
合肥市	13	34	21
东莞市	14	12	-2
宁波市	15	9	-6
武汉市	16	18	2
无锡市	17	10	-7
佛山市	18	17	-1
济南市	19	28	9
西安市	20	11	-9

资料来源：国家工业信息安全发展研究中心。

上升了 21 位，逐步赶上长三角地区数字经济发展步伐。接着是柳州、许昌、芜湖、衡阳这 4 座中西部城市，排名提升了 15 位以上，带动中西部城市数字经济日渐崛起。最后是龙岩、呼和浩特、湖州、烟台、岳阳、厦门、兰州、惠州、常州 9 个城市，排名分别提升了 10~14 位，上升幅度十分明显。

从所有城市排名变化来看，除北京、洛阳数字经济发展指数排名保持不变外，其余城市排名均有所调整，实现排名提升的城市有 49 个，其中东部地区 23 个，占东部上榜城市数量的 41.1%；中部地区 12 个，占中部上榜城市数量的 50.0%；西部地区 13 个，占西部上榜城市数量的 81.3%，提升比重最高；东北地区 1 个，占东北部上榜城市数量的 25.0%（见图 2）。这反映出，2016 年以来，西部地区城市紧抓时代机遇，数字经济发展获得整体性跃升，逐步缩小与东部地区发展差距。

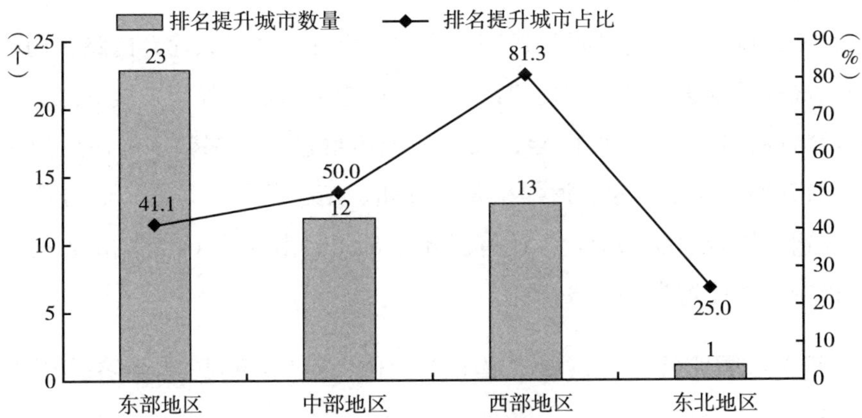

图 2　2021 年分地区城市数字经济发展指数排名提升城市数量及占比情况

资料来源：国家工业信息安全发展研究中心。

（三）区域上，三个重点城市群数字经济与区域协同发展并进

城市群是实施区域一体化国家战略，抢抓新一轮科技革命和产业变革机遇的重要抓手，能够有力推动区域数字经济一体化发展。近年来，珠三角、京津冀、长三角三个重点城市群加快城市间分工协作，共同推进区域数字经济有序、协调、互补、互促发展。

珠三角城市群聚焦着力提升数字化生产力，深化新一代信息技术的融合应用，大力培育新业态新模式，加快经济社会各领域数字化转型步伐，开创数字经济创新发展新局面。2021 年，珠三角城市群进入全国数字经济发展指数百强城市的有 8 个，只有肇庆未进入，其余 8 个城市均入榜，占该城市群总数比重为 88.9%。

京津冀城市群围绕构建区域协同创新共同体，加强产业协作和转移，以工业互联网创新发展和产业数字化转型为重点，推动区域创新链和产业链完善贯通，促进京津冀区域经济一体化发展。2021 年，京津冀城市群进入全

国数字经济发展指数百强城市的有 8 个，除北京、天津位居前十外，还有河北省的石家庄、沧州、廊坊、邯郸、唐山、保定，占该城市群总数比重为 66.7%。

长三角城市群以打造世界级产业集群为目标，共谋共建，前瞻布局，全方位、高标准推进数字长三角建设，携手打造全球数字经济发展高地，带动全国经济高质量发展。2021 年，长三角城市群进入全国数字经济发展指数百强城市的有 25 个，除上海、杭州、苏州、南京位居全国前十，合肥、宁波、无锡位居全国前二十外，还有温州、常州、南通等 18 个城市入榜，占该城市群总数比重为 61.0%。

（四）发展路径上，成都、重庆走出独具特色的数字经济跨越式发展道路

以 2021 年各城市数字经济发展指数与人均 GDP 为基础坐标轴，二者分别计算均值，将数字经济发展指数百强城市分成四个象限，如图 3 所示。从图中可以发现，成都、重庆等中西部城市，依托本地区位、产业等优势，形成了各具特色的数字经济发展路径，实现数字经济发展后来居上，超过部分东部城市数字经济发展水平。

成都坚持数字产业、数字贸易双轮驱动推动数字经济发展。2021 年，成都数字经济发展指数排名第 10，居中西部城市首位，超过宁波、无锡、东莞等东部城市，排名由 2016 年第 13 名上升了 3 个名次。成都立足西部开放门户，聚焦电子信息制造、软件等数字产业，提升数字贸易发展水平，全面赋能传统产业数字化、智能化、网络化发展，走出数字经济高质量发展路径。数字产业方面，已形成集成电路、新型显示、网络视听、高端软件等具有全国影响力的特色优势行业。2020 年，成都电子信息产业规模达到 10065.7 亿元，同比增长 19.8%，成为成都首个产值破万亿元的产业，规模稳居中西部城市第一。2021 年软件业务收入位列副省级中心城市第五，是全国首批、中西部唯一的综合性“中国软件名城”。数字贸易方面，2021 年东盟是成都第二大出口目的地市场，对东盟出口 1665.3 亿元，同比增长

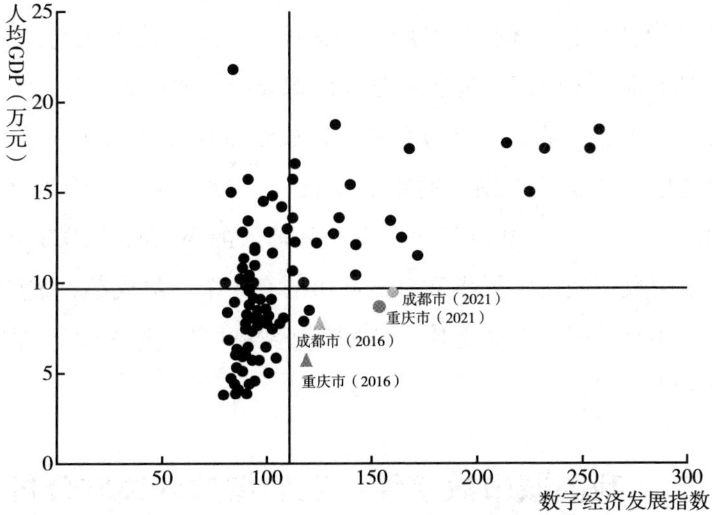

图 3　2021 年百强城市数字经济发展指数与人均 GDP 散点图

资料来源：国家工业信息安全发展研究中心。

13.3%，占全市出口总额近 1/3。成都市天府软件园于 2020 年被商务部、中央网信办和工信部联合认定为首批国家数字服务出口基地，是西部地区唯一入选园区。

重庆围绕建设“智造重镇”“智慧名城”大力发展数字经济。2021 年，重庆数字经济发展指数排第 12 位，居中西部城市第 2 位，超过宁波、无锡、东莞等东部城市，排名由 2016 年第 14 位上升了 2 个位次。重庆市围绕“芯屏器核网”全产业链、“云联数算用”全要素群、“住业游乐购”全场景集，深入实施以大数据智能化为引领的创新驱动发展战略，积极聚集和培养数字人才，鼓励车联网等新业态发展，建设“智造重镇”“智慧名城”。创新驱动发展方面，2021 年，重庆科技进步贡献率达 59.5%，实现国家级制造业创新中心“零突破”，形成国家级企业技术中心 40 家，入选全国首批“工业设计特色类示范城市”，累计建成 10 个国家级和 101 个市级工业设计中心。数字人才引培方面，2022 年 1 月，“中国重庆数字经济人才市场”正式挂牌，标志着全国首个聚集和培养数字经济人才“新阵地”正式建立。新业态创新发展方面，2021 年 1 月，工业和信息化部复函重庆市人民政府，支持重庆（两江新区）创建国家级车联网先导区。重庆成为无锡、天津、长沙后第四个得到工信部批复支持创建的国家级车联网先导区。

同时，在成都、重庆两市的引领下，成渝双城经济圈实现了高速发展，已成为西部地区数字经济发展的重要增长极。2021 年，成渝地区双城经济圈实现地区生产总值 7.39 万亿元，占西部地区的 30.8%。2021 年，成渝城市群进入全国数字经济发展指数百强城市的有 4 个，除成都、重庆进入全国前十五外，还有绵阳、宜宾上榜，分别位于第 44 位、第 98 位，占该城市群总数比重为 25.0%。

二　我国城市数字经济发展指数分领域分析

2021 年，我国各城市在数字产业化、产业数字化和数字化治理各领域分类施策，取得了一系列进展和成果，有力地推动了本地数字经济发展。

（一）数字产业化：北深上杭广领衔“千兆城市”建设，以创新推动数字产业蓬勃发展

数字产业化是数字经济发展的动力来源，推动数字技术的迭代升级和创新扩散，赋能经济高质量发展。该一级指标从数字基础设施、新兴数字产业、传统数字产业三个角度进行评价。总体来看，北京、深圳、上海、杭州、广州在该指标中排名列全国前五位。

分领域来看，数字基础设施是承载数字产业的底座，数字基础设施建设与数字产业化发展紧密相关，数字产业化排名前五的城市均是在全国率先建成 5G 和千兆光网的“千兆城市”（见图 4），其中深圳早在 2020 年 8 月就实现 5G 独立组网全覆盖，是全国乃至全球首个实现 5G 独立组网全覆盖的城市，有效赋能千行百业转型发展。新兴数字产业方面，北京、深圳等创新引领型城市新兴数字产业蓬勃发展。北京是全国科研中心、教育中心，通过创新驱动数字产业发展，已培育出美团、字节跳动、京东、小米、百度、新

浪、滴滴、快手等众多高新科技企业，数字产业化发展全国领先。深圳在2021年中国人工智能城市排行榜中居第3位，与北京、上海、杭州并列为“中国区块链创新城市四强”，与北京、广州、杭州一起被列为“云一线城市”，数字产业竞争力位列全国第一梯队。传统数字产业方面，上海近年来着力打造集成电路高地，集成电路重点企业超过700多家，是国内集成电路产业链最全、产业集聚程度最高、综合竞争力最强的地区之一，上海数字产业化在全国城市中排名第二。广州通过培育数字龙头企业，带动产业链上下游企业集聚，形成半导体和集成电路等产业集聚区，实现技术攻关与产业培育良性循环。南京作为我国首座软件名城，2021年软件和信息服务业收入7200亿元，增长20%，数字产业化排名跻身前十，成为数字经济创新发展的生力军。

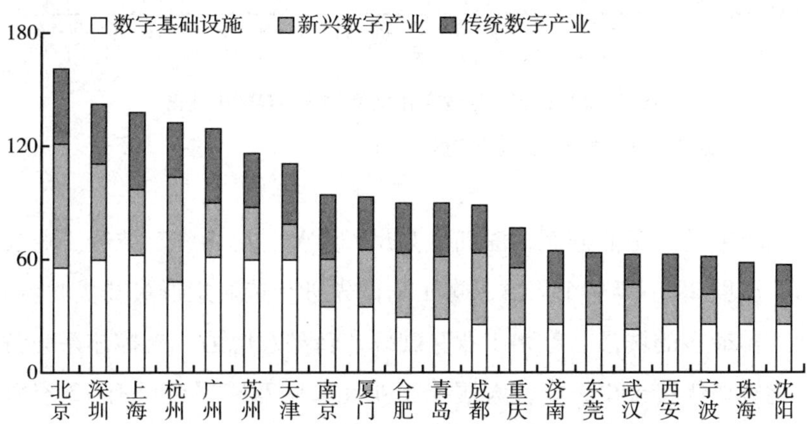

图4　2021年数字产业化指标排名TOP20城市

资料来源：国家工业信息安全发展研究中心。

（二）产业数字化：东部城市引领产业数字化发展，重点城市工业、服务业、农业数字化转型亮点纷呈

产业数字化是数字技术拉动生产力、提升要素配置效率的表现，是传统产业利用数字技术和数据资源对业务进行全链条升级改造的过程。该一级指

标从工业、服务业和农业数字化转型水平来评价。整体来看，我国产业数字化排前 20 位的东部城市占比高达 80%（见图 5），中西部和东北部地区城市仅重庆、大连、成都、贵阳四个城市上榜，这些城市大力推进两化融合，以“数”领航，以“智”取胜，在产业数字化排名中脱颖而出。

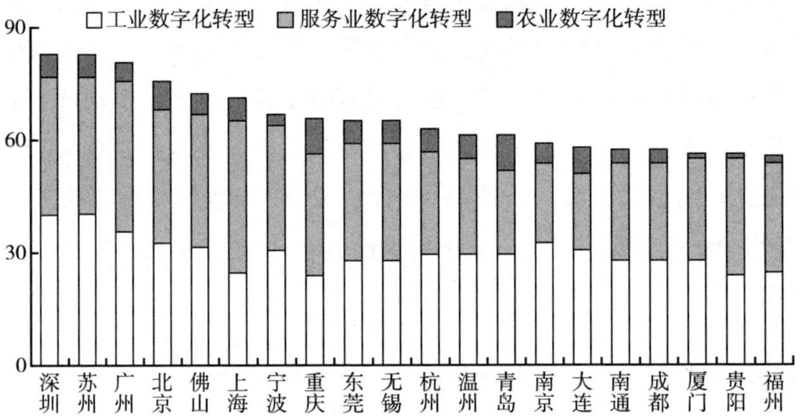

图 5　2021 年产业数字化指标排名 TOP20 城市

资料来源：国家工业信息安全发展研究中心。

分领域来看，工业方面，深圳、苏州、广州、佛山、宁波等工业强市表现突出，深圳 2021 年 4 个集群入选工信部先进制造业集群决赛优胜者名单，是全国上榜最多的城市。苏州工业基础好、转型意愿强、支撑体系完备，工业数字化转型优势突出，十五大国家工业互联网双跨平台已有 12 家落户苏州，全市工业互联网规上应用企业达 5000 家，支撑产业数字化发展的优势条件不断显现。服务业方面，北京、上海、深圳、广州、杭州等城市服务业数字化转型遥遥领先，这些城市服务业增加值占 GDP 比例较高，发展服务业数字化转型具有重要意义。上海高度重视发展现代服务业，诞生了哈喽出行、携程网、小红书、平安医保、平安好医生、叮咚买菜等一批生活服务类数字经济头部企业。广州紧扣千年商都的特点，推动数字技术与产业、消费的融合发展，提升现代服务业发展质量，赋能国际消费中心城市建设。农业方面，重庆、青岛等农业大市，以数字技术赋能农业高质量发展，成为农业数字化转型样本城市。重庆通过实施“生产智能化”“经营网络化”“管理数据化”“服务在线化”，全市农业农村数字化水平达到 40.3%。青岛打造智慧农业大数据平台，实现农业领域“一图观家底，一网管全市”。

（三）数字化治理：杭州、武汉、郑州、广州等城市政府治理效能不断提升，数字营商环境日益优化

数字化治理是数字经济健康发展的保障，是建立适应数字时代的治理体系和治理能力的根本要求。该一级指标从平台治理和数字营商环境两方面进行评价。除了杭州、深圳、上海等东部地区城市位列前三以外，武汉、郑州、长沙等中部地区城市，以及成都、西安等西部地区城市均跻身全国排前20位（见图 6），为我国中西部城市数字化治理提供有益参考。

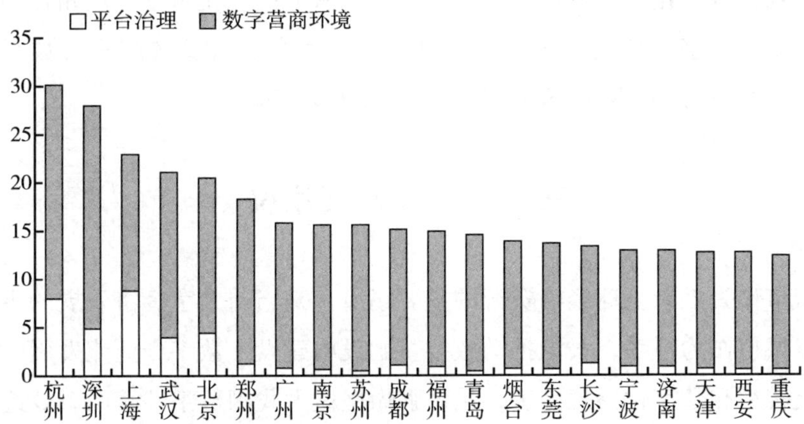

图 6　2021 年数字化治理指标排名 TOP20 城市

资料来源：国家工业信息安全发展研究中心。

分领域来看，平台治理方面，北京、上海、深圳等大型平台聚集的城市率先探索平台监管路径。例如，北京积极建立全市统一的平台经济监管信息平台，分类制定平台经济“一业一策”工作方案，提供反垄断政策法规常态化咨询服务等，通过多种方式促进平台经济规范、健康、可持续发展。上海 2021 年 6 月印发的《上海市市场监管现代化“十四五”规划》中，针对

平台经营者竞争行为，提出加强反垄断和反不正当竞争执法，依法制止资本无序扩张。深圳对互联网平台投资入股金融机构实行总量控制，加强银行保险机构与互联网平台合作发展金融活动的自律管理。数字营商环境方面，杭州、武汉、郑州、广州等从不同角度优化提升城市数字经济发展环境。杭州结合自身产业发展特色、数字化改革实际，依托国家营商环境创新试点城市建设，强化数字赋能，连续三年在全国工商联“万家民营企业评营商环境”中位列第一。武汉是全国排名前五的数字化治理城市中唯一的中西部地区城市，通过“智慧城市”建设提升城市治理水平，2021 年 11 月，武汉从世界 46 个国家 421 座城市 1123 份申报材料中脱颖而出，荣获“2021 世界智慧城市复苏创新大奖”全球冠军。郑州深化以“一件事”为牵引的“一网通办”和“一网统管”服务，完善政务服务网，开发应用场景 118 个，成为全国首个全场景数字化运营城市，不断提升政府服务便利化水平。广州在国内率先提出城市数字经济地方性法规，2022 年 4 月审议通过《广州市数字经济促进条例》，为广州数字经济发展提供法治环境保障。

三　下一步发展建议

城市作为汇聚全球经济资源的重要场所，是当前数字经济发展的主要载体。以城市作为抓手，大力推动数字基础设施建设、数字产业化发展、产业数字化转型和数字化治理完善，是做强做优做大我国数字经济的有效途径。

（一）坚持统筹推进，做好顶层设计和规划布局

研究发现，数字经济领先城市的共同点是数字经济发展顶层设计和体制机制建设较为完善，各城市应高度重视和积极参与中央文件的宣贯落实，建立起上下贯通、运行顺畅、充满活力的数字经济发展推进机制，确保相关政策切实落地并取得实效。一方面，着力形成与地方发展相适应的数字经济发展战略布局，引导重点区域重点行业，加速推进数字产业化发展和产业数字化转型；另一方面，发挥好重大项目支撑引领作用，加大对自主生态主导型

企业、产业链龙头企业和“专精特新”中小企业等的政策和资金支持力度，以点带面推进区域数字经济高质量发展。

（二）强化整体思维，推动数字经济统一大市场建设

贯彻落实《中共中央 国务院关于加快建设全国统一大市场的意见》精神，各城市应破除“地方本位”思想，打破城市间行政边界，在更广范围内吸引多主体参与，扩大数字经济溢出的空间半径。一方面，大型城市积极带动区域数字经济发展，形成规模化优势，引导数字技术扩散到周边小城市；另一方面，中小城市要抓住数字经济时代机遇，以数字基础设施建设提升数字技术渗透性，积极培育和引入数字经济领域的技术研发、交叉融合、经营管理等各类人才，提升企业创新研发能力，增强数字经济对城市经济发展的带动作用。

（三）注重泛在普惠，高质量建设数字基础设施

基础设施是牵引城市数字经济建设的新动能、新增量，特别是数字经济发展相对滞后的城市，更应该一次到位构建先进数字基础设施体系，实现数字经济换道超车。5G 方面，各地统筹 5G 网络规划建设，推动公共设施和社会资源开放共享，做好土地、电力等要素资源保障。泛在感知设施方面，重点推进城市智能电表、智慧建筑、市政物联、交通物流、广域物联、工业物联等应用场景的感知设施部署，为新型设施部署预留位置和空间。算力网络方面，做好算力基础设施建设统筹，结合业务需求差异化布局，加快推进“东数西算”工程建设。例如，面向延时敏感类业务的云计算数据中心，应在需求中心周边区域集中设置，承载冷数据备份及其他高延时应用的云计算数据中心，优先在能源充足、气候适宜的地区选址建设，非实时性算力引导到西部相对资源丰富区域，实时算力向京津冀、长三角、粤港澳、成渝等枢纽节点集群范围内集中。

（四）突出创新引领，加大数字产业化支持力度

数字产业发展领先城市应立足自身在科研创新领域优势，聚焦大数据、

人工智能、物联网、区块链等新兴数字产业，加大投入力度，集中优势资源在技术、产业、应用、政策上共同发力，同时还要注重对周边城市的辐射带动作用，形成相互影响、相互依存的良性互动关系。具备一定数字产业基础的城市应在传统数字产业优势领域精耕细作，持续增强软件、半导体、集成电路、通信设备等领域的产业链优势，锻造一些“杀手锏”技术，占据产业竞争制高点，巩固提升优势产业的国际领先地位。数字产业欠发达城市应抓紧开展数字产业情况摸排，通过成立数字经济产业园区，以及开展培训、峰会、论坛等手段充分进行对外交流，快速明确市场方向，并着手本地化龙头企业培育。

（五）注重数实融合，加快推动产业数字化转型

城市推进产业数字化转型应重点着眼于自身传统产业优势，推动互联网、大数据、人工智能等新一代信息技术与工业、服务业、农业深度融合，以数据驱动提升产业竞争优势。深化工业数字化转型，推动工业互联网发展，引导制造业企业生产设备上云上平台和业务系统云化改造，引导上下游企业加强供应链数字化管理和一体化协同。大力发展服务业数字化转型，提升物流智能化水平，发展数字贸易，以及跨境电商、直播电商、社交电商等电子商务新模式新业态，依托本地自然历史资源，开发智慧旅游、智慧文创等助力消费转型升级。加快发展农业数字化转型，建设大田种植、畜禽养殖、质量安全等领域农业物联网，推动农业机器人、植保无人机、无人驾驶拖拉机等智能农机应用，发展农村电商。

（六）坚持深化改革，提升数字化治理能力水平

数字技术是推动城市治理能力现代化的重要途径，是提升国家治理体系和治理能力现代化的重要基础。一方面，要促进平台经济规范和健康发展，紧密围绕本地平台经济发展过程中出现的突出问题，深入学习和落实中央历次会议关于平台经济的指示精神，促进公平竞争、强化反垄断，防止资本无序扩张，积极探索适应平台经济发展、顺应灵活用工形势的劳动标准体系，

注重加强个人数据保护；另一方面，优化提升数字营商环境，各城市应积极释放政策红利，鼓励融合新业态加快发展，以“鼓励创新，包容审慎”为原则，科学制定、审慎出台新的准入和监管政策，制定负面清单，保护各类市场主体依法平等进入。

参考文献

中国信息通信研究院：《数据中心白皮书（2022 年）》，2022 年 4 月。

科技部中国科技信息研究所：《国家创新型城市创新能力评价报告 2021》，2022 年 2 月。

深圳市工业和信息化局、深圳市通信管理局：《深圳千兆城市发展白皮书》，2021 年 12 月。

中央党校电子政务研究中心：《省级政府和重点城市一体化政务服务能力调查评估报告（2021）》，2021 年 5 月。

科技部中国科技信息研究所：《国家创新型城市创新能力评价报告》，2022 年 2 月。

NCSTI：《自然指数—科研城市 2021》，2021 年 9 月。

国家发改委：《2021 年中国营商环境白皮书》，2021 年 11 月。

浪潮、IDC：《2021～2022 中国人工智能计算力发展评估报告》，2021 年 12 月。

B.20
中国企业数字化转型进程报告（2022）

赵令锐　师丽娟*

摘　要： 本报告基于CD生产函数，利用两化融合服务平台的企业调查数据，结合历年投入产出表等基础统计数据，对我国企业数字化转型发展水平进行测算，并分析了领先行业企业数字化转型的实践经验。测算发现，2021年，我国企业数字化转型对经济产出的贡献份额加速提升，三大产业间的贡献份额不均衡性呈缓慢缩小态势，制造业各细分行业的贡献份额差距呈扩大趋势。从数字化转型领先行业来看，高层推动和战略先行比重超一半，工业机器人使用量实现翻番，网络化产品协同比重约占两成，数字化绿色化协同发展任重道远。下一步，应推动数字化转型走实向深，推进全产业链数字化发展，促进数字化绿色化协同发展，构建数字化转型生态体系。

关键词： 数字经济　数字化转型　制造业企业

2022年10月16日，习近平总书记在中国共产党第二十次全国代表大会上指出，要加快发展数字经济，促进数字经济与实体经济深度融合。企业是经济活动的主体，推动数字经济与实体经济融合发展，需要依靠企业来实现，企业数字化转型是数字经济与实体经济融合发展的重要组成部分。企业

* 赵令锐，博士，国家工业信息安全发展研究中心信息政策所助理研究员，主要研究方向为数字化转型、数字经济测度、数据产权等；师丽娟，博士，国家工业信息安全发展研究中心信息化所高级工程师，主要研究方向为两化融合、数字化转型等。

数字化转型是指企业利用数字技术对其生产经营体系进行全方位的改造升级，以实现降本提质增效，提高企业的市场竞争力和经济社会效益的过程。本报告基于 CD 生产函数，利用两化融合服务平台的企业调查数据，结合历年投入产出表等基础统计数据，对 2021 年我国企业数字化转型发展水平进行测算，分析了制造业企业数字化转型的进展情况，以及数字化转型领先行业企业的特征与转型着力点，为下一步加快推进我国企业数字化转型步伐提供思路和建议。

一 我国企业数字化转型总体进展情况

党的十八大以来，党中央、国务院高度重视数字化转型，不断出台相关政策举措，企业数字化转型已经具备了良好的条件。2021 年，在技术发展、疫情反复的影响下，数字化转型已成为关乎企业生存与可持续发展的“必修课”，各个行业和企业积极开展数字化转型探索，不断提升数字化发展水平。

（一）企业数字化转型对经济产出的贡献份额加速提升

当前，我国企业数字化转型走深向实，不同行业企业均加快向数字化、网络化、智能化方向发展，对企业增加值的贡献程度加速提升。经测算，我国企业数字化转型对企业增加值的贡献份额由 2020 年的 13.31%提升至 2021 年的 14.38%（见图 1），上升了 1.07 个百分点，上升幅度较 2020 年快 0.28 个百分点。14.38%的贡献份额意味着企业增加值每增长 100 元，其中就有 14.38 元是企业数字化转型带来的。假定企业样本能够代表总体情况，2021 年企业数字化转型带来的 GDP 增量为 1.23 万亿元，预计未来十年内企业数字化转型带来的 GDP 增量将达到 14.57 万亿元。

（二）三大产业间的贡献份额不均衡性呈缓慢缩小态势

在疫情的影响下，各行各业均加快数字化转型步伐，持续提升数字

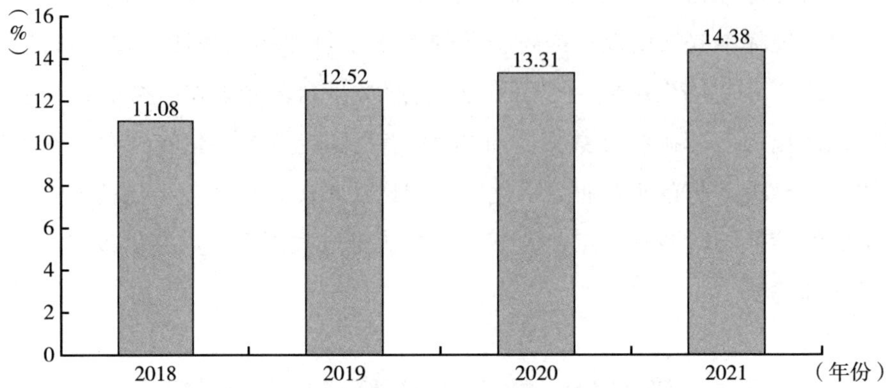

图1　2018~2021年我国企业数字化转型对企业增加值的贡献份额

化水平，推动传统产业转型升级。从国民经济三大产业看，由于农业转型基础较差、工业生产流程与分工网络更为复杂、服务业较易与数字技术融合，三大产业企业数字化转型对企业增加值的贡献份额仍然保持“生产性服务业>工业>农业”的总体态势，但三大产业间的差距正在缓慢缩小。2021年，我国生产性服务业、工业、农业企业数字化转型对企业增加值的贡献份额分别为16.91%、14.08%、6.53%（见图2），较2020年分别增长1.44个、1.19个、1.84个百分点。从发展增速看，农业领域贡献份额加速提升，2021年增速达39.2%，分别是工业的4.3倍、生产性服务业的4.2倍，与工业、生产性服务业的差距进一步缩小到7.55个、10.38个百分点。由此可以看出，农业数字化转型发展潜力巨大，与工业、生产性服务业的差距有所缩小，三大产业间发展不平衡不充分的问题趋于缓和。

（三）制造业各细分行业的贡献份额差距呈现扩大趋势

从制造业具体细分行业来看，行业间企业数字化转型的贡献份额差距呈扩大趋势，2021年不同行业企业的贡献份额排名由高到低依次为电子、交通设备制造、石化、轻工、医药、食品、机械、冶金、纺织、建材，如图3

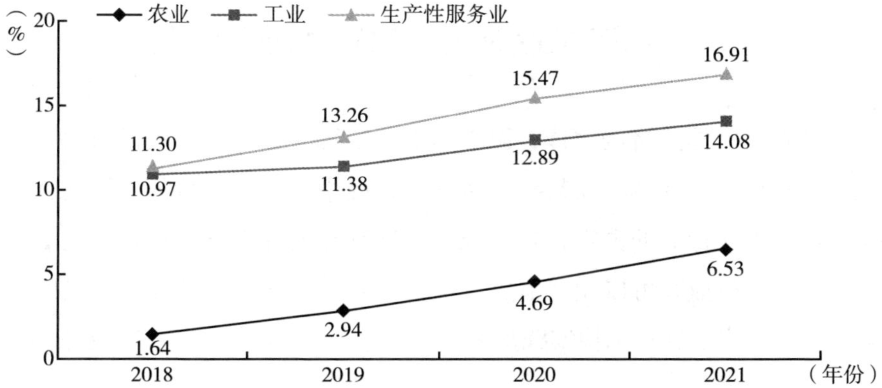

图 2　三大产业企业数字化转型对经济产出的贡献份额变化

所示。其中，电子与建材企业的贡献份额差距最大，达 5.55 个百分点，比 2020 年高出 0.92 个百分点。电子、交通设备制造两大行业企业数字化转型的贡献份额明显高于全国平均水平，2021 年的贡献份额分别为 17.52%、16.67%，成为数字转型领先行业；石化、轻工、医药、食品、机械的贡献份额与全国平均水平基本持平，其 2021 年贡献份额在 13.98%～14.72%区间；冶金、纺织、建材贡献份额明显低于全国平均水平，2021 年贡献份额均在 14%以下。

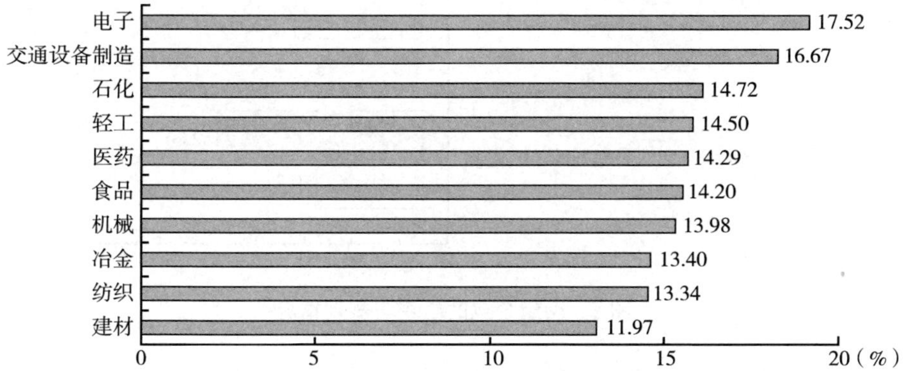

图 3　2021 年制造业各细分行业企业数字化转型的贡献份额

二　制造业企业数字化转型进展情况

制造业是实体经济的主体，面临多重发展挑战，转型升级需求迫切，也是数字化转型的主战场。在数字化转型的过程中，受技术特征、发展特点等因素影响，不同行业的数字化转型推进情况存在明显差异。但他山之石、可以攻玉，不同行业间可以相互借鉴，从具有某些共性特征的数字化实践中汲取经验，结合自身特性加快实践探索，走出适合行业特点的数字化转型路径。

（一）转型意识明显提升，高层推动和战略先行比重超一半

经过多年的实践探索，制造业企业逐渐意识到高层领导和战略规划在其数字化转型过程中具有重要作用，数字化转型“一把手工程”和战略先行理念更加深入人心。2021 年，制造业各行业企业均表示，其数字化转型由高层领导者推动和将数字化转型置于企业战略规划核心地位的比例有所提升，都达到了一半以上（见图 4），较 2020 年有明显提升。

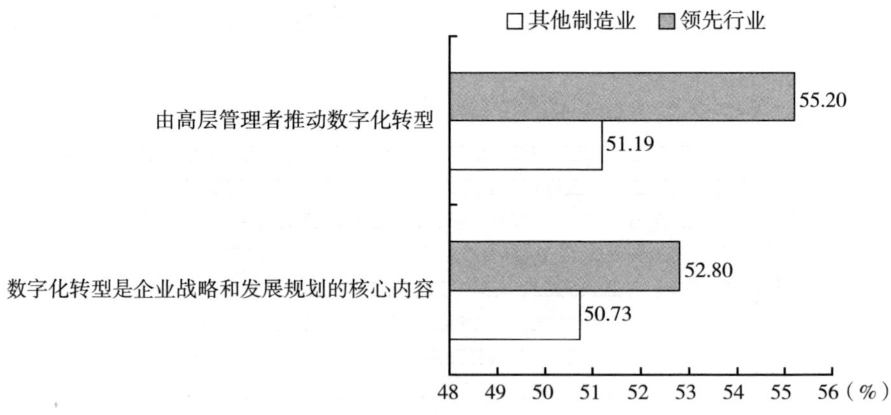

图 4　两组企业的组织与规划情况

高层管理者对数字化转型战略的全面理解和大力支持，是推动数字化转型的必要条件，只有在企业高层内部形成共识，才能更好地推进企业全方位

的转型发展。对于领先行业来说，55.20%的企业表示其数字化转型由高层管理者推动，而其他制造业企业中也有51.19%做到了这一点，分别较2020年提高了6.59个、6.27个百分点，两者的差距由2020年的1.75个百分点扩大到4.01个百分点。

数字化转型的首要任务就是要制定数字化转型战略，并将其作为发展战略的重要组成部分。对于领先行业来说，52.80%的企业表示将数字化转型置于企业战略和发展规划的核心，而在其他制造业企业这一比例则为50.73%，分别较2020年提高了8.75个、9.47个百分点，二者的差距由2020年的4.73个百分点缩小至2.07个百分点。

（二）设备改造持续开展，工业机器人使用量实现翻番

众多调研报告发现，当前制造业数字化转型基础依然较为薄弱，企业设备设施终端连接不充分，工业设备设施联网水平普遍偏低。因此，对设备设施进行数字化改造就成为很多制造业企业开展数字化转型的切入点。对于领先行业来说，企业早已加快生产设备的数字化改造，数字化生产设备的比重和联网数字化生产设备占数字化生产设备的比重达到56.54%、50.74%（见图5），较2020年分别提高了4.38个、8.67个百分点。对于其他制造业来说，企业也加快了这一进程，这两类设备的比例分别为52.63%、46.82%，较2020年提高了5.92个、6.76个百分点。领先行业企业的联网数字化生产设备占所有生产设备比重为28.69%，其他制造业企业的比重为24.64%，二者的差距由2020年的2.98个百分点扩大至4.05个百分点。

除了存量改造外，引入增量——新的数字化设备仪器也是夯实数字化转型基础的重要手段，如工业机器人的加入，能够让企业数字化转型如虎添翼。领先行业持续增加工业机器人采购，企业平均拥有的机器人约为59台，较2020年提高了2倍以上，是其他制造业企业的4倍左右。相比其他制造业企业，优势进一步拉大。

当然数字化转型不是简单的机器换人，而是要形成软硬件协同发展的新局面，通过软件程序与生产设备、工业设施等物理世界互联互通，

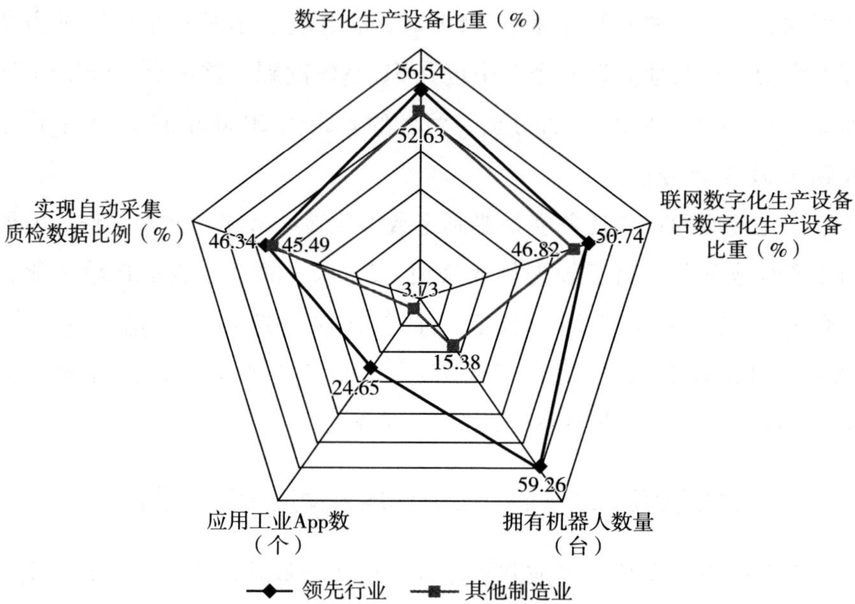

图5　两组企业的设备改造与新设备引入情况

实现数字化网络化智能化生产。在这一过程中，工业 App 作为工业知识和经验的重要载体，成为企业加快推进数字化转型的重要工具。对于领先行业来说，企业应用工业 App 个数约为 25 个，是其他制造业企业的 6 倍以上。此外，还要发挥数据要素的作用，利用数据不断完善产品和改进服务，实现用数据说话、用数据决策、用数据管理、用数据创新。无论是领先行业，还是其他制造业，企业都意识到数据在数字化转型中的重要作用，实现自动采集质检数据的比重分别为 46.34%、45.49%，两者差距较小。

例如，上海新朋联众汽车零部件公司基于“工业互联网平台+工业机器人”创新应用场景打造智能焊接车间，工厂内布置有 412 个焊接机器人岛、31 台移动机器人运料小车，管理人员通过新朋联众 App 可以随时随地查看设备综合效率、消耗工时、生产异常等信息，实现数智化移动管理，转型成效初显，人均产值提升 79.8%、人员减少 31%、缺陷率下降 0.2%。

（三）产业协同加快推进，网络化产品协同比重约占两成

除了降本增效外，创造新的价值，进一步提高竞争力是企业数字化转型更大的目标。对于领先行业来说，企业早已推动数字化在内部的全面融合应用，一方面用于提升产品价值，新产品产值率达到50.48%（见图6），另一方面推动数字化产品的推陈出新，数字化产品数量占比达29.19%，分别较其他制造业企业高出7.28个、7.50个百分点。这说明领先行业已经将数字技术与要素、业务等全面融合，加快应用于产品研发设计，不断提升产品质量与性能，打造竞争新优势。

数字化转型不能只关注企业自身，还要从产业生态的角度出发，将供应链上下游企业包含进来，让生态伙伴企业也感受到数字化转型带来的效率提升和业务增长。即通过数字化转型打破企业边界，推动产业链企业之间信息交互与共享、业务协同与一体化发展，形成多方协同的数字生态共同体。对于领先行业来说，企业加快推动供应链协同，其跨企业网络化产品协同设计与制造的产品数量占比为20.18%，比其他制造业企业高出4.42个百分点。

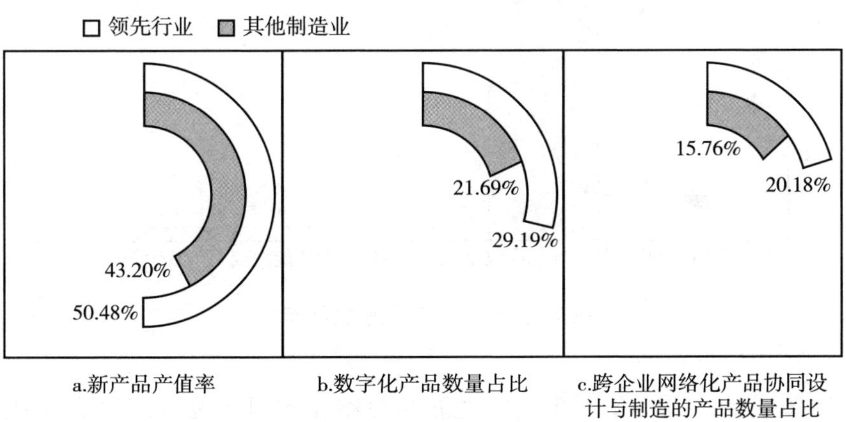

图6 两组企业的产业链协同情况

当前，网络化协同在电子、纺织、交通设备制造等行业普遍推广，2021年开展网络化协同的企业比例已达到38.80%，较2020年提高了2.3个百分点。例如，中国商飞基于平台实现全球网络化协同研发，在C919项目上实

现了基于模型的数据源统一，使 C919 飞机研制周期缩短 20%，制造成本降低 20%，制造质量问题发生率降低 20%。

（四）绿色发展成效初显，数字化绿色化协同发展任重道远

面对愈加严峻的全球能源与环境形势，在推进数字化转型过程中，绿色低碳转型也是不可忽视的重要一环。领先行业企业不断加大数字技术在产品生命周期中能源消耗监测与利用的应用，助力企业绿色发展，2021 年产值综合能耗为 21.21 吨标准煤/万元（见图 7），仅为其他制造业企业的 1/7 左右。随着碳达峰、碳中和战略的实施，所有制造业企业均在推进数字化、绿色化发展，逐步降低生产经营过程中的能源消耗。无论是领先行业，还是其他制造业，企业 2021 年的单位增加值能耗较 2020 年均有所降低，分别减少了 6.43%、6.38%。

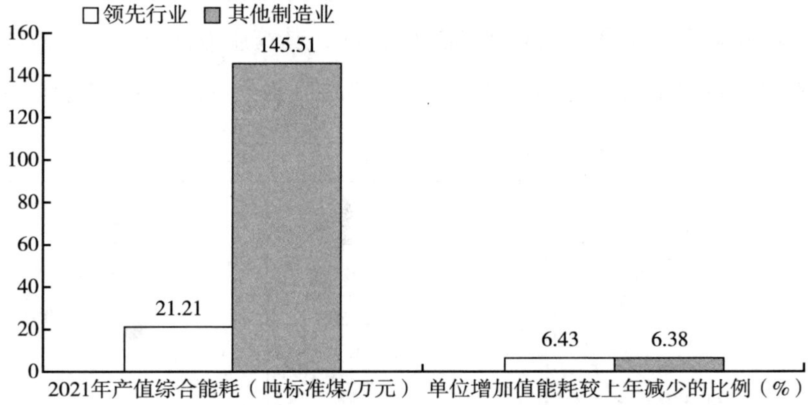

图 7　两组企业的绿色发展情况

整体来看，2021 年，我国实现能源数字化实时监测管理的企业比例、基于数字化手段实现全生命周期绿色发展的企业比例分别为 24.6% 和 13.0%，以数字化转型促进产业绿色节能发展任重而道远。例如，三一重工北京桩机工厂依托根云平台实现绿色低碳发展。截至 2021 年 8 月，工厂实现年节水 4.74 万吨，下降 58.9%，节电 38.63 万度，减少二氧化碳排放 3977.25 吨，排放量同比下降 30.5%。

三　发展建议

为更好应对持续的疫情影响与复杂动荡的国际局势，企业将更深入推动数字化转型与业务创新，以数字化手段推进产业链上下游企业协同发展，构建融合稳定的产业链生态体系，形成大中小企业融通发展的新局面。

（一）推动数字化转型走实向深

一是进一步提升企业数字化转型意识。持续加强数字化转型相关政策宣传推广，开展中国工业互联网大赛、数字经济健康发展全国深度行等活动，加大对企业管理者的培训力度，以免费诊断评估提升企业改造意识。二是推动企业资源云端迁移。引导企业加快工业设备云化改造及业务云端迁移，加速工业设备状态监测、预测预警、远程运维等服务创新，推动企业研发、生产、经营管理、服务等各环节的信息集成和业务协同。三是发展数字化管理新模式。加速业务系统互联互通和工业数据集成共享，促进生产管控一体化，支持构建行业生产全流程运行的数据模型，开展数据驱动的战略决策、组织管理、生产制造、运营管理、市场服务等活动。

（二）推进全产业链数字化发展

一是构建供应链协同运作机制。建设数字化产业链供应链地图，精准传导重点行业供需信息，打通资源流通堵点，优化工业物资流转路径，实现供应链全渠道智能管控和动态优化。二是推进大中小企业协同发展。鼓励有条件的龙头企业、链主企业开放数据资源，打造产业链供应链数字化平台，提升产业链供应链上下游协同效率，带动中小企业融入数字化应用场景和产业生态，加快中小企业数字化转型。三是推动产业链数字化转型升级。推动服务商与企业深度合作，加大产业链供应链体系的技术渗透、网络渗透、数据渗透，助力产业链上中下游企业按照统一标准加快数字化改造，带动区域经济和产业链数字化转型升级。

（三）促进数字化绿色化协同发展

一是推动数字基础设施绿色发展。加快实施“东数西算”工程，持续推动数据中心选址优化，大力推进节能技术和绿色技术研发及应用，统筹管理数字基础设施建设和运营全生命周期的节能降碳。二是探索数字技术工业领域应用场景。加快推动工业领域低碳工艺革新和数字化转型，聚焦钢铁、煤炭、化工等重点领域，利用新一代信息技术提升能源、资源、环境管理水平，深化生产制造过程的数字化应用，赋能绿色制造。三是积极开展试点示范。开展数字化绿色化协同发展试点示范，广泛征集数字化绿色化协同发展典型应用场景，探索可复制可推广的发展经验并向社会推广应用。

（四）构建数字化转型生态体系

一是强化数字化供给能力建设。建设一批行业、区域数字化转型公共服务平台，培育壮大一批细分行业数字化转型系统解决方案提供商，编制形成一批聚焦行业需求、应用效果显著的数字化转型解决方案。二是深入推进产教融合。通过建设数字人才培育基地、产学研用协作培养等方式培养产业链发展急需人才，与重点高校、科研院所合作推动科研成果转化制度改革，加速人才培养和科技创新成果转化。三是持续深化产融合作。引导制造业企业、平台企业与金融机构加强数据共享和业务协作，创新基于生产运营实时数据的企业征信机制和动产融资模式，推动知识产权质押融资、科技金融等深入发展，提升金融服务产业的能力。

参考文献

蔡跃洲：《数字经济的增加值及贡献度测算：历史沿革、理论基础和方法框架》，《求是学刊》2018 年第 5 期。

埃森哲、国家工业信息安全发展研究中心：《2021 埃森哲中国企业数字转型指数》，2021 年 9 月。

国家工业信息安全发展研究中心：《中国两化融合发展数据地图（2021）》，2021 年 10 月。

Jorgenson, Dale W. and Kevin Stiroh, "Information technology and growth", *American Economic Review* 2, 1999.

附录一 2022年主要国家（地区）数字经济相关政策文件和报告

<table>
<tr><th>领域</th><th>国家/地区</th><th>发布机构/地区</th><th>发布时间</th><th>文件名称</th><th>类型</th></tr>
<tr><td rowspan="19">综合</td><td rowspan="15">中国</td><td rowspan="2">国务院</td><td>2022 年 1 月</td><td>《“十四五”数字经济发展规划》</td><td>规划</td></tr>
<tr><td>2022 年 4 月</td><td>《中共中央 国务院关于加快建设全国统一大市场的意见》</td><td>意见</td></tr>
<tr><td>国家发改委</td><td>2022 年 11 月</td><td>《关于数字经济发展情况的报告》</td><td>报告</td></tr>
<tr><td>河南</td><td>2022 年 1 月</td><td>《河南省数字经济促进条例》</td><td>法规</td></tr>
<tr><td>湖北</td><td>2022 年 11 月</td><td>《湖北省数字经济促进办法(送审稿)》</td><td>法规</td></tr>
<tr><td>北京</td><td>2022 年 11 月</td><td>《北京市数字经济促进条例》</td><td>法规</td></tr>
<tr><td>内蒙古</td><td>2022 年 11 月</td><td>《内蒙古自治区数字经济促进条例(草案)》</td><td>法规</td></tr>
<tr><td>山西</td><td>2022 年 10 月</td><td>《山西省数字经济促进条例(草案)》</td><td>法规</td></tr>
<tr><td>浙江</td><td>2020 年 10 月</td><td>《浙江省数字经济促进条例》</td><td>法规</td></tr>
<tr><td>江苏</td><td>2022 年 6 月</td><td>《江苏省数字经济促进条例》</td><td>法规</td></tr>
<tr><td>河北</td><td>2022 年 5 月</td><td>《河北省数字经济促进条例》</td><td>法规</td></tr>
<tr><td>黑龙江</td><td>2022 年 5 月</td><td>《黑龙江省促进数字经济条例(征求意见稿)》</td><td>法规</td></tr>
<tr><td>北京</td><td>2022 年 5 月</td><td>《北京市关于加快建设全球数字经济标杆城市的实施方案》</td><td>政策</td></tr>
<tr><td>美国</td><td>政府</td><td>2022 年 9 月</td><td>《通胀削减法案》</td><td>法律</td></tr>
<tr><td>英国</td><td>数字、文化、媒体和体育部</td><td>2022 年 6 月</td><td>《英国数字战略》</td><td>战略</td></tr>
<tr><td>日本</td><td>政府</td><td>2022 年 5 月</td><td>《“新资本主义”经济政策的实行计划草案》</td><td>政策</td></tr>
<tr><td>联合国</td><td>联合国开发计划署</td><td>2022 年 2 月</td><td>《2022~2025 年数字战略》</td><td>战略</td></tr>
</table>

续表

领域	国家/地区	发布机构/地区	发布时间	文件名称	类型
数据要素	中国	中央全面深化改革委员会	2022 年 6 月	《关于构建数据基础制度更好发挥数据要素作用的意见》	意见
		国务院	2022 年 1 月	《要素市场化配置综合改革试点总体方案》	政策
		陕西	2022 年 9 月	《陕西省大数据条例》	法规
		广东	2022 年 8 月	《广东省企业首席数据官建设指南》	指南
		重庆	2022 年 7 月	《重庆市数据条例》	法规
		广西	2022 年 5 月	《广西加快数据要素市场化改革实施方案》	政策
		浙江	2022 年 3 月	《浙江省公共数据条例》	法规
		上海	2022 年 1 月	《上海市数据条例》	法规
		山东	2022 年 1 月	《山东省大数据发展促进条例》	法规
	俄罗斯	联邦政府	2022 年 8 月	《联邦个人数据法》	法律
	泰国	政府	2022 年 6 月	《个人数据保护法》	法律
	欧盟	欧盟委员会	2022 年 6 月	《数据治理法》	法律
			2022 年 2 月	《数据法案》（草案）	法律
数字产业	中国	工业和信息化部等七部门	2022 年 8 月	《信息通信行业绿色低碳发展行动计划（2022~2025 年）》	政策
		北京	2022 年 8 月	《北京城市副中心元宇宙创新发展行动计划（2022~2024 年）》	政策
	美国	国会、参众两院	2022 年 8 月	《芯片与科学法案》	政策
		商务部	2022 年 5 月	“全民互联网”计划	政策
	欧盟	欧盟委员会	2022 年 2 月	《欧洲芯片法案》	法律
	日本	信息处理推进机构	2022 年 2 月	《2022 先进数字技术制度政策动向调查报告》	报告

续表

领域	国家/地区	发布机构/地区	发布时间	文件名称	类型
产业数字化	中国	工业和信息化部	2022 年 11 月	《中小企业数字化转型指南》	指南
		工信部、财政部	2022 年 8 月	《关于开展财政支持中小企业数字化转型试点工作的通知》	政策
		工业和信息化部	2022 年 8 月	《5G 全连接工厂建设指南》	指南
		中央网信办等 4 部门	2022 年 8 月	《数字乡村标准体系建设指南》	指南
		中共中央办公厅、国务院办公厅	2022 年 5 月	《关于推进实施国家文化数字化战略的意见》	意见
		农业农村部	2022 年 3 月	《“十四五”全国农业农村信息化发展规划》	政策
		中央网信办等 10 部门	2022 年 1 月	《数字乡村发展行动计划(2022～2025 年)》	行动计划
		中国人民银行	2022 年 1 月	《金融科技发展规划(2022～2025 年)》	规划
	欧盟	欧盟委员会	2022 年 9 月	《关键原材料法案》	法律
			2022 年 6 月	《2022 年战略预见报告:新地缘政治环境中的绿色化和数字化双转型》	报告
	美国	白宫	2022 年 10 月	《国家先进制造业战略》	战略
		政府	2022 年 5 月	《增材制造发展计划》	政策
			2022 年 3 月	《供应链数据共享计划》	政策
	德国	外交关系委员会	2022 年 11 月	《德国数字化大战略:整合数字技术、经济竞争力和国家安全以应对地缘政治变化》	报告
	日本	内阁	2022 年 5 月	《制造业白皮书》	报告

续表

领域	国家/地区	发布机构/地区	发布时间	文件名称	类型
数字经济治理	中国	国务院	2022 年 10 月	《全国一体化政务大数据体系建设指南》	指南
			2022 年 6 月	《关于加强数字政府建设的指导意见》	意见
		国务院办公厅	2022 年 9 月	《国务院办公厅关于加快推进政务服务“跨省通办”的指导意见》	意见
			2022 年 9 月	《全国一体化政务大数据体系建设指南》	指南
		广东	2022 年 3 月	《广东省数字政府建设 2022 年工作要点》	政策
	美国	国会	2022 年 12 月	《开放应用程序市场法案》	法律
		参议院、众议院	2022 年 6 月	《美国创新与选择在线法案》	法律
	欧盟	欧盟委员会	2022 年 11 月	《数字市场法》	法律
			2022 年 11 月	《数字服务法》	法律
	欧盟、美国		2022 年 3 月	《跨大西洋数据隐私框架》	协议
国际合作	中国	国务院新闻办公室	2022 年 11 月	《携手构建网络空间命运共同体》	倡议
	金砖国家	金砖国家领导人第十四次会晤	2022 年 6 月	《金砖国家数字经济伙伴关系框架》	合作框架

附录二　2022年全球数字经济发展十大事件

2022 年 2 月 25 日　新加坡和英国签订《英国—新加坡数字经济协定》。该协定将推动双边数字经济发展，帮助两国人民和企业掌握数字经济的市场机遇。

2022 年 3 月 25 日　欧盟与美国宣布推出新的数据安全流动协议《跨大西洋数据隐私框架》。新协议核心目标是推动数据能够在欧盟和美国之间自由、安全地流动。

2022 年 4 月 4 日　美国国务院宣布正式成立网络空间与数字政策局（CDP），以应对勒索软件攻击、网络安全国际规范、全球数字自由等方面的挑战。

2022 年 5 月 23 日　美国总统拜登在东京宣布启动“印太经济框架”，初始成员国分别是美国、澳大利亚、文莱、印度、印尼、日本、韩国、马来西亚、新西兰、菲律宾、新加坡、泰国和越南。

2022 年 6 月 13 日　英国数字、文化、媒体和体育部发布新版《英国数字战略》，聚焦数字基础、创意和知识产权、人才培养与引进、为数字化发展提供资金支持、改善英国经济与社会服务能力、提升英国国际地位六方面部署行动。

2022 年 6 月 23 日　金砖国家（BRICS）领导人第十四次会晤达成《金砖国家数字经济伙伴关系框架》。该框架作为金砖经贸领域第一份数字经济合作专门文件，开启了金砖国家数字经济合作新进程。

2022 年 5 月 16 日　美国、日本、韩国及中国台湾地区等七个国家和地区同意将亚太经济合作组织（APEC）下的“跨境隐私规则”（CBPR）独立出来，建立新的名为“全球 CBPR”的全新合作框架，并建立新的企业认证系统。

2022 年 8 月 9 日　美国总统拜登签署了《芯片与科学法案》。该立法提供为期 5 年总额 2800 亿美元的投资，将导致美国创新政策发生重大变化。

2022 年 11 月　欧盟《数字市场法》《数字服务法》分别于当月的 1 日、16 日生效。两项法案对数字服务尤其是数字平台进行了一系列规制，将共同组成欧盟对数字平台的监管框架，标志着欧盟对数字平台监管进入新时代。

2022 年 11 月 30 日　美国 OpenAI 公司研发的聊天机器人程序 ChatGPT 对外发布，仅 2 个月月活跃用户数即破亿，ChatGPT 在全球范围内掀起了生成式人工智能发展的热潮。

附录三　2022年中国数字经济领域十大事件

2022 年 1 月 4 日　数字人民币（试点版）App 在各大手机应用商店上架，是全世界第一个主权数字货币 App。

2022 年 1 月 12 日　国务院正式印发《"十四五"数字经济发展规划》，从顶层设计上明确了我国数字经济发展的总体思路、发展目标、重点任务和重大举措，是"十四五"时期推动我国数字经济高质量发展的行动纲领。

2022 年 2 月 7 日　国家发改委等部门联合印发通知，同意在京津冀、长三角、粤港澳大湾区、成渝、内蒙古、贵州、甘肃、宁夏等 8 地启动建设国家算力枢纽节点，并规划了 10 个国家数据中心集群。至此，全国一体化大数据中心体系完成总体布局设计，"东数西算"工程正式全面启动。

2022 年 5 月 17 日　全国政协召开"推动数字经济持续健康发展"专题协商会。近 100 位全国政协委员参加会议，29 位委员、专家在会上发言，140 多位委员通过委员履职平台发表意见。

2022 年 7 月 25 日　国务院办公厅印发《关于同意建立数字经济发展部际联席会议制度的函》指出，国务院同意建立由国家发改委牵头的数字经济发展部际联席会议制度，标志着国家层面实施数字经济发展战略的统筹协调机制正式建立。

2022 年 8 月 18 日　根据《数字经济伙伴关系协定》（DEPA）联合委员会的决定，中国加入 DEPA 工作组正式成立，全面推进中国加入 DEPA 的谈判。

2022 年 10 月 16 日　习近平总书记在中国共产党第二十次全国代表大

会上的报告指出，加快发展数字经济，促进数字经济和实体经济深度融合，打造具有国际竞争力的数字产业集群。

2022 年 10 月 28 日 十三届全国人大常委会第三十七次会议审议了关于数字经济发展情况的报告。报告介绍了我国数字经济发展取得的成效，分析了面临的总体形势，提出要统筹国内和国际、发展和安全，坚持科技自立自强，以数据为关键要素，以推动数字技术与实体经济深度融合为主线，以协同推进数字产业化和产业数字化、赋能传统产业转型升级为重点，以加强数字基础设施建设为基础，以完善数字经济治理体系为保障，不断做强做优做大我国数字经济。

2022 年 11 月 15 日 深圳数据交易所揭牌成立，同时启动首批线上数据交易。至此，北上广深均开启了新的数据交易探索。

2022 年 12 月 19 日 中共中央、国务院印发《中共中央 国务院关于构建数据基础制度更好发挥数据要素作用的意见》，从数据产权、流通交易、收益分配、安全治理等方面构建数据基础制度，初步形成我国数据基础制度的“四梁八柱”。

Abstract

Annual Report on the Development of Digital Economy (*2022-2023*), tracking the development of the digital economy across various countries (regions) in a comprehensive manner, presents holistic researches with focuses on exploring strategic policies, specific measures and hot issues in the field of digital economy in 2022. It makes analysis on the new characteristics and highlights of the digital economy, complemented by dedicated studies on important areas, regions and topics, making itself a highly comprehensive, systematic and forward-looking report. The main body of this report is divided into 4 sections-general report, important areas, global perspectives, and features-with a total of 20 articles. This report is a comprehensive annual report on the global digital economy and is designed to be used as a reference for authorities, experts, scholars and researchers in the field of the digital economy.

In 2022, although our world went through a pandemic and global changes, both of a scale unseen in a century, the digital economy maintained strong resilience and continued to serve as the engine driving global economic growth. Internationally, the prospect of global digital economy was projected to be positive, playing an irreplaceable role as a growth engine; innovation in the digital technology industry was thriving, with sustained high growth especially in 5G and artificial intelligence (AI); competition in the industrial and supply chains continued to strengthen, giving rise to digitalized and intelligent development; as the United States cozied up to its allies to enhance global influence, the competition among major countries in the digital field became increasingly fierce. Domestically, under the strong leadership of the CPC Central Committee and the State Council, and with joint efforts of the whole society, the development of digital economy in China showed strong momentum. Efforts were made to advance the development of digital infrastructure with a moderately proactive approach, and the east-to-west computing resource transfer project began to show its effectiveness; data interconnectivity was highly valued, and the establishment of a unified data factor market was accelerated; the digital industry as a whole sustained sound growth, with more and more interest drawn to explore cutting-edge technologies; faster progress was made in the process of industrial digital transformation, and the digitization of the manufacturing industry stayed sound and stable; capabilities in collaborative regulation were significantly improved, enabling better governance system for the digital economy.

At the same time, China's digital economy still faces many problems and challenges including in core technologies in key fields, digital industry supply chain, promotion of industrial Internet applications, digital economy talents, and local development. Looking into 2023, China will keep its digital economy growing at reasonable speed, with new breakthroughs in the development model of data factor market, more industry clusters nurtured as a prominent trend, SMEs accelerating their digital transformation, and innovation in digital technologies boosting the development of other fields in greater depth. In our next steps, we need to implement the guiding principles of the Party's 20th National Congress and follow General Secretary Xi Jinping's key discourses on the digital economy. We will foster the establishment of a national unified data factor market, guide the development of digital industry clusters toward higher quality, deepen the integration of the digital and the real economy, stimulate the innovative vitality of various digital economy players, optimize talent training system and talent pool, and guide further, active exploration at local levels, with a view to thrive China's digital economy at a faster pace.

Keywords: Digital Economy; Data Factor; Digital Transformation; Digital Governance

Contents

Ⅰ General Reports

Abstract: In 2022–2023, the digital economy maintained strong resilience and continued to serve as the engine driving global economic growth. Internationally, the prospect of global digital economy was projected to be positive, innovation in the digital technology industry was thriving, competition in the industrial and supply chains continued to strengthen, and the competition among major countries in the digital field became increasingly fierce. Domestically, efforts were made to advance the development of digital infrastructure with a moderately proactive approach, the establishment of a unified data factor market was accelerated, the digital industry as a whole sustained sound growth, faster progress was made in the process of industrial digital transformation, and the governance system for the digital economy was gradually improved. At the same time, China still faces severe challenges in terms of digital economy-related technologies, industries and talents. Our next step is to foster the establishment of a national unified data factor market, guide the development of digital industry clusters toward higher quality, deepen the integration of the digital and the real economy, stimulate the innovative vitality of various digital economy players, optimize talent training system and talent pool, and guide active exploration at local levels.

Keywords: Digital Economy; Data Factor Market; Digital Industry Cluster; Digital Transformation

Abstract: Based on the characteristics of the development of the digital economy in China, this study is designed to construct the Digital Economy Development Index, an indicator system that takes three perspectives-the digital sector, industrial digitization, and digital governance-and uses official and enterprise data to analyze and evaluates overall digital economy development both in China as a whole and in 31 provinces (autonomous regions, municipalities). Its results show that as of December 2021, the National Digital Economy Development Index was 130.9, up by 2.4% month on month and 15.3% year on year, suggesting steady improvement. The indexes for first-level indicators-the digital sector, industrial digitization, and digital governance-were 55.8, 62.6 and 12.5 respectively, or year-on-year growth of 28.3%, 3.8% and 23.8%. In 2021, 5G and gigabit broadband developed with explosive growth, with the number of 5G base stations and gigabit broadband users increasing by 98.5% and 440% respectively year on year, demonstrating significant boost on the overall Digital Economy Development Index.

Keywords: Digital Economy Development Index; Digital Industrialization; Industrial Digitization; Digital Governance

Ⅱ Domain Reports

Abstract: With accelerated digital transformation of the economy and society, digital infrastructure, as the underlying support to the digital economy, has become a basic element in production and people's daily life, just like traditional infrastructure such as utility facilities and roads, whose importance has been globally recognized. At present, countries all attach great importance to the development of digital infrastructure. As a result, the world has been further interconnected with better quality and faster growth, the computing infrastructure goes into a new round of development, and new breakthroughs have been achieved continuously in satellite Internet. At the same time, however, there' re also such problems as prominent digital divide and the urgent need to improve computing energy efficiency, posing higher requirements and challenges for countries around the world.

Keywords: Communication Network; 5G; Computing Infrastructure; Satellite Internet

Abstract: Currently, with the global data explosion in terms of production, scale and related expenditure, the value of data is constantly highlighted. Countries have increased their efforts to seize data opportunities, fully unlock data value, and drive economic development. Since 2022, multiple countries have deployed data strategies to stimulate the value of data factors at greater speed; meanwhile, data factors are also playing an increasingly important role in war response, supply chain development, energy conservation and carbon reduction; however, global data governance faces both opportunities and challenges. To introduce data as an asset in balance sheets may trigger a new round of data value release, while fragmented data governance and data security issues call for urgent attention and response from all countries.

Keywords: Data Production; Data Strategy; Data Application; Data Governance; Data Factor

B.5 The Digital Industry has Entered a Period of Structural Adjustment

Gengyu Chen / 069

Abstract: In 2022, due to the impact of global high inflation and sluggish consumption, the digital industry entered a period of adjustment, with expenditures on equipment and related shipments both decreasing year on year. Countries continued to promote technological innovation, many shifting from western to eastern regions, and emerging digital industries such as big data and AI maintaining sound growth. It is worth noting that after the initial accumulation at technological level, generative AI ushered in a period of transformation in 2022 and began to fledge. The popularity of metaverse-related industries decreased, with equipment shipment decreasing year on year as well.

Keywords: Digital Industry; Generative AI; Metaverse

B.6 Acceleration of Industrial Digital Transformation

Lingrui Zhao / 083

Abstract: Digital transformation is an important engine of global economic growth. In order to seize new opportunities brought by digital transformation, countries around the world have expedited industrial digitization to constantly improve the digital level of traditional industries. Digital transformation in agriculture has been steadily promoted, with countries increasing policy support and rural e-commerce facilitating greater access to agricultural products in urban areas. Manufacturing digitization continues to be deepened and the empowering role of the industrial Internet has been significantly improved, enabling enterprises to digitize themselves at a significantly faster pace. As for the service industry, the level of digital adoption has been significantly raised, with thriving e-commerce, digital currency and tele-office, among others, increasingly penetrating into all aspects in people's work and daily life.

Keywords: Digital Transformation; Rural E-commerce; Industrial Internet; Central Bank Digital Currency

B.7 Global Digital Economy Governance Capabilities have been Increasingly Strengthened *Limei Yin* / 098

Abstract: In 2022, as the global digital economy was developing vigorously, corresponding governance systems continued to be improved. In terms of platform governance, Internet platforms continued to be put under tight regulation, and the punishment by regulatory bodies on such platforms remained severe. In terms of data governance, countries successively introduced related policies and regulations, with more prominent orientation to stimulate the value of data factors. In terms of technology governance, generative AI represented by ChatGPT brought huge challenges to AI governance, with broad attention drawn to cryptocurrency regulation as well as governance over metaverse and other cutting-edge technologies.

Keywords: Digital Economy; Platform Governance; Data Governance; Technology Governance

B.8 New Room for International Cooperation in the Digital Field Continuous to be Expanded *Weilu Niu*, *Mengzi Wang* / 111

Abstract: Currently, a unified digital economy governance framework is far from being shaped globally, and there is a lack of consensus among countries in such areas as cross-border data flow and digital service taxes. The United States cozied up to its allies, with an intention to further consolidate its global advantage in the field of digital economy. G20, APEC, BRICS and other international organizations have become important channels for countries to communicate and cooperate in the field of digital economy. Adopting the principle of mutual benefit and win-win results in international cooperation in the digital field, China's voice and plans have gained more and more understanding, support and response from other countries, but its ability to formulate rules for the digital economy still needs to be strengthened.

Keywords: Digital Economy; International Cooperation; G20; APEC; BRICS Countries

Ⅲ International Reports

Abstract: The momentum of the digital economy in the United States is increasing steadily. In terms of domestic policies, the Biden administration focuses on building an innovative environment for digital development, and has taken actions in digital infrastructure, R&D in emerging digital technologies, digital transformation, digital economy governance and other areas. In terms of international policies, the Biden administration intends to bring allies on board and build digital rules and industrial alliances against China, seeking absolute voice and leadership in areas such as cross-border data rules, semiconductor supply chain and development of digital enterprises.

Keywords: US; Digital Economy; Digital Policies

Abstract: In 2022, under the impact of major-country competition, energy crisis, geopolitical tensions and other factors, the EU focused on consolidating its digital infrastructure, data, talents and other foundation for the growth of the digital economy, and continued to work to invigorate innovation and creativity. To solidify common values, the EU adopted joint declarations and improved regulatory legislation in the field of the digital economy. Internally, it took active measures to promote cooperation in energy and digital economy, and established the framework of a Single Market to respond to crises. Externally, it pursued cooperation with the US in digital technologies and supply chains, and followed the US in curbing the development of Chinese enterprises. At the same time, it maintained a pragmatic stance on cooperation with China and competed with the US in economic interests and safeguarding the "digital sovereignty".

Keywords: Digital Sovereign; Data Act; New European Innovation Agenda; AI Regulation

B.11 ASEAN's Digital Economy Moving Forward in Transformation *Yihe Wang* / 142

Abstract: In 2022, facing global economic and social policy adjustments, ASEAN's digital economy moved forward against all odds, with significant raise in scale and growth rate. Among these achievements, e-commerce remained a core development area, while food delivery, online transportation and tourism witnessed comprehensive recovery. Moreover, digital financial services were growing steadily, and technology investment showed strong momentum. Overall, as the global economy recovers, ASEAN's digital economy will also usher in a new stage of development.

Keywords: ASEAN; Digital Economy; E-commerce; Digital Financial Services

Abstract: Digital infrastructure in BRICS countries is relatively developed, with nearly 90% of the population enjoying 3G and 4G mobile coverage, and 5G networks under deployment. The number of Internet users continues to rise, and the quality of Internet access keeps to be improved. However, mobile Internet tariff in BRICS countries is still higher than the global average, and there's great room for improvement when it comes to women's access to the Internet. At the same time, e-commerce in BRICS countries has a huge market, with highly active users on both domestic and foreign platforms, and is expected to maintain rapid growth in the post-Covid recovery period. Although digital payment is widely adopted in BRICS countries, bank card and cash on delivery remain the preferred payment methods for e-commerce transactions. Most BRICS enterprises have started to use AI technology and integrated their development with multiple industries, suggesting good development prospects.

Keywords: BRICS Countries; Digital Economy; E-commerce; AI; Digital Payment

Ⅳ Special Topic Reports

Abstract: The development of China's digital economy policies after the 18th CPC National Congress can be divided into three stages: initial exploration, rapid development, and maturity and improvement. As for the current digital economy policy system, there're mainly eight major areas, namely, digital infrastructure, data factors, industrial digitization, the digital sector, digitization of public services, digital economy governance system, digital economy security system, and international cooperation. Related efforts under the inter-ministerial joint conference system on the development of the digital economy are led by the National Development and Reform Commission (NDRC), which coordinates activities by the Cyberspace Administration of China (CAC), the Ministry of Industry and Information Technology (MIIT), the Ministry of Commerce (MOFCOM) and other relevant authorities to promote progress in sub-sectors based on their respective mandates. To promote the sound development of the digital economy, in next steps, it's necessary to strengthen policy coordination among various administrations at local levels, encourage government officials to nurture a way of thinking similar to that of the Internet and big data, enhance the role of enterprises as key players in innovation, develop industrial clusters actively supported by incumbent industrial parks with the launch of pilot projects, establish dedicated supportive funding, and optimize the digital business environment.

Keywords: Digital Economy; Policy System; Digitization of Public Service

B.14 Accelerate Studies on Approaches to Cultivating Unified Data Factor Market

Liangjun Huang / 181

Abstract: Taking a look on China's development status, one will find that its data resources are expanding in overall quantity, the channels for data collection and storage are broadened, data availability and sharing are constantly advancing, data transaction and circulation is expanding in scale, the application scenarios of data factors become more diversified, and explorations on cross-border data flow are unfolded in an orderly manner. From the perspective of new development trends, efforts have been expedited to explore the implementation of the Data Management Capability Maturity Assessment Model (DCMM), build data spaces, and register data ownership; data tokenization, blockchain, privacy computing and other technologies are also seeing accelerated adoption. While China's data factor market is developing steadily, it still faces such problems as insufficient standardization progress in data collection and storage, low level of data availability and sharing, inactive data transaction and circulation, weak ability in data factor integration and application, and urgent need to improve the regulatory system of cross-border data flow. Against such backdrop, this paper proposes suggestions on corresponding actions.

Keywords: Data Factor; Data Availability; Data Circulation; Data Application; Cross-border Data

B.15 Research on the Development of Data Trading Platforms in 2022 *Limei Yin, Liangjun Huang* / 211

Abstract: Speaking from the development status of data trading platforms in China, they have gone through two major stages, with most of the registered capital ranging between 50 million to 100 million yuan, mainly located in the eastern, southern and central regions of China. These platforms take various profit models including commission collection, membership scheme, and value-added trading services. In terms of development trends, there have been growing attention to the data property rights system, data application scenarios continue to be diversified, the types of data involved in transaction and circulation are gradually increasing, application of technologies such as privacy computing are being accelerated, and data trading platforms are gradually taking public service functions. However, despite of their constant development, data trading platforms in China are still challenged by unidentified data property rights, low activity in data trading, insufficient support by new technologies, and unhealthy competition among similar platforms. In this regard, this report makes suggestions on strengthening coordination on overall platform layout, with data trading institutions complementing each other in development; establishing favorable ecosystem for the development of data trading while taking into account varied regional conditions on data resources; increasing input in technological R&D with well-established, unified standardization system; improving fundamental data schemes to promote high-quality data supply.

Keywords: Data Trading; Trading Platform; Data Technology

B.16 Report on China's Digital Trade Development in 2022

Mengzi Wang, Gengyu Chen / 231

Abstract: Digital trade is an important part of the digital economy as well as the major vehicle to develop export-oriented digital economy. China attaches great importance to the development of digital trade. As pointed out in the report to the 20th National Congress of the Communist Party of China, "we will upgrade trade in goods, develop new mechanisms for trade in services, and promote digital trade, in order to accelerate China's transformation into a trader of quality". It is difficult to accurately measure digital trade, a new economic form, with current statistical theories on international trade or statistical survey systems and methods, and there is urgent need for innovative statistical theories, systems and survey methods targeting large-scale digital trade. This report makes active exploration on the digital trade measurement system applicable to China. By using the concept of "digital convergence level" and official data from authoritative agencies, it estimates the import and export volume of digital trade in China in 2021, with a view to provide theoretical and data reference for measuring large-scale digital trade in China.

Keywords: Digital Trade; Trade in Services; Digital Convergence Level

B.17 Research Report on National Digital Literacy and Skill Development in 2022

Limei Yin, Zhilin Yuan and Gengyu Chen / 255

Abstract: The improvement in public digital literacy and upskilling have been prioritized worldwide and are mainly support through measures in six aspects: strengthening coordinated planning and overall policy design, increasing input in special funding, establishing frameworks of digital literacy and skills, enhancing digital education and talent cultivation, improving digital skill evaluation and certification systems, and raising digital literacy and skills among vulnerable groups such as the elderly, women and children. In recent years, China has made significant achievements in improving the digital literacy and skills across the entire population, with continued progress throughout the entire life cycle; digital literacy and skills of enterprise employees, farmers and many other occupational groups have been steadily raised; accelerated progress have been achieved among vulnerable groups; there continues to be abundant supply of digital resources; the foundation of digital literacy and skills is constantly being solidified. Meanwhile, there're also problems and challenges such as the conflict between strong demand for digital workforce and a shortage of supply, great room for improvement in the cultivation of high-end digital talents, the significant urban-rural gap in digital literacy and skills, and low level of digital literacy and skills among certain vulnerable groups. To deal with those challenges, we believe it's necessary to focus on eight major directions: prioritizing core skills, ensuring supply, promoting skill improvement, producing inclusive benefits, strengthening education, enhancing skills, emphasizing support, and expanding engagement.

Keywords: Digital Literacy; Digital Skills; Digital Learning; Digital Life; Digital Work; Digital Innovation

Abstract: Based on the "Digital Economy Measurement Toolbox", this report leverages official data as well as data from platforms of public services enabled by the integration of industrialization and ICTs. It evaluates the development level of the digital economy in 27 cities in the Yangtze River Delta, including Shanghai, Nanjing, Suzhou, Hangzhou, Ningbo and Hefei. The results show that the trend of one city and three provinces in the Yangtze River Delta driving the rapid development of the overall economy and society has taken shape. Shanghai, Hangzhou and Nanjing have moderately advanced the construction of digital infrastructure; Suzhou, Ningbo, Wuxi and other cities take advantage of the first-mover advantage of digital technology to promote industrial digital transformation; Hangzhou, Nanjing, Suzhou and other cities lead the country in the development of digital industry. The urban agglomeration is fully integrated into the urban brain, and the ecological environment of the digital economy is developing well. In the next step, cities in the Yangtze River Delta can deepen the development potential of the digital economy by building ubiquitous and interconnected digital infrastructure, building an integrated and efficient data factor market, promoting industrial digital transformation, increasing support for digital industrialization, continuously improving the digitalization level of public services, and optimizing the digital business environment.

Keywords: Digital Economy; Digital Industry; Cluster of Cities in the Yangtze River Delta

B.19 Report on the Development Level of China's Top 100 Digital Economy Cities (2022)

Gengyu Chen, Mengzi Wang and Lingrui Zhao / 302

Abstract: This report selects China's top 100 cities in terms of digital economy development in 2021, with measurement based on the "Digital Economy Development Index" indicator system. Generally speaking, Beijing, Shenzhen, and Shanghai outperformed other cities in China in developing digital economy, cities in the western regions made leap-frog progresses, major clusters of cities in the Beijing-Tianjin-Hebei region, the Yangtze River Delta, and the Pearl River Delta witnessed coordinated development, and Chengdu and Chongqing presented unique development approaches. Speaking by fields, in terms of the digital sector, Beijing, Shenzhen, Shanghai, Hangzhou and Guangzhou were pioneering in the development of "gigabit cities", promoting vigorous digital sectors through innovation; in terms of industrial digitization, cities in eastern regions were taking the lead, setting good examples in the digital transformation of industrial, service and agricultural sectors; in terms of digital governance, the governance efficiency in cities such as Hangzhou, Wuhan, Zhengzhou and Guangzhou were improved, continuously optimizing the digital business environment. In our next steps to develop urban digital economy, we should do a good job in top-level design and planning, promote the establishment of a unified market, build high-quality digital infrastructure, increase support to digital industries, accelerate industrial digital transformation, and improve capabilities in digital governance.

Keywords: Digital Economy; Industrial Digital Transformation; The Digital Sector; Digital Governance

Abstract: This report is based on the CD production function and uses business survey data from integrated industrialization-ICT service platforms as well as basic statistics from the input-output tables over the previous years. It estimates the level of digital transformation among Chinese enterprises, and makes analysis on the practices of leading industries and enterprises in digital transformation. According to the estimates, in 2021, the contribution of digital transformation of Chinese enterprises to economic output was raised at a faster pace, the imbalance in contribution among the three major industries was slowly weakened, and the gap in contribution from manufacturing segments was expanded. As for leading industries in digital transformation, more than half of the credits should be given to high-level promotion and strategic deployment, the adoption of industrial robots was doubled, the proportion of collaboration among networked products accounted for about 20% and the coordinated approach to digital and green development had a long way to go. As next steps, we should promote digital transformation at greater depth, foster digitization across the whole industrial chain, facilitate coordinated approaches to digital and green development, and create enabling ecosystem for digital transformation.

Keywords: Digital Economy; Digital Transformation; Manufacturing Enterprises

皮 书

智库成果出版与传播平台

皮书定义

皮书是对中国与世界发展状况和热点问题进行年度监测，以专业的角度、专家的视野和实证研究方法，针对某一领域或区域现状与发展态势展开分析和预测，具备前沿性、原创性、实证性、连续性、时效性等特点的公开出版物，由一系列权威研究报告组成。

皮书作者

皮书系列报告作者以国内外一流研究机构、知名高校等重点智库的研究人员为主，多为相关领域一流专家学者，他们的观点代表了当下学界对中国与世界的现实和未来最高水平的解读与分析。截至 2022 年底，皮书研创机构逾千家，报告作者累计超过 10 万人。

皮书荣誉

皮书作为中国社会科学院基础理论研究与应用对策研究融合发展的代表性成果，不仅是哲学社会科学工作者服务中国特色社会主义现代化建设的重要成果，更是助力中国特色新型智库建设、构建中国特色哲学社会科学“三大体系”的重要平台。皮书系列先后被列入“十二五”“十三五”“十四五”时期国家重点出版物出版专项规划项目；2013~2023 年，重点皮书列入中国社会科学院国家哲学社会科学创新工程项目。

皮书网

（网址：www.pishu.cn）

发布皮书研创资讯，传播皮书精彩内容
引领皮书出版潮流，打造皮书服务平台

栏目设置

◆ **关于皮书**

何谓皮书、皮书分类、皮书大事记、皮书荣誉、皮书出版第一人、皮书编辑部

◆ **最新资讯**

通知公告、新闻动态、媒体聚焦、网站专题、视频直播、下载专区

◆ **皮书研创**

皮书规范、皮书选题、皮书出版、皮书研究、研创团队

◆ **皮书评奖评价**

指标体系、皮书评价、皮书评奖

◆ **皮书研究院理事会**

理事会章程、理事单位、个人理事、高级研究员、理事会秘书处、入会指南

所获荣誉

◆ 2008 年、2011 年、2014 年，皮书网均在全国新闻出版业网站荣誉评选中获得“最具商业价值网站”称号；

◆ 2012 年，获得“出版业网站百强”称号。

网库合一

2014年，皮书网与皮书数据库端口合一，实现资源共享，搭建智库成果融合创新平台。

皮书网　　“皮书说”微信公众号　　皮书微博

S 基本子库
UB DATABASE

中国社会发展数据库（下设12个专题子库）

紧扣人口、政治、外交、法律、教育、医疗卫生、资源环境等12个社会发展领域的前沿和热点，全面整合专业著作、智库报告、学术资讯、调研数据等类型资源，帮助用户追踪中国社会发展动态、研究社会发展战略与政策、了解社会热点问题、分析社会发展趋势。

中国经济发展数据库（下设12专题子库）

内容涵盖宏观经济、产业经济、工业经济、农业经济、财政金融、房地产经济、城市经济、商业贸易等12个重点经济领域，为把握经济运行态势、洞察经济发展规律、研判经济发展趋势、进行经济调控决策提供参考和依据。

中国行业发展数据库（下设17个专题子库）

以中国国民经济行业分类为依据，覆盖金融业、旅游业、交通运输业、能源矿产业、制造业等100多个行业，跟踪分析国民经济相关行业市场运行状况和政策导向，汇集行业发展前沿资讯，为投资、从业及各种经济决策提供理论支撑和实践指导。

中国区域发展数据库（下设4个专题子库）

对中国特定区域内的经济、社会、文化等领域现状与发展情况进行深度分析和预测，涉及省级行政区、城市群、城市、农村等不同维度，研究层级至县及县以下行政区，为学者研究地方经济社会宏观态势、经验模式、发展案例提供支撑，为地方政府决策提供参考。

中国文化传媒数据库（下设18个专题子库）

内容覆盖文化产业、新闻传播、电影娱乐、文学艺术、群众文化、图书情报等18个重点研究领域，聚焦文化传媒领域发展前沿、热点话题、行业实践，服务用户的教学科研、文化投资、企业规划等需要。

世界经济与国际关系数据库（下设6个专题子库）

整合世界经济、国际政治、世界文化与科技、全球性问题、国际组织与国际法、区域研究6大领域研究成果，对世界经济形势、国际形势进行连续性深度分析，对年度热点问题进行专题解读，为研判全球发展趋势提供事实和数据支持。

法律声明